Digital Image Holic

PHOTO SHOP CS6+CC

포토샵 CS6+CC

북스홀릭 Publishing

국립중앙도서관 출판예정도서목록(CIP)

포토샵 CS6+CC : digital image holic /
지은이: 백대은, 신소영. — 서울 : 북스홀릭 퍼블리싱, 2015
428p. ; 19×26cm
ISBN 979-11-85123-48-6 13000 : ₩23000
포토샵[Photoshop]
005.565-KDC6
006.686-DDC23 CIP2015022056

포토샵 CS6+CC(Digital Image Holic)

초판 1쇄 발행일 _ 2015년 11월 10일
초판 2쇄 발행일 _ 2017년 4월 7일

지은이 _ 백대은, 신소영
펴낸이 _ 조완용, 고영진
표지디자인 _ 블루기획
내지디자인 _ 인투
기획 · 진행 _ 김지연, 방세근

북스홀릭 Publishing

주소 _ 서울시 금천구 시흥1동 992-12 영광빌딩 203호
문의전화 _ 02-896-7846 / 02-3142-3600 팩스_ 02-896-7852
홈페이지 _ http://www.booksholic.co.kr
발행처 _ 북스홀릭 퍼블리싱 **출판등록번호** _ 제2012-000063호

ISBN _ 979-11-85123-48-6 [13000]

머리말

많은 수의 디자이너들은 포토샵의 일부 기능만으로도 놀랄 만큼 효과적이고 크리에이티브한 작업물을 만들어 내곤 합니다. 이는 많은 기능을 안다고 해서 곧 좋은 결과물로 이어지지 않는다는 것을 말해주고 있습니다. 때문에 저는 그 동안 많은 기능이 아니라 기본 기능의 적절한 활용만으로도 크리에이티브한 작업물을 만들 수 있고 능력을 키울 수 있는 교재의 필요성을 절실히 느껴왔습니다.

제가 다년간 쌓은 교육 경력과 집필 경험을 바탕으로 쓴 이 책은 강의 교재로 최적화시키기 위해 노력한 포토샵 기초 입문서입니다.

전공자, 비전공자 관계없이 디지털 이미지를 이해하고 원하는 결과물을 도출할 수 있도록 방향을 제시하려 노력했습니다. 많은 입문서들이 매뉴얼 위주의 따라하기 방식이었다면 이 책은 불필요한 내용을 과감히 생략하고 디지털 이미지로의 확장에 필요한 기본적이면서도 중요한 기능들을 중점적으로 다뤘습니다.

각 챕터에는 기본 기능과 필수 이론이 정리되어 있고 손으로 직접 익혀야 하는 과정은 실습을 넣어 이론과 실제를 경험할 수 있도록 하였습니다. 더불어 각 챕터의 끝에 필기문제와 실습문제를 풀다 보면 각 장에서 학습한 기능들을 충분히 익히게 될 것입니다.

학생 테스트에 필요한 과제와 중간, 기말 평가로 활용될 수 있는 문제들을 마지막 챕터 11에서 살펴볼 수 있습니다. 챕터 11을 통해 크리에이티브 분야에서 사용되고 있는 다양한 비주얼 이미지 작업의 활용 방법과 평가 방법을 접할 수 있습니다.

10년 이상 강의를 해온 저로서도 학생들의 창의적인 작업물을 객관적으로 평가한다는 것에 매번 어려움을 느끼고 있습니다. 따라서 챕터 11은 포토샵의 기능과 활용 능력을 테스트할 수 있도록 객관적인 가이드라인을 제시하고 있습니다.

이 책이 교육을 하시는 선생님들에게 많은 도움이 될 수 있는 교재가 되길 바랍니다. 또한 기대를 가지고 포토샵을 처음 공부하는 학생들한테는 좋은 영감을 주었으면 좋겠고 많은 격려가 되길 희망합니다. 끝으로 저자들이 제시한 기획 의도대로 진행할 수 있도록 전폭 지원해주신 북스홀릭 고영진 대표님과 조완용 이사님, 진행을 맡아주신 방세근씨, 김지연씨, 그리고 오랜 집필 기간 동안 묵묵히 지켜봐주며 힘이 되어주었던 가족과 정희동씨에게 감사의 말을 전합니다.

저자 신소영

디자인 관련학과에서 포토샵을 강의 과목으로 선정하던 초창기에는 즉각적으로 추출된 사진 이미지를 활용하는 전문적인 작업 위주로 강의하였습니다. 하지만 2005년 이후 디자인 관련학과를 비롯해 비 디자인 관련학과에서도 이미지를 다루는 작업이 필요해졌습니다. 성질, 형태, 쓰임새, 생산 방식에 상관없이 모든 종류의 시각적 이미지들에는 공통점이 있기 때문입니다.

이 책이 기존에 출간된 포토샵 책과 차별화되는 점은 이미지를 활용하는 강의에서 교재로 사용할 수 있도록 초점을 맞추었습니다. 또 즉각적인 이미지뿐 아니라 형태론적 영감이 있는 이미지 작업까지 이끌어 낼 수 있는 창의적인 작업을 할 수 있습니다.

포토샵을 시작하기 앞서 기본적인 이론과 속성을 다루는 Chapter 01부터 매뉴얼의 기본기를 충분히 다루는 부분으로 기본 기능을 설명하는 Chapter 02~03, 컬러 관련 내용을 설명하는 Chapter 04~05, 보정 관련 내용 Chapter 06~07, 업그레이드 관련 내용 Chapter 08, 벡터 속성을 설명하는 Chapter 09, 자동화 관련 Chapter 10으로 구성됩니다. 마지막으로 Chapter 11은 이 책에서 가장 주목할 부분입니다. 중간고사와 기말고사를 테스트할 수 있는 활용 예제를 4단계 구성으로 예제 이미지를 제시하고, 기본 따라하기 해설을 제공하였습니다.

10년 이상 강의를 하면서 보완되어야 하고 강조해야 할 부분을 수많은 회의를 통해 수정하고 피드백을 거듭한 결과 이 책이 완성되었습니다.

오리엔테이션 1주, 중간고사 8주, 기말고사 15주를 제외한 12주 동안의 강의 내용을 맞추기 위해 15주를 기본으로 하는 강의 교안에 필요한 탁월한 교재가 될 것입니다.

마지막으로 책을 저술할 때마다 아낌없는 응원과 격려를 주는 남편 장성욱씨와 아들 장재민에게도 감사를 표합니다.

저자 백대은

갤/러/리

3 레이어 관리와 합성! 다양한 방법을 학습한다!

▲ 레이어 색상 혼합

▲ 이펙트 효과 적용

▲ 구름하늘로 이미지 합성

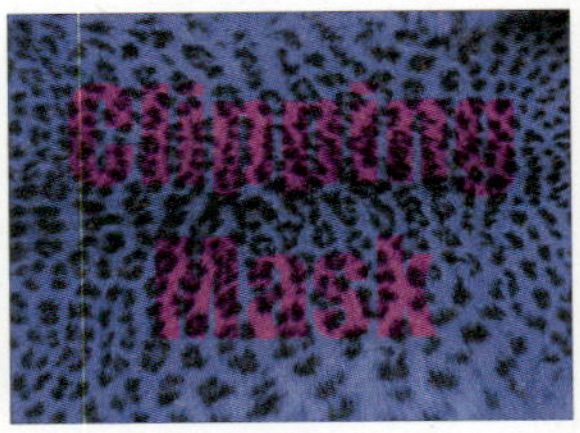

▲ 문자에 패턴 적용

4 이미지의 색상 선택과 채색! 노하우를 알아두자!

▲ 하얀 모자에 나염 적용

▲ 패턴 모자이크 적용

▲ 단색 이미지 만들기

▲ 종이접기만 강조되게 연출하기

▲ 네온 문자 만들기

5 브러시 기본 사용법과 외부 브러시 활용법을 알아두자!

▲ 외부 브러시 활용

▲ 브러시로 줄기 그리기

▲ 캘리그래피 간판 만들기

6 이미지 색상을 조절하여 다양하게 연출하자!

▲ 흑백 이미지 만들기

▲ 단색 이미지 만들기

▲ 색상, 채도, 명도 조절하기

▲ 그레이디언트 명암 적용하기

◀ 판화 이미지 연출하기

7 리터칭 기술을 활용해 멋진 사진을 만들자!

▲ 이미지 일부분 잡티 제거하기

▲ 적목 현상 제거하기

▲ 지우고 복제하기

▲ 배경 정리하기

▲ 뽀샤시하게 보정하기

▲ 다크서클 보정하기

8 다양한 필터로 이미지의 주제와 표현력을 높이자!

▲ 렌즈 왜곡 현상 바로잡기

▲ 아웃포커스 표현하기

▲ 모션 효과 주기

▲ 배경 이미지 만들기

▲ 흔들린 사진 또렷하게 만들기

9 감각적 이미지에 어울리는 문자 입력, 응용 방법을 알아두자!

▲ 안내판 만들기

▲ 도형 테두리 꾸미기

▲ 이미지 외곽선 만들기

▲ 액자에 스티치 만들기

▲ 간판 만들기

▲ 문자에 원근감 살리기

▲ 종이컵 곡면에 글자 새기기

▲ 곡선에 흐르는 문자 입력하기

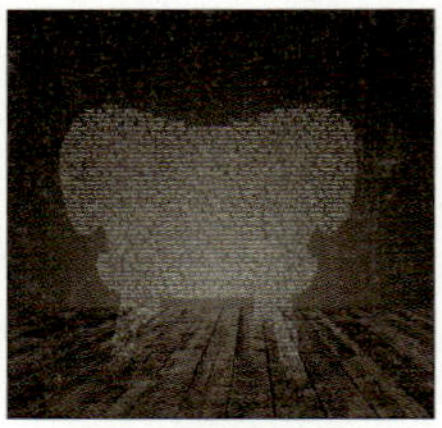

▲ 의자 모양에 문자 채우기

10 웹과 애니메이션 기능으로 작업의 질을 한단계 높이자!

▲ 웹 이미지 조각내기

▲ 애니메이션 만들기

▲ 동영상 파일 편집하기

▲ 나무결 무늬 프레임 적용하기

11 활용예제로 실력을 테스트, 확인해보자!

▲ 디지털 이미지 콜라주 제작하기 1

▲ 디지털 이미지 콜라주 제작하기 2

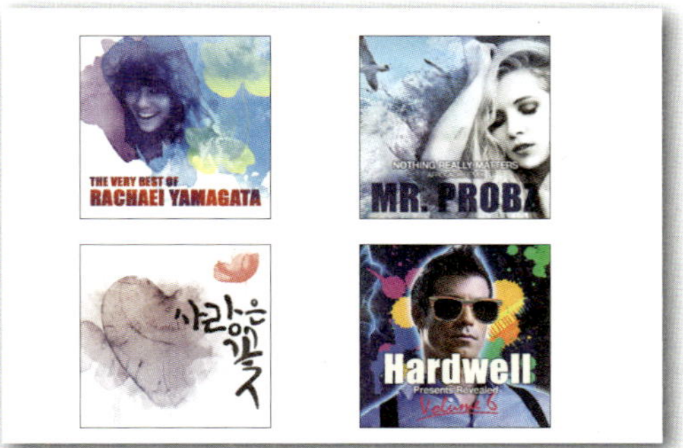

▲ 음반 자켓 디자인 따라하기 1

▲ 음반 자켓 디자인 따라하기 2

▲ 보석 광고 시안 제작하기

▲ 음료 광고 시안 제작하기

▲ 애니메이션 제작하기 배너 광고 1

▲ 애니메이션 제작하기 배너 광고 2

이 책을 보는 방법

이 책은 포토샵 CS6와 CC를 처음 사용하는 입문자들이 체계적이고 구체적으로 학습할 수 있도록 11개의 Chapter로 구성되어 있습니다. 각각의 Chapter는 여러 개의 Section으로 세분화되어 기능을 상세히 설명합니다. 각 Section에는 기본 개념과 기능을 간단히 설명한 후 본격적인 따라하기 학습이 진행됩니다. NOTE, Photoshop 코칭, 실력올리기, 실력 점검하기를 통해 핵심적인 포토샵 기능을 쉽고 빠르게 마스터할 수 있습니다.

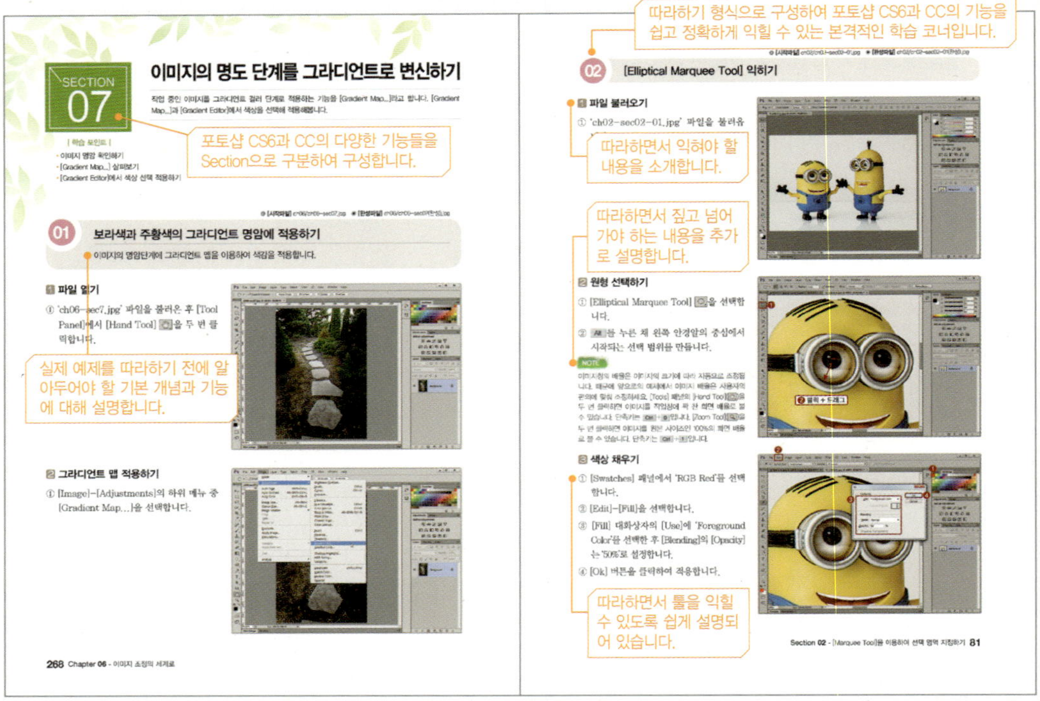

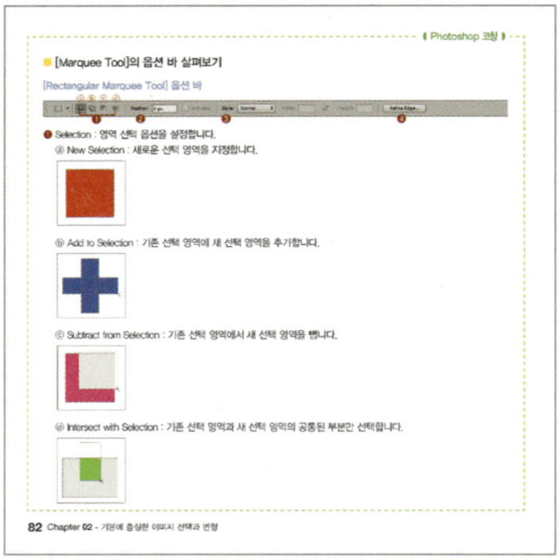

| Photoshop 코칭 | 본문을 따라하면서 또는 실제 업무에서 꼭 알아두어야 하거나 참고할 사항을 설명합니다.

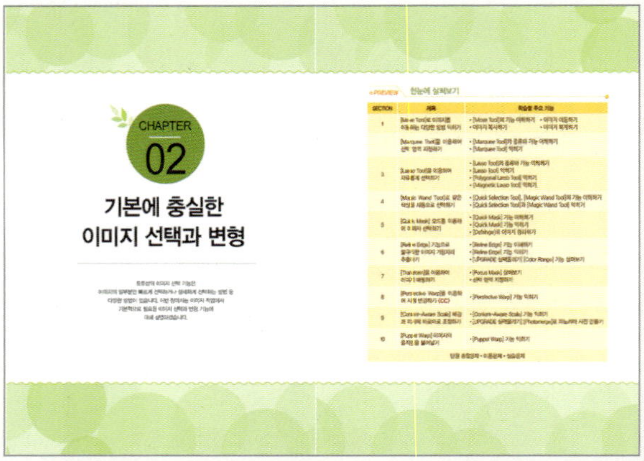

| Chapter | 총 11개의 Chapter로 구성되어 있으며 Chapter를 학습하기 전에 배우게 될 내용을 간략하게 설명합니다.

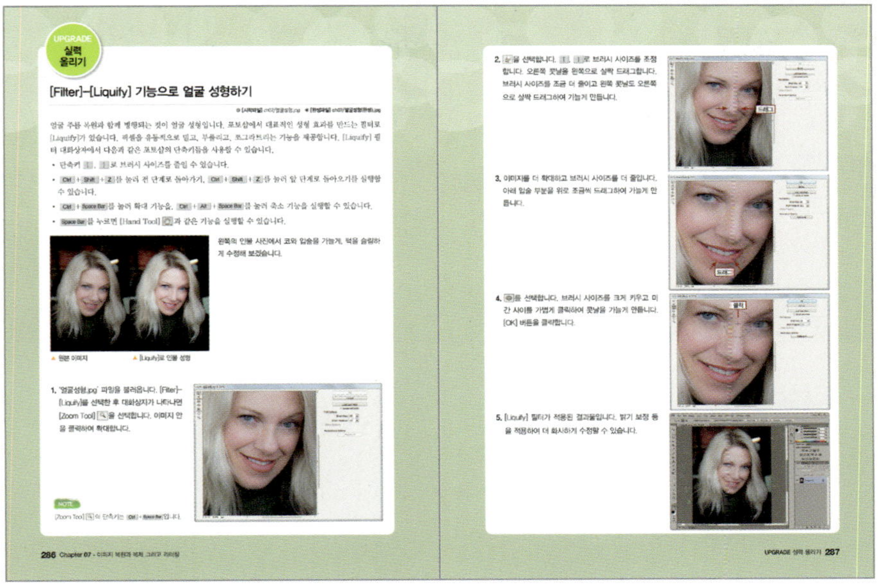

| 실력올리기 | 본문에서 배운 핵심 기능을 바탕으로 중고급 기능을 설명하거나 실제 작업에서 알아두면 유용한 기능을 설명합니다.

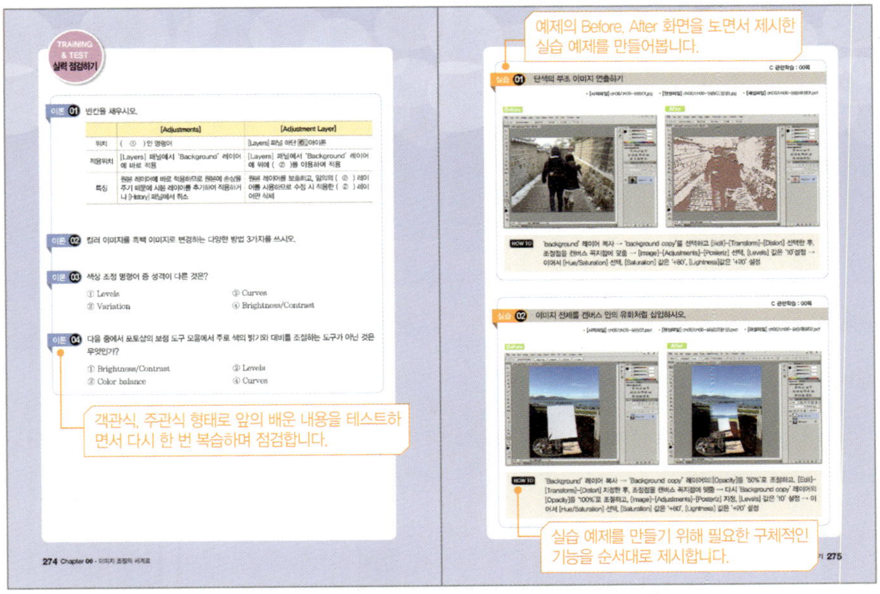

| 실력 점검하기 | 해당 Chapter에서 배운 내용을 바탕으로 본인의 실력을 이론과 실습을 통해 테스트해봅니다.

실습 파일 다운로드

본문 예제를 따라할 때 필요한 실습파일은 북스홀릭 퍼블리싱 홈페이지(www.booksholic.co.kr) '자료실'에서 다운받을 수 있습니다. 시작파일, 완성파일을 장별로 담아두었으며 스스로 실습문제를 해결할 수 있도록 해설파일을 함께 제공합니다.

목/차

Chapter 03 레이어 관리, 합성의 다양한 방법

Chapter 04 생명을 불어넣는 이미지 색상과 채널

Chapter 05 브러시의 세계와 페인팅

Chapter 06 이미지 보정의 세계로

Chapter 07 이미지 복원과 복제 그리고 리터칭

Chapter 08 이미지의 다채로운 변신 필터

Chapter 09 벡터의 세계로 도형, 문자, 펜 도구 활용하기

CHAPTER

01

포토샵 시작하기

포토샵의 기본 기능과 사용하기에 편리한 방향으로
조금씩 업그레이드되는 새로운 기능을 살펴보겠습니다.
보다 쉽게 포토샵을 익힐 수 있는 기본기를 다져봅니다.

* PREVIEW 한눈에 살펴보기

SECTION	제목	학습할 주요 기능
1	포토샵 CS6+CC 프로그램 설치하기	• 포토샵 CS6 설치 시 권장 사양 살펴보기 • 포토샵 CC 설치 시 권장 사양 살펴보기 • 포토샵 CC 설치하는 과정 익히기
2	포토샵 CS6+CC의 새 기능 살펴보기	• 포토샵 CS6의 새 기능 살펴보기 • 포토샵 CC의 새 기능 살펴보기
3	꼭 익혀야 하는 기본 이론 살펴보기	• 해상도, 픽셀 • 벡터와 비트맵 • 색상 모드 • [UPGRADE 실력올리기] 포토샵 관련 자격증
4	화면 구성 및 패널 살펴보기	• 포토샵 CS6+CC의 화면 구성 살펴보기 • 포토샵 CS6+CC의 툴 패널 살펴보기 • 포토샵 CS6+CC의 패널 종류 살펴보기
5	새문서 만든 후 저장하고 열기 *[New], [Save], [Open]*	• 새문서 만들기 • 작업한 문서 저장하고 불러오기 • 파일 형식 이해하기 • [UPGRADE 실력올리기] [Bridge] 기능으로 효과적으로 파일 검색하고 열기/브릿지에서 일괄 보정하기
6	이미지 뷰로 이미지 탐색하기 *[Zoom Tool], [Hand Tool], [Rotate View Tool]*	• 이미지 확대, 축소하기 • 회전 뷰 툴을 이용하여 화면 보기 조정하기 • [UPGRADE 실력올리기] 이미지 자료 찾는 방법
7	작업환경 변경하고 패널 이동하기 *[Workspace]*	• 패널 다루기 • [UPGRADE 실력올리기] 작업 내역 이해하기
8	이미지 크기와 캔버스 크기 조정하기	• 이미지 크기 비교하기 • [Image Size] 대화창 이해하기 〈CC〉 • 캔버스 크기 확장하기 • [Canvas Size] 대화창 이해하기

SECTION 01

포토샵 CS6+CC 프로그램 설치하기

포토샵 CC는 어도비 사이트에서 30일 동안 사용할 수 있는 체험판으로 설치할 수 있습니다. 설치 전에 어도비 사이트에서 회원가입을 합니다.

| 학습 포인트 |

- 포토샵 CS6/CC 권장 설치 사양 익히기
- 포토샵 CC 체험판 설치 순서 익히기

01 포토샵 CS6 설치를 위한 권장 사양

Windows	Mac OS
• Intel® Pentium® 4 또는 AMD Athlon® 64 프로세서 • Microsoft® Windows® XP 서비스 팩 3 또는 Microsoft Windows 7(서비스 팩 1), Windows 8 및 Windows 8.1 • 1GB RAM	• Multicore Intel 프로세서(64비트 지원) • Mac OS X v10.8 또는 v10.9 • 1GB RAM
• 1GB의 설치용 하드 디스크 여유 공간(설치 시 추가 여유 공간 필요) • 16비트 색상 및 512MB VRAM 장착 1024×768 디스플레이(1280×800 권장) • OpenGL 2.0 지원 시스템 • DVD-ROM 드라이브 • 소프트웨어 활성화, 가입 확인, 온라인 서비스 액세스에 광대역 인터넷 연결이 필요	

02 포토샵 CC 설치를 위한 최소 사양

Windows	Mac OS
• Intel® Pentium® 4 또는 AMD Athlon® 64 프로세서 (2GHz 이상) • Microsoft® Windows® 7(서비스 팩 1) Windows 8 또는 Windows 8.1 • 2GB RAM	• Multicore Intel 프로세서(64비트 지원) • Mac OS X v10.7, v10.8 또는 v10.9 • 2GB RAM
• 2GB의 설치용 하드 디스크 여유 공간(설치 시 추가 여유 공간 필요) • 16비트 색상 및 512MB VRAM 장착 1024×768 디스플레이(1280×800 권장) • OpenGL 2.0 지원 시스템 • 소프트웨어를 활성화하거나 가입을 확인하고 온라인 서비스를 이용하려면 인터넷 연결 및 등록이 필요	

03 어도비 ID 만들기

어도비 웹 사이트에 접속한 후 어도비 아이디를 만들고 로그인합니다.

1 어도비 사이트 접속하기

① 어도비 웹 사이트에 접속합니다.

② 상단의 [로그인]을 클릭합니다.

2 어도비 ID 만들기

① 로그인창이 나타나면 'Adobe ID 얻기'를 클릭합니다.

② 이름, 이메일 주소, 비밀번호, 생년월일을 입력한 후 [지금 등록]을 클릭합니다.

③ '개인 정보 보호 정책 창'이 나타나면 [동의함]을 클릭합니다.

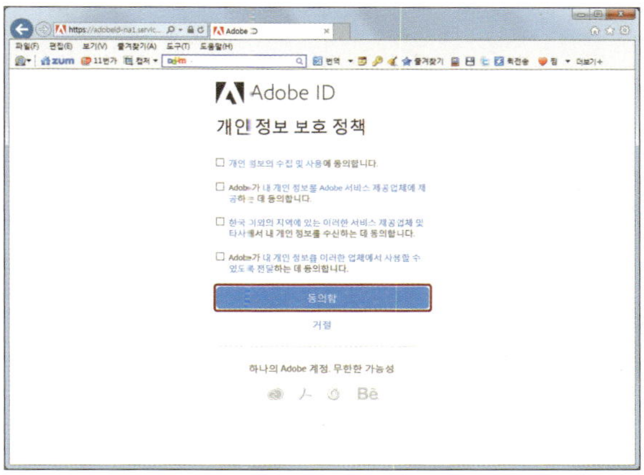

04 포토샵 시험 버전 다운로드하기

1 제품 선택하기

① 상단의 '메뉴'를 클릭합니다.

② 'Photoshop'을 선택하고 [다운로드]를 클릭합니다.

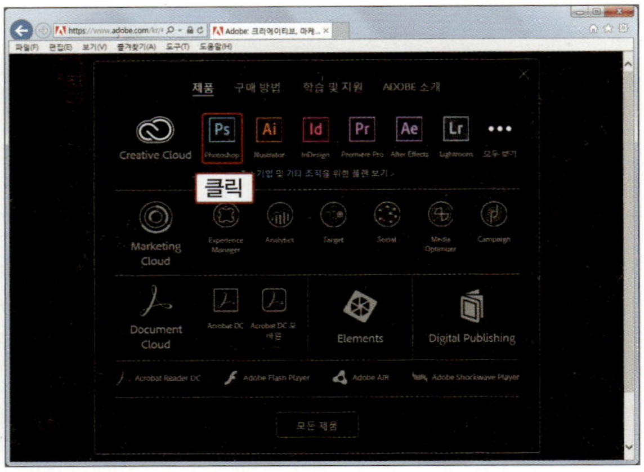

2 포토샵 다운로드하기

① '페이지를 찾을 수 없음'이라는 화면이 나타나면 '앱 및 서비스'를 클릭합니다.

② 'Photoshop'의 'Download trial'을 클릭합니다.

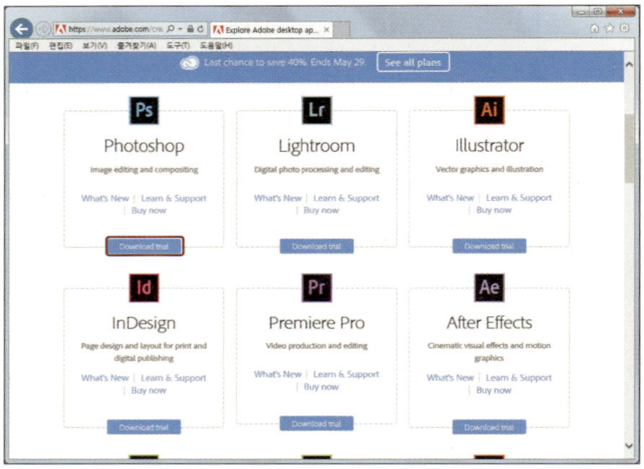

③ Creative Cloud 프로그램을 열 수 있도록 허용할 것인지 묻는 창이 나타나면 [허용] 버튼을 클릭합니다.

05 포토샵 한글판/영문판 설치하기

1 한글판 설치 중단하기

[Creative Cloud]창이 나타나면 시험 사용 가능한 프로그램 목록을 볼 수 있습니다. 'Photoshop'을 선택하면 기본적으로 한글판이 설치되므로 설치가 진행되면 [⊗]을 클릭하여 설치를 중단합니다.

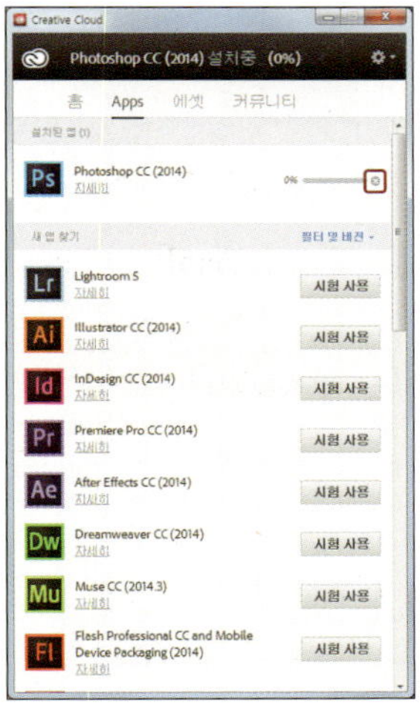

2 영문판 선택하기

① [⚙]를 눌러서 '환경 설정'을 선택합니다.

② '앱 언어'에 'English(International)'를 선택합니다.

③ [<]을 클릭합니다.

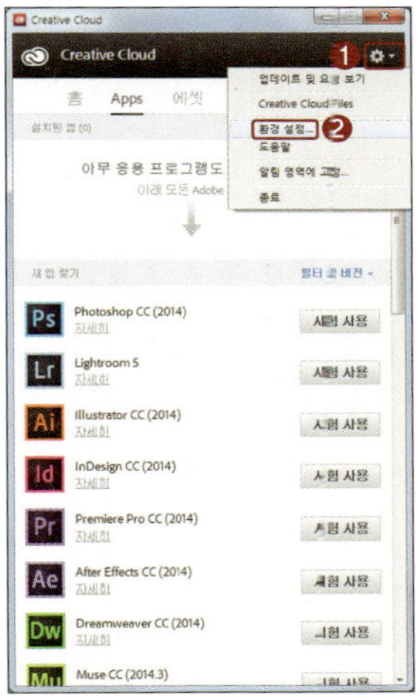

NOTE

환경 설정에서 프로그램마다 다른 언어로 설치할 수 있습니다.

3 포토샵 CC 시험 버전 설치하기

포토샵의 [시험 사용]을 클릭하여 설치를 완료합니다.

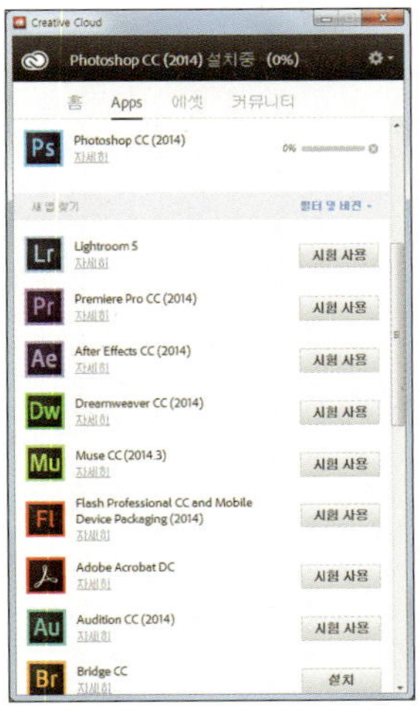

06 포토샵 처음 실행하기

1 포토샵 시험 버전 실행하기

① '시작 메뉴'에서 'Adobe Photoshop CC'를 클릭합니다.

② 로그인이 필요하다는 메시지창이 나타나면 [Sign In]을 클릭합니다.

③ [Start Trial] 버튼을 클릭하여 포토샵을 실행합니다.

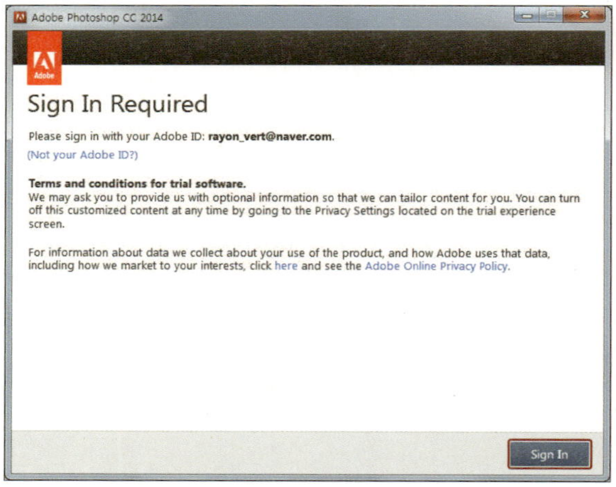

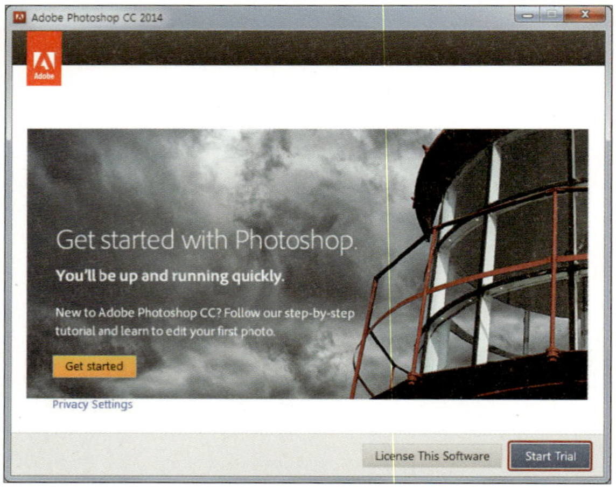

④ 포토샵 CC 로고가 나타나며 포토샵이 실행됩니다.

《 Photoshop 코칭 》

■ 포토샵 인터페이스 색상 변경하기

포토샵의 기본 컬러 테마는 가장 어두운 색상입니다. 이 책에서는 가장 밝은 색상으로 컬러 테마를 설정하였습니다. [Edit]–[Preference]–[Interface]의 'Color Theme'에서 가장 밝은 회색을 선택합니다.

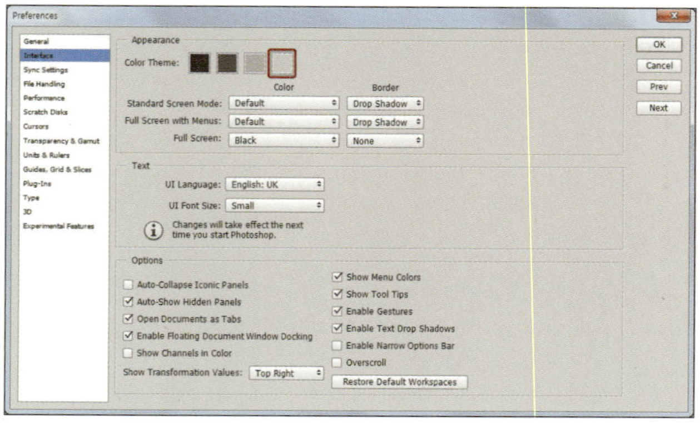

SECTION 02 포토샵 CS6+CC의 새 기능 살펴보기

포토샵 CS6과 CC 버전의 신기능에 대해서 살펴보겠습니다. 포토샵 CS6의 업그레이드된 패턴, 재손질 및 변형, 필터, 색상 및 색조 조정, 3D 등의 영역과 포토샵 CC의 또렷한 사진 보정, Camera Row 8 필터 등의 기능에 대해 알아보겠습니다.

| 학습 포인트 |

- 포토샵 CS6의 새 기능 살펴보기
- 포토샵 CC의 새 기능 살펴보기

01 포토샵 CS6의 새로운 기능들

피부 톤 선택 및 표면 감지

[Select]–[Color Range]는 이미지 안에서 지정한 색상 범위를 선택 영역으로 지정하는 옵션입니다. [Color Range] 대화창의 [Select] 팝업 메뉴에서 피부 톤을 선택하여 톤을 분리합니다. 좀 더 정확한 피부 톤을 선택하려면, [Detect Faces]를 선택한 다음, 허용량을 조정하여 선택 내용에서 색상 범위가 얼마나 높은지 또는 낮은지를 지정합니다.

내용 인식 이동 도구인 [Content-Aware Move Tool]

[Content-Aware Move Tool]을 사용하면 복잡한 레이어링 작업 과정을 줄여 이미지를 빠르게 재구성할 수 있습니다. 배경을 비슷하게 유지할 때 사용하면 가장 효과적인 툴입니다. [Move] 모드를 사용하면 개체를 다른 위치에 자연스럽게 이동할 수 있으며 [Extend] 모드에서는 머리카락, 나무, 건물과 같은 개체를 확장 또는 축소하며 복제합니다.

▲ [Move] 모드로 개체 이동하기

▲ [Extend] 모드로 개체 복사하기

회전해서 잘라주는 [Crop Tool]

새롭게 디자인된 자르기 도구는 결과를 더 좋게 시각화할 수 있도록 대화식 미리보기를 제공합니다. 기울어져 찍힌 사진 등 수평 및 수직을 바로 잡을 수 있는 기능이 추가되었습니다. 또한 원근을 조정하며 이미지를 자르거나 이미지 자르기 설정 중 종횡비와 해상도를 제어할 수 있습니다.

▲ 수평을 조정하여 자르기

▲ 원근을 조정하여 자르기

광각렌즈의 왜곡 현상을 잡아주는 Adaptive Wide Angle

[Filter]-[Adaptive Wide Angle]을 선택하면 어안 및 광각렌즈를 통해 파노라마 또는 사진의 왜곡을 바로잡을 수 있습니다. 필터는 개별 렌즈의 물리적 특성을 사용하여 이미지를 자동으로 교정합니다.

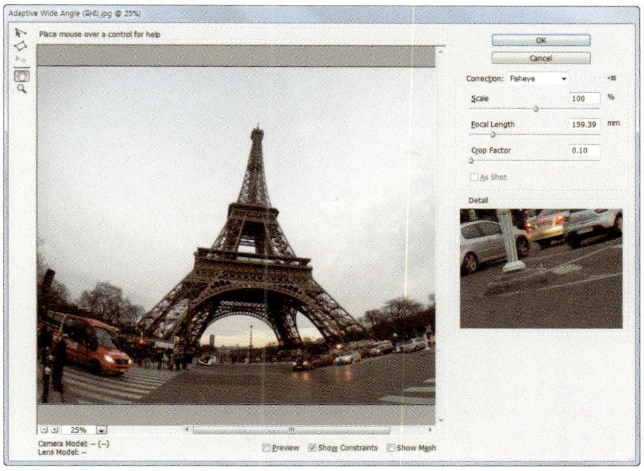

▲ [Adaptive Wide Angle] 필터 대화창

유화 풍경 속으로 풍덩, Oil Painting 필터

[Filter]-[Oil Painting]을 선택하면 클래식 페인팅 효과를 손쉽게 생성할 수 있습니다.

▲ [Filter]-[Oil Painting] 필터 대화창

렌즈 효과를 극대화시키는 Blur 필터 시리즈

[Filter]-[Blur]의 [Field Blur]는 필드 흐림 효과, [Iris Blur]는 조리개 흐림 효과, [Tilt-Shift]는 기울기-이동을 선택하면 직관적인 [On-image] 제어를 통해 독특한 사진 흐림 효과를 빠르게 생성할 수 있습니다. 하나 이상의 초점을 사진에 추가하고 초점의 크기, 모양, 흐린 정도 등을 설정하여 이미지에 뿌연 효과를 추가할 수 있습니다.

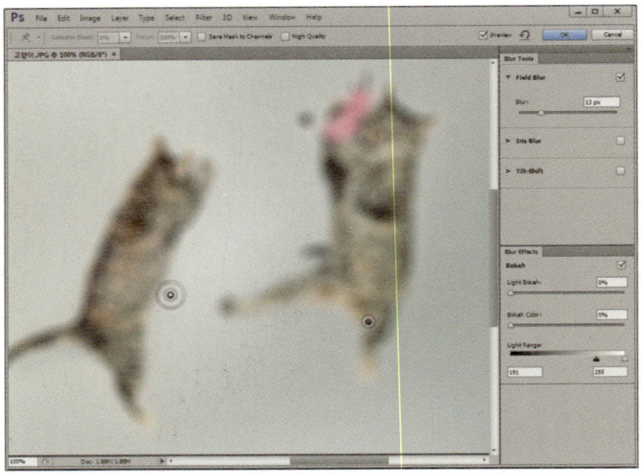

▲ Field Blur

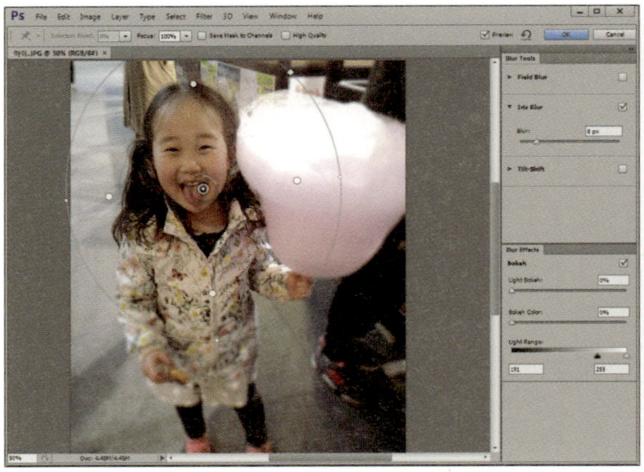

▲ Iris Blur

▲ Tilt-Shift

벡터 점선 기능의 추가

벡터 기능들이 확장되어 더욱 편리해졌습니다. 도형 도구로 도형을 만들 때 캔버스 안을 클릭하여 세부적인 옵션을 설정할 수 있습니다. 또 도형을 만든 후 [Fill]과 [Stroke] 설정이 가능해졌으며 [Stroke]는 선의 굵기, 위치, 모서리 모양 등을 설정하고 점선을 만들 수 있습니다. 여러 개의 패스를 만든 모양 레이어에서 패스의 순서를 변경하거나 정렬, 배분할 수 있습니다.

▲ 벡터 점선 기능을 활용한 이미지

3D 메뉴

캔버스의 장면 편집을 통해 직관적으로 3D 아트워크를 만들 수 있습니다. 그림자를 적절한 위치로 손쉽게 끌어오고 3D 개체를 애니메이션할 수 있습니다.

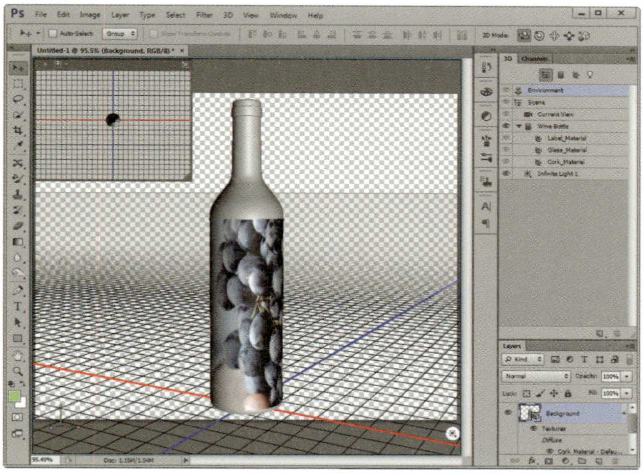

자동 복구와 백그라운드 저장

자동 복구

자동 복구 기능의 기본 값은 10분 간격으로 충돌 복구 정보를 저장합니다. 응용 프로그램이 충돌되면 작업은 다음에 응용 프로그램이 시작될 때 복구됩니다.

백그라운드 저장

그동안 작업 과정을 저장하려면 저장이 완료될 때까지 기다려야 했습니다. CS6에서 추가된 백그라운드 저장 기능을 사용하면 [저장] 명령을 선택한 이후에도 작업을 계속할 수 있습니다. 기본 설정 값인 백그라운드 저장 기능의 해제는 [Edit]-[Preferences]-[File Handling]에서 [Save in Background]의 체크를 풀어줍니다.

02 포토샵 CC의 새로운 기능들

완전히 새로워진 고급 선명 효과, Smart Sharpen

풍부한 질감과 또렷한 가장자리 및 명확한 세부 묘사를 확인할 수 있습니다. 이 기능은 이미지를 분석하여 노이즈 및 후광을 최소화하며 선명도를 극대화시킵니다. 자연스러움과 고품질의 결과물을 얻을 수 있는 장점을 가진 새로워진 고급 선명 효과입니다.

▲ 적용 전

▲ 선명 효과 적용

이미지 확대에도 선명도 유지, Intelligent Upsampling

저용량의 비트맵 이미지를 확대하면서 세부 묘사를 유지하고 더 선명하게 하는 방법으로 보정합니다. Image Size에서 조정하며 깨끗하게 선명함을 유지합니다.

▲ 확대 전

▲ 3배 확대

카메라 흔들기 감소, Shake Reduction

카메라의 움직임으로 흔들리거나 초점이 흐려진 사진을 복구해줍니다. 흔들기 감소 필터를 사용하면 궤도를 분석하여 선명도를 복구할 수 있습니다.

▲ 흐린 초점

▲ 초점 보정

편집 가능한 모서리가 둥근 사각형

사각형이나 모서리가 둥근 사각형으로 그린 패스의 모서리 모양을 조정하여 둥글거나 뾰족하게 편집할 수 있습니다. 또한 네 모서리의 반경을 각각 다르게 편집할 수 있습니다.

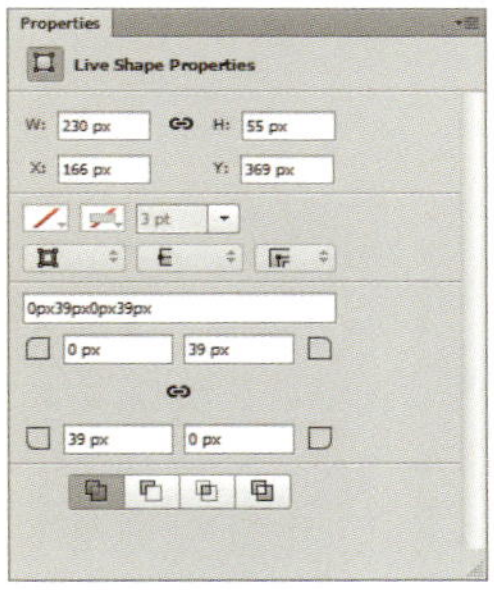

Behance 통합

포토샵에서 바로 Behance 포트폴리오로 작품을 올리는 기능을 제공하여 프로젝트 공유가 쉬워졌습니다. 프로 디자이너들의 다양한 작품들을 살펴보며 감각을 키워보세요.

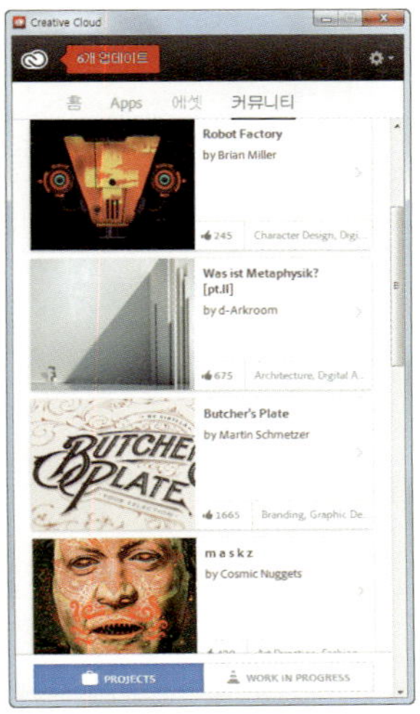

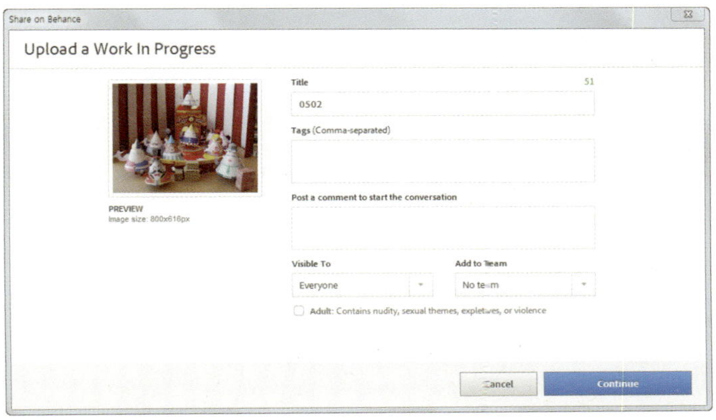

향상된 3D 페인팅

포토샵 6 Extended 버전에서만 볼 수 있었던 3D 기능이 기본 기능으로 들어왔습니다. 실시간 처리 속도가 100배 빨라지면서 리터칭이나 페인팅 기능의 활용도가 높아졌습니다.

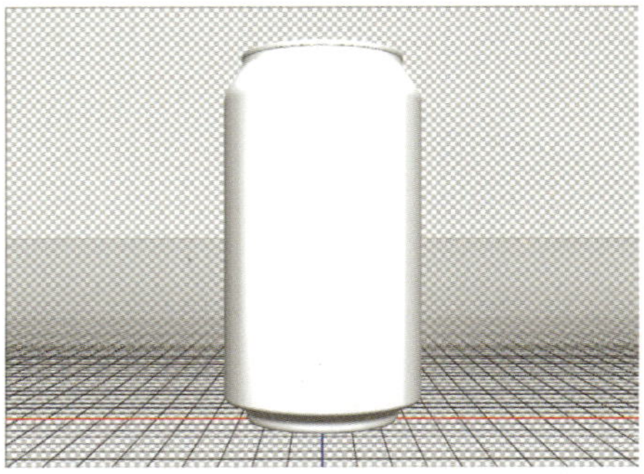

▲ 3D 모델링 생성

▲ 그레이디언트로 리터칭

Adobe Camera Raw 8 및 Camera Raw를 필터로 사용

Camera Raw 이미지를 포토샵 안에서 편집할 수 있게 되었습니다. 레이어 또는 파일에 필터를 적용하여 원하는 방식으로 향상시킬 수 있습니다. 또한 새로운 Adobe Camera Raw 8은 보다 정밀한 이미지로 복구하고 원근 왜곡을 수정하며 비네팅 기능을 제공합니다.

원근 뒤틀기, Persfective Warp

이미지의 특정 부분의 원근감을 조정하는 기능으로 망원이나 광각의 사진처럼 자유롭게 조정할 수 있습니다. 또한 다양한 소실점의 조정으로 자연스러운 합성 결과를 만들어 줍니다.

초점 마스크, Focus Area

포토샵의 Focus Area의 Mercury Graphics Engine을 통해 빠른 성능을 경험할 수 있습니다. 초점이 잘 맞춰진 이미지에 자동 마스크 기능을 수행하여 빠른 선택을 만들어줍니다. 심도가 얕은 이미지일수록 결과가 좋습니다.

▲ 원본 이미지

▲ Focus Area 실행

향상된 레이어 구성 요소, Isolate Layers

레이어 구성 요소에서 특정 레이어들만 격리시키는 기능입니다. 격리시킨 후 레이어의 위치 또는 모양을 독립적으로 변경할 수 있어 작업 시간을 절약할 수 있습니다.

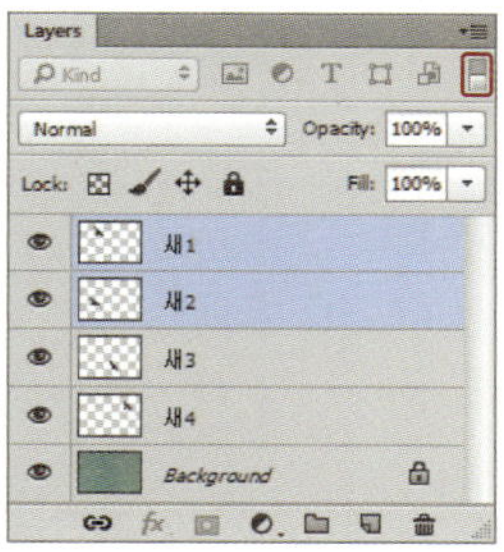

▲ 레이어들을 선택한 후 [Select]-[Isolate Layers]를 클릭

SECTION 03

꼭 익혀야 하는 기본 이론 살펴보기

포토샵에 대해 본격적으로 알아보기에 앞서 기본적으로 알아야 할 개념들에 대해 설명합니다. 이미지와 그래픽, 해상도와 색상 모드에 대해 알아봅니다.

| 학습 포인트 |

- 이미지와 픽셀 개념 이해하기
- 해상도의 개념 이해하기
- 벡터와 비트맵의 개념 이해하기
- 색상 모드에 대해 이해하기
- **[UPGRADE 실력올리기] 포토샵 관련 자격증**

01 이미지와 픽셀의 개념

이미지란 2차원 또는 3차원의 화면에 재생 및 표시된 시각 정보를 의미합니다. 우리가 보고 접하는 이미지는 시각디자인 분야에서 주된 전달 요소입니다. 이미지는 픽셀(Pixel)이라는 요소로 표현되며 이 픽셀들의 집합을 비트맵 이미지(bitmap image) 또는 래스터 이미지라고 합니다.

▲ 정사각형의 픽셀(점)들의 집합인 비트맵 이미지

NOTE

Pixel이란 이미지를 구성하는 최소 단위로 이미지 확대 시 단일 색상 정보를 갖는 작은 사각형을 말합니다.

02 해상도란?

이미지의 정교함은 픽셀의 개수로 표현되며 이를 해상도라 합니다. 어떤 이미지의 해상도가 높다는 것은 픽셀의 개수가 많음을 의미하고 픽셀의 개수가 많다는 것은 이미지를 세밀하게 표현할 수 있다는 뜻입니다. 이미지의 정교함 즉 해상도는 1인치에 표시할 수 있는 픽셀(점)의 수로 표현합니다. 예를 들어 모니터에서 표현되는 웹 이미지는 72개의 해상도를 가지며 인쇄물 이미지는 150~300개의 해상도를 가져야 합니다. 이때 해상도를 표현하는 단위로 ppi(pixel per inch)와 dpi(dot per inch)가 있는데, 이는 같은 개념입니다. 모니터 상에서는 ppi, 인쇄물 이미지는 dpi로 표현합니다. 1인치 안에 표시할 수 있는 픽셀 수가 많을수록 해상도가 좋다고 할 수 있습니다. 웹용 이미지는 72ppi, 인쇄용 흑백 이미지는 180ppi, 레이저 프린터 이미지는 150ppi, 컬러 인쇄물 이미지는 300ppi가 적당합니다.

▲ 가로 1inch 안에 72개의 픽셀을 가지는 이미지로 해상도는 72dpi

Photoshop 코칭

해상도의 종류

❶ 픽셀 해상도

픽셀 해상도란 픽셀을 만드는 데 사용되는 색상의 수를 말합니다. 1비트는 검정과 흰색 2개 색상, 8비트는 256개 색상, 24비트는 1,677만 7,216개 색상을 표현할 수 있습니다.

❷ 이미지 해상도

이미지 해상도는 하나의 비트맵 이미지가 몇 개의 픽셀로 구성되었는지를 말합니다.

❸ 모니터 해상도

모니터 해상도는 모니터 화면의 가로, 세로에 몇 개의 픽셀이 포함되어 있는지를 말합니다. 〈가로 픽셀 수 × 세로 픽셀 수〉로 나타내며 가령 1024×768은 가로 1,024개, 세로 768개의 픽셀로 모니터 화면을 표현한다는 뜻입니다.

03 비트맵 이미지와 벡터 그래픽 개념 이해하기

포토샵은 기본적으로 비트맵 방식으로 이미지를 처리하지만 벡터 방식의 패스나 셰입 기능을 포함하고 있습니다. 이번에는 비트맵 이미지와 벡터 그래픽에 대한 이해와 포토샵에서의 벡터 그래픽의 사용 범위에 대해 살펴보겠습니다.

1 비트맵 이미지

비트맵 방식은 하나의 이미지를 여러 개의 픽셀이라는 조그만 점으로 나누어 저장하는 방식을 말합니다. 일반적으로는 래스터 그래픽(점 방식)이라고 합니다. 픽셀마다 색상 정보와 위치 정보를 담고 있으므로 다양한 색상을 표현할 수 있다는 장점과 고해상도일수록 이미지 용량이 커지고 처리 속도가 느려지는 단점도 있습니다. 또한 이미지 확대 시에 계단 현상과 같은 이미지 손상이 일어납니다.

▲ 이미지 크기를 키우면 이미지의 픽셀 형태가 드러나며 화질이 떨어집니다.

2 벡터 그래픽

벡터 방식으로 생성된 오브젝트는 수식으로 이루어진 그래픽 함수들로 표현되기 때문에 비트맵 방식보다 파일 크기가 작으며 오브젝트 확대 시 화질의 저하가 발생하지 않습니다. 포토샵에서는 벡터 방식의 이미지 선택을 위한 패스와 패스에 색상을 채운 형태인 셰입 기능을 제공합니다. 패스와 셰입은 크기 확대 시에도 화질 저하가 일어나지 않습니다.

▲ 벡터 그래픽은 크게 확대하거나 확대 출력해도 화질의 저하가 없습니다.

NOTE

선, 원, 다각형 등을 이용하여 수학적인 계산으로 그려진 그림을 그래픽이라고 합니다.

▲ 포토샵에서 지원하는 벡터 요소인 패스와 셰입입니다.

NOTE

비트맵 이미지와 벡터 그래픽의 차이

비트맵 이미지	벡터 그래픽
• 픽셀당 하나의 색을 표현합니다. • 크기를 키우면 화질이 떨어집니다. • 대표적인 프로그램으로 포토샵이 있습니다.	• 점, 선 등의 도형이 좌표와 수식으로 표현되며 확대나 축소 시 화질의 변화가 없습니다. • 파일의 크기가 비트맵 이미지에 비해 작습니다. • 대표적인 프로그램으로 일러스트레이터가 있습니다.

04 컬러 모드 이해하기

이미지의 컬러는 전기적 방식인 빛으로 표현되기 때문에 포토샵에서는 빛의 삼원색 컬러 모드인 RGB Color 모드에서 최적화된 기능들을 사용할 수 있습니다. 이 외에도 용도에 따라 다양한 컬러 모드로 변환할 수 있는데 예를 들어 인쇄물에 사용한 이미지는 CMYK 컬러 모드로, 웹 이미지 중 GIF 이미지나 GIF 애니메이션 이미지는 Index 컬러 모드를 사용해야 합니다. 포토샵의 [Image]-[Mode]에는 RGB Color, CMYK Color, Indexed Color, Grayscale 등의 컬러 모드를 제공하고 있습니다. 다음은 중요한 컬러 모드에 대해 설명합니다.

RGB Color

빛의 삼원색인 빨강(Red), 초록(Green), 파랑(Blue)의 영문 약자를 따서 'RGB' 컬러 모드라고 합니다. 모니터로 확인하는 이미지 모드이기 때문에 기본 작업, 웹 이미지 제작 시 설정합니다.

CMYK Color

인쇄용 이미지 색상 모드는 잉크의 삼원색 사이안(Cyan), 마젠타(Magenta), 노랑(Yellow)의 영문 약자를 딴 'CMY'에 음영을 표현하는 검정(Black)의 영문 마지막 글자 'K'를 더하여 'CMYK' 컬러 모드라고 합니다. 인쇄물에 사용하는 이미지 작업의 최종 과정에서 변환합니다.

Indexed Color

컬러의 수가 제한된 컬러 모드입니다. 자연적인 이미지는 수십만 개의 컬러를 이용하지만 컬러 수를 256개 이하로 제한하여 파일 용량을 줄이거나 애니메이션 정보를 담기 위한 파일을 만들 때 사용됩니다.

▲ 인덱스 모드의 이미지는 [Image]-[Mode]-[Color Table]로 색상 구성을 확인할 수 있습니다.

Grayscale

256개의 흑백계조로 이미지를 변환하는 모드입니다.

NOTE

주요 컬러 모드의 활용 예를 정리하였습니다. 기본 작업은 RGB 모드로 작업합니다.

RGB	포토샵에서 작업을 할 때 기본적으로 사용하는 모드입니다.
Lab	밝기와 색상 정보를 분리하여 보정하고자 할 때 변환합니다.
CMYK	인쇄용으로 저장하고자 할 때, 작업이 최종 마무리된 후 변환합니다.
index	눈으로 셀 수 있는 색상으로 구성된 이미지와 애니메이션 이미지로 저장할 때 사용됩니다.
Grayscale	주로 흑백 이미지를 인쇄하고자할 때 변환합니다.

UPGRADE 실력 올리기

포토샵 관련 자격증

1. 포토샵 자격증이 있다면 어떤 것이 있나요?

한국생산성본부에서 시행하고 있는 GTQ 포토샵 자격증이 있습니다. GTQ 포토샵 자격증은 1급부터 3급까지 있으며, 이중 1급과 2급은 국가공인자격증으로 인정받고 있습니다. GTQ 포토샵 자격증 시험은 매달 마지막 주 토요일에 치뤄지며 1년에 총 12회 시험이 있습니다.

▲ 한국생산성본부 홈페이지 http://www.kpc.or.kr

2. 포토샵 자격증 취득 기간은 얼마나 걸리나요?

포토샵을 전혀 다루지 못하는 상태에서 준비를 한다면 하루 3시간 이상 두 달 정도는 공부하는 것이 좋으며, 어느 정도 기본으로 포토샵의 기본적인 사용법을 알고 있다면 한 달 정도 준비 시간을 갖는 것이 좋습니다.

3. 포토샵을 배우고 난 뒤에 취득하면 좋은 자격증이 어떤 것들이 있나요?

포토샵과 연계된 작업에 필요한 GTQi(일러스트) 자격증을 취득해 보고 산업인력공단에서 시행하고 있는 컴퓨터그래픽스운용기능사 자격증에도 한 번 도전해 보세요.

4. 다른 자격증들은 취득하기 위해 준비하는 기간이 얼마나 걸리나요?

컴퓨터그래픽스운용기능사의 경우 필기와 실기 과정으로 구성되어 있습니다. 필기는 3주 정도 기간을 잡아 준비하고, 실기는 2개월 ~ 3개월 정도 여유를 두고 공부해야 합니다.

컴퓨터그래픽스운용기능사 자격증이란 한국산업인력관리공단에서 시행하는 국가기술 자격증입니다. 필기 시험과 실기 시험에 응시하여 통과하면 취득할 수 있는 자격증으로 실기 시험은 포토샵, 일러스트레이터, 인디자인을 포괄적으로 활용할 수 있는 내용으로 테스트합니다.

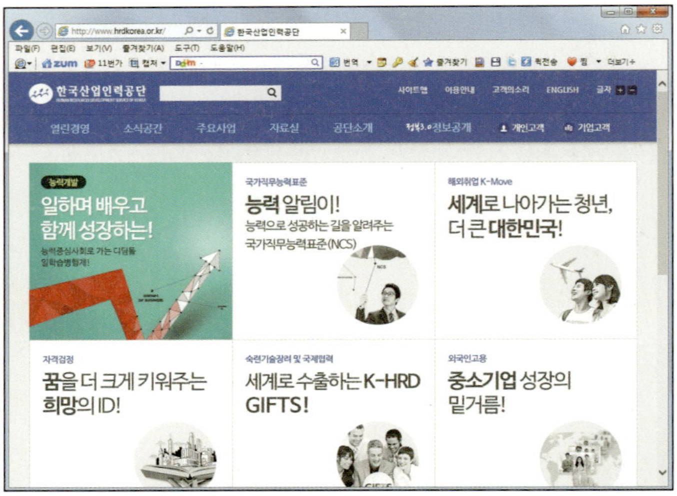

▲ 한국산업인력공단 홈페이지 http://www.hrdkorea.or.kr/

SECTION 04

화면 구성 및 패널 살펴보기

포토샵 CC의 화면은 메뉴가 몇 개 추가된 것 외에 CS6과 거의 같다고 할 수 있습니다. 포토샵을 실행하여 인터페이스를 살펴보고 이미지 파일을 열어서 툴과 패널들을 확인해보겠습니다.

| 학습 포인트 |

- 포토샵 CS6+CC의 화면 구성 살펴보기
- 포토샵 CS6+CC의 툴 패널 살펴보기
- 포토샵 CS6+CC의 패널 종류 살펴보기

01 포토샵 화면 살펴보기

포토샵 CS6과 CC의 화면 구성입니다. 각 버전의 인터페이스가 거의 비슷합니다.

▲ 포토샵 CS6 인터페이스

▲ 포토샵 CC 인터페이스

❶ 메뉴 표시줄 : 포토샵에서 사용하는 기능의 명령어들을 모아 놓은 곳입니다.

❷ 옵션 바 : 선택한 툴에 대한 자세한 옵션을 설정합니다.

❸ [Tools] 패널 : 주요 기능을 모아 아이콘으로 표시한 도구 상자입니다.

❹ 파일 이름 탭 : 현재 불러온 이미지의 이름, 화면 배율, 색상 모드를 표시합니다.

❺ 이미지창 : 작업할 이미지입니다.

❻ 상태 표시줄 : 화면 배율을 설정하고 현재 작업 정보를 표시하는 상태 표시줄입니다.

❼ Expand Dock : 클릭하면 패널을 펼치거나 숨길 수 있는 패널을 축소한 아이콘입니다.

❽ 패널 : 이미지 작업을 효율적으로 하기 위한 자세한 옵션을 제공하는 기능들을 패널 형태로 제공합니다. 패널은 [Window] 메뉴에서 불러올 수 있습니다.

02 포토샵 CS6+CC의 [Tools] 패널 살펴보기

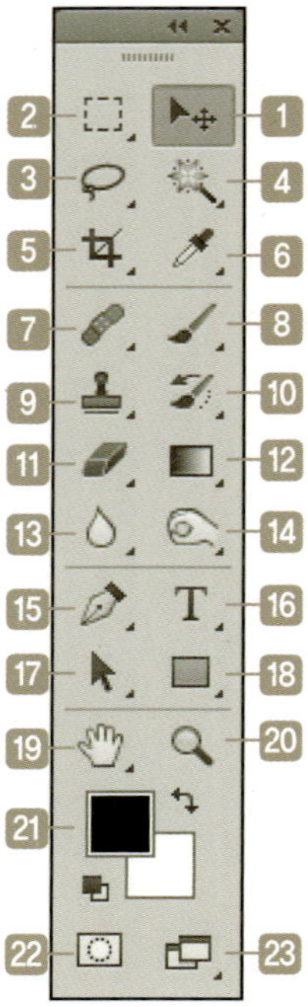

[Tools] 패널을 살펴보면 툴 오른쪽 아래에 작은 화살표가 있는 경우 툴을 길게 클릭하면 숨어 있는 툴이 나타납니다. 이는 툴의 특성에 따라 비슷한 기능을 그룹으로 묶은 것이니 참고하기 바랍니다. 각 툴들이 어떤 기능을 하는지 간단하게 알아보겠습니다.

1 이동 툴

❶ Move Tool : 이미지를 이동할 때 사용합니다.

2 선택 툴

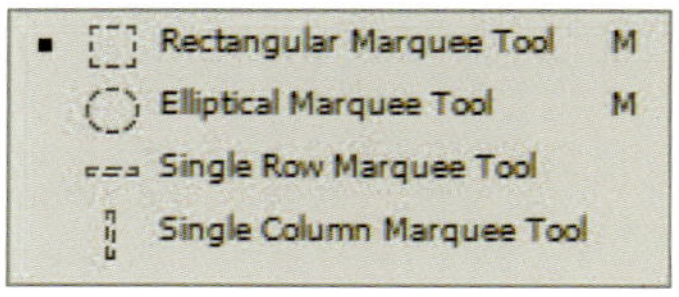

❶ Rectangular Marquee Tool : 사각형 모양으로 선택 영역을 지정합니다.

❷ Elliptical Marquee Tool : 원형 모양으로 선택 영역을 지정합니다.

❸ Single Row Marquee Tool : 가로로 1픽셀만 선택 영역을 지정합니다.

❹ Single Column Marquee Tool : 세로로 1픽셀만 선택 영역을 지정합니다.

3 올가미 툴

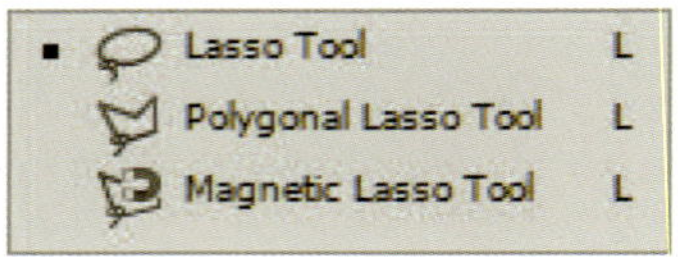

❶ Lasso Tool : 자유로운 곡선 모양으로 선택 영역을 지정합니다.

❷ Polygonal Lasso Tool : 자유로운 직선 모양으로 선택 영역을 지정합니다.

❸ Magnetic Lasso Tool : 색상 경계를 따라 이미지의 선택 영역을 지정합니다.

4 빠른 선택 툴

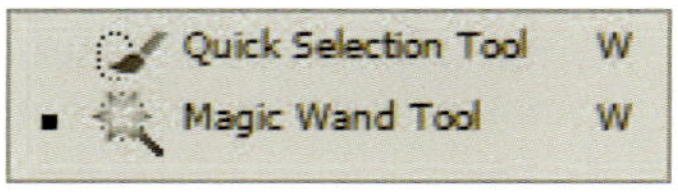

❶ Quick Selection Tool : 브러시 툴을 이용하여 드로잉하면서 선택 영역을 지정합니다.

❷ Magic Wand Tool : 비슷한 색상 범위를 지정한 후 선택 영역을 지정합니다.

5 자르기 툴

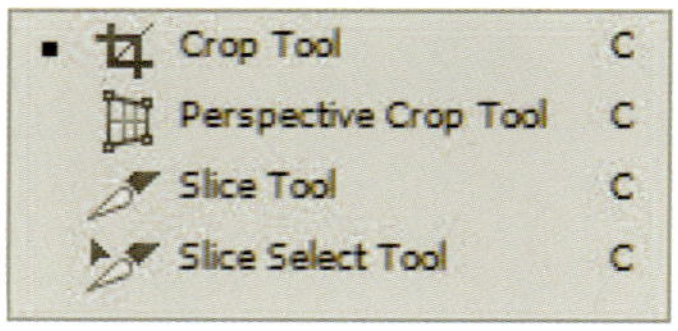

❶ Crop Tool : 이미지의 일부를 드래그하여 자릅니다.

❷ Perspective Crop Tool : 투시 이미지를 교정하면서 자릅니다.

❸ Slice Tool : 홈페이지용 이미지를 만들기 위해 이미지 영역을 분할합니다.

❹ Slice Select Tool : 분할된 이미지를 선택합니다.

6 작업을 돕는 툴

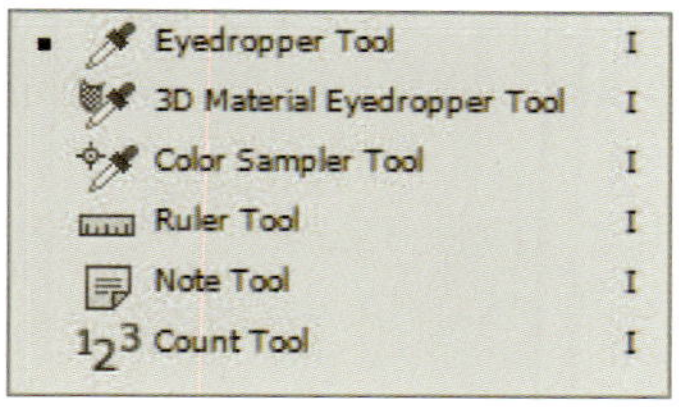

❶ Eyedropper Tool : 이미지에서 색상을 추출합니다.

❷ 3D Material Eyedropper Tool : 3D 효과에 나오는 재질을 추출할 때 사용합니다.

❸ Color Sampler Tool : 최대 4개의 색상 샘플을 저장할 수 있습니다.

❹ Ruler Tool : 이미지의 정확한 길이, 위치, 각도를 측정합니다.

❺ Note Tool : 이미지에 메모를 삽입합니다.

❻ Count Tool : 이미지에 개수를 세고 번호를 입력합니다.

7 리터칭 툴

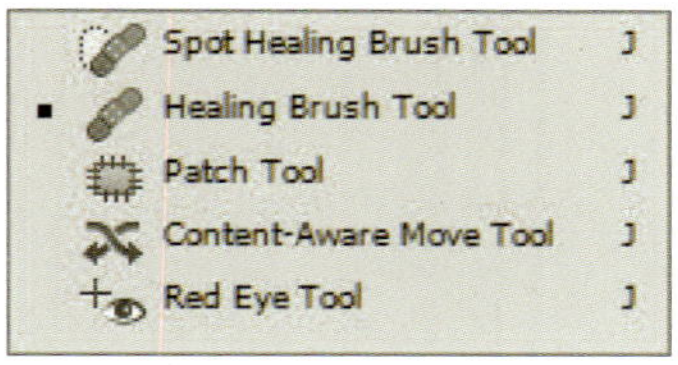

❶ Spot Healing Brush Tool : 마우스로 클릭하거나 드래그하여 잡티를 수정합니다.

❷ Healing Brush Tool : 복사한 부분의 질감으로 잡티나 얼굴의 상처나 주름을 복원할 수 있습니다.

❸ Patch Tool : 선택 영역을 이용하여 이미지를 복제합니다.

❹ Content-Aware Move Tool : 이미지를 이동시키면 빈 공간이 자연스럽게 채워집니다.

❺ Red Eye Tool : 적목 현상을 제거합니다.

8 브러시 툴

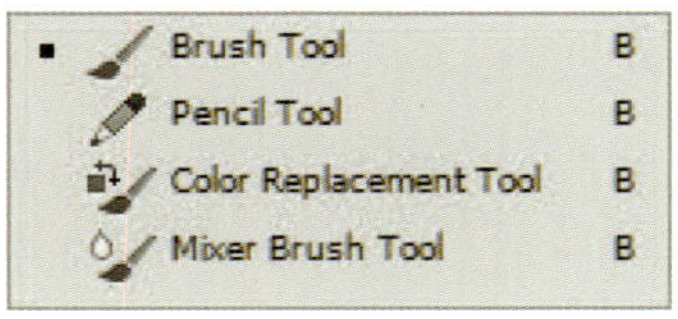

❶ Brush Tool : 브러시의 모양과 색상을 지정하여 채색합니다.

❷ Pencil Tool : 가장자리가 선명한 선으로 그려집니다.

❸ Color Replacement Tool : 선택한 색상을 다른 색상으로 변경합니다.

❹ Mixer Brush Tool : 이미지를 회화적인 붓 터치로 표현합니다.

9 도장 툴

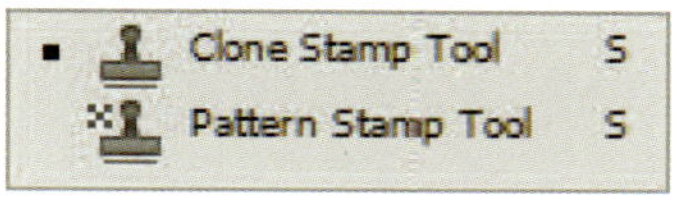

❶ Clone Stamp Tool : 이미지를 복사하여 다른 위치에 복사합니다.

❷ Pattern Stamp Tool : 이미지를 패턴으로 복사합니다.

10 복원 툴

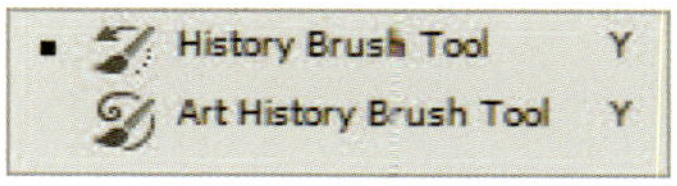

❶ History Brush Tool : 브러시로 드래그한 영역을 원본 이미지로 복구합니다.

❷ Art History Brush Tool : 원본 이미지로 복구할 때 회화적인 붓 터치를 적용합니다.

11 지우개 툴

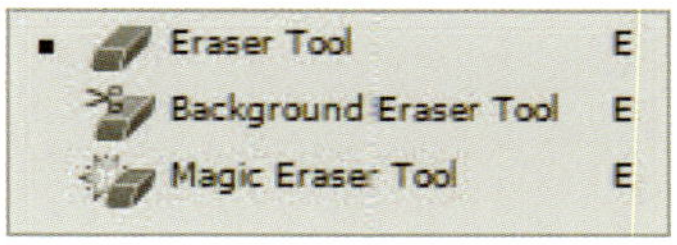

❶ Eraser Tool : 배경 또는 투명으로 지웁니다.

❷ Background Eraser Tool : 이미지의 일부 영역을 투명하게 지웁니다.

❸ Magic Eraser Tool : 같은 색상 범위의 이미지를 한 번에 투명하게 지웁니다.

12 페인팅 툴

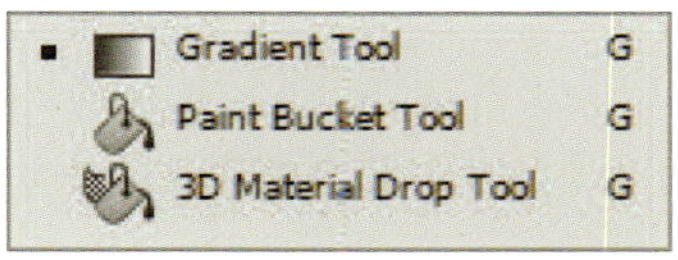

❶ Gradient Tool : 두 가지 이상의 색상을 혼합하여 점차적으로 변화를 표현합니다.

❷ Paint Bucket Tool : 전경색이나 패턴으로 채색합니다.

❸ 3D Material Drop Tool : 3D 오브젝트의 표면에 다양한 질감을 채웁니다

13 선명도 수정 툴

❶ Blur Tool : 이미지의 일부를 흐리게 표현합니다.

❷ Sharpen Tool : 이미지의 일부를 선명하게 표현합니다.

❸ Smudge Tool : 이미지의 일부를 문지른 방향으로 번지게 합니다.

14 명암 및 채도 수정 툴

❶ Dodge Tool : 이미지를 밝게 표현합니다.

❷ Burn Tool : 이미지를 어둡게 표현합니다.

❸ Sponge Tool : 이미지의 채도를 낮추거나 올립니다.

15 펜 툴

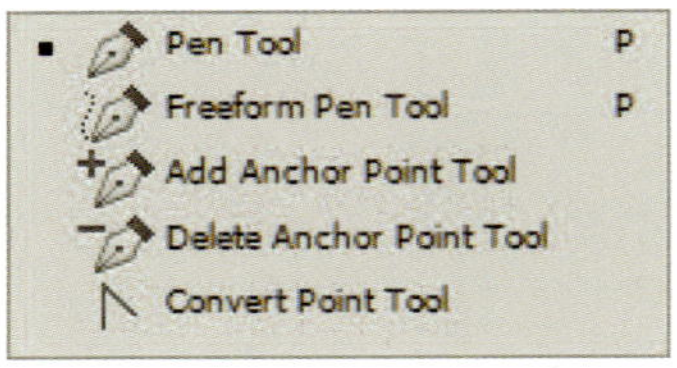

❶ Pen Tool : 패스를 만듭니다.

❷ Freeform Pen Tool : 자유롭게 드래그하여 패스를 만듭니다.

❸ Add Anchor Point Tool : 패스에 정점을 추가합니다.

❹ Delete Anchor Point Tool : 패스의 정점을 삭제합니다.

❺ Convert Point Tool : 패스의 속성을 곡선이나 직선으로 변환합니다.

16 문자 툴

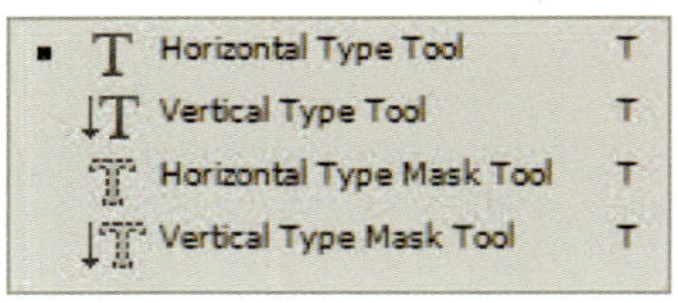

❶ Horizontal Type Tool : 가로 방향 문자를 입력합니다.

❷ Vertical Type Tool : 세로 방향 문자를 입력합니다.

❸ Horizontal Type Mask Tool : 입력한 가로 방향 문자를 선택 영역으로 지정합니다.

❹ Vertical Type Mask Tool : 입력한 세로 방향 문자를 선택 영역으로 지정합니다.

17 패스 선택 툴

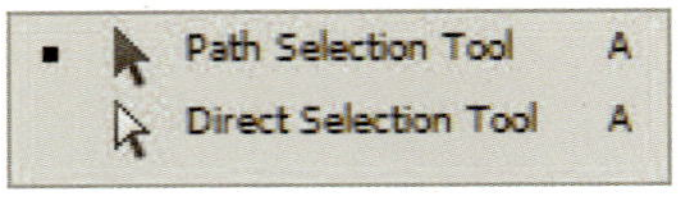

❶ Path Selection Tool : 패스 전체를 선택합니다.

❷ Direct Selection Tool : 패스를 부분적으로 선택하거나 이동합니다.

18 도형 툴

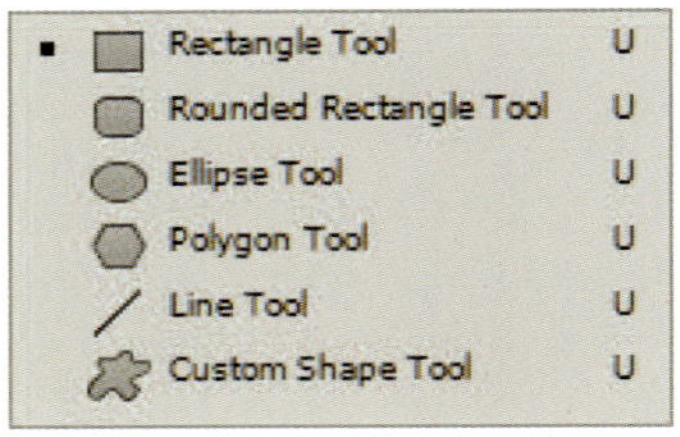

❶ Rectangle Tool : 사각형 셰이프를 그립니다.

❷ Rounded Rectangle Tool : 모서리가 둥근 사각형 셰이프를 그립니다.

❸ Ellipse Tool : 원형 셰이프를 그립니다.

❹ Polygon Tool : 다각형 셰이프를 그립니다.

❺ Line Tool : 선이나 화살표 셰이프를 그립니다.

❻ Custom Shape Tool : 다양한 도형 셰이프를 그립니다.

19 화면 보기 툴

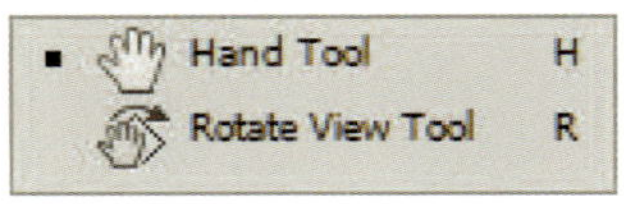

❶ Hand Tool : 이미지 확대 시 이동하여 보이지 않는 부분을 표시합니다.

❷ Rotate View Tool : 기울어진 이미지를 돌려 바로잡습니다.

20 확대 및 축소 툴

❶ Zoom Tool : 화면 배율을 확대하거나 축소할 때 사용합니다.

21 전경색 및 배경색 툴

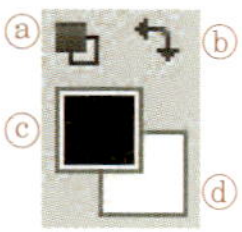

ⓐ Default Foreground and Background Colors : 기본 설정인 전경색을 검정색으로, 배경색을 흰색으로 지정합니다.

ⓑ Switch Foreground and Background Colors : 전경색과 배경색의 색상을 서로 바꿉니다.

ⓒ Set Foreground Color : 채색 툴이나 페인팅 툴로 칠하는 색을 지정합니다.

ⓓ Set Background Color : Background를 지웠을 때나 캔버스를 확장했을 때 채워지는 색을 지정합니다.

22 퀵마스크 모드

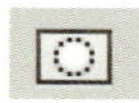

❶ Quick Mask Mode : 브러시로 칠하며 선택 영역을 만들 수 있는 모드입니다.

23 스크린 모드

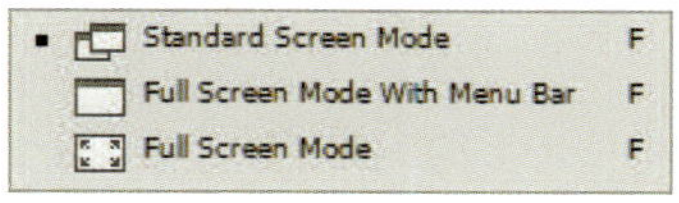

❶ Standard Screen Mode : 표준 화면 모드입니다.

❷ Full Screen Mode With Menu Bar : 메뉴 바를 표시하며 이미지창을 전체 화면으로 봅니다.

❸ Full Screen Mode : 이미지창만 전체 화면으로 봅니다.

03 포토샵 CS6+CC의 패널 종류 살펴보기

패널은 툴과 메뉴를 이용한 이미지 작업을 돕는 기능을 제공하며 다양한 옵션은 작업의 능률을 올려줍니다. 또한 자세한 옵션은 오른쪽 위의 팝업 메뉴 버튼을 클릭하거나 마우스 오른쪽 버튼을 클릭하여 확장 메뉴를 확인하고 선택할 수 있습니다. 작업에 필요한 패널이 보이지 않을 경우에는 [Window] 메뉴에서 불러와 사용할 수 있습니다.

1 [3D] 패널 : 3D 오브젝트의 효과를 설정합니다.

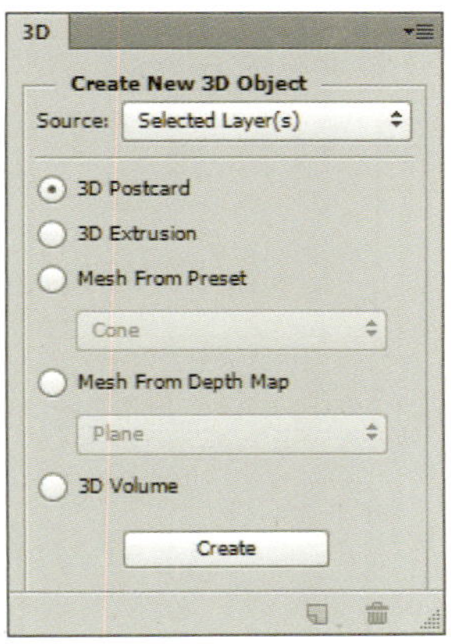

2 [Actions] 패널 : 작업 과정을 기록하여 반복된 작업을 할 때 사용합니다.

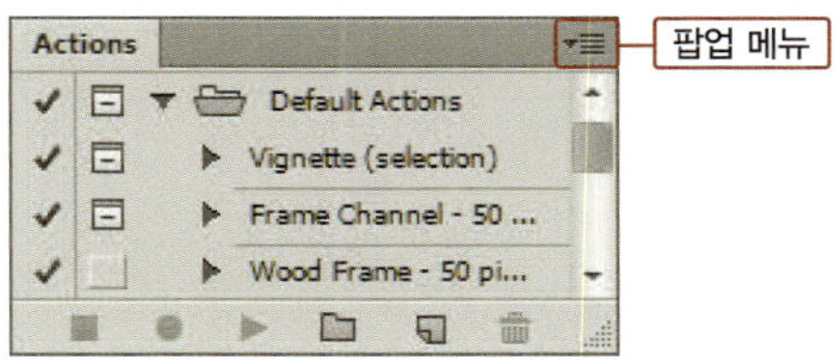

3 **[Adjustments] 패널 :** 이미지 보정 기능을 레이어 형태로 적용합니다.

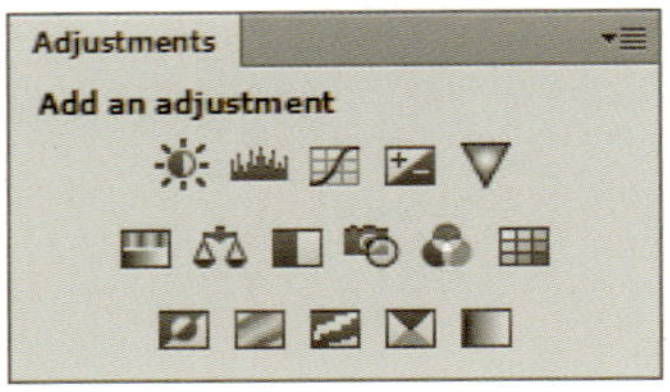

4 **[Brush] 패널 :** 브러시의 모양 및 크기 등의 다양한 옵션을 설정합니다.

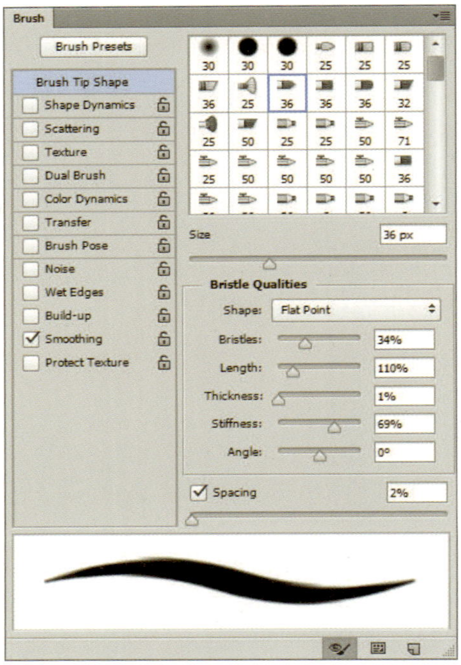

5 **[Brush Presets] 패널 :** 브러시 샘플을 제공하며 브러시의 크기와 모양을 지정하거나 저장합니다.

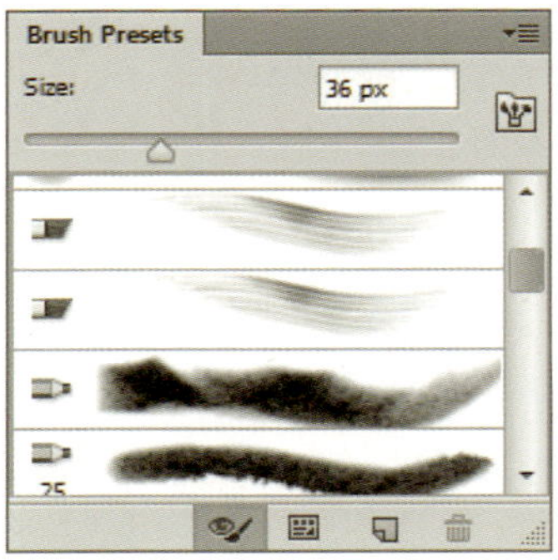

6 **[Channels] 패널 :** 색상 정보를 확인하며 선택 영역을 저장하고 관리합니다.

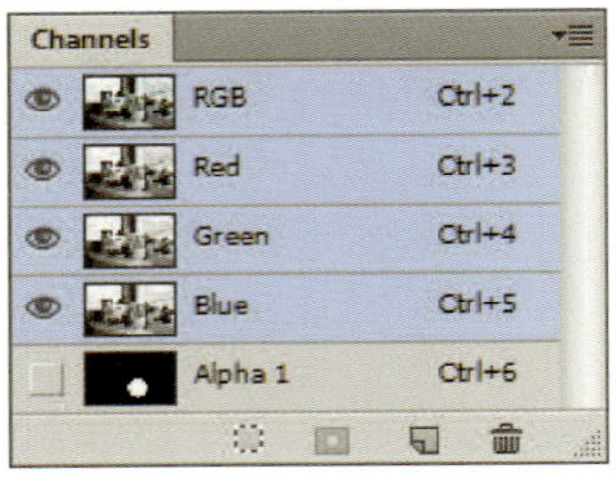

7 **[Character] 패널 :** 입력한 문자의 문자 속성을 설정합니다.

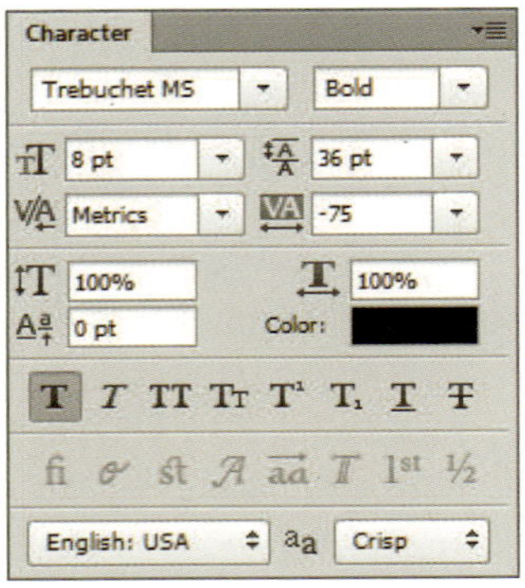

8 **[Character Styles] 패널 :** 서체, 크기 등 문자 속성을 저장합니다.

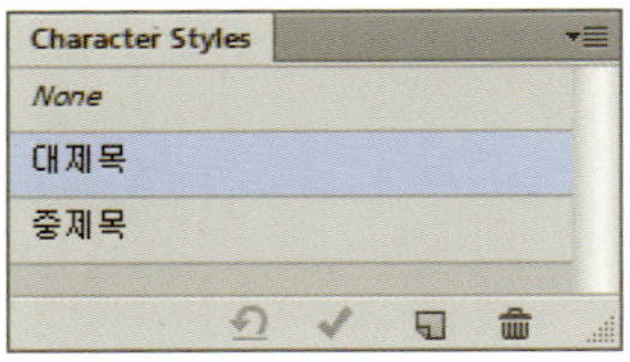

9 **[Clone Source] 패널 :** 도장 툴을 이용하여 복제할 때 이미지의 정보를 기록하고 관리합니다.

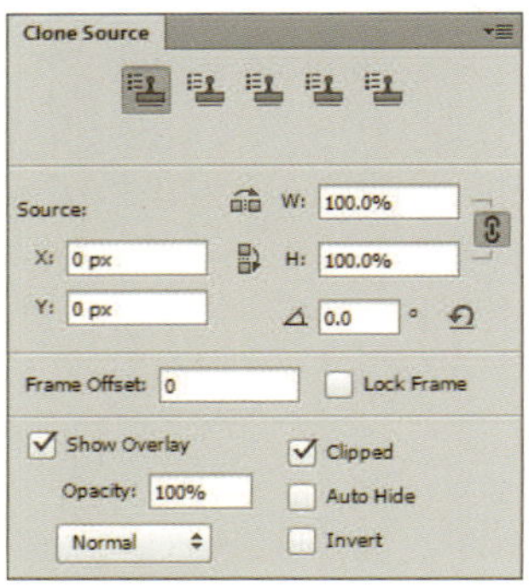

10 [Color] 패널 : 전경색과 배경색을 지정하고 색상 정보를 설정합니다.

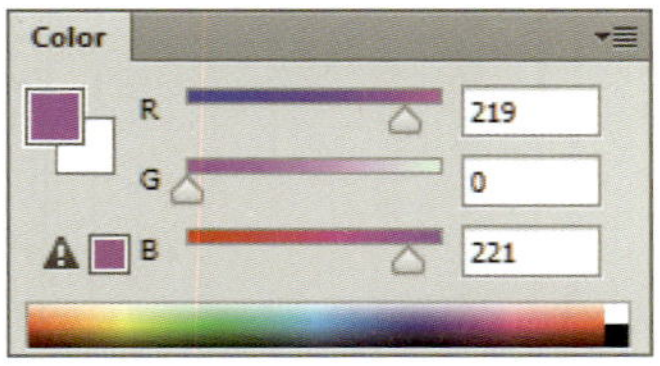

11 [Histogram] 패널 : 이미지의 색상과 톤의 분포를 표시합니다.

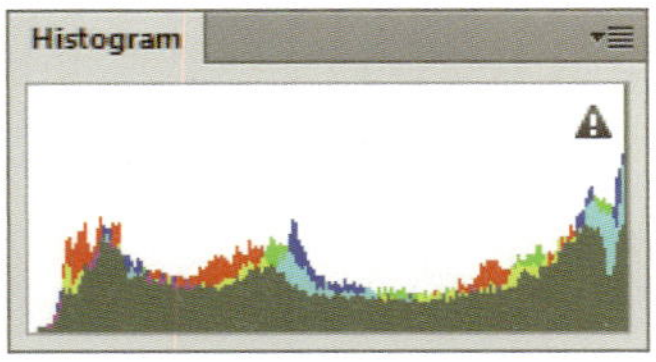

12 [History] 패널 : 작업 과정을 단계별로 기록하고, 이전 작업으로 되돌릴 수 있습니다.

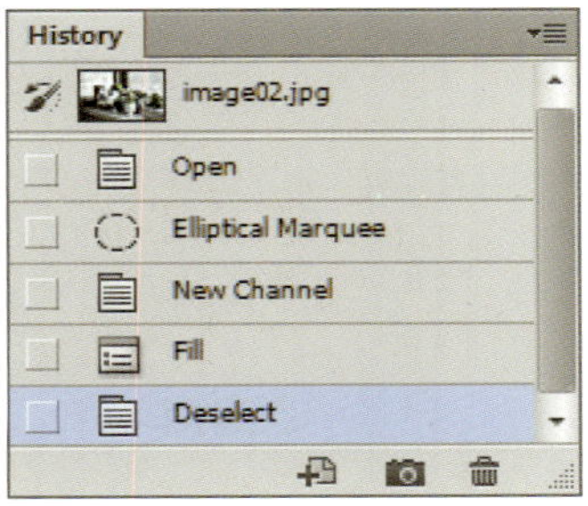

13 [Info] 패널 : 이미지창에서 마우스 포인터가 있는 곳의 색상, 위치, 각도의 정보를 수치로 기록합니다.

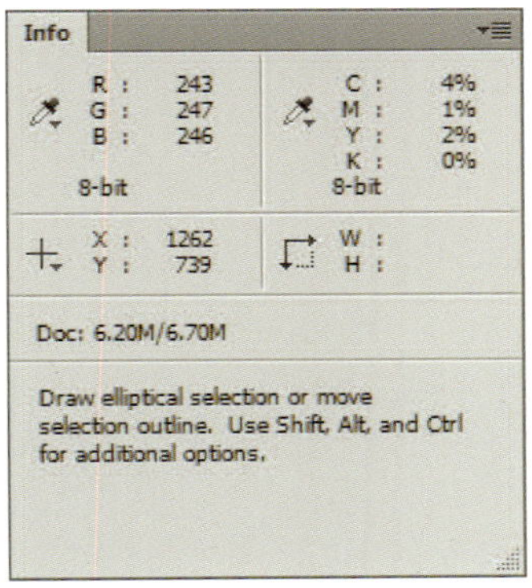

14 [Layer Comps] 패널 : 레이어 조합을 저장하여 여러 가지 시안을 저장합니다.

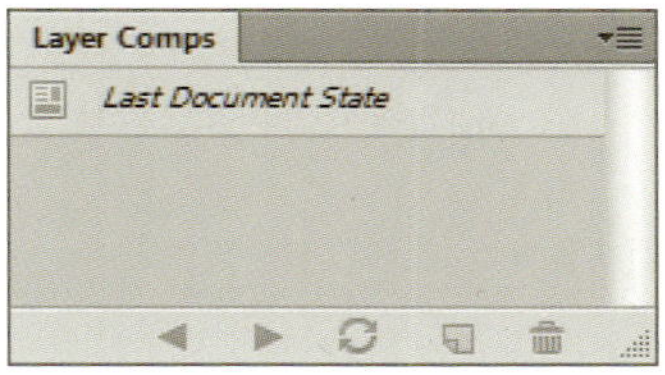

15 [Layers] 패널 : 이미지를 층으로 관리하고 편집 및 효과를 적용합니다.

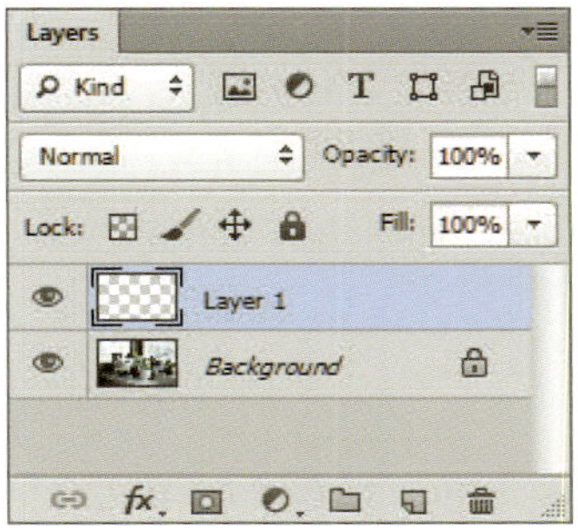

16 [Measurement Log] 패널 : [Ruler Tool]이나 [Count Tool] 등의 툴로 측정한 정보를 기록합니다.

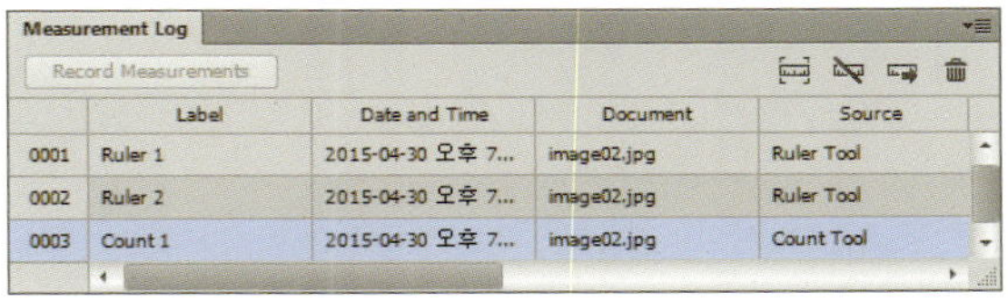

17 [Navigator] 패널 : 화면 배율을 확대하거나 축소하고, 이미지 보기를 원하는 위치로 설정할 수 있습니다.

⑱ **[Notes] 패널 :** 메모를 기록합니다.

⑲ **[Paragraph] 패널 :** 입력한 글자의 문단 속성을 설정합니다.

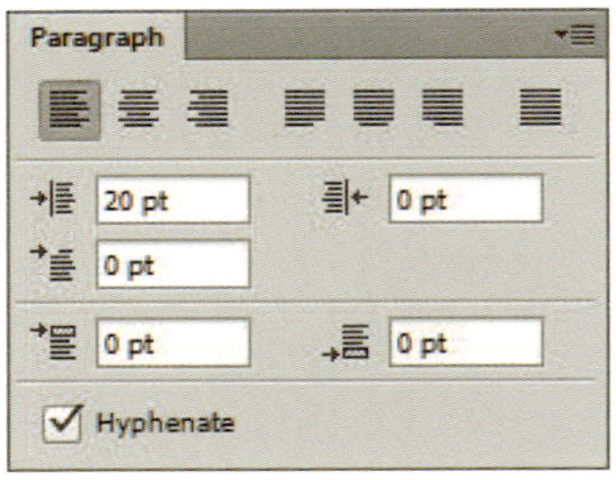

⑳ **[Paragraph Styles] 패널 :** 문자와 문단 속성을 저장합니다.

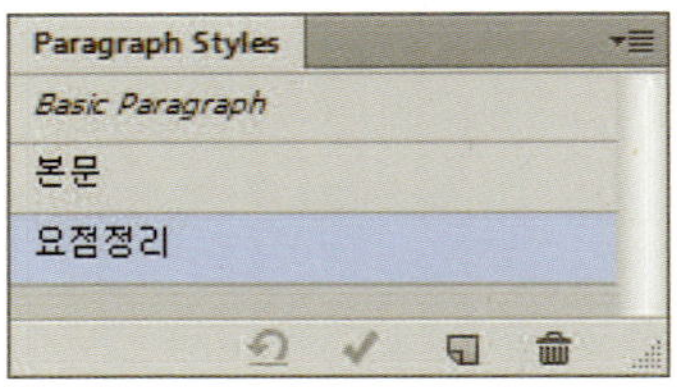

㉑ **[Paths] 패널 :** 패스를 저장하고 다양한 옵션을 적용합니다.

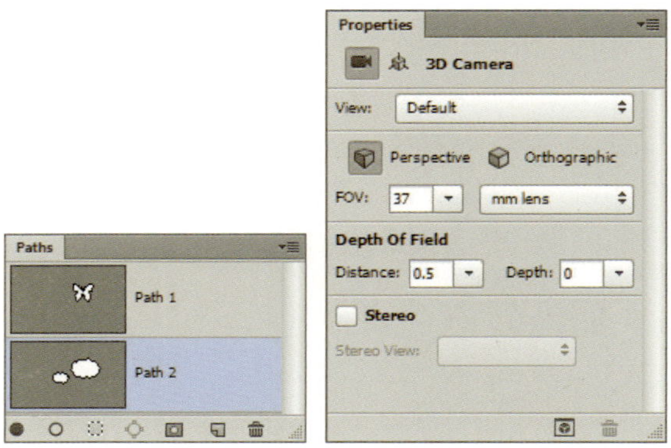

㉒ **[Styles] 패널 :** 선택된 이미지에 스타일을 적용하거나 작업한 스타일 효과를 저장합니다.

㉓ **[Swatches] 패널 :** 자주 사용하는 색상을 모아 놓아 쉽게 선택할 수 있고, 전경색을 저장할 수 있습니다.

㉔ **[Timeline] 패널 :** 시간을 지정하여 움직이는 이미지를 제작합니다.

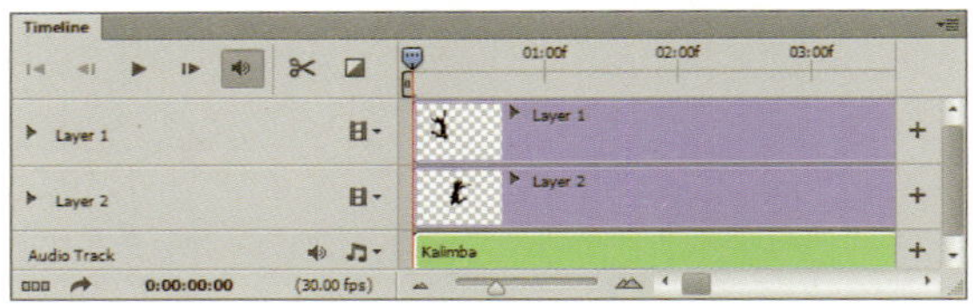

㉕ **[Tool Presets] 패널 :** 자주 사용하는 툴의 옵션을 저장하고 사용할 수 있습니다.

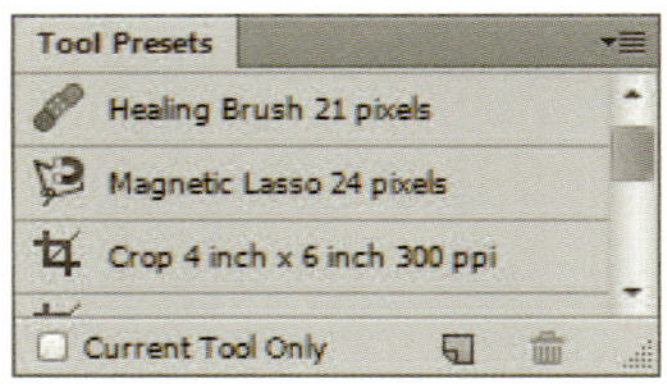

SECTION 05

새문서 만든 후 저장하고 열기

[New], [Save], [Open]

포토샵에서 도큐먼트를 만들고 저장하고 파일을 불러오는 다양한 방법에 대해 알아보겠습니다.

| 학습 포인트 |

- 새문서 만들기
- 작업한 문서 저장하고 불러오기
- 종료하기/모두 닫기
- 파일 형식 이해하기
- **[UPGRADE 실력올리기] [Bridge] 기능으로 효과적으로 파일 검색하고 열기/브릿지에서 일괄 보정하기**

◎ **[시작파일]** 없음 ◉ **[완성파일]** ch01/ch01-sec05(완성).psd

01 새문서 만들고 드로잉하기

1 새문서 만들기

① [File]-[New] 메뉴를 선택합니다.

② [New] 대화창에서 [Name]은 '하트배경', [Width]는 '600Pixels', [Height]는 '500Pixels', [Resolution]은 '72Pixels/Inch', [Color Mode]는 'RGB Color', [Background Contents]는 'White'로 설정합니다.

③ [OK] 버튼을 클릭합니다.

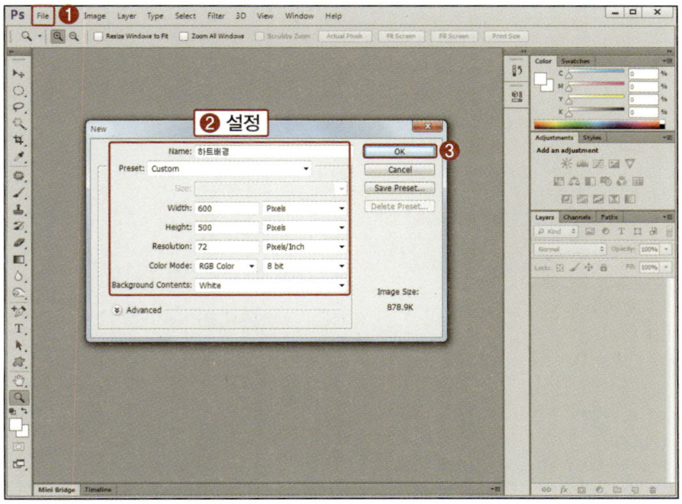

NOTE

새문서 만들기의 단축키는 Ctrl + N 입니다. 빠른 작업을 위해 자주 사용하는 기능은 단축키로 외워 사용하면 편리합니다.

[New] 대화창 살펴보기

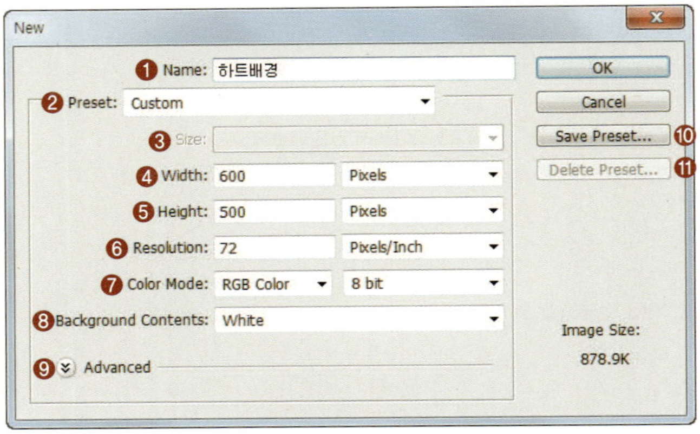

❶ Name : 새로운 문서의 이름을 설정합니다.
❷ Preset : 용도에 맞는 프리셋이 제공됩니다.
❸ Size : [Preset] 옵션 사용 시 활성화되며 창의 크기를 지정합니다.
❹ Width : 가로 크기를 설정합니다.
❺ Height : 세로 크기를 설정합니다.
❻ Resolution : 해상도를 설정합니다.
❼ Color Mode : 색상 모드를 설정합니다.
❽ Background Contents : 새문서의 배경 콘텐츠 및 색상을 설정합니다.
❾ Advanced : 고급 옵션을 표시하거나 숨깁니다.
❿ Save Preset : 대화창에서 설정한 내용을 [Preset]으로 저장합니다.
⓫ Delete Preset : 저장한 [Preset]을 삭제합니다.

2 전경색 선택하고 모양 선택하기

① [Tools] 패널에서 전경색은 '빨강색'으로 설정합니다.

② [Custom Shape Tool] 을 선택하고 옵션 바에서 'Pixels', [Shape]은 '하트' 모양을 선택합니다.

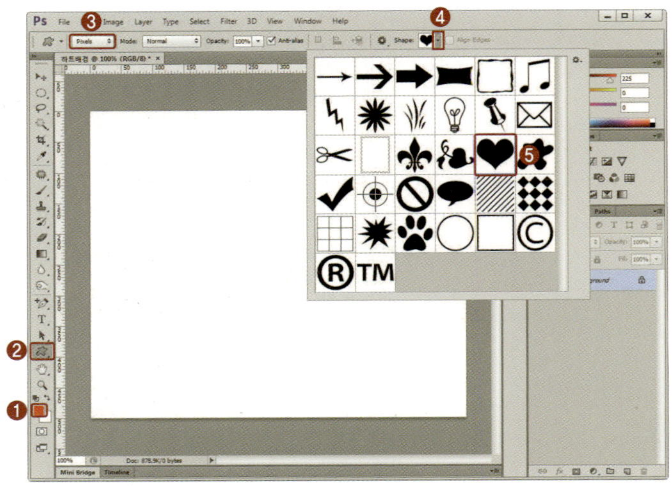

3 하트 그리기

① Shift 를 누른 채 캔버스 안을 드래그하여 그림과 같이 하트를 그립니다.

② [Horizontal Type Tool] T 을 선택하고 옵션 바에서 [Set the font family]는 'Gulim', [Set the font size]는 '130pt', [Set the text color]는 '흰색'으로 설정합니다.

③ 이미지창 중앙을 클릭하여 'LOVE'라고 입력합니다.

④ 옵션 바에서 [Commit any current edits] ✔를 클릭합니다.

02 작업한 문서 저장하고 불러오기

1 저장하기

① 작업을 마치고 [File]–[Save] 메뉴를 클릭합니다.

② [Save As] 대화창에서 저장 위치를 선택하고 [파일 이름]에 'ch01–sec05(완성)'이라고 입력한 후 [Format]은 'Photoshop(*.PSD;*.PDD)'로 설정하면 파일명 뒤에 자동으로 확장자명이 입력됩니다.

③ 파일명을 확인한 후 [저장] 버튼을 클릭합니다.

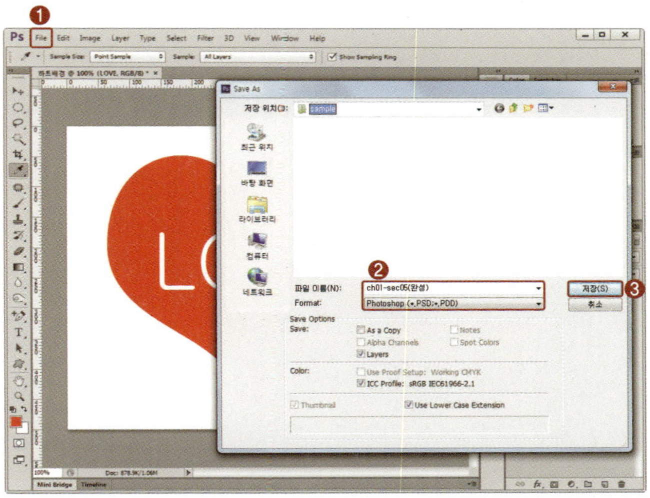

NOTE

[Open]한 이미지에서 [Save]를 선택하면 원본에 덮어씌워 저장하고, [Save As]를 선택하면 원본은 그대로 유지한 채 다른 이름으로 저장할 수 있습니다.

2 닫기

[File]–[Close]를 선택합니다. 이미지창이 닫힙니다.

NOTE

[File]–[Exit]를 선택하면 프로그램이 종료됩니다.

3 불러오기

① [File]–[Open] 메뉴를 클릭하면 [Open] 대화창이 나타납니다.

② 저장한 'ch01–sec05(완성).psd' 파일을 선택하고, [열기] 버튼을 클릭합니다.

③ [Layers] 패널에서 'Background'와 문자 레이어를 확인합니다.

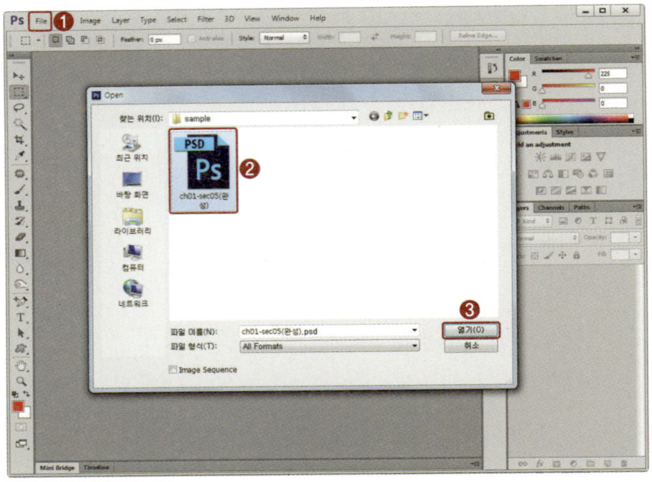

NOTE

PSD 파일을 더블클릭하면 포토샵에서 바로 열립니다. PSD 파일은 레이어, 마스크, 보정 레이어, 채널, 패스 등 레이어 작업 그대로 저장되는 형식입니다.

Photoshop 코칭

■ 이미지 파일을 여는 다양한 방법

포토샵의 작업 영역 안으로 드래그하는 방법으로 열 수도 있습니다.

1. 새 탭으로 불러오기

◎ **[시작파일]** ch01/로켓.jpg, 토끼.jpg, 선반.jpg

❶ 탐색기에서 '로켓.jpg' 파일을 포토샵의 작업 영역 안으로 드래그하여 파일을 엽니다.

❷ '토끼.jpg' 파일을 도큐먼트 탭 옆으로 드래그합니다. 탭으로 열립니다.

2. 이미지 Place 시키기

❶ '선반.jpg'를 '토끼.jpg' 캔버스 안으로 드래그합니다.

❷ 바운딩 박스가 잡히면 크기를 조정하고 박스 안을 더블클릭합니다.

■ PSD 파일 미리보기

탐색기에서 PSD 파일은 아이콘으로 보입니다. 이미지 섬네일이 나타나게 하려면 http://mysticcoder.net/index.html에서 MysticThumbs 프로그램을 설치합니다.

▲ 탐색기 창

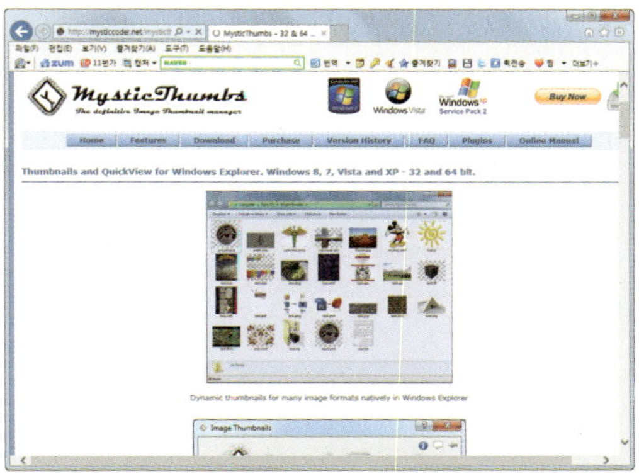

▲ http://mysticcoder.net 페이지

03 파일 형식 이해하기

포토샵이 다양한 분야와 호환 작업이 가능한 만큼 지원되는 그래픽 파일의 종류가 다양합니다. 포토샵에서의 저장 과정과 대표적인 이미지 파일 형식에 대해 살펴보겠습니다.

1 저장 과정 살펴보기

① [File]-[Save]를 선택하여 PSD 포맷으로 저장합니다. 모든 레이어 구성이 유지된 채 저장되므로 언제든지 파일을 열어서 수정 작업이 가능합니다. 작업 과정은 저장되지 않습니다.

② [File]-[Save As]를 선택하여 용도에 맞는 포맷으로 다시 저장합니다. 예를 들어 웹 이미지로 사용하기 위해 JPG 포맷으로 내보낼 수 있습니다.

2 파일 형식의 종류 자세히 살펴보기

① PSD[*.psd] : 포토샵 고유의 파일 포맷으로 포토샵에서 레이어 작업 후 저장을 하면 기본 포맷으로 설정됩니다. 이미지의 모든 모드에서 저장이 가능하며 레이어, 마스크, 보정 레이어, 채널, 패스 등의 레이어 작업 그대로를 저장하는 형식입니다.

② JPG[*.jpg] : Joint Photographic Experts Group에서 제정한 압축 방식으로 가장 뛰어난 압축률을 자랑합니다. 사진 이미지와 같이 연속 톤 및 색상 수가 많을 때 저장하기 좋습니다.

③ GIF[*.gif] : 색상 수가 256개로 제한되어 있어 색상 수가 많지 않은 그래픽 이미지 포맷에 적당합니다. 웹상에 업로드할 때 사용하며, 투명 이미지로 저장할 수 있고 애니메이션 정보를 저장할 수 있는 포맷입니다.

④ PNG[*.png] : GIF와 JPG의 장점을 합친 파일 형식입니다. 저장할 때 8비트나 24비트중 선택하여 저장할 수 있고 알파 채널 정보와 색상 정보를 포함합니다. 투명 이미지로 저장이 가능하여 다양한 용도로 활용이 가능합니다. PNG24는 투명도를 완전히 유지한 채 저장합니다. 그러나 JPG 포맷보다는 압축률이 좋지 않습니다.

UPGRADE
실력
올리기

[Bridge] 기능으로 효과적으로 파일 검색하고 열기

어도비 브릿지는 윈도우 뷰어에서 보이지 않는 PSD나 AI 파일들을 미리보기하고 손쉽게 불러올 수 있습니다. [File]-[Browse in Bridge]를 선택하거나 Ctrl + Alt + O를 눌러 실행합니다.

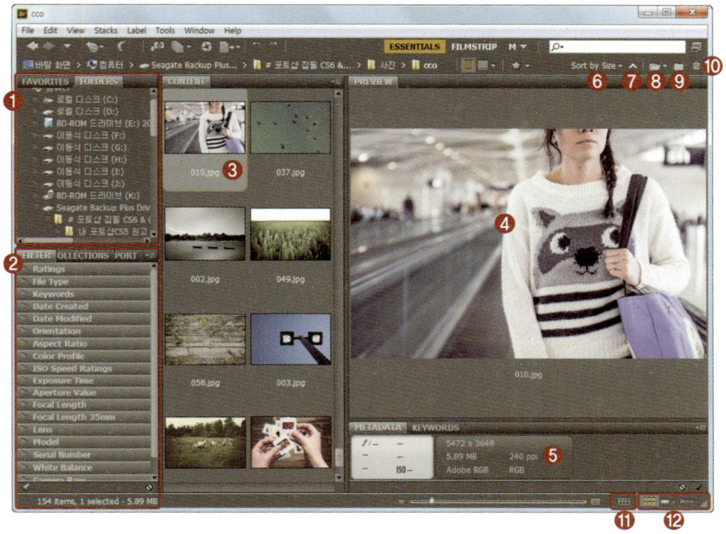

❶ Favorites/Folders : 이동할 폴더를 표시합니다.

❷ Filter : 선택한 폴더 안의 이미지 파일들을 파일 포맷, 날짜, 파일명 등으로 이미지를 분류합니다.

❸ Content : 이미지들을 섬네일로 표시합니다.

❹ Preview : 선택한 이미지를 미리보기해 줍니다.

❺ Metadata/Keywords : 선택한 이미지의 메타 데이터를 확인하거나 이미지 검색 키워드를 등록할 수 있습니다.

❻ Sort by : 파일을 정렬하는 방식을 지정합니다.

❼ Order : 오름차순과 내림차순 중 선택합니다.

❽ Open Recent File : 최근에 실행한 파일을 확인하고 불러옵니다.

❾ Create a New Folder : 새 폴더를 생성합니다.

❿ Delete Item : 선택한 이미지를 삭제합니다.

⓫ Thumbnail Size : 이미지 파일의 섬네일 크기를 조절합니다.

⓬ View Content : 이미지 파일의 표시 방식을 지정합니다.

브릿지에서 일괄 보정하기

◎ **[시작파일]** ch01/새01.jpg, 새02.jpg, 새03.jpg

1. 연사 이미지들 중 하나의 이미지만 색상 보정을 하겠습니다. 보정할 사진 '새01.jpg' 파일을 선택하고 마우스 오른쪽 버튼을 클릭하여 [Open in Camera Row]를 선택합니다.

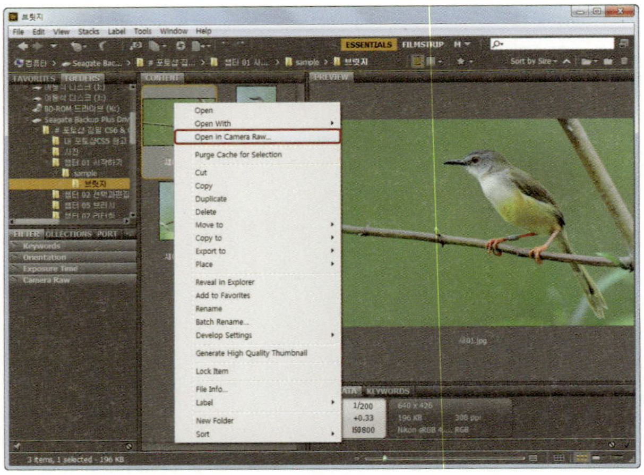

2. [Camera Row] 필터가 나타나면 세부 설정을 하여 색 보정을 합니다. [Done] 버튼을 클릭합니다.

3. 보정한 사진을 선택하고 마우스 오른쪽 버튼을 클릭하여 [Develop Settings]–[Copy Settings]를 선택합니다.

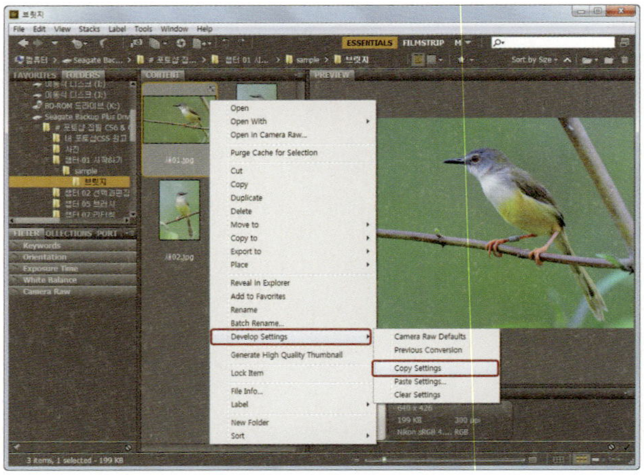

4. 나머지 보정할 사진들을 Ctrl 을 누른 채 다중 선택합니다. 선택한 사진 위에서 마우스 오른쪽 버튼을 클릭하고 [Develop Settings]–[Paste Settings]를 선택합니다. 복사한 보정 값이 적용되었습니다.

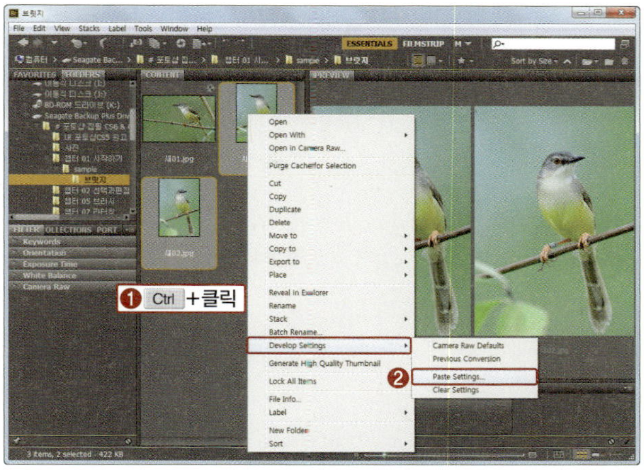

5. 섬네일 오른쪽 상단에 보정 아이콘이 나타납니다. [Develop Settings]–[Clear Settings]로 보정 값을 삭제할 수 있습니다.

SECTION 06

이미지 뷰로 이미지 탐색하기

[Zoom Tool], [Hand Tool], [Rotate View Tool]

이번 SECTION에서는 이미지의 화면 배율을 조정하고 확대된 상태에서 보이지 않는 부분을 이동하여 보는 방법, 이미지를 회전하여 보는 방법에 대해 설명하겠습니다.

| 학습 포인트 |

- 이미지 확대, 축소하기
- 회전 뷰 툴을 이용하여 화면 보기 조정하기
- **[UPGRADE 실력올리기] 이미지 자료 찾는 방법**

◎ **[시작파일]** ch01/ch01-sec06.jpg ◉ **[완성파일]** 없음

01 이미지 확대 축소하기

1 화면 배율 확대하기

① 'ch01-sec06.jpg' 파일을 불러옵니다. 그림에서는 화면 배율이 66.7%로 조정되었습니다.

② [Zoom Tool] 을 선택하고 이미지창 안을 클릭합니다. 100%로 배율이 조정됩니다.

③ 한 번 더 클릭하면 배율이 200%로 조정됩니다.

2 화면 배율 축소하기

① Alt 를 누르면 [Zoom Out] 으로 변경됩니다.

② 이미지 안을 클릭하거나 드래그하여 화면 배율을 축소합니다.

3 고정 화면 배율 적용하기

① 옵션 바에서 [Actual Pixels]를 선택합니다. 화면이 '100%' 배율로 조정됩니다.

② 옵션 바에서 [Fit Screen]을 선택합니다. 작업 영역에 꽉 찬 화면 배율을 볼 수 있습니다.

③ 옵션 바에서 [Fill Screen]을 선택합니다. 화면에 빈 곳 없이 꽉 채워 보여줍니다.

NOTE

[Zoom Tool] 로 클릭한 채 드래그하면 확대/축소 배율이 세밀하게 조정됩니다.

02 화면 이동하기

1 화면 확대하기

Ctrl + Space Bar 를 누른 채 화면 안을 클릭하여 이미지 배율을 확대합니다.

NOTE

Ctrl + Alt + Space Bar 를 누르면 화면 축소 기능으로 변경됩니다.

2 화면 이동하기

① [Hand Tool] 을 선택하고 화면 안을 드래그하면 화면이 이동됩니다.

② [Hand Tool] 을 더블클릭하면 옵션 바의 [Fit Screen]을 클릭한 것처럼 이미지를 작업 영역에 꽉 채워 보여줍니다.

[Zoom Tool] 옵션 바 살펴보기

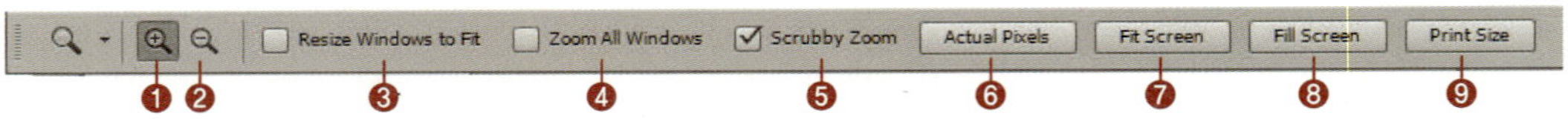

❶ Zoom In : 이미지를 확대합니다.
❷ Zoom Out : 이미지를 축소합니다.
❸ Resize Windows To Fit : 확대 및 축소 시 이미지창의 크기도 같이 맞춰 표시됩니다.
❹ Zoom All Windows : 열려 있는 모든 이미지창이 같이 확대되거나 축소됩니다.
❺ Scrubby Zoom : [Zoom Tool] 로 이미지창의 오른쪽으로 드래그하면 확대되고 왼쪽으로 드래그하면 축소됩니다.
❻ Actual Pixels : 이미지를 '100%' 배율로 표시합니다.
❼ Fit Screen : 전체 이미지가 작업 영역에 맞춰 표시됩니다.
❽ Fill Screen : 화면에 남는 공간 없이 이미지로 채우는 기능으로 이미지 크기에 따라 배율이 달라집니다.
❾ Print Size : 인쇄 크기의 이미지를 표시합니다.

03 화면을 회전하여 보기

1 화면 배율 조정하기

Ctrl + 0 을 누르면 이미지창이 작업 영역 안에 꽉 찹니다.

NOTE

Ctrl + Alt + Space Bar 를 누르면 화면 축소 기능으로 변경됩니다.

2 화면 회전하기

① [Rotate View Tool] 을 선택합니다.

② 이미지창에서 클릭하면 방위표가 나타납니다. 이때 시계 반대 방향으로 드래그하여 건물을 바로 세워봅니다.

③ [Rotate View Tool] 을 더블클릭하면 원래 화면보기로 돌아옵니다.

《 Photoshop 코칭 》

[Rotate View Tool] 옵션 바 살펴보기

❶ Rotate Angle : 각도를 수치로 입력하여 회전합니다.
❷ Reset View : 기울어진 각도를 0°로 되돌립니다.
❸ Rotate All Windows : 열려 있는 모든 이미지창이 회전됩니다.

이미지 화면 배율 정리

화면 확대/축소 단축키	100% 배율 조정	작업 영역에 맞추기
Ctrl + Space Bar +클릭(또는 드래그) : 확대	Ctrl + 1	Ctrl + 0
Ctrl + Alt + Space Bar +클릭(또는 드래그) : 축소	[Zoom Tool] 더블클릭	[Hand Tool] 더블클릭

UPGRADE
실력 올리기

이미지 자료 찾는 방법

포토샵 이미지 편집 과정에서 원하는 좋은 결과물을 만들어내기 위해 이미지 검색 과정은 필수입니다. 손쉽게 포털에서 검색하였다면 옵션을 사용해보세요. 그리고 이미지 라이센스 규정에 따라 무료 이미지를 제공하고 있는 사이트도 참고해 보세요.

1. 포털에서 찾기

① 키워드를 입력합니다. [이미지] 메뉴를 클릭합니다.

② [검색 도구] 버튼을 클릭해 사이즈, 색상 등의 기준을 설정하면 정확도를 올릴 수 있습니다. 설정과 근접한 이미지들이 검색됩니다.

▲ 구글의 이미지 검색

▲ 네이버의 이미지 검색

2. 무료 이미지 사이트

전세계의 수 많은 아마추어/프로 사진작가들이 웹 공간에서 활동하고 있습니다. 작가별로 라이선스 규정을 표시하고 있으니, 이를 확인하고 사용하면 됩니다.

▲ http://morguefile.com

▲ https://www.flickr.com

▲ http://www.pbase.com

SECTION 07

작업환경 변경하고 패널 이동하기 [Workspace]

포토샵의 패널 구성은 작업자의 작업 목적이나 편리에 따라 각자 다르게 설정할 수 있습니다. 다수의 사용자가 이용하는 컴퓨터라면 작업 구성을 저장하거나 불러올 수 있습니다. 이번 SECTION에서는 포토샵의 작업 환경을 수정하고 저장하는 과정에 대해 설명합니다.

| 학습 포인트 |

- 패널 다루기
- **[UPGRADE 실력올리기] 작업 내역 이해하기**

◎ **[시작파일]** ch01/ch01-sec07.jpg, ch01-sec07-01.jpg, ch01-sec07-02.jpg ◉ **[완성파일]** 없음

01 작업환경 설정하기

1 작업환경 바꾸기

① 'ch01-sec07.jpg'를 불러옵니다.

② [Window]-[Workspace]-[Photography]를 선택합니다. 사진 작업에 최적화된 화면 구성으로 오른쪽의 패널 구성이 변경되었습니다.

NOTE

[Window]-[Workspace] 메뉴에서 다양하게 세팅된 작업환경을 설정할 수 있습니다.

2 패널 다루기

① [Tools] 패널에서 버튼 ▶▶을 클릭하여 2단 [Tools] 패널로 변경합니다.

② [Expand Dock]의 [History] 패널 을 클릭하여 펼칩니다.

③ [Navigator] 패널을 클릭한 채로 드래그하여 왼쪽 아래로 이동합니다.

3 기본 화면 구성으로 변경하기

[Window]-[Workspace]-[Essentials (Default)] 메뉴를 클릭하여 흩어진 패널들의 배치를 깔끔하게 정리합니다.

02 작업환경 저장하기

1 패널 표시하기

[Window]-[Brush] 메뉴를 체크 표시하면 현재의 작업환경에 [Brush] 패널이 추가됩니다.

2 작업환경 저장하기

① 이 작업환경을 저장하기 위해 [Window]-[Workspace]-[New Workspace]를 클릭합니다.

② [New Workspace] 대화창이 나타나면 [Name]에 '나의 환경'을 입력하고 [Save] 버튼을 클릭합니다. [Workspace] 메뉴에 [나의 환경]이라는 작업환경이 생성됩니다.

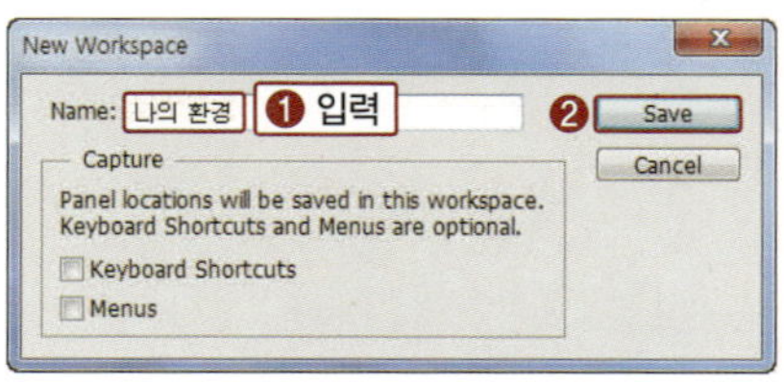

NOTE

단축키를 이용하여 화면 보기

① Tab : [Tools] 패널을 포함한 모든 패널을 한꺼번에 숨기거나 표시합니다.

② Shift + Tab : [Tools] 패널을 제외한 나머지 패널만 숨기거나 표시합니다.

03 이미지창 이동하기

1 드래그해서 이미지 분리하기

① 'ch01-sec07-01.jpg', 'ch01-sec07-02.jpg'를 불러옵니다.

② 'ch01-sec07-01.jpg'의 탭을 클릭한 후 아래 방향으로 드래그합니다. 새로운 창으로 분리됩니다.

2 메뉴로 분리하기

'ch01-sec07-02.jpg' 파일 탭 위에 마우스 오른쪽 버튼을 클릭한 후 [Move to New Window]를 선택합니다. 이미지창이 분리됩니다.

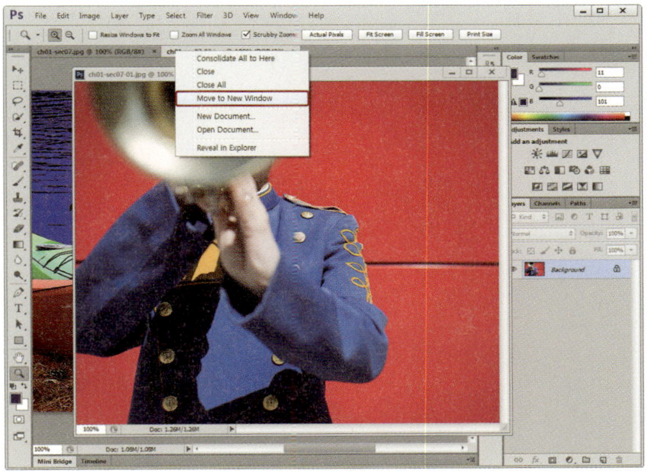

NOTE

이미지창 그룹 만들기

분리된 이미지창은 같은 그룹으로 만들 수 있습니다. 이미지창의 탭 부분을 클릭한 채 다른 이미지창 안으로 드래그할 때 안쪽 테두리에 파란선이 표시되면 마우스에서 손을 뗍니다.

3 작업창에 모두 붙이기

이미지창 탭 위에서 마우스 오른쪽 버튼을 클릭하여 [Consolidate All to Here]를 선택합니다. 모든 이미지창이 탭 방식으로 정렬됩니다.

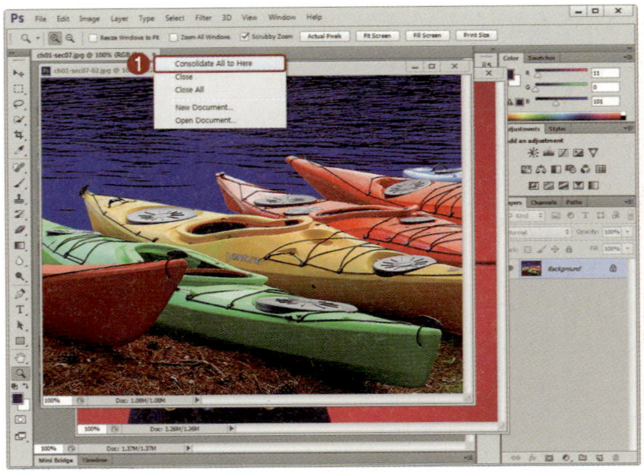

4 이미지창 정렬하기

① [Window]-[Arrange]-[3-up Stacked]를 선택합니다. 세 면으로 이미지창이 재배열됩니다.

② [Window]-[Arrange]-[Consolidate All to Tabs]를 클릭하면 처음 상태로 변경됩니다.

UPGRADE 실력 올리기

작업 내역 이해하기

히스토리 패널에는 작업 과정이 기록되어 있어서 원하는 단계로 되돌아갈 수 있습니다. 기록으로 남겨둘 필요가 있는 이미지를 스냅샷으로 만들어두면 언제든지 복구가 가능합니다. 그러나 히스토리 패널에 기록된 내용은 파일과 함께 저장되지 않으며 액션 기능처럼 재생할 수는 없습니다. 히스토리 패널은 히스토리 브러시와 같이 연계하여 작업할 수 있습니다. 히스토리 패널에서 기록 소스를 지정한 후 히스토리 브러시로 이미지 안을 드래그하면 해당 소스로 수정됩니다.

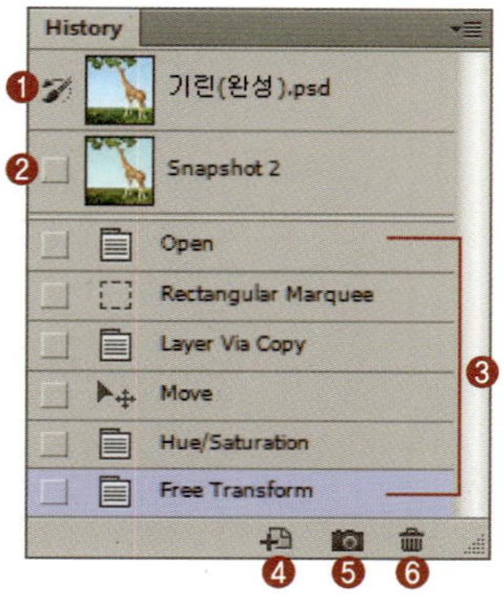

❶ 히스토리 브러시를 위한 소스를 지정합니다.
❷ 기록 과정 전체를 스냅 샷으로 찍은 소스입니다.
❸ 작업 내역을 보여줍니다. 클릭하면 해당 과정으로 돌아갑니다.
❹ 선택한 작업 내역을 새로운 도큐먼트로 만들어줍니다.
❺ 작업 과정을 스냅 샷 합니다.
❻ 해당 작업 내역이나 스냅 샷을 삭제합니다.

히스토리 개수는 [File]–[Edit]–[Preferences]–[Performance]의 [History & Cache]–[History States]에서 조절할 수 있습니다. 기본 히스토리 개수는 20개이고 최대 1,000개까지 늘릴 수 있습니다.

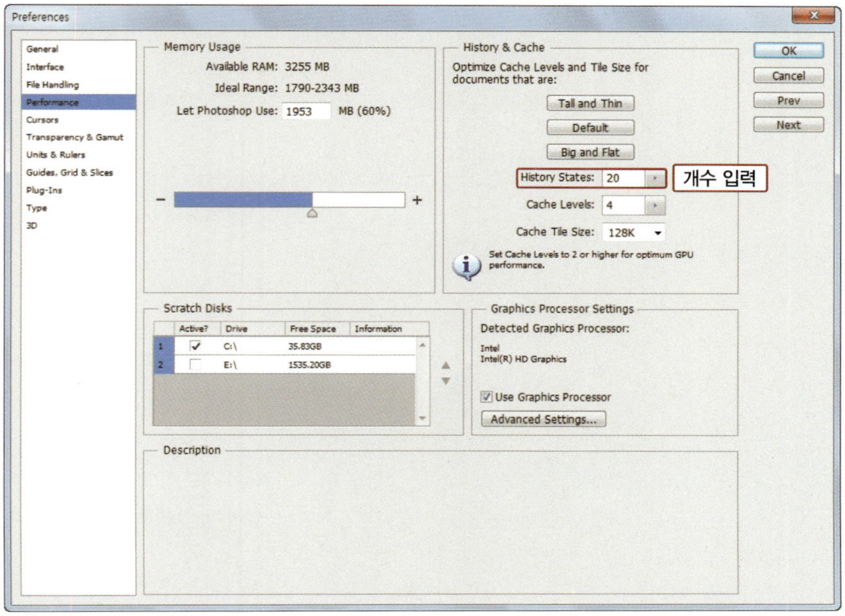

SECTION 08 이미지 크기와 캔버스 크기 조정하기

이미지 사이즈는 사용 목적에 따라 [Image Size] 메뉴나 [Canvas Size]에서 조정할 수 있습니다. 이미지의 크기를 비교하고 확대해서 인쇄용 이미지로 사용하는 방법을 알아봅니다. CC

| 학습 포인트 |

- 이미지 크기 비교하기
- 확대해서 인쇄용 이미지로 사용하기
- 캔버스 크기 확장하기

◎ **[시작파일]** ch01/ch01-sec08.jpg ◉ **[완성파일]** ch01/ch01-sec08(완성).jpg

01 이미지 크기 비교하기

1 이미지 불러오고 복제하기

① 'ch01-sec08.jpg'를 불러옵니다.

② [Image]-[Duplicate]를 클릭하여 이미지를 복제합니다.

NOTE

[Duplicate Image] 대화창의 [As]에 파일명을 입력하고 [OK] 버튼을 클릭하면 복사본이 만들어집니다.

2 이미지 사이즈 조정하기

① [Image]-[Image Size]를 선택합니다.

② [Image Size] 대화창에서 [Resolution]은 '72'로 입력합니다.

③ [OK] 버튼을 클릭합니다.

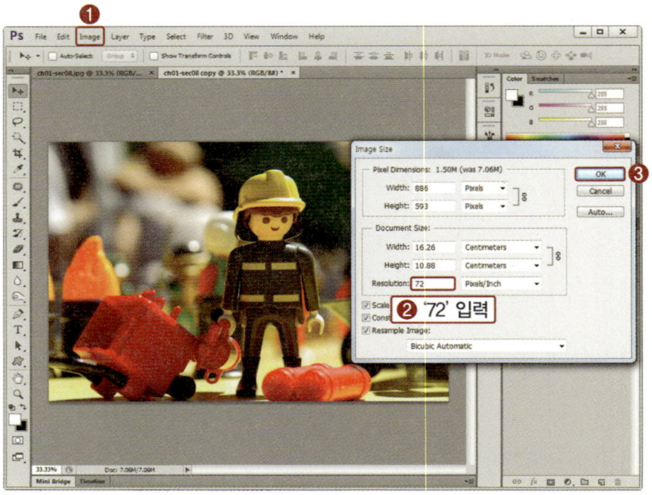

NOTE

[Image Size] 대화창 불러오기 단축키는 Ctrl + Alt + I 입니다.

3 이미지창 정렬하기

열려져 있는 두 이미지창을 작업자의 편의를 위해 정렬해 보겠습니다. [Window]-[Arrange]-[2-up Horizontal]을 선택하여 가로 2단으로 정렬합니다.

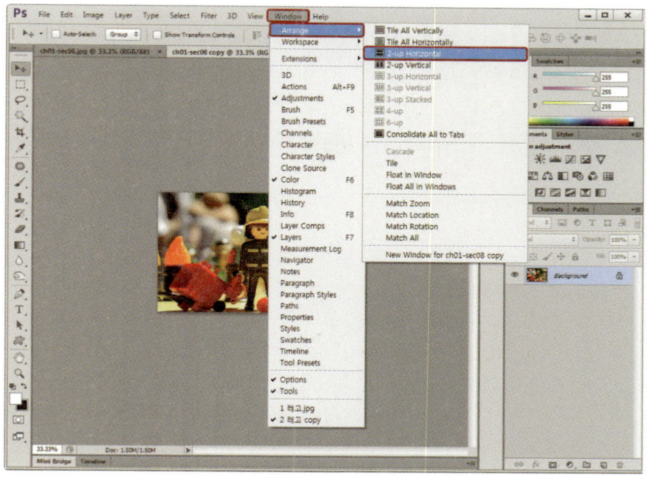

4 이미지창 비교하기

① [Tool] 패널에서 [Zoom Tool] 을 더블클릭하여 화면 배율을 '100%'로 만듭니다.

② 하단의 이미지창을 선택합니다.

③ [Tool] 패널에서 [Zoom Tool] 을 더블클릭하여 화면 배율을 '100%'로 만듭니다. 두 이미지는 가로, 세로 사이즈는 같지만 해상도 차이로 인해 화면에서 보이는 크기가 다름을 알 수 있습니다.

5 이미지창 원래대로 만들기

① [Window]-[Arrange]-[Consolidate All to Tabs]를 선택합니다.

② [File]-[Close]를 클릭하여 이미지창을 닫습니다.

NOTE

열려있는 이미지창 중 하나를 닫아도 원래대로 돌아옵니다.

CC

◎ [시작파일] ch01/ch01-sec08-01.jpg ◉ [완성파일] ch01/ch01-sec08-01(완성).jpg

02 확대해서 인쇄용 이미지로 사용하기

1 파일 열고 이미지 사이즈 선택하기

① 'ch01-sec08-01.jpg'를 불러옵니다.

② [Image]-[Image Size]를 선택합니다.

2 이미지 사이즈 설정하기

① [Image Size] 대화창에서 [Resample]은 'Preserve Details(enlargement)'를 선택합니다.

② [Resolution]은 '250'으로 입력합니다.

③ [Reduce Noise]는 '15'로 입력합니다.

④ [OK] 버튼을 클릭합니다.

NOTE

'Preserve Details(enlargement)'는 세부 묘사를 유지할 수 있는 기능이고, 'Reduce Noise'는 사이즈를 확대할 때 발생할 수 있는 노이즈를 조정하기 위한 기능입니다.

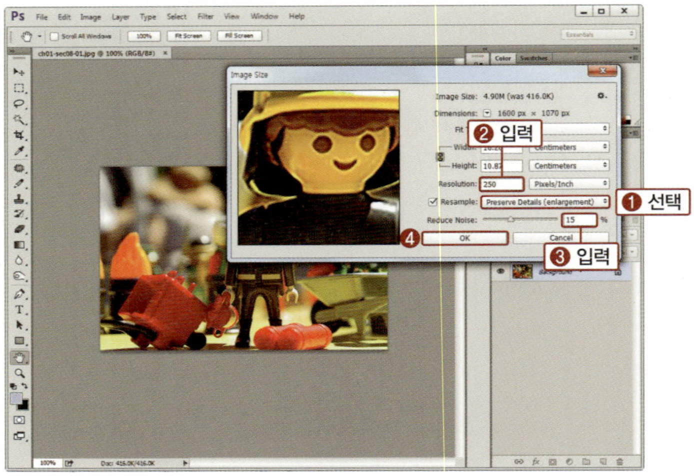

3 이미지 확인하기

'Preserve Details(enlargement)'를 체크하고 '250ppi'로 확대한 이미지를 확인합니다.

[Image Size] 대화창 이해하기

1. 포토샵 CC의 [Image Size] 대화창

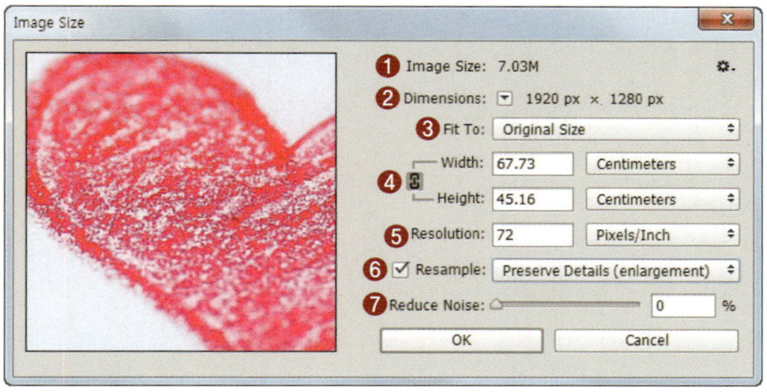

❶ Image Size : 이미지의 파일 크기를 표시합니다.
❷ Dimensions : 이미지의 픽셀 사이즈를 표시합니다.
❸ Fit To : 모니터 해상도, 인쇄용 해상도, 사진 해상도의 프리셋을 제공합니다.
❹ Width/Height : 단위를 설정할 수 있고 가로/세로 사이즈를 입력할 수 있습니다.
❺ Resolution : 해상도를 설정할 수 있습니다. 웹 이미지일 경우 72ppi, 인쇄용 이미지일 경우 150~300ppi로 설정합니다.
❻ Resample : 체크 해제하면 파일 사이즈가 유지됩니다. 때문에 가로/세로 사이즈와 해상도가 연결되어 조정됩니다.

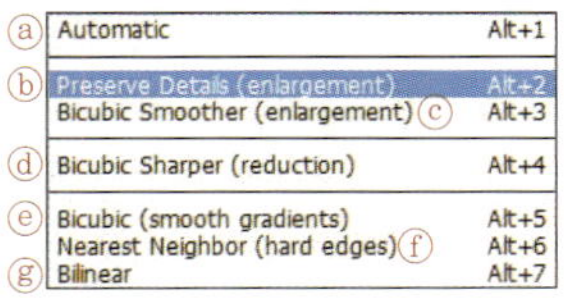

ⓐ Automatic : 자동으로 픽셀 사이를 채웁니다.
ⓑ Preserve Details : 세밀하게 픽셀 사이를 채워 확장합니다.
ⓒ Bicubic Smoother : 픽셀 사이를 부드럽게 처리하여 채웁니다.
ⓓ Bicubic Sharpen : 픽셀 사이를 선명하게 처리하여 채웁니다.
ⓔ Bicubic : 색상 띠 모양으로 처리합니다.
ⓕ Nearest Neighbor : 주변 색상을 기준으로 픽셀 사이를 채웁니다.
ⓖ Bilinear : 주변 평균값으로 픽셀 사이를 채웁니다.

❼ Reduce Noise : 이미지 사이즈를 조정할 때 생기는 노이즈를 조정합니다.

2. 포토샵 CS6의 [Image Size] 대화창

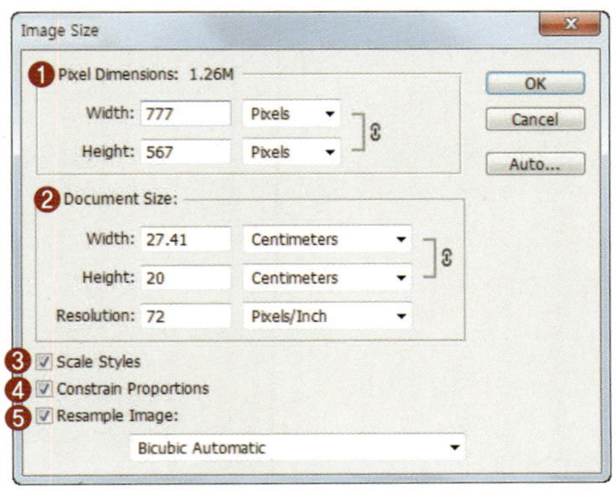

❶ Pixel Dimensions : 이미지의 용량과 가로/세로 크기를 percent 혹은 pixels로 표시하며, 주로 pixels 단위로 이미지 크기를 조절할 때 사용합니다.
❷ Document Size : 이미지의 가로/세로 크기를 mm, cm, inches 등의 단위로 설정할 수 있으며 해상도를 조정하여 크기를 조절할 때 사용합니다.
❸ Scale Styles : 레이어의 스타일도 같이 조절됩니다.
❹ Constrain Proportions : 가로/세로의 비율이 유지됩니다.
❺ Resample Image : 체크를 해제하면 파일 사이즈가 유지되므로 가로/세로 사이즈와 해상도가 연결되어 조정됩니다.

◎ [시작파일] ch01/ch01-sec08-02.jpg ◉ [완성파일] ch01/ch01-sec08-02(완성).jpg

03 캔버스 크기 확장하기

1 파일 불러오고 캔버스 사이즈 조정하기

① 'ch01-sec08-02.jpg'를 불러옵니다.

② 이미지에 여백을 추가하기 위해 [Image]-[Canvas Size] 메뉴를 클릭합니다.

③ [Canvas Size] 대화창이 나타나면 입력한 대로 조절되도록 [New Size] 항목에서 [Relative]는 체크를 해제합니다.

④ [Width]는 '600px', [Height]는 '600px', [Anchor]는 정중앙, [Canvas extension color]는 'Background', '검정색'으로 설정합니다.

⑤ [OK] 버튼을 클릭합니다.

NOTE [Canvas Size] 대화창 불러오기 단축키는 Alt + Ctrl + C 입니다. [Anchor]의 위치에 따라 확장되는 방향이 설정됩니다.

2 이미지 확인하고 되돌리기

① 캔버스 주변이 배경색인 검정색으로 '100px'씩 늘어났습니다.

② [Edit]-[Undo]를 실행하여 전단계로 돌아갑니다.

NOTE

[Edit]-[Undo]의 단축키는 Ctrl + Z 입니다. 앞으로 많이 사용되는 단축키이니 외워두기 바랍니다. 참고로 작업 내역이 저장되어 있는 [History] 패널에서 이전 단계로 돌아가려면 Ctrl + Alt + Z 를, 앞 단계로 돌아오려면 Ctrl + Shift + Z 를 누릅니다.

3 배경색 변경하여 캔버스 사이즈 조정하기

① [Image]-[Canvas Size] 메뉴를 클릭합니다.

② 대화창에서 [New Size]를 'Width : 600, Height : 600'으로 설정합니다.

③ [Canvas extension color]의 색상을 클릭합니다.

④ [Color Picker] 대화창이 나타나면 그림과 같이 이미지창 안의 색상을 클릭합니다.

⑤ [OK] 버튼을 클릭합니다.

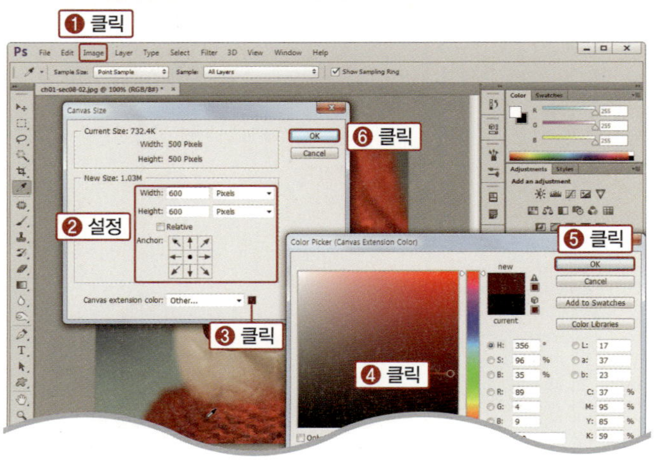

4 변경사항 확인하기

확장된 영역이 설정한 색상과 옵션 값으로 채워졌습니다.

《 Photoshop 코칭 》

[Canvas Size] 대화창 이해하기

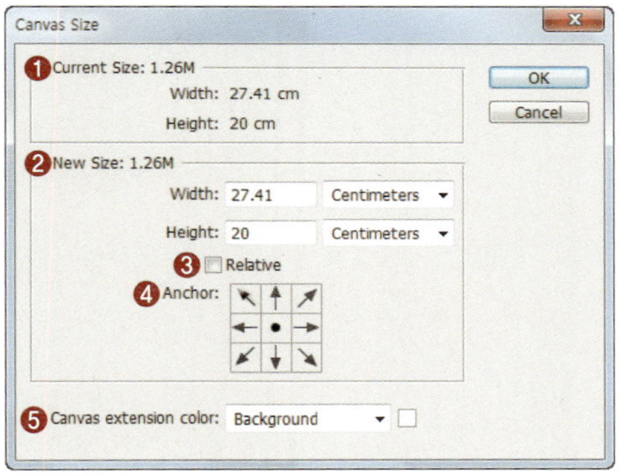

❶ Current Size : 이미지의 가로/세로 크기와 용량을 표시합니다.

❷ New Size : 수치를 입력하여 캔버스 크기의 가로/세로 사이즈와 방향을 설정합니다.

❸ Relative : 체크 표시를 해제하면 입력한 가로/세로 수치대로 캔버스 크기가 변경됩니다. 체크 표시하면 [Current Size]의 수치에 입력한 수치가 더해져 조정됩니다.

❹ Anchor : 캔버스가 늘어날 방향을 설정합니다.

▲ Anchor를 왼쪽 상단으로 지정

▲ Anchor를 오른쪽 하단으로 지정

❺ Canvas extension color : 캔버스 크기가 확장된 부분에 채워질 색상을 설정합니다.

TRAINING & TEST 실력 점검하기

이론 01 이미지에서 완전한 알파 투명도를 유지하는 포맷 형식은?

① TIFF　② PSD
③ PNG-24　④ PNG-8

이론 02 비트맵 방식과 벡터 방식의 내용 중 틀린 것은?

① 비트맵은 픽셀로 이루어진 이미지 방식이며, 벡터는 오브젝트라는 벡터 값으로 이루어진 그림을 말한다.
② 비트맵 방식은 벡터 방식보다 적은 디스크 공간을 소모한다.
③ 픽셀이란 Picture와 Element 두 단어의 첫 음절을 딴 합성어로 디지털 이미지의 최소 단위인 작은 사각형을 의미한다.
④ 비트맵 방식으로 이루어진 이미지는 확대나 축소를 많이 하면 원본보다 질이 떨어지지만 벡터 방식의 이미지는 관계없다.

이론 03 다음 중 시계 방향으로 17도와 같이 이미지의 방향을 세밀하게 회전할 때 사용하는 명령어는 무엇인가?

① Rotate 90도 CW(시계 방향으로 90도)
② Rotate 90도 CCW(시계반대 방향으로 90도)
③ Arbitary(임의)
④ Filp Horizontal(가로로 뒤집기)

이론 04 이미지를 확대하거나 축소하여 보기 위한 방법이 아닌 것은 무엇인가?

① 단축키 Alt + + 을 누른다.
② 네이게이터 패널을 열어 [조절] 단추를 드래그한다.
③ 단축키 Ctrl + - 를 누른다.
④ Hand Tool()을 클릭한 후 Alt 를 누른 상태에서 이미지를 클릭한다.

실습 01 새로운 파일을 만들고 이미지를 불러온 후 JPG 포맷으로 저장하시오.

• [시작파일] ch01/ch01–실습01.jpg • [완성파일] ch01/ch01–실습01(완성).jpg • [해설파일] ch01/ch01–실습해설01.pdf

Before

After

HOW TO [Preset]에서 'Photo'를 선택한 후 [Size]에서 'Landscape, 4X6'으로 신규 파일 만들기 → 'ch01–실습01.jpg' 파일을 연 후 복사하기 → 새로운 도큐먼트에 붙이기 → [File]–[Save]를 실행하여 JPEG로 저장하기

실습 02 두 장의 이미지를 아래, 위로 나란히 붙여보시오.

• [시작파일] ch01/ch01–실습02–01.jpg, ch01–실습02–02.jpg • [완성파일] ch01/ch01–실습02(완성).psd • [해설파일] ch01/ch01–실습해설02.pdf

Before

After

HOW TO 'ch01–실습02–01.jpg'를 불러오기 → 기본 색상으로 지정하기 → [Image]–[Canvas Size]를 선택 후 [Anchor]는 상단 중앙, [Height]는 '32'로 지정하기 → 'ch01–실습02–02.jpg'를 불러오기 → 복사한 후 'ch01–실습02–01.jpg'에 붙이기

CHAPTER

02

기본에 충실한 이미지 선택과 변형

포토샵의 이미지 선택 기능은
이미지의 일부분만 빠르게 선택하거나 섬세하게 선택하는 방법 등
다양한 방법이 있습니다. 이번 장에서는 이미지 작업에서
기본적으로 필요한 이미지 선택과 변형 기능에
대해 설명하겠습니다.

* PREVIEW 한눈에 살펴보기

SECTION	제목	학습할 주요 기능
1	이미지를 이동하는 다양한 방법 익히기 *[Move Tool]*	• [Move Tool]의 기능 이해하기 • 이미지 이동하기 • 이미지 복사하기 • 이미지 복제하기
2	도형 모양의 선택 영역 지정하기 *[Marquee Tool]*	• [Marquee Tool]의 종류와 기능 이해하기 • [Marquee Tool] 익히기
3	자유롭게 드래그하여 선택하기 *[Lasso Tool]*	• [Lasso Tool]의 종류와 기능 이해하기 • [Lasso Tool] 익히기 • [Polygonal Lasso Tool] 익히기 • [Magnetic Lasso Tool] 익히기
4	같은 색상을 자동으로 선택하기 *[Quick Selection Tool], [Magic Wand Tool]*	• [Quick Selection Tool], [Magic Wand Tool]의 기능 이해하기 • [Quick Selection Tool]과 [Magic Wand Tool] 익히기
5	퀵마스크 모드를 이용하여 이미지 선택하기 *[Quick Mask]*	• [Quick Mask] 기능 이해하기 • [Quick Mask] 기능 익히기 • [Defringe]로 이미지 정리하기
6	불규칙한 이미지의 가장자리 추출하기 *[Refine Edge]*	• [Refine Edge] 기능 이해하기 • [Refine Edge] 기능 익히기 • [UPGRADE 실력올리기] [Color Range] 기능 살펴보기
7	변형 기능을 이용하여 이미지 매핑하기 *[Transform]*	• [Transform]의 종류와 기능 이해하기 • [Transform] 기능 익히기
8	틀어진 시점 변경하기 *[Perspective Warp]* **〈CC〉**	• [Persfective Warp] 기능 익히기
9	배경과 피사체 따로따로 조절하기 *[Content–Aware Scale]*	• [Content–Aware Scale] 기능 익히기 • [UPGRADE 실력올리기] [Photomerge]로 파노라마 사진 만들기
10	이미지에 움직임을 불어넣기 *[Puppet Warp]*	• [Puppet Warp] 기능 익히기

SECTION 01

이미지를 이동하는 다양한 방법 익히기

[Move Tool]

[Move Tool] 은 이미지 편집을 위한 기본 툴입니다. 이미지를 이동하여 위치를 수정하거나 다른 이미지 파일과 합성하거나 복제하는 등의 작업을 할 때 사용합니다. [Move Tool] 을 이용한 다양한 편집 방법에 대해 알아봅니다.

| 학습 포인트 |

- [Move Tool]의 기능 이해하기
- 이미지 이동하기
- 이미지 복사하기
- 이미지 복제하기

01 [Move Tool]의 기능 이해하기

선택 유무에 따른 이미지 이동 방법

선택 범위가 없을 때	레이어 전체가 이동됩니다. Alt 를 누른 채 이동하면 이미지가 복제되는 동시에 레이어가 생성됩니다.
선택 범위가 있을 때	선택한 이미지만 이동됩니다. Alt 를 누른 채 이동하면 이미지가 복제됩니다. 레이어는 생성되지 않습니다.

[Move Tool] 을 사용할 때 같이 쓰는 단축키

Alt	이미지를 이동하면서 복제합니다.
Shift	수평, 수직, 대각선 방향으로만 이동합니다.

《 Photoshop 코칭 》

■ [Move Tool]의 옵션 바 살펴보기

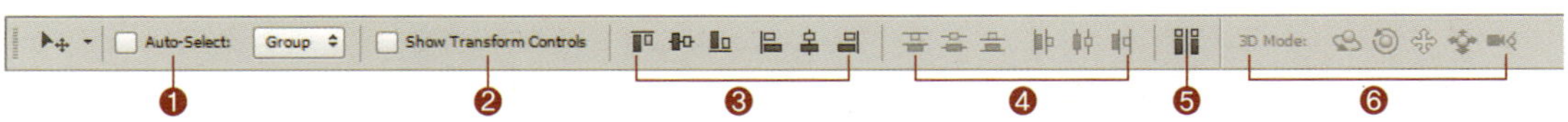

❶ **Auto-Select :** 마우스가 클릭할 때 자동으로 인식할 대상 레이어를 선택합니다.
❷ **Show Transform Controls :** 선택된 레이어의 이미지를 변형할 수 있도록 바운딩 박스를 표시합니다.
❸ **Align :** 두 개 이상의 레이어를 선택했을 때만 활성화되며, 선택된 레이어를 기준으로 정렬합니다.
❹ **Distribute :** 세 개 이상의 레이어가 선택했을 때만 활성화되며, 선택된 레이어 이미지들을 정렬하는 방법을 지정합니다.
❺ **Auto-Align Layers :** 두 장 이상의 파노라마 사진을 이어붙일 경우 자동으로 연결됩니다.
❻ 3D 오브젝트의 이동에 관한 메뉴입니다.

02 이미지 이동하기

1 파일 불러오기

① [File]-[Open]을 실행하거나 Ctrl + O를 누릅니다.

② 'ch02-sec01.psd' 파일을 불러옵니다.

NOTE

[Zoom Out] 을 더블클릭하여 화면 배율을 '100%'로 맞춥니다. Ctrl + +, Ctrl + -를 눌러 화면 배율을 조절할 수도 있습니다.

2 이미지 이동하기

① [Layers] 패널에 '레몬' 레이어가 선택되어 있습니다. [Move Tool] 을 선택합니다.

② 이미지창 안의 레몬 이미지를 왼쪽으로 드래그하여 위치를 조정합니다.

3 이미지 복제하기

① Alt 를 누른 상태에서 마우스 포인터가 ▶ 로 변하면 레몬을 오른쪽으로 드래그하여 이동합니다. 레몬 이미지가 복제되었습니다.

② [Layers] 패널에는 '레몬 copy' 레이어가 생성되었습니다.

NOTE

[Move Tool] 은 이미지의 일부가 선택되어 있지 않으면 해당 레이어 전체를 이동합니다. 레이어 이동 시 Alt 를 누르면 마우스 포인터가 ▶ 로 변하고 이때 드래그하면 레이어가 복제됩니다.

03 선택한 이미지 이동하기

1 선택 범위 불러오기

① 저장되어 있는 선택 범위를 불러오겠습니다. [Select]-[Load Selection]을 선택합니다.

② [Load Selection] 대화창의 [Channel]에서 '꼬치'를 선택합니다.

③ [OK] 버튼을 클릭합니다.

❷ 선택한 이미지 이동하기

① [Layers] 패널에서 'Background'를 선택합니다.

② 선택 범위가 만들어지면 [Move Tool] 로 선택 범위 안을 클릭한 채 아래로 이동합니다. 잘라낸 상태로 이동되어 배경색인 흰색이 드러납니다.

③ [Edit]–[Undo]를 클릭하여 작업을 취소합니다.

NOTE

- 'Background'에서 잘라진 빈 부분은 배경색으로 채워집니다.
- [Edit]–[Undo]는 이전 단계로 돌아가는 단축키입니다. Ctrl + Z 를 외워두세요.

❸ 선택한 이미지 복제하기

Alt 를 누른 상태에서 마우스 포인터가 로 변하면 하단으로 드래그하여 이미지를 복제합니다.

NOTE

툴로 선택 영역을 이동하거나 복제할 때는 레이어가 생성되지 않습니다.

SECTION 02

도형 모양의 선택 영역 지정하기

[Marquee Tool]

원이나 사각형 등 도형 모양의 이미지를 선택할 때 유용한 툴입니다. Shift를 누르면 정형의 선택 모양이 만들어집니다.

| 학습 포인트 |

- [Marquee Tool]의 종류와 기능 이해하기
- [Marquee Tool] 익히기

01 [Marquee Tool]의 종류와 기능 이해하기

[Marquee Tool]의 종류

- [Rectangular Marquee Tool] : 사각형으로 선택 영역을 지정합니다.
- [Elliptical Marquee Tool] : 원형으로 선택 영역을 지정합니다.
- [Single Row Marquee Tool] : 1픽셀 폭의 가로선을 선택합니다.
- [Single Column Marquee Tool]] : 1픽셀 폭의 세로선을 선택합니다.

[Marquee Tool]의 사용법

1 선택 영역을 만든 후 적용할 수 있는 기능

① 선택 영역 안을 클릭한 채 드래그하면 선택 영역을 이동할 수 있습니다.

② 선택 영역 밖을 클릭하면 선택이 해제됩니다. [Select]-[Deselect]를 선택하거나 Ctrl+D를 눌러 선택 영역을 해제할 수 있습니다.

③ 선택 모양을 세밀하게 조정하고자 할 때는 [Select]-[Transform Selection]으로 조정합니다.

2 선택 영역을 만들 때 같이 쓰는 단축키

Shift	정형을 만듭니다.
Alt	중심에서부터 선택 영역이 만들어집니다.

3 선택 영역을 편집할 때 쓰는 단축키

Shift	선택이 만들어진 상태에서 Shift를 누르면서 드래그하면 선택 영역이 더해집니다.
Alt	선택 영역 위에서 Alt를 누르면서 드래그하면 선택 영역이 빠집니다.

◎ **[시작파일]** ch02/ch02-sec02-01.jpg ◉ **[완성파일]** ch02/ch02-sec02-01(완성).jpg

02 [Elliptical Marquee Tool] 익히기

1 파일 불러오기

'ch02-sec02-01.jpg' 파일을 불러옵니다.

2 원형 선택하기

① [Elliptical Marquee Tool] [아이콘]을 선택합니다.

② Alt 를 누른 채 왼쪽 안경알의 중심에서 시작되는 선택 범위를 만듭니다.

NOTE

이미지창의 배율은 이미지의 크기에 따라 자동으로 조정됩니다. 때문에 앞으로의 예제에서 이미지 배율은 사용자의 편의에 맞춰 조정하세요. [Tools] 패널의 [Hand Tool] [아이콘]을 더블클릭하면 이미지를 작업창에 꽉 찬 화면 배율로 볼 수 있습니다. 단축키는 Ctrl + 0 입니다. [Zoom Tool] [아이콘]을 더블클릭하면 이미지를 원본 사이즈인 100%의 화면 배율로 볼 수 있습니다. 단축키는 Ctrl + 1 입니다.

3 색상 채우기

① [Swatches] 패널에서 'RGB Red'를 선택합니다.

② [Edit]-[Fill]을 선택합니다.

③ [Fill] 대화창의 [Use]에 'Foreground Color'를 선택한 후 [Blending]의 [Opacity]는 '50%'로 설정합니다.

④ [OK] 버튼을 클릭하여 적용합니다.

NOTE

전경색으로 채우기 단축키는 Alt + Delete , 배경색으로 채우기 단축키는 Ctrl + Delete 입니다.

4 색상 채우고 복사하기

① 오른쪽 안경알도 같은 방법으로 색상을 채웁니다.

② Ctrl + D를 눌러 선택을 해제합니다. 오른쪽 캐릭터도 같은 방법으로 색상을 채워 보세요.

NOTE

선택 영역을 해제하려면 Ctrl + D를 누릅니다. Ctrl + D는 [Select]-[Deselect]의 단축키입니다.

《 Photoshop 코칭 》

[Marquee Tool]의 옵션 바 살펴보기

[Rectangular Marquee Tool] 옵션 바

❶ Selection : 영역 선택 옵션을 설정합니다.

ⓐ New Selection : 새로운 선택 영역을 지정합니다.

ⓑ Add to Selection : 기존 선택 영역에 새 선택 영역을 추가합니다.

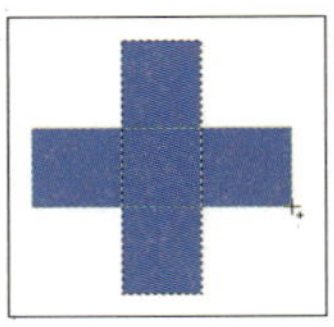

ⓒ Subtract from Selection : 기존 선택 영역에서 새 선택 영역을 뺍니다.

ⓓ Intersect with Selection : 기존 선택 영역과 새 선택 영역의 공통된 부분만 선택합니다.

❷ Feather : 선택 영역의 경계를 부드럽게 표현하며, 입력한 수치가 높을수록 부드럽게 퍼집니다.

▲ Feather 20

❸ Style : 선택 영역의 크기를 '자유롭게 / 비율에 맞게 / 크기를 고정'하여 선택할 수 있습니다.

❹ Refine Edge : 세부 옵션을 설정하여 선택 영역의 경계 부분을 다듬을 수 있습니다.

[Elliptical Marquee Tool] 옵션 바 살펴보기

Anti-alias : 이 옵션에 체크 표시를 해주면 선택 영역의 경계를 부드럽게 만들어줍니다. 기본적으로 체크해 둡니다.

▲ Feather 0, Anti-alias 체크 해제

▲ Feather 0, Anti-alias 체크

◎ **[시작파일]** ch02/ch02-sec02-02.jpg, ch02-sec02-03.jpg ◉ **[완성파일]** ch02/ch02-sec02-03(완성).psd

03 [Rectangular Marquee Tool] 익히기

1 붙여넣을 이미지 복사하기

① 'ch02-sec02-02.jpg' 파일을 불러옵니다.

② [Select]-[All](Ctrl + A)를 눌러 전체를 선택합니다.

③ Ctrl + C를 눌러 복사합니다.

2 사각형 선택하기

① 'ch02-sec02-03.jpg' 파일을 불러옵니다.

② 돋보기 툴을 선택하여 화면을 확대합니다.

③ [Rectangular Marquee Tool] 을 선택합니다.

④ 왼쪽 폴라로이드의 사각형 영역을 드래그하여 선택합니다.

3 선택 영역 안쪽에 붙여넣기

① 옵션 바에서 [Add to Seleciton] 을 클릭합니다.

② 오른쪽 폴라로이드 사진 영역을 드래그합니다. 선택 영역이 더해졌습니다.

4 선택 영역 안쪽에 붙여넣기

① [Edit]–[Paste Special]–[Paste Into]를 선택합니다. 선택 영역 안쪽에 복사한 이미지가 표시됩니다.

② [Move Tool] 로 위치를 자유롭게 조정할 수 있습니다.

NOTE

[Paste Into] 기능을 실행하면 선택 영역으로 이미지가 가려집니다. 세부적으로 살펴보면 레이어 마스크가 자동으로 적용된 형태입니다.

《 Photoshop 코칭 》

[Edit]–[Paste Special] 살펴보기

❶ [Edit]–[Paste Special]–[Paste Place] : 복사한 이미지를 제자리에 붙이는 기능입니다.

① 이미지 선택한 후 복사하기

▲ 복사

② 다른 이미지 파일에 [Paste Place] 실행하기

▲ 제자리에 붙이기

❷ [Edit]-[Paste Special]-[Paste Into] : 선택한 영역 안쪽에 이미지를 붙이는 기능입니다.

① 이미지 전체 선택한 후 복사하기

▲ 복사

② 붙이기할 이미지에 선택 영역 만들기

▲ 선택 영역 만들기

③ [Paste Into] 실행하기

▲ 안쪽에 붙이기

❸ [Edit]-[Paste Special]-[Paste Outside] : 선택한 영역 바깥쪽에 이미지를 붙이는 기능입니다.

① 이미지 전체 선택하고 복사하기

▲ 복사

② 붙이기할 이미지에 선택 영역 만들기

▲ 선택 영역 만들기

③ [Paste Outside] 실행하기

▲ 바깥쪽에 붙이기

SECTION 03

자유롭게 드래그하여 선택하기

[Lasso Tool]

[Lasso Tool] 을 사용하면 자유로운 형태의 이미지를 효율적으로 선택할 수 있습니다. 이번에는 자유롭게 선택 영역을 지정할 수 있는 [Lasso Tool] 활용법에 대해 살펴봅니다.

| 학습 포인트 |

- [Lasso Tool]의 종류와 기능 이해하기
- [Lasso Tool] 익히기
- [Polygonal Lasso Tool] 익히기
- [Magnetic Lasso Tool] 익히기

01 [Lasso Tool]의 종류와 기능 이해하기

[Lasso Tool]의 종류

- [Lasso Tool] : 마우스를 이용하여 자유롭게 선택 영역을 지정합니다.
- [Polygonal Lasso Tool] : 직선 이미지의 모서리를 클릭해가며 선택 영역을 만듭니다.
- [Magnetic Lasso Tool] : 이미지 경계를 따라 드래그하면 자동 추적하여 선택 영역을 만듭니다.

[Lasso Tool]의 사용법

1 선택 영역을 만드는 방법

[Lasso Tool]	마우스를 클릭한 채 이미지 위를 드래그하여 선택합니다.
[Polygonal Lasso Tool]	이미지의 모서리 점을 클릭하면서 선택하다가 닫힌 범우를 만들려면 처음 클릭한 지점을 다시 클릭합니다.
[Magnetic Lasso Tool]	이미지의 경계를 따라 드래그하거나 클릭하면서 선택합니다.

2 선택 영역을 만들 때 같이 쓰는 단축키

[Lasso Tool]	드래그할 때 Alt 를 누르면 [Polygonal Lasso Tool]로 변경됩니다.
[Polygonal Lasso Tool]	• Alt 를 누르면 [Lasso Tool]로 변경됩니다. • Back Space 를 누르면 클릭한 단계가 취소됩니다. • Esc 를 누르면 선택 과정이 취소됩니다.
[Magnetic Lasso Tool]	• Alt 를 누르면 [Lasso Tool]로 변경됩니다. 마우스에서 손을 떼면 [Polygonal Lasso Tool]로 변경됩니다. Alt 에서 손을 떼면 [Magnetic Lasso Tool]로 돌아옵니다. • Back Space 를 누르면 클릭한 단계가 취소됩니다. • Esc 를 누르면 선택 과정이 취소됩니다.

■ [Lasso Tool]의 옵션 바 살펴보기

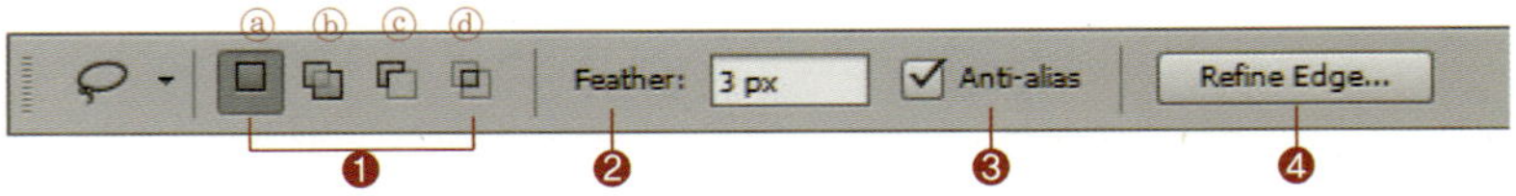

❶ **Selection :** 선택 영역 지정을 위해 옵션을 설정합니다.

ⓐ New Selection : 새로운 선택 영역을 만듭니다.

ⓑ Add to Selection : 기존 선택 영역에 새 선택 영역을 추가합니다.

ⓒ Subtract from Selection : 기존 선택 영역에서 새 선택 영역을 뺍니다.

ⓓ Intersect with Selection : 기존 선택 영역과 새 선택 영역의 공통된 부분만 선택합니다.

❷ **Feather :** 선택 영역의 경계선을 부드럽게 표현하며, 입력한 수치가 높을수록 많이 퍼집니다.

❸ **Anti-alias :** 이 옵션에 체크 표시하면 선택 영역의 경계선을 부드럽게 표현합니다. 기본적으로 체크해 둡니다.

❹ **Refine Edge :** 세부 옵션을 설정하여 선택 영역의 경계 부분을 다듬을 수 있습니다.

◎ **[시작파일]** ch02/ch02-sec03-01.jpg ◉ **[완성파일]** ch02/ch02-sec03-01(완성).psd

02 [Lasso Tool] 익히기

1 [Lasso Tool]로 선택하기

① 'ch02-sec03-01.jpg' 파일을 불러옵니다. 돋보기 툴을 선택하여 화면 배율을 작업하기 편하게 조정합니다.

② [Lasso Tool] 을 선택합니다.

③ 장난감 주변을 타이트하게 드래그하여 선택 영역으로 지정합니다.

NOTE

[Lasso Tool] 은 마우스를 클릭한 상태에서 한 번에 드래그하여 선택해야 하므로 섬세하게 선택하기는 어렵습니다.

2 선택 경계를 부드럽게 처리하기

① [Select]–[Modify]–[Feather] 메뉴를 클릭합니다.

② [Feather] 대화창의 [Feather Radius]는 '5'로 입력합니다.

③ [OK] 버튼을 클릭합니다.

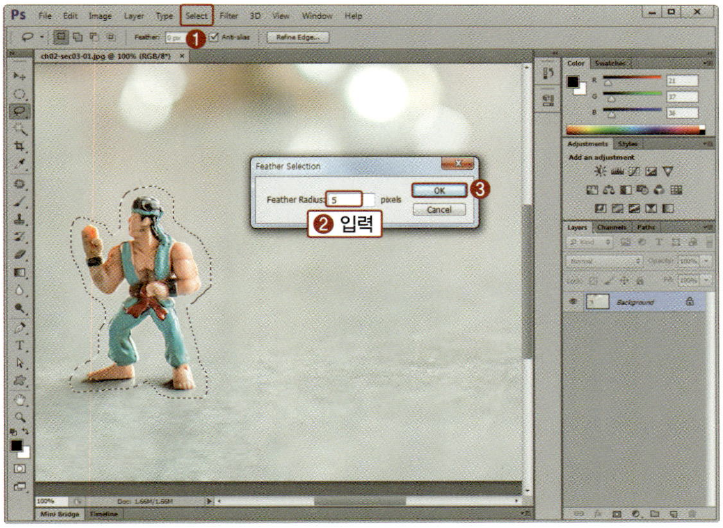

NOTE

- [Select]–[Modify]–[Feather] 메뉴의 단축키는 Shift + F6 입니다.
- [Feather Radius] 값을 선택 영역의 크기에 비례하여 많이 적용한 경우 경계의 부드러운 정도를 시각적으로 확인하기 힘듭니다.

Photoshop 코칭

[Modify] 메뉴에서 선택 영역 편집하기

선택 영역을 지정한 후 편집할 수 있는 [Select]–[Modify] 메뉴를 살펴보겠습니다.

❶ **Border :** 선택 영역에 입력한 수치만큼 선을 만듭니다.

[Width : 4px]

❷ **Smooth :** 선택 영역의 각진 모서리를 둥글게 만듭니다.

[Sample Radius : 20px]

❸ **Expand :** 기존 선택 영역에서 입력한 수치만큼 크게 만듭니다. 모서리의 세밀함이 사라집니다.

[Expand by : 10px]

❹ **Contract :** 기존 선택 영역에서 입력한 수치만큼 작게 만듭니다.

[Contract by : 10px]

❺ **Feather :** 기존 선택 영역의 경계를 입력한 수치만큼 부드럽게 표현합니다.

[Feather Radius : 0px]

[Feather Radius : 10px]

[Feather Radius : 30px]

3 레이어 복사하기

① [Layer]–[New]–[Layer Via Copy]를 클릭하여 'Layer 1'로 복사합니다. 선택 영역이 자동으로 해제됩니다.

② [Move Tool] ▸+ 을 선택합니다.

③ 오른쪽 끝 부분으로 드래그합니다. 이미지의 경계가 부드러워 배경과 자연스럽게 합성된 것을 알 수 있습니다.

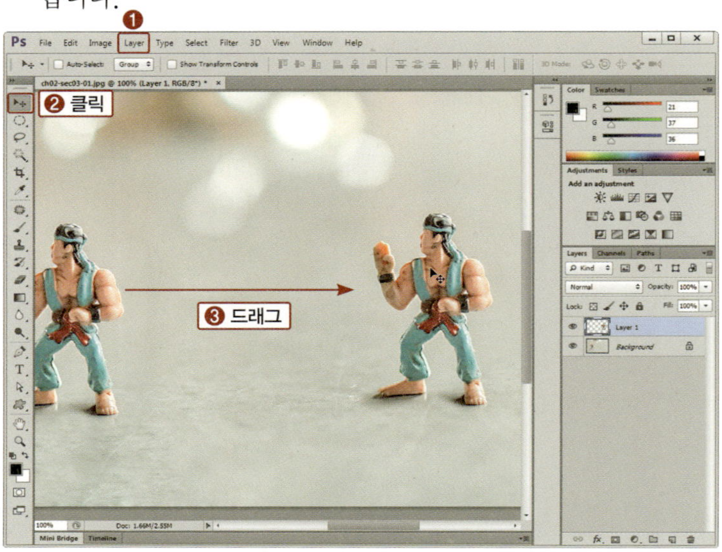

NOTE

- 선택 영역을 한 번에 레이어로 복제해 주는 [Layer]–[New]–[Layer Via Copy] 단축키는 Ctrl + J 입니다.
- 경계가 부드럽게 퍼진 이미지를 확인하려면 [Layers] 패널에서 'Background'의 [Indicates layer visibility] 👁 를 끕니다.

4 레이어 복사하고 가로로 뒤집기

① Alt 를 누른 상태에서 'Layer 1'을 가운데 부분으로 드래그합니다. [Layers] 패널에 'Layer 1 copy'가 생성됩니다.

② [Edit]-[Transform]-[Filp Horizontal]을 선택합니다. 장난감 이미지가 가로로 뒤집어졌습니다.

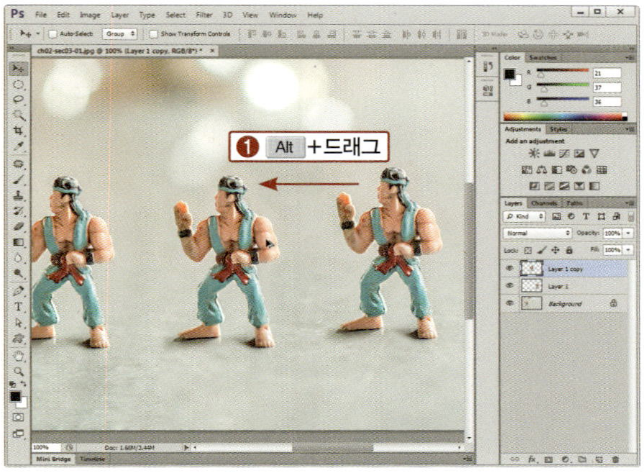

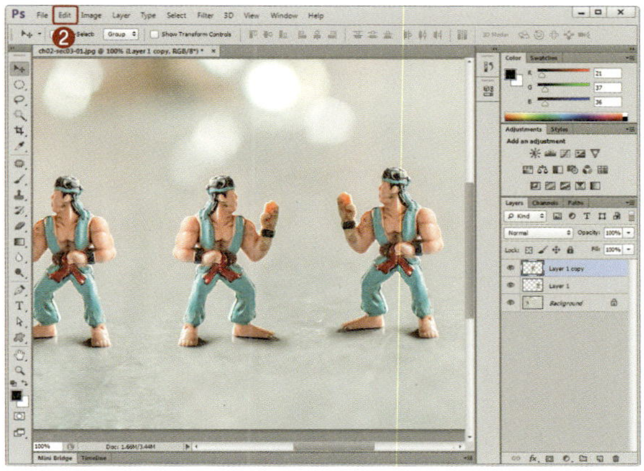

◎ **[시작파일]** ch02/ch02-sec03-02.jpg ◉ **[완성파일]** ch02/ch02-sec03-02(완성).psd

03 [Polygonal Lasso Tool] 익히기

1 파일 불러오고 직선 이미지 선택하기

① 'ch02-sec03-02.jpg' 파일을 불러옵니다. 화면 배율을 작업하기 편하게 조정합니다.

② [Polygonal Lasso Tool] 을 선택합니다.

③ 옵션 바에서 [Add to Selection] 을 선택한 후, 메모지의 모서리를 클릭해가며 선택 영역으로 지정합니다.

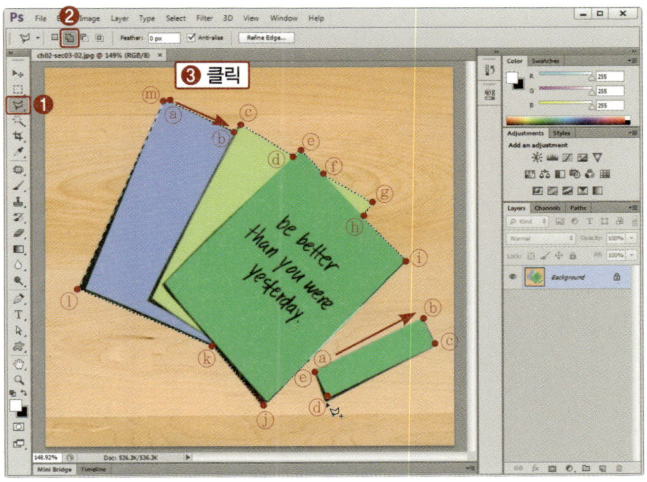

NOTE

처음 클릭한 지점에 마우스를 위치시켜 마우스 커서가 로 변경되면 클릭하여 선택을 마무리합니다.

2 배경 레이어를 일반 레이어로 변경하기

① [Select]-[Inverse] 메뉴를 클릭하여 선택 영역을 반전합니다.

② [Layers] 패널에서 'Background'를 더블클릭합니다.

③ [New Layer] 대화창에서 [OK] 버튼을 클릭하면 'Layer 0'이라는 이름의 일반 레이어로 변환됩니다.

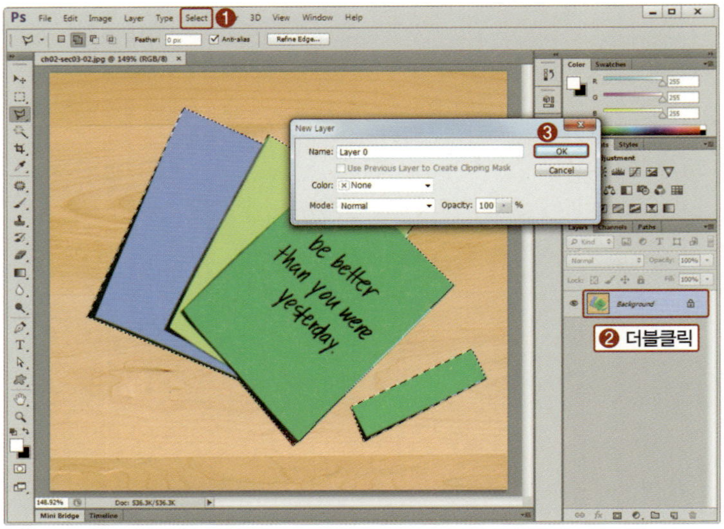

NOTE

'Background'는 지우개 툴로 지우거나 선택 영역을 삭제해도 지워지지 않습니다. 때문에 배경 이미지를 삭제하기 위해 '일반 레이어'로 변환하는 과정을 거쳐야합니다.

3 배경 이미지 삭제하기

① Delete 를 눌러 선택 영역으로 지정한 배경을 삭제합니다.

② [Select]-[Deselect] 메뉴를 클릭하여 선택 영역을 해제합니다.

③ [File]-[Save]를 실행하여 psd 포맷으로 저장합니다.

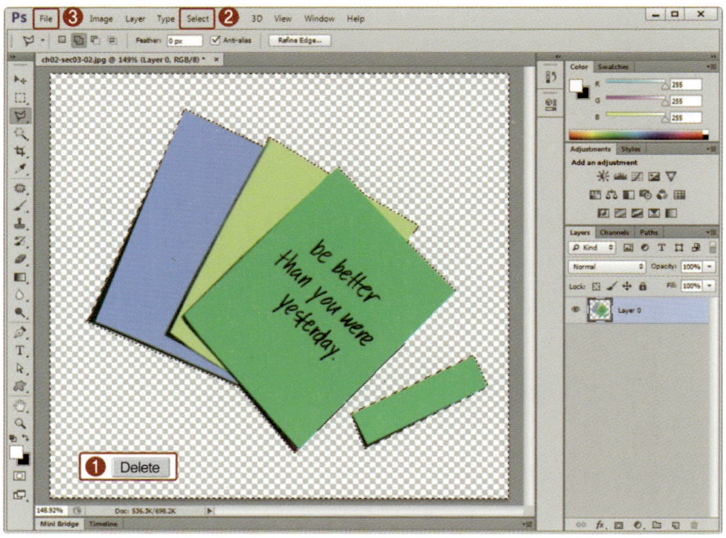

◎ **[시작파일]** ch02/ch02-sec03-03.jpg ◉ **[완성파일]** ch02/ch02-sec03-03(완성).psd

04 [Magnetic Lasso Tool] 익히기

[Magnetic Lasso Tool] 은 이미지의 경계선과 배경의 색상 차이를 자동으로 인식하여 드래그만으로 선택 영역을 만들 수 있는 툴입니다.

1 파일 불러오고 시작점 찍기

① 'ch02-sec03-03.jpg' 파일을 불러옵니다. 화면 배율을 작업하기 편하게 조정합니다.

② [Magnetic Lasso Tool] 을 선택합니다.

③ 상단의 잎 끝부분을 클릭하여 시작점을 만듭니다.

2 드래그하여 영역 만들어가기

① 잎 가장자리를 드래그하며 이동하면 자동으로 정점이 만들어집니다.

② 각진 부분이 나오면 클릭하여 정점을 만듭니다. 마우스에서 손을 떼고 드래그만 해도 됩니다.

NOTE

배경색과의 경계가 불분명하거나 작업자가 촘촘한 정점을 추가하고자 할 때 드래그하는 도중 클릭합니다.

3 선택선 수정하기

선택 영역 범위를 이탈한 경우에는 Back Space 를 눌러 한 단계씩 취소합니다.

4 선택 마무리하기

① 잎 가장자리를 모두 드래그하여 시작점으로 오면 커서가 으로 바뀝니다.

② 이때 클릭하여 선택 영역 지정을 마무리하면, 화분이 선택 영역으로 지정된 것을 볼 수 있습니다.

5 선택 저장하기

① [Select]–[Save Selection]을 실행합니다.

② 선택한 범위를 채널로 저장하기 위해 [Name]에 '화분전체'라고 입력하고 [OK] 버튼을 클릭합니다.

③ [File]–[Save]를 실행하여 psd 포맷으로 저장합니다.

NOTE

저장한 선택 범위는 [Save]–[Load Selection]을 선택하여 다시 불러올 수 있으며 [Channels] 패널에 저장됩니다.

SECTION 04

같은 색상을 자동으로 선택하기

[Quick Selection Tool], [Magic Wand Tool]

이미지의 배경이 단순하거나 비슷한 색상을 가지고 있을 때 색상을 기준으로 선택할 수 있는 툴들에 대해 알아봅니다.

| 학습 포인트 |

- [Quick Selection Tool]과 [Magic Wand Tool]의 기능 이해하기
- [Quick Selection Tool]과 [Magic Wand Tool] 익히기

01 [Quick Selection Tool]과 [Magic Wand Tool]의 기능 이해하기

- [Quick Selection Tool] : 브러시처럼 드래그하거나 클릭하여 선택 영역을 지정할 수 있습니다.
- [Magic Wand Tool] : 클릭하여 동일한 색상 영역을 선택 영역으로 지정합니다. 옵션 바에는 선택을 더하거나 뺄 수 있는 편집 기능을 제공합니다.

선택 영역을 만들 때 같이 쓰는 단축키

[Quick Selection Tool]	[와] 를 눌러 브러시 사이즈를 조정합니다.
[Magic Wand Tool]	Shift 를 누르면 선택을 더할 수 있습니다. Alt 를 누르면 선택을 뺄 수 있습니다.

《 Photoshop 코칭 》

[Magic Wand Tool] 옵션 바 살펴보기

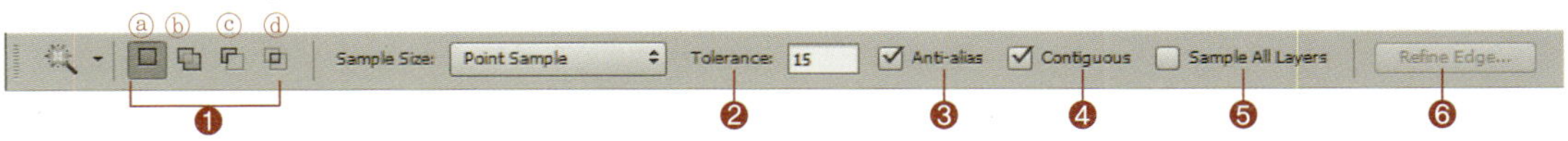

❶ **Selection** : 선택 영역 지정을 위해 옵션을 설정합니다.
  ⓐ New Selection : 새로운 선택 영역을 지정합니다.
  ⓑ Add to Selection : 기존 선택 영역에 새 선택 영역을 추가합니다.
  ⓒ Subtract from Selection : 기존 선택 영역에서 새 선택 영역을 뺍니다.
  ⓓ Intersect with Selection : 기존 선택 영역과 새 선택 영역의 공통된 부분만 선택합니다.

❷ **Tolerance** : 선택 영역으로 지정할 색상 범위를 수치를 입력하여 설정합니다.

❸ **Anti-alias** : 이 옵션에 체크 표시하면 이미지의 경계를 부드럽게 인식합니다. 기본적으로 체크해 둡니다.

❹ **Contiguous** : 이 옵션에 체크 표시하면 이미지를 선택할 경우 이미지 안의 같은 색상이 모두 선택됩니다.

❺ **Sample All Layers** : 이 옵션에 체크 표시하면 어떤 레이어가 선택되어 있더라도 화면에 보이는 대로 선택됩니다.

❻ **Refine Edge** : 선택 영역의 경계 부분을 더욱 세밀하게 다듬을 수 있는 옵션을 설정합니다.

■ [Quick Selection Tool] 옵션 바 살펴보기

❶ **Selection :** 선택 영역 지정 옵션을 설정합니다.

ⓐ New selection : 새로운 선택 영역을 만듭니다.

ⓑ Add to selection : 드래그하거나 클릭하여 선택 영역을 추가합니다.

ⓒ Subtract from selection : 기존 선택 영역에서 칠하는 만큼 제거합니다.

❷ **브러시 픽커 :** 선택 영역을 지정할 때 사용할 브러시의 크기와 모양을 설정합니다.

❸ **Sample All Layers :** 이 옵션에 체크 표시하면 어떤 레이어가 선택되어 있더라도 화면에 보이는 대로 선택됩니다.

❹ **Auto-Enhance :** 이 옵션에 체크 표시하면 선택 영역의 가장자리가 선명해집니다.

❺ **Refine Edge :** 선택 영역의 경계 부분을 더욱 세밀하게 다듬을 수 있는 옵션을 설정합니다.

◎ **[시작파일]** ch02/ch02-sec04.jpg, ch02-sec04-01.jpg ◉ **[완성파일]** ch02/ch02-sec04(완성).psd

02 [Quick Selection Tool]과 [Magic Wand Tool] 익히기

1 파일 불러오고 선택 범위 만들기

① 'ch02-sec04.jpg' 파일을 불러옵니다.

② [Quick Selection Tool] 을 선택합니다.

③ 옵션 바에서 브러시 프리셋 픽커를 열어 [Size]는 '20'을 설정합니다.

④ 하늘을 드래그하여 선택 범위를 만듭니다.

NOTE

주변의 이미지와 선택하고 싶은 이미지와의 경계가 확실한 경우 [Quick Selection Tool] 로 브러시처럼 드래그하면 손쉽게 선택 범위를 만들 수 있습니다.

2 색상 조정하기

① [Image]–[Adjustments]–[Desaturate]를 선택합니다. 색상이 빠져서 흑백 이미지가 되었습니다.

② Ctrl + D 를 눌러 선택을 해제합니다.

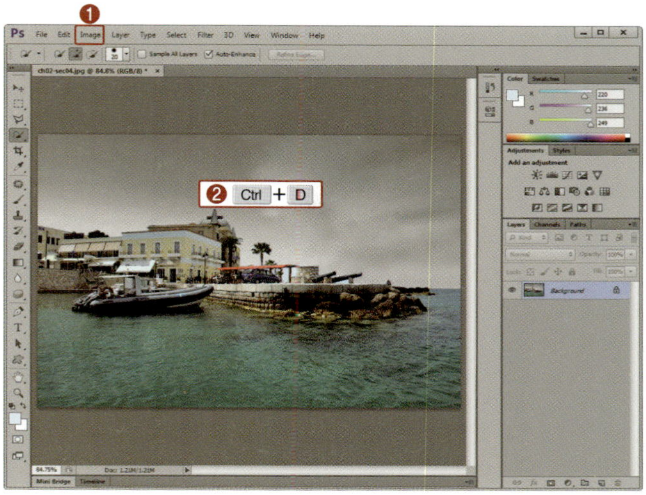

NOTE

[Adjustments] 메뉴는 이미지의 보정 기능을 제공합니다.

3 레이어로 변환하기

① 'ch02-sec04-01.jpg' 파일을 불러옵니다.

② [Layers] 패널에서 'Background'를 더블 클릭합니다.

③ 'Layer 0'으로 이름이 나타나면 [OK] 버튼을 클릭합니다.

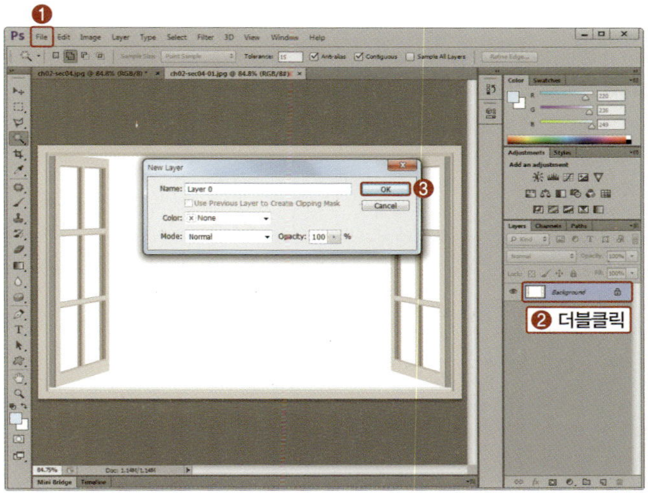

NOTE

흰색 배경을 삭제하기 위해 'Background'를 일반 레이어로 변환합니다. 레이어가 많아지면 작업자가 알아보기 쉬운 이름으로 변경하는 것이 좋습니다.

4 선택 범위 만들기

① [Magic Wand Tool] 을 선택합니다.

② 옵션 바에서 를 클릭하고 [Tolerance]의 값은 '15'로 입력합니다.

③ 흰색 영역을 차례대로 클릭하여 선택 영역에 포함시킵니다.

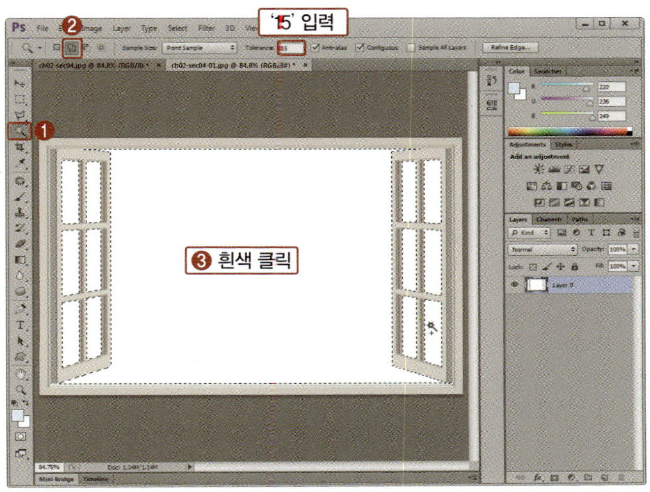

NOTE

선택 영역으로 지정될 범위는 옵션 바에서 [Tolerance]의 수치로 조절할 수 있습니다. 기본값은 '32'입니다. 따라하기에서는 흰색 배경과 창의 색상차가 뚜렷하지 않기 때문에 테스트를 통해 '15'라는 수치를 적용했습니다.

5 영역 삭제하기

① Delete 를 눌러서 흰색 배경 이미지를 삭제합니다.

② Ctrl + D 를 눌러서 선택을 해제합니다.

③ Ctrl + A 를 눌러 전체 선택합니다.

④ Ctrl + C 를 눌러 이미지를 복사합니다.

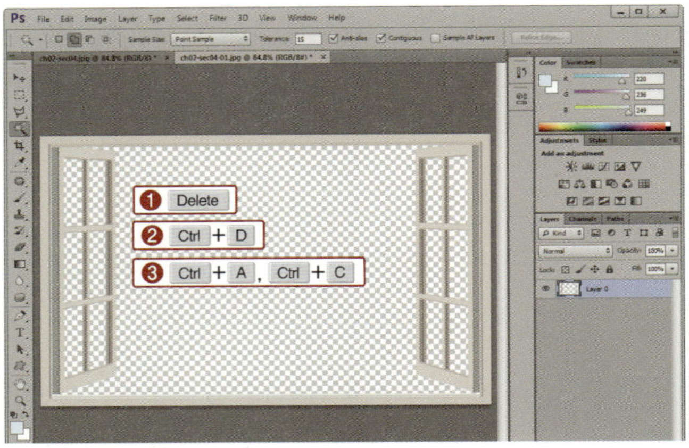

6 이미지 합성하기

① 'ch02-sec04.jpg' 파일 탭을 클릭한 후 Ctrl + V 를 눌러 붙이기 합니다.

② '해안가' 이미지와 합성된 모습을 확인합니다.

⟪ Photoshop 코칭 ⟫

프레임에 색상 추가하여 꾸며보기

회색 톤의 창틀 이미지는 [Image]-[Adjustments]의 색상 보정 기능인 [Color Balance]나 [Variations], [Hue/Saturation] 등을 이용하여 색상을 입힐 수 있습니다.

[Image]-[Adjustments]-[Hue/Saturation]에서 한 톤으로 조정하기 위해 [Colorize]를 체크합니다. [Lightness]는 '-42'로 어둡게 조정하고 [Saturation]은 '93'을 입력하여 채도를 올립니다.

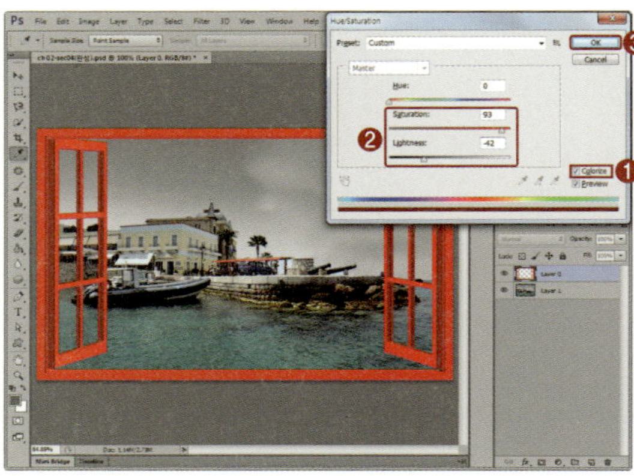

SECTION 05

퀵마스크 모드를 이용하여 이미지 선택하기

[Quick Mask]

선택 영역으로 지정할 부분의 색상이나 형태가 배경과 명확하게 구분되지 않을 경우 필요한 기능입니다. 브러시로 칠하며 선택 영역을 만드는 퀵마스크 모드에 대해 알아봅니다.

| 학습 포인트 |

- [Quick Mask] 기능 이해하기
- [Quick Mask] 기능 익히기
- [Defringe]로 이미지 정리하기

01 [Quick Mask] 기능 이해하기

퀵마스크 모드는 브러시로 칠을 해서 이미지를 선택하는 모드입니다. 퀵마스크 버튼 을 클릭하여 환경을 바꿀 수 있습니다. 칠해지는 색상은 설정 값에 따라 반투명하게 칠해질 수 있습니다. 때문에 브러시로 칠할 때 완전한 칠 영역을 만들어주는 검정색과 칠 영역을 제거해주는 흰색을 사용하는 것이 좋습니다. [Quick Mask] 기능으로 만든 선택 영역은 [Select]-[Save Selection]을 선택하여 저장합니다.

표준 모드와 퀵마스크 모드 이해하기

표준 모드	[Tools] 패널 하단에 있습니다. 모든 기능을 적용하고 시각적으로 확인할 수 있는 표준 모드입니다. 를 클릭하면 으로 버튼 모양이 변경됩니다.
퀵마스크 편집 모드	칠을 하여 마스크 영역을 만들 수 있는 모드입니다. 칠을 한 후 를 클릭하여 표준 모드로 전환되면 선택 영역이 만들어집니다.

퀵마스크 모드에서 선택 과정 살펴보기

① [Tools] 패널 하단의 [Quick Mask Mode] 를 클릭합니다.

② 브러시 툴의 종류와 크기를 설정합니다.

③ 전경색에 검정색, 배경색에 흰색을 지정합니다.

④ 선택할 영역은 검정색으로 칠합니다.

⑤ 잘못 칠한 부분은 흰색으로 칠합니다. [Eraser Tool] 로 칠해도 칠 영역이 제거됩니다.

⑥ [Edit in Standard Mode] 를 클릭하면 선택 범위가 만들어집니다.

⑦ [Select]-[Save Selection]을 실행하여 선택 영역을 저장합니다.

빠르게 퀵마스크 기능 적용하기

① 다른 선택 툴들을 이용하여 거칠게 선택 범위를 만듭니다.

② 를 클릭한 후 브러시로 선택 영역을 정리합니다.

③ 를 클릭하면 선택 범위가 만들어집니다.

퀵마스크 기능 적용 시 사용되는 단축키

① [와] 를 눌러 브러시 사이즈를 조정합니다.

② 영문 모드에서 X 를 눌러 색상 모드( )의 전경색과 배경색을 교체합니다.

《 Photoshop 코칭 》

[Quick Mask Options] 대화창 이해하기

[Quick Mask Mode] 를 더블클릭하면 [Quick Mask Options] 대화창이 나타납니다.

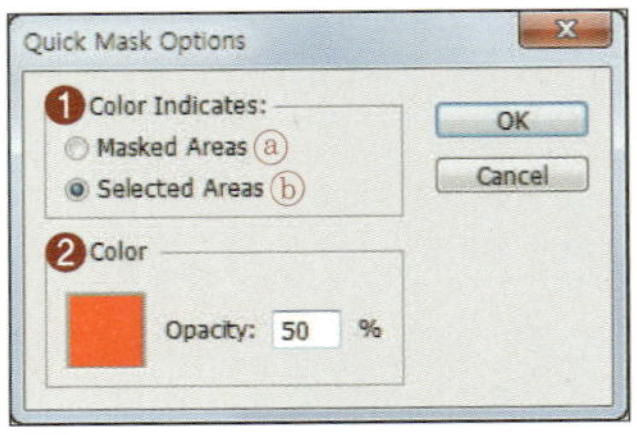

❶ **Color Indicates :** 선택 영역을 표시할 색을 설정합니다. 기본 값은 [Selected Areas]로 설정되어 있습니다.

ⓐ Masked Areas : 칠 영역을 제외하여 선택 범위가 만들어집니다.

▲ 퀵마스크 모드

▲ 표준 모드

ⓑ Selected Areas : 칠 영역이 선택 범위로 만들어집니다.

▲ 퀵마스크 모드

▲ 표준 모드

❷ **Color :** 사용자 편의에 따라 색상을 지정할 수 있으며 브러시로 칠한 영역을 표시할 색상과 불투명도를 설정합니다.

◎ [시작파일] ch02/ch02-sec05.jpg, ch02-sec05-01.jpg ◉ [완성파일] ch02/ch02-sec05(완성).psd

02 퀵마스크 기능 익히기

1 파일 불러오고 선택 범위 만들기

① 'ch02-sec05.jpg' 파일을 불러옵니다.

② [Quick Selection Tool] 을 선택합니다.

③ 옵션 바에서 브러시 프리셋 픽커를 열어 [Size]는 '9'로 설정합니다.

④ 강아지 안쪽을 천천히 드래그하여 선택합니다.

NOTE

- 단축키 [와] 를 눌러 브러시 사이즈를 조정할 수 있습니다.
- 작업자의 드래그 방식이 다르기 때문에 귀, 등, 뒷다리 부분이 정교하게 선택되지 않을 수 있습니다. 선택 모양이 그림과 같지 않더라도 괜찮으니 그대로 진행합니다.

2 퀵마스크 모드 적용하기

① 선택의 가장자리를 다듬어 보겠습니다. [Tools] 패널 하단의 [Quick Mask Mode] 버튼을 클릭합니다.

② [Brush Tool] 을 선택합니다.

③ 이미지창 안에서 마우스 오른쪽 버튼을 클릭한 후 가장자리가 딱딱한 브러시를 선택합니다.

NOTE

- 선택 영역을 칠할 때는 가장자리가 부드러운 브러시보다 딱딱한 브러시가 유리합니다.
- [Quick Mask Mode] 버튼을 더블클릭하여 나타난 대화창의 [Color Indicates]를 'Selected Areas'로 선택한 경우 강아지가 선택 영역으로 지정됩니다.

3 선택 영역 칠하여 정리하기–1

① 화면을 확대합니다.

① [Tools] 패널 하단의 [Default Foreground and Background Colors] 를 클릭합니다.

③ 단축키 [를 눌러 브러시 사이즈를 줄이고 선택하려는 부분을 드래그하여 정리합니다.

4 선택 영역 칠하여 정리하기–2

① 전경색과 배경색을 전환하기 위해 [Switch Foreground and Background Colors] 를 클릭합니다.

② 칠하면서 영역을 벗어났다면 전경색에 흰색을 지정합니다.

③ 벗어난 부분을 칠하여 수정합니다.

NOTE

전경색과 배경색을 서로 대치하려면 [Switch Foreground and Background Colors] 를 클릭합니다. 단축키는 영문 모드에서 X 입니다.

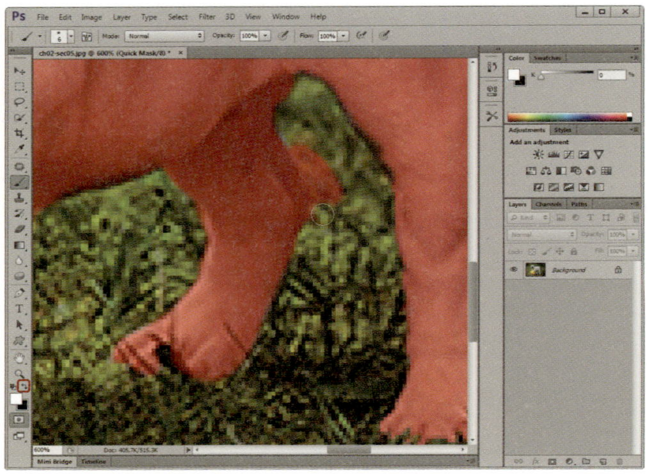

5 선택 영역으로 전환하기

① [Tools] 패널 하단의 [Edit in Standard Mode] 를 클릭합니다.

② [Select]–[Save Selection]을 선택한 후 선택 영역을 저장합니다.

③ Ctrl + C 를 눌러 이미지를 복사합니다.

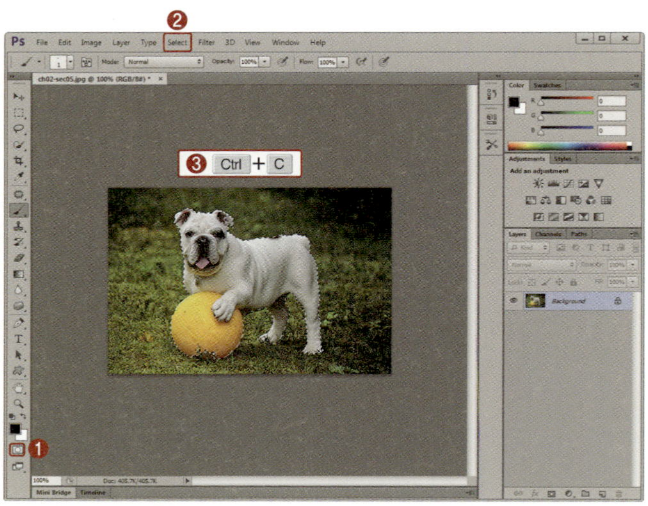

03 [Defringe]로 이미지 정리하기

1 파일 불러오고 이미지 붙이기

① 'ch02-sec05-01.jpg' 파일을 불러옵니다.

② Ctrl + V 를 눌러 복사한 강아지 이미지를 붙이기합니다.

2 이미지 경계 정리하기

① 강아지를 확대합니다.

② 검정 테두리가 보입니다. [Layer]–[Matting]–[Defringe]를 클릭합니다.

③ [With]는 '1'을 입력한 후 [OK] 버튼을 클릭합니다. 경계가 깨끗해졌습니다.

NOTE

[Layer]–[Matting]–[Defringe] 기능은 수치를 입력한 만큼 이미지 가장자리 픽셀을 깎습니다. 이 기능은 이미지 가장자리에 약하게 붙어 있는 색상 제거 시 탁월한 효과를 보입니다. 수치는 1~2pixel 정도가 적당합니다.

SECTION 06

불규칙한 이미지의 가장자리 추출하기 *[Refine Edge]*

| 학습 포인트 |

- [Refine Edge] 기능 이해하기
- [Refine Edge] 기능 익히기

[Refine Edge]를 활용하면 이미지의 선택하기 힘든 부분을 더욱 세밀하게 작업할 수 있습니다. 머리카락, 털 등이 있는 이미지의 가장자리에 확장, 대조, 부드러운 정도, 가장자리에 붙는 색상을 지정하여 정교하게 선택할 수 있습니다. 세밀한 선택 영역을 추출해야 할 때 유용한 [Refine Edge]에 대해 알아봅니다.

01 [Refine Edge] 기능 이해하기

[Refine Edge] 기능은 선택 영역을 만든 후 적용할 수 있는 기능입니다. [Marquee Tool], [Lasso Tool], [Magic Wand Tool], [Quick Selection Tool]의 옵션 바에는 Refine Edge... 버튼이 있습니다. 또한 [Select] 메뉴에서도 적용할 수 있습니다.

적용 과정

① 배경 이미지에 합성할 이미지를 배치합니다.

② [Quick Selection Tool] 등으로 선택 범위를 만듭니다.

③ 옵션 바의 Refine Edge... 버튼을 클릭하거나 [Select]–[Refine Edge]를 실행합니다.

◎ **[시작파일]** ch02/ch02–sec06–01.jpg, ch02–sec06–02.jpg ◉ **[완성파일]** ch02/ch02–sec06(완성).psd

02 [Refine Edge] 기능 익히기

1 파일 불러오고 이미지 복사하기

① 'ch02–sec06–01.jpg' 파일을 불러옵니다.

② Ctrl + A 를 눌러서 전체 선택하고 Ctrl + C 를 눌러 복사합니다.

2 이미지 배치하기

① 'ch02-sec06-02.jpg' 파일'를 불러옵니다. Ctrl + V 를 눌러 붙이기합니다.

② [Move Tool] 를 선택합니다.

③ 이미지를 드래그하여 중앙 하단으로 이동합니다.

NOTE

합성을 한 후 [Refine Edge]를 실행하면 배경 이미지가 보여 편리합니다.

3 선택 영역 만들기

① [Tools] 패널에서 [Quick Selection Tool] 을 선택합니다.

② 옵션 바에서 브러시 프리셋 픽커를 열어 [Size]는 '30'으로 설정합니다. 단축키 [와] 를 눌러가며 브러시 사이즈를 조정할 수 있습니다.

③ 모델 안을 드래그하여 선택 영역을 만듭니다. 머리카락 부분을 대략적으로 선택합니다.

4 선택 영역 정리하기

① 옵션 바에서 [Subtract from Selection] 을 클릭합니다.

② 모델 영역에서 벗어난 부분을 드래그하여 모델이 정확하게 선택될 수 있도록 합니다.

5 [Refine Edge]에서 보기 변경하기

① 옵션 바에서 [Refine Edge] 버튼을 클릭합니다.

② [View Mode]의 드롭다운 버튼을 클릭합니다. 'On Layers'를 선택합니다. 회색 배경 이미지가 가려지며 'Background' 이미지가 표시됩니다.

6 [Refine Edge]에서 범위 설정하기

① [Edge Detection]의 [Radius]를 '1.7'로 입력합니다.

② 정리되지 않은 머리카락 가장자리 부분을 꼼꼼히 드래그합니다.

7 [Refine Edge]에서 경계 축소하기

① [Adjust Edge]에서 [Shift Edge]에 '–10'을 입력합니다. 머리카락 주변이 깔끔하게 정리되었습니다.

② [Output To]는 'New Layer'를 선택합니다.

③ [OK] 버튼을 클릭합니다.

8 색상 보정하기

① 'Layer 1'은 [Indicates layer visibility] 가 꺼지며 'Layer 1 Copy'가 생성됩니다.

② 머리카락이 정리가 되었으나 배경색인 회색이 가장자리에 붙어있습니다. 머리카락이 너무 가늘기 때문에 어둡게 보정해보겠습니다. [Burn Tool] 을 선택합니다.

③ 옵션 바에서 [Range]는 'Midtones', [Exposure]는 '50%'로 설정합니다.

④ 가장자리를 따라 드래그합니다.

《 Photoshop 코칭 》

[Refine Edge] 대화창 살펴보기

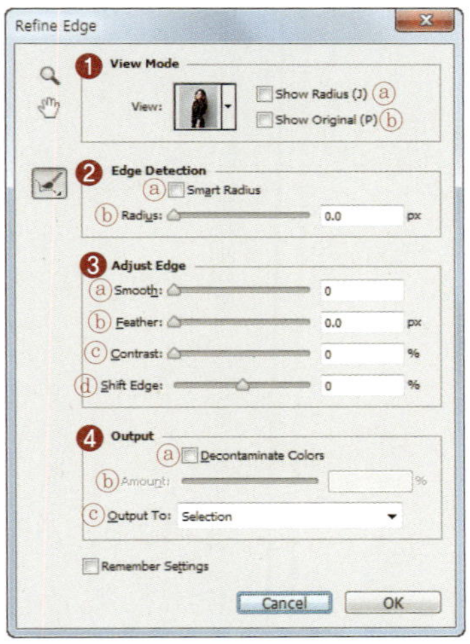

❶ **View Mode :** 뷰 모드를 선택합니다. [Show Radius]와 [Show Original] 항목은 체크하지 않는 것이 좋습니다.

ⓐ Show Radius : 가장자리 다듬기가 적용된 영역만 표시합니다.

ⓑ Show Original : 원본과 비교하기 위해 원래 선택 항목을 표시합니다.

❷ Edge Detection

ⓐ Smart Radius : 가장자리 다듬기를 할 때 테두리 영역을 세밀하게 조절합니다.

ⓑ Radius : 가장자리 범위를 수치로 조절합니다.

❸ Adjust Edge

ⓐ Smooth : 선택 영역의 모서리 부분을 둥글게 만듭니다.

ⓑ Feather : 선택 영역의 경계 부분을 부드럽게 퍼지게 만듭니다.

ⓒ Contrast : 선택 영역의 경계 부분을 선명하게 조절합니다.

ⓓ Shift Edge : 경계에서 확장하거나 축소합니다.

❹ Output

ⓐ Decontaminate Colors : 선택 영역의 가장자리가 주변의 색상으로 대체됩니다.

ⓑ Amount : 선택 영역의 가장자리에 대체할 색상 양을 조절합니다.

ⓒ Output To : 다듬어진 선택 영역의 결과를 설정합니다. 레이어 마스크, 새 레이어, 새문서, 선택 영역 등으로 설정할 수 있습니다.

UPGRADE
실력
올리기

[Color Range] 기능 살펴보기

[Select]-[Color Range]의 기능은 이미지에서 일부 색상을 추출하여 선택 범위로 만드는 기능입니다. 지정한 색상 영역을 확장 축소할 수 있으며 색상을 추가하거나 뺄 수 있습니다. 일반적인 적용 방법에 대해 설명하겠습니다.

◎ **[시작파일]** ch02/소녀.jpg ◉ **[완성파일]** ch02/소녀(완성).jpg

1. 파란색 꽃 부분의 색상을 확인합니다.

2. [Select]-[Color Range]를 선택합니다. 이미지 안의 파란 꽃을 클릭합니다.

3. [Color Range] 대화창에서 [Add to Sample] 을 선택한 후 추가할 색상을 클릭합니다. [Fuzziness]를 올려서 색상 영역을 확장한 후 [OK] 버튼을 클릭합니다.

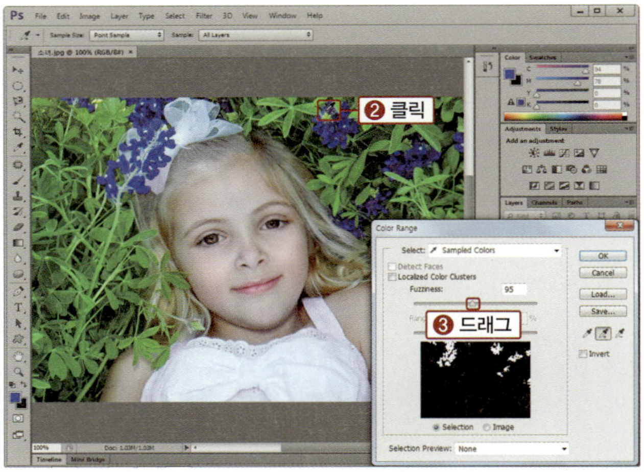

4. [Image]–[Adjustments]–[Hue/Saturation]을 선택하여 [Hue] 값을 '133'으로 조정합니다.

■ [Color Range] 대화창 살펴보기

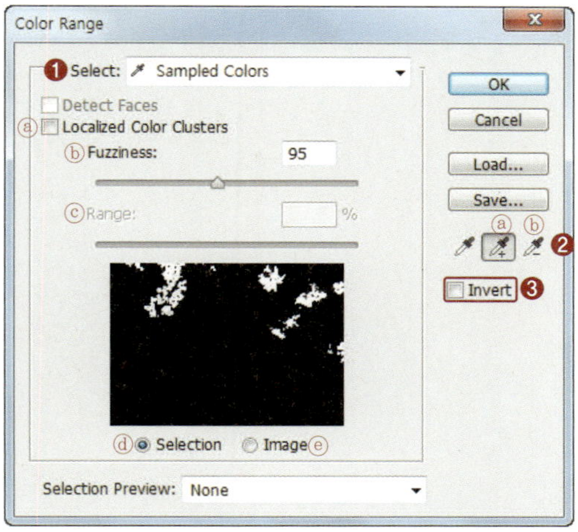

❶ **Select :** 지정된 색상만 선택합니다.

ⓐ Localized Color Clusters : 지역화된 색상 집합이라고 하며 체크한 경우 Range가 활성화됩니다. Range 슬라이더를 사용하여 샘플 포인트를 기준으로 색상 범위를 조절합니다.

ⓑ Fuzziness : 선택된 색상 값에서의 범위를 설정합니다.

ⓒ Range : 샘플 포인트를 기준으로 색상 범위를 조절합니다.

ⓓ Selection : 선택 영역으로 표시합니다.

ⓔ Image : 이미지로 표시합니다.

❷ **스포이드 툴 :** 이미지에 클릭하여 색상을 추출합니다.

ⓐ [Add to Sample] 로 색상 영역을 추가합니다.

ⓑ [Subtract from Sample] 로 색상 영역을 제거합니다.

❸ **Invert :** 선택 색상을 반전합니다.

SECTION 07

변형 기능을 이용하여 이미지 매핑하기 *[Transform]*

이미지 편집 기능 중 가장 많이 사용하는 [Transform]은 손쉽게 이미지의 모양을 변형할 수 있는 기능입니다. 조절점을 움직여 크기, 회전, 기울기, 왜곡, 투시 등의 변형 기능을 적용할 수 있습니다. 이미지 합성 작업 시 다양한 [Transform] 기능은 활용도가 높으므로 기본적으로 숙지해야 합니다.

| 학습 포인트 |

- [Transform]의 종류와 기능 이해하기
- [Transform] 기능 익히기

01 [Transform]의 종류와 기능 이해하기

[Free Transform] 기능 살펴보기

[Edit] 메뉴 안의 [Free Transform](Ctrl+T)은 [Scale]과 [Rotate] 기능을 적용할 수 있습니다. 마우스 포인터를 대각선 조절점에 위치하여 사선 모양의 커서로 바뀌면 크기 조절을 하고, 조절점 밖에 위치시켜 곡선 모양의 포인터로 바뀌면 회전 조절을 할 수 있습니다.

[원본]

[Scale]

[Rotate]

[Free Transform] 적용 후 단축키로 변형기능 적용하기

왜곡	모서리 조절점을 클릭한 채 Ctrl을 누르며 드래그합니다.
투시	모서리 조절점을 클릭한 채 Ctrl+Alt+Shift를 누르며 드래그합니다.
기울기	변에 위치한 조절점을 클릭한 채 Ctrl을 누르며 드래그합니다.

[Transform] 종류 알아보기

[Edit] 메뉴 안의 [Transform] 메뉴에는 변형에 관한 모든 기능이 포함되어 있으며, 효과가 비슷한 기능별로 구분되어 있습니다.

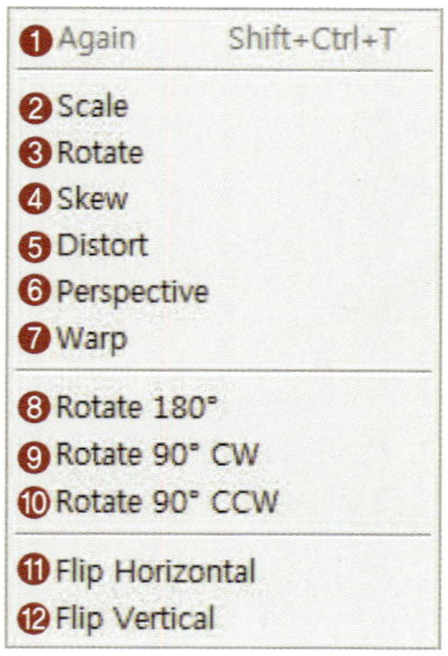

❶ **Again** : 이전에 실행한 Transform 기능을 다시 실행합니다.

❷ **Scale** : 크기를 조절합니다.

❸ **Rotate** : 이미지를 회전합니다.

❹ **Skew** : 이미지를 기울이며 변형합니다.

❺ **Distort** : 사방의 조절점을 자유롭게 조절하여 변형합니다.

▲ [Skew]

▲ [Distort]

❻ **Perspective** : 이미지를 원근감 있게 변형합니다.

❼ **Warp** : 구부림과 휘어짐을 자유롭게 변형합니다.

▲ [Perspective]

▲ [Warp]

❽ **Rotate 180˚ :** 180˚로 회전합니다.

❾ **Rotate 90˚ CW :** 90˚ 시계 방향으로 회전합니다.

❿ **Rotate 90˚ CCW :** 90˚ 반시계 방향으로 회전합니다.

⓫ **Flip Horizontal :** 좌우 대칭으로 전환합니다.

⓬ **Flip Vertical :** 상하 대칭으로 전환합니다.

▲ [원본]

▲ [Rotate 180˚]

▲ [Rotate 90˚ CW]

▲ [Rotate 90˚ CCW]

▲ [Flip Horizontal]

▲ [Flip Vertical]

02 [Transform] 기능 익히기

1 파일 불러오고 선택 범위 만들기

① 'ch02-sec07-01.jpg' 파일을 불러옵니다.

② [Elliptical Marquee Tool] ◌ 을 선택합니다.

③ Alt 를 누른 채 간판의 중심에서 드래그하여 선택 영역을 만듭니다.

2 선택 영역 변형하기

① 원형 선택 영역을 세부적으로 조정하기 위해 [Select]-[Transform Selection]을 실행합니다.

② 조절점을 움직여서 간판의 경계에 잘 맞춥니다.

③ 박스 안을 더블클릭하거나 옵션 바에서 ✓을 클릭합니다.

3 이미지 붙이고 크기 조절하기

① 'ch02-sec07-02.jpg'를 불러옵니다. Ctrl + V 를 눌러 붙이기하면 'Layer 1'이 생성됩니다.

② [Edit]-[Free Transform](Ctrl + T)를 선택합니다. 박스 안을 드래그하여 위치를 그림과 같이 이동합니다.

③ Alt + Shift 를 누르면서 모서리 조절점을 중심을 향해 드래그합니다.

④ 박스 안을 더블클릭하거나 옵션 바에서 ✓을 클릭합니다.

NOTE Shift + Alt 를 누르고 줄이거나 키우면 중심이 가운데로 설정되고 정비례로 조절됩니다.

4 컵 형태에 맞춰 왜곡하기

① [Edit]-[Transform]-[Warp]을 선택합니다.

② 바운딩 박스에서 동그라미( )로 표시되는 부분은 방향점입니다. 방향점을 움직여 왜곡을 줄 수도 있지만 박스를 직접 움직여 보겠습니다.

③ ⓐ 지점을 밑으로 살짝 이동한 후 ⓑ 지점을 밑으로 살짝 이동합니다. 컵의 곡면에 맞춰 로고를 왜곡시킵니다.

④ 박스 안을 더블클릭하거나 옵션 바에서 을 클릭합니다.

NOTE

- 각 꼭지점의 조절점에는 핸들이 생성되어 휘어지도록 조절할 수 있습니다.
- 바운딩 박스 안쪽에서 마우스 오른쪽 버튼을 클릭하여 나타나는 확장 메뉴에는 [Transform]의 메뉴가 나타납니다.

5 자연스럽게 합성하기

① [Layers] 패널에서 합성 모드는 'Darken'을 설정합니다.

② 어두운 색상이 우선적으로 화면에 표시되어 합성됩니다. 로고의 흰색 이미지보다 어두운 컵의 이미지가 보입니다.

NOTE

[Blending Mode]는 연산을 통해 아래 레이어와의 색상을 섞는 기능으로 그중 'Darken'은 우선적으로 어두운 색상이 드러나는 합성 모드입니다.

SECTION 08 틀어진 시점 변경하기

[Perspective Warp]

[Perspective Warp] 기능은 이미지의 원근을 조정하는 기능입니다. 잘못된 구도로 찍힌 사진의 원근을 수정하고자 할 때 사용됩니다. 뒤로 약간 누운 듯한 건물 이미지의 구도를 수정해봅니다.

CC

| 학습 포인트 |

- [Perspective Warp] 기능 익히기

◎ **[시작파일]** ch02/ch02-sec08.jpg ◉ **[완성파일]** ch02/ch02-sec08(완성).jpg

01 [Perspective Warp] 기능 익히기

1 [Perspective Warp] 적용하기

① 'ch02-sec08.jpg' 파일을 불러옵니다.

② [Edit]-[Perspective Warp]를 실행합니다.

NOTE

포토샵 CC 버전임에도 컴퓨터 사양이 낮으면 [Edit]-[Perspective Warp]이 비활성화될 수 있습니다.

2 원근 영역 만들기

건물의 왼쪽 윗부분부터 드래그하여 격자 형태의 박스를 만듭니다.

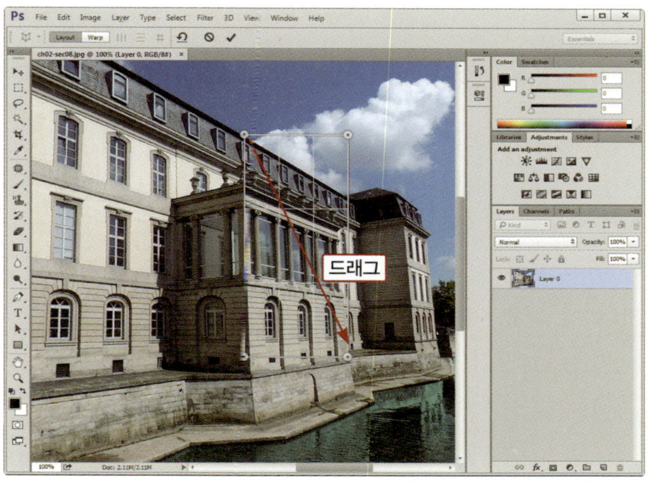

NOTE

원근 영역을 만들 때 건물의 일부만을 잡아도 됩니다.

3 원근 형태 조정하기

건물 기울기에 맞춰 원근 영역의 변환점을 움직입니다.

4 원근 형태 바로잡기

① 옵션 바에서 [Warp]를 클릭합니다. 변환점의 색상이 검정색으로 바뀝니다. 이때 조절점이나 변환선을 이동하면 구도가 수정됩니다.

② 옵션 바에서 |||를 클릭하면 수직 방향으로 건물이 바로 잡힙니다.

③ Enter를 누르거나 옵션 바에서 ✓을 누릅니다.

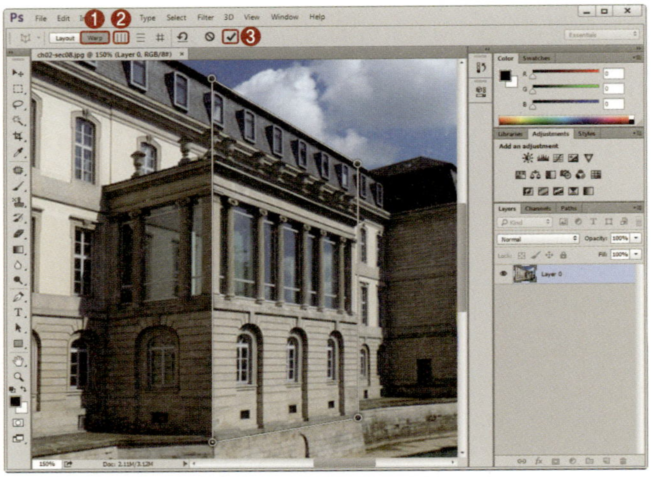

5 가장자리 정리하기

① Ctrl + 0을 눌러 화면에 꽉찬 화면 배율을 적용합니다.

② [Crop Tool] 을 선택합니다.

③ 이미지 안을 드래그하여 정리할 영역을 만듭니다.

④ Enter를 누르거나 옵션 바에서 ✓을 누릅니다.

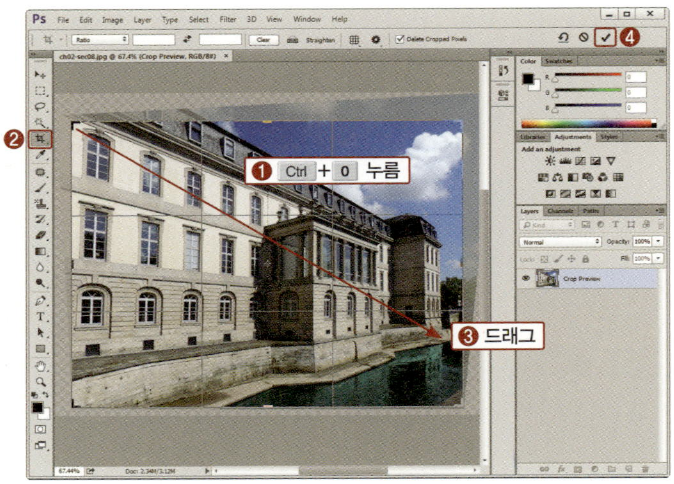

SECTION 09

배경과 피사체 따로따로 조절하기

[Content-Aware Scale]

사진 이미지의 배경을 넓혀 사진 비율을 수정하고자 할 때 사용합니다. 이미지를 가로로 넓히면 왜곡이 발생하는데 이를 보완하기 위해 사진 이미지에서 중요한 부분을 보호할 수 있는 기능에 대해 설명하겠습니다.

| 학습 포인트 |

- [Content-Aware Scale] 기능 익히기
- **[UPGRADE 실력올리기] [Photomerge]로 파노라마 사진 만들기**

◎ **[시작파일]** ch02/ch02-sec09.jpg ◉ **[완성파일]** ch02/ch02-sec09(완성).psd

01 [Content-Aware Scale] 기능 익히기

1 파일 불러오고 레이어로 변환하기

① 'ch02-sec09.jpg' 파일을 불러옵니다.

② [Layers] 패널에서 'Background'를 더블클릭합니다.

③ [Name]에 'Layer 0'이 나타나면 [OK] 버튼을 클릭합니다.

2 캔버스 사이즈 가로로 넓게 조정하기

① [Image]-[Canvas Size]를 선택합니다.

② [Carvas Size] 대화창에서 단위를 모두 'Centimeters'로 변경합니다. [Width]는 '45'로 입력하고 [Anchor]는 왼쪽 가운데를 클릭합니다.

③ [OK] 버튼을 클릭합니다. 수치를 입력한 만큼 오른쪽으로 캔버스가 늘어났습니다.

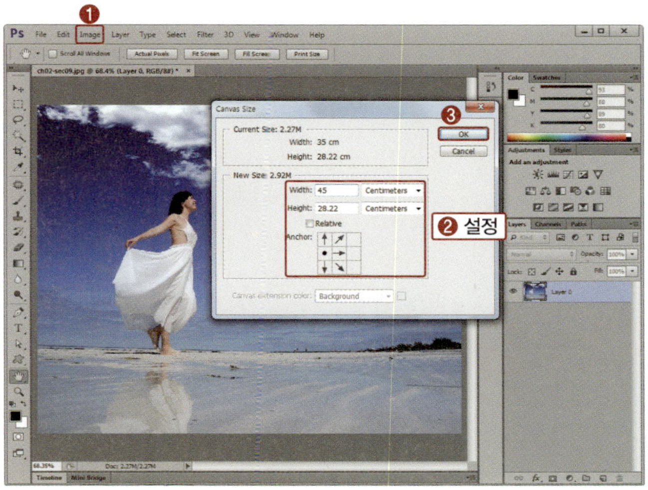

3 보호 영역 저장하기

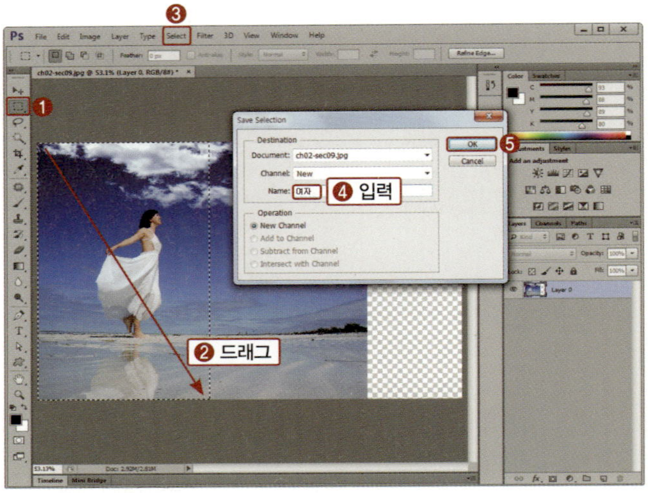

① [Rectangular Marquee Tool] 을 선택합니다.

② 그림과 같이 여자가 있는 영역을 선택 범위로 만듭니다.

③ [Select]–[Save Selection]을 선택합니다.

④ [Save Selection] 대화창에서 [Name]은 '여자'라고 입력하고 [OK] 버튼을 클릭합니다.

4 [Content–Aware Scale] 적용하기

① [Edit]–[Content–Aware Scale]을 실행합니다.

② 옵션 바에서 [Protect]는 '여자'를 선택합니다.

③ 'Protect skin tones'( )를 선택합니다. 선택 영역 이미지가 보호됩니다.

5 이미지 늘리기

① 오른쪽 조절점을 오른쪽 끝으로 이동하여 이미지를 확장합니다.

② Enter를 누르거나 옵션 바에서 을 클릭해 적용합니다.

UPGRADE
실력
올리기

[Photomerge]로 파노라마 사진 만들기

한 컷으로 담기 힘든 풍경을 여러 컷으로 나누어 촬영하면 각각의 사진은 노출이 제각각일 수 있습니다. 포토샵의 자동화 기능인 Photomerge 기능을 이용하여 한 장의 파노라마 사진으로 만들어 보겠습니다.

◎ **[시작파일]** ch02/파노라마1.jpg, 파노라마2.jpg, 파노라마3.jpg ◉ **[완성파일]** ch02/파노라마(완성).psd

1. 한 장으로 이어붙일 사진 3장입니다.

2. [File]–[Automate]–[Photomerge]를 선택합니다.

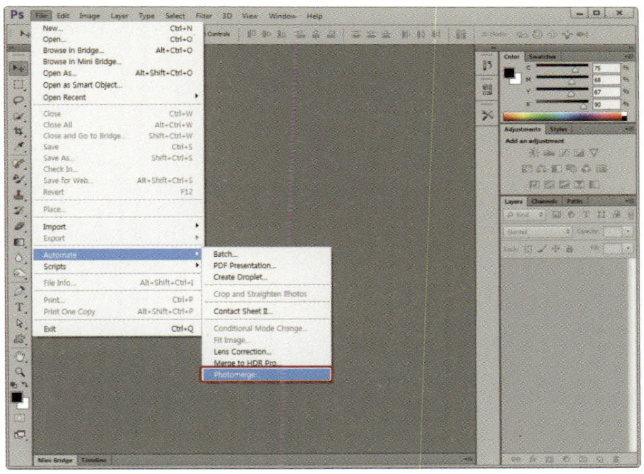

3. Layout 항목의 'Auto'가 선택되면 [Source Files] 항목의 [Browse] 버튼을 클릭합니다.

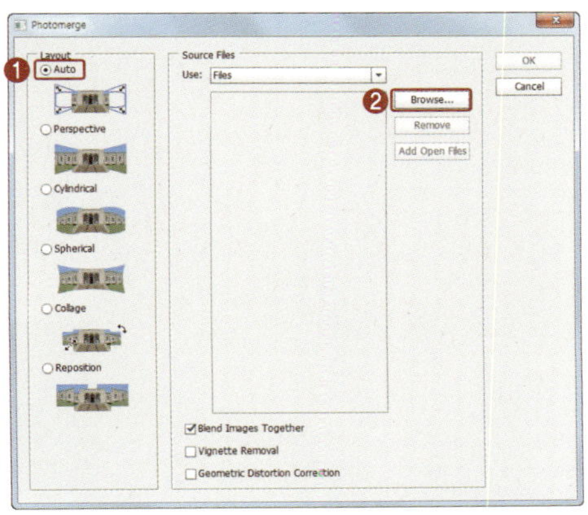

NOTE

'Auto' 값을 설정하면 사진들의 위치, 노출, 렌즈의 특성을 자동으로 인식하여 맞춰줍니다.

4. 샘플 폴더에서 '파노라마1.jpg~파노라마3.jpg' 파일을 불러온 후 [OK] 버튼을 클릭합니다.

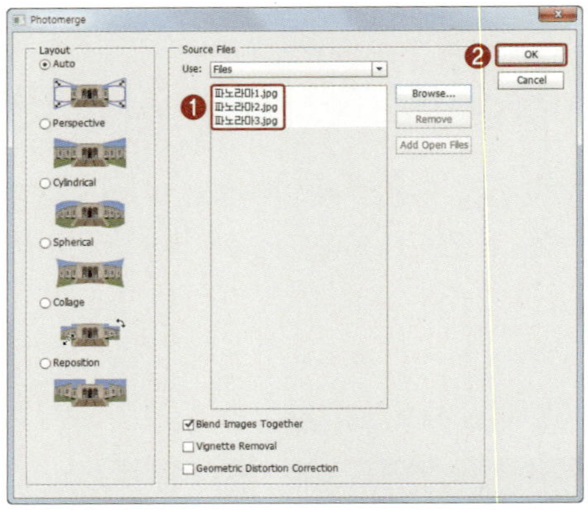

5. 자동으로 이미지를 탐색하고 조정하면서 사진들이 연결되면 투명픽셀이 나타납니다.

6. 연결된 경계 부분을 확인하여 문제가 없다면 [Crop Tool] 로 투명픽셀을 제외하여 영역을 지정합니다. Enter 를 눌러 적용합니다.

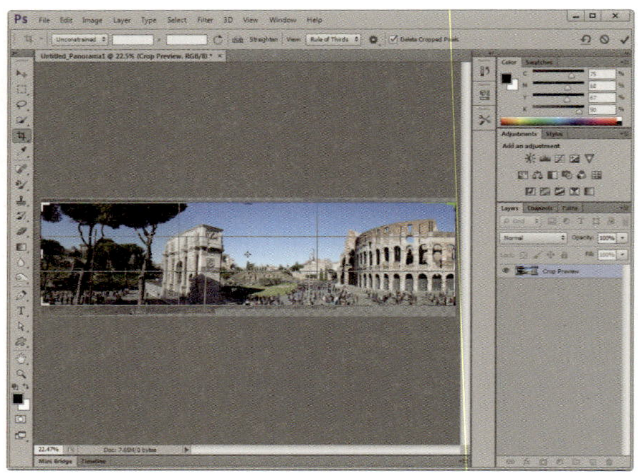

7. 사진들이 한 장으로 정리된 모습입니다.

이미지에 움직임을 불어넣기

[Puppet Warp]

움직임을 가질 수 있는 이미지의 자연스러운 포즈 변경 시 사용할 수 있습니다. 기린의 자세를 수정해 보겠습니다.

| 학습 포인트 |

- [Puppet Warp] 기능 익히기

◎ **[시작파일]** ch02/ch02–sec10.psd ◉ **[완성파일]** ch02/ch02–sec10(완성).psd

01 [Puppet Warp] 기능 익히기

1 파일 불러오고 레이어 선택하기

① 'ch02–sec10.psd' 파일을 불러옵니다.

② [Layers] 패널에서 '기린' 레이어가 선택되어 있는지 확인합니다.

2 [Puppet Warp] 실행하기

① [Edit]–[Puppet Warp]을 선택합니다. 이미지 위에 그물망 형태가 표시됩니다.

② 움직이고자 하는 지점을 그림과 같이 클릭합니다. 고정점이 생성됩니다.

3 자세 변경하기

① 고정점을 천천히 하나씩 움직여 위치를 수정합니다.

② 옵션 바에서 ✔을 눌러 적용합니다.

4 발에 그림자 넣기

① [Layers] 패널에서 'Background'를 선택합니다.

② [Burn Tool] 을 선택합니다.

③ 옵션 바에서 브러시 프리셋 픽커를 열어 [Size]는 '70', [Exposure]는 '50%'로 설정합니다.

④ 옵션 바에서 [Range]는 'Midtones'로 설정하여 기린의 발밑을 클릭하여 어둡게 조정합니다. 다시 [Range]는 'Shadows'로 설정한 후 발밑을 클릭하여 어둡게 조정합니다.

5 나뭇잎 도장 툴로 복사하기

① [Clone Stamp Tool] 을 선택합니다.

② Alt 를 누른 채 ⓐ 지점을 클릭하여 복사합니다.

③ 기린의 입 부분을 클릭하여 나뭇잎을 붙이기합니다.

TRAINING & TEST
실력 점검하기

이론 01 이미지의 선택 선을 기준으로 그 주위를 점점 부드럽게 표현하는 기능은 무엇인가?

① Opacity ② Feather
③ Gradient ④ Blur

이론 02 Tool box에서 도구들의 옵션이다. 설명이 틀린 것은?

① Anti-aliased : 선택 외곽을 부드럽게 설정한다.
② Fixed size : 입력한 픽셀 수치대로 만든다.
③ Opacity : 수치가 낮을수록 투명해진다.
④ Feather : 선택한 경계를 확실하게 잘라준다.

이론 03 마술봉 툴로 선택 영역을 잡을 때 이 옵션의 값에 따라 선택되어지는 크기가 달라진다. 이 옵션은 무엇인가?

① Anti-aliased ② Tolerance
③ Contiguous ④ Use All Layers

이론 04 Save Selection으로 저장한 선택 영역은 어느 패널에 저장되는가?

① Navigator 패널 ② Layers 패널
③ Paths 패널 ④ Channels 패널

이론 05 어린 소녀의 머리카락을 정교하게 살려 선택하고 싶을 때 사용하는 선택 기능은?

이론 06 다음 중 틀린 것을 고르시오.

① 이미지를 정비례하게 줄일 때는 [Transform]-[Scale]을 실행하고 대각선 조절점을 Shift 를 누른 채 줄인다.
② Foreground Color를 선택선 안에 채울 때는 Alt + Delete 한다.
③ Background Color를 선택선 안에 채울 때는 Ctrl + Delete 한다.
④ Alt 를 누르고 알파 채널을 클릭하면 Load selection된다.

이론 07 이미지의 크기 조절, 회전, 기울기, 뒤틀기, 원근감, 가로로 또는 세로로 뒤집는 기능은 (　　) 메뉴 안에 있으며 (　　　)이라고 하며, 단축키는 (　　　)이다.

실습 01 두 커피 잔 이미지를 합성하고 배경을 제거한 후 psd 파일로 저장하시오.

• [시작파일] ch02/ch02-실습01-01.jpg, ch02-실습01-02.jpg • [완성파일] ch02/ch02-실습01(완성).psd • [해설파일] ch02/ch02-실습해설01.pdf

Before

After

HOW TO 'ch02-실습01-01.jpg' 파일을 열고 'Background'를 일반 레이어로 변경 → [Magnetic Lasso Tool] 로 커피잔 선택하기 → 선택을 반전하고 배경을 삭제함 → 선택을 해제 → 'ch02-실습01-02.jpg' 파일을 불러옴 → [Elliptical Marquee Tool] 의 옵션 바에서 [Feather]는 '3' 적용 → 커피만 선택 → 복사 후 'ch02-실습01-01.jpg' 파일로 돌아와 붙여넣기 → [Move Tool] 로 위치 조정하기

실습 02 책상 위에 메모지와 화분을 배치하시오.

• [시작파일] ch02/ch02-실습02.jpg, ch02-실습02-01.psd, ch02-실습02-02.psd
• [완성파일] ch02/ch02-실습02(완성).psd • [해설파일] ch02/ch02-실습해설02.pdf

Before

After

HOW TO 'ch02-실습02.jpg, ch02-실습02-01.psd' 파일 열기 → 'ch02-실습02-01.psd'에서 전체 선택하여 복사 후 → 'ch02-실습02.jpg'에 붙여넣기 → [Move Tool] 로 위치 조정 → [Image]-[Adjustments]-[Hue/Saturation]에서 [Hue] 값은 '+27' 적용 → 'ch02-실습02-02.psd' 파일 열기 → Load Selection으로 화분 선택 후 복사 → 'ch02-실습02.jpg'에서 붙여넣기 후 위치 조정 → [Move Tool] 의 옵션 바에서 [Show Transform Control]을 체크한 후 상자 밖에서 시계 방향으로 드래그하여 회전

실습 03 바나나의 잘린 부분을 복구하시오.

• [시작파일] ch02/ch02–실습03.jpg • [완성파일] ch02/ch02–실습03(완성).psd • [해설파일] ch02/ch02–실습해설03.pdf

Before

After

HOW TO 'ch02–실습03.jpg' 파일 열기 → [Magnetic Lasso Tool] 로 하단의 바나나를 선택 → [Layer]–[New]–[Layer Via Copy] → [Move Tool] 밑으로 이동 → [Edit]–[Transform]으로 크기를 조정하여 맞춤 → [Eraser Tool] 로 부드럽게 지워서 경계를 자연스럽게 조정하기

실습 04 꽃 이미지의 방향을 변형하여 합성하시오.

• [시작파일] ch02/ch02–실습04–01.jpg, ch02–실습04–02.jpg • [완성파일] ch02/ch02–실습04(완성).psd • [해설파일] ch02/ch02–실습해설04.pdf

Before

After

HOW TO 'ch02–실습04–02.jpg'를 불러오기 → [Magnetic Lasso Tool] 로 꽃 선택하기 → 복사하기 → 'ch02–실습04–01.jpg'를 불러온 후 붙이기하기 → [Edit]–[Transform]–[Distort]로 조절점을 움직여 꽃을 바로 펴기 → [Layers] 패널에서 fx 를 눌러 [Drop Shadow] 효과 주기

CHAPTER

03

레이어 관리, 합성의 다양한 방법

이번 장에서는 개체를 통해 레이어의 기본 개념을 이해하고
[Layers] 패널을 통해 레이어의 종류, 관리, 합성에 관한
여러 가지 방법을 학습합니다.

* PREVIEW 한눈에 살펴보기

SECTION	제목	학습할 주요 기능
1	레이어 생성과 삭제하기 *[Layers] 패널*	• 레이어 이해하기 • 레이어 만들기 • 레이어 삭제하기
2	레이어 편집 및 관리하기 *[Layers] 패널*	• 레이어 링크하기 • 레이어 그룹으로 구분하기 • 레이어 병합하기 • 레이어 보기와 숨기기
3	레이어 색상 혼합하기 *[Blending Mode]*	• [Blending Mode] 종류 살펴보기 • 색상 혼합하기 • [UPGRADE 실력올리기] [Blending Mode] 목록 살펴보기
4	이펙트 효과 적용하기 *[Layer style]*	• [Layer Style] 종류 살펴보기 • [Layer Style] 대화창 익히기 • [UPGRADE 실력올리기] 레이어 스타일의 종류 살펴보기
5	레이어로 이미지 컬러 보정하기 *[Adjustment Layer]*	• [Adjustment Layer] 종류 살펴보기 • [Adjustments]와 [Adjustment Layer] 비교하기 • [Adjustment Layer] 적용하고 활용하기
6	이미지 합성하기 *[Layer Mask], [Clipping Mask]*	• [Mask] 기능 이해하기 • 레이어 분석하기 • 레이어 합성하기

레이어 생성과 삭제하기
[Layers] 패널

레이어는 투명한 비닐과 같은 개념으로, 투명한 비닐에 이미지를 붙이거나 펜으로 칠하는 등의 작업이라 할 수 있습니다. 레이어의 패널과 종류, 위치 이동과 복제 방법에 대해 알아봅니다.

| 학습 포인트 |

- [Layers] 패널 살펴보기
- 레이어의 종류 이해하기
- 레이어의 위치 이동 및 복제하기

01 레이어 종류 이해하기

레이어 종류는 총 7개로 구분합니다. 일반 레이어, 배경 레이어, 문자 레이어, 모양 레이어, 보정 레이어, 마스크 레이어, 마지막으로 스마트 레이어까지 다양합니다. 각각의 특성을 알아봅니다.

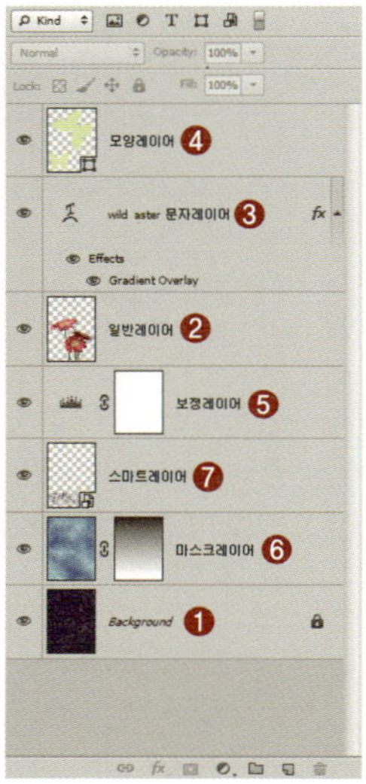

❶ 배경 레이어 : 포토샵에서 새로운 작업창을 만들거나 JPG, GIF 형식의 이미지를 불러오면 'Background'가 표시됩니다. 레이어 중 가장 하단에 위치하며, 잠겨있고, 색상은 적용되지만, 위치 이동이나 효과 적용은 되지 않습니다.

❷ 일반 레이어 : 이미지를 제외한 부분은 투명한 상태의 레이어로 표시됩니다. 불투명도나 레이어 스타일, 보정 효과를 적용할 수 있으며 지우개로 지우면 투명해집니다. 투명한 비닐에 스티커를 붙인 것에 비유할 수 있습니다.

❸ 문자 레이어 : 문자를 입력하면 섬네일에 'T'자로 표시되며, 입력한 문자 내용이 자동으로 레이어 이름으로 지정됩니다. 일반 레이어로 전환하고 싶을 때는 래스터라이즈합니다.

❹ 모양 레이어 : 벡터 도형을 그리면 자동 생성되며, 레이어 스타일 적용이 가능합니다. 색상을 바꾸고 싶을 때는 섬네일 창에서 직접 적용합니다.

❺ 보정 레이어 : 일반 레이어의 원본을 손상시키지 않고, 그 위에 임의의 레이어가 추가 생성되며 색상, 명도, 채도 등의 보정 효과를 적용합니다.

❻ 마스크 레이어 : 원본 레이어를 손상시키지 않는 목적으로 레이어 합성을 위해 레이어 마스크를 추가합니다. 레이어 마스크에 모노톤을 적용하면 톤에 따라 해당 레이어의 투명도가 결정됩니다. 흰색은 해당 레이어를 보이게 하고 검정색은 가립니다. 레이어 마스크는 해당 레이어를 선택한 후 삽입합니다.

❼ 스마트 레이어 : 일러스트레이터에서 작업한 벡터 이미지나 동영상 파일 등을 포토샵으로 불러오거나 이미지의 품질 저하 없이 그대로 확대, 축소, 변형할 수 있습니다.

◎ **[시작파일]** ch03/ch03–sec01–01.psd ◉ **[완성파일]** ch03/ch03–sec01–01(완성).psd

02 레이어 순서 이동과 복제하기

레이어의 종류를 확인하고 순서 이동과 복제, 추가와 삭제 등을 학습합니다.

1 불러온 파일 화면에 맞추기

① 'ch03–sec01–01.psd' 파일을 불러옵니다.

② [Tools] 패널에서 [Hand Tool] 을 더블클릭하면 불러온 파일이 포토샵 화면에 맞춰서 채워집니다.

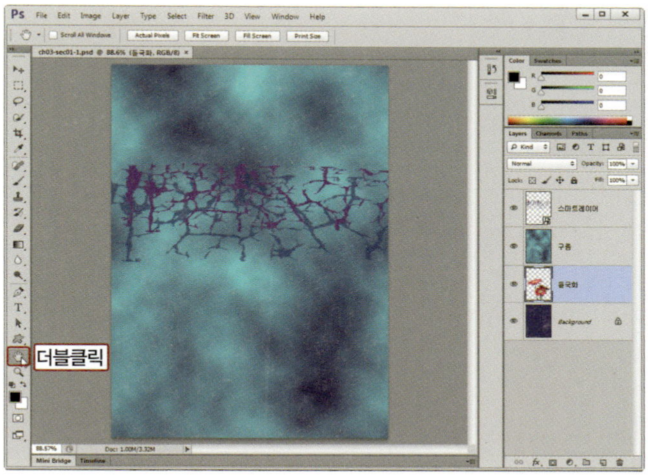

2 레이어 위치 바꾸기

들국화 이미지를 화면에 나타나게 하기 위해 [Layers] 패널에서 '들국화' 레이어를 클릭 앤 드래그하여 '스마트레이어' 위로 이동합니다.

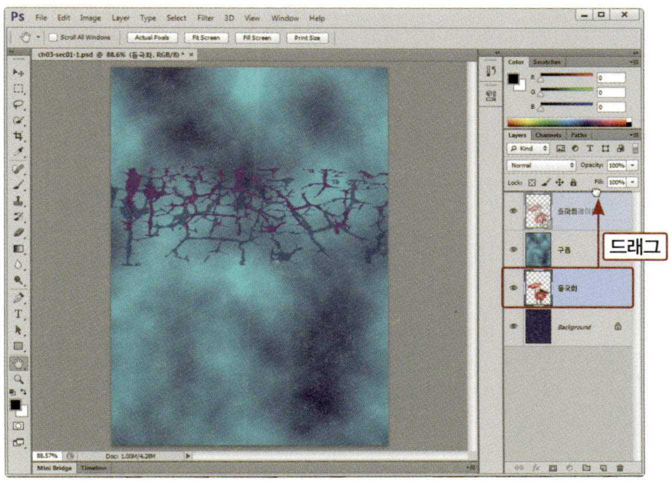

3 이동 툴로 레이어 이동하기

① [Layers] 패널에서 '스마트레이어'를 선택합니다.

② [Tools] 패널에서 [Move Tool] 을 클릭합니다.

③ 이미지창에서 스마트레이어의 해당 그림을 클릭 앤 드래그하여 원하는 자리로 이동합니다.

4 레이어 복제하기

① [Layers] 패널에서 '들국화' 레이어를 선택한 후, 마우스 오른쪽 버튼을 클릭하여 [Duplicate Layer]를 선택합니다.

② [Duplicate Layer] 창이 나타나면 [OK] 버튼을 클릭합니다.

5 복제된 레이어 크기 조절하기

① [Edit]-[Transform]-[Scale]을 선택합니다.

② Shift 를 누른 채 오른쪽 상단 꼭지점을 클릭 앤 드래그하여 그림처럼 줄입니다.

③ 조절점 안을 더블클릭하거나 Enter 를 누릅니다.

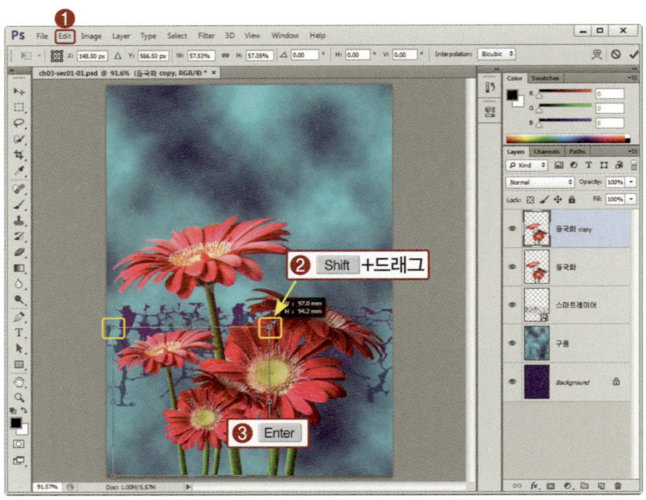

NOTE

레이어를 복제하는 방법은 여러 가지가 있습니다. ① 복제할 레이어를 선택한 후 마우스 오른쪽 버튼을 클릭하여 목록에서 [Duplicate Layer] 선택 ② 복제할 레이어를 선택하고, 클릭 앤 드래그하여 하단의 [Create a new layer] 에 끌어와 삽입 ③ 복제할 레이어를 선택하고 단축키 Ctrl + J 사용 ④ [Move Tool] 을 선택하고, 복제할 레이어를 Alt 를 누른 채 드래그 등이 있습니다. 이미지 변형은 단축키 Ctrl + T 를 사용하면 'Scale' 비율과 'Rotate' 회전을 자동으로 사용할 수 있습니다.

◎ **[시작파일]** ch03/ch03-sec01-02.psd ◉ **[완성파일]** ch03/ch03-sec01-02(완성).psd

03 레이어 추가와 삭제하기

레이어 추가와 삭제, 투명도를 조절하는 방법을 알아봅니다.

1 일반 레이어 추가하기

① 'ch03-sec01-02.psd' 파일을 불러온 후, [Tools] 패널에서 [Hand Tool] 을 더블클릭하여 화면에 맞춥니다.

② [Layers] 패널에서 'Background'를 선택합니다.

③ 하단의 [Create a new layer] 를 클릭하여 새 레이어를 추가합니다.

④ 'Layer 1'이 추가되면 이름을 더블클릭하여 '구름'이라고 입력합니다.

2 추가한 레이어 배경 바꾸기

① [Tools] 패널에서 [Set foreground color] 전경색은 '남색', [Set background color] 배경색은 '밝은 하늘색'으로 설정합니다.

② [Filter]-[Render]-[Clouds] 메뉴를 클릭합니다.

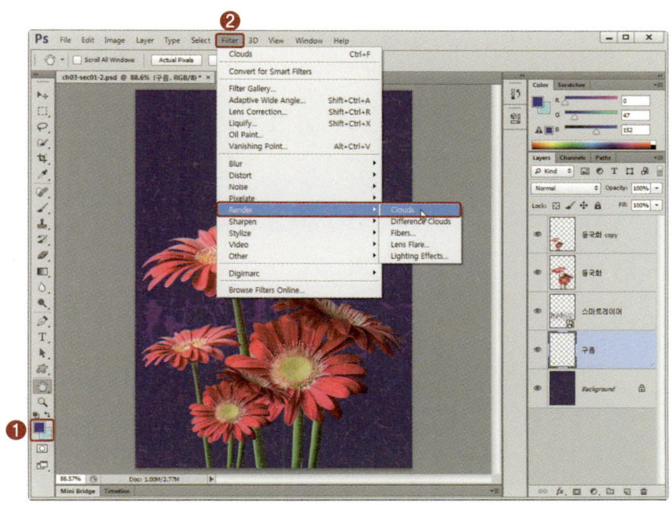

3 문자 레이어 추가하기

① [Layers] 패널에서 '들국화 copy' 레이어를 선택합니다.

② [Tools] 패널에서 [Horizontal Type Tool] T 을 선택합니다.

③ 옵션 바에서 [Set the font family]의 글꼴은 'Monotype Corsiva', [Set the font size]의 크기는 '72pt', '왼쪽 맞춤(Left align text)', [Set the text color]는 '흰색'으로 설정한 후, 꽃의 위쪽 여백을 클릭합니다.

④ 'Wild Aster'라고 입력합니다.

⑤ 옵션 바에서 [Commit any current edits] ✓ 을 클릭합니다.

NOTE

문자 레이어는 글씨를 입력하면 레이어 이름이 입력한 내용으로 수정됩니다.

4 레이어 삭제하기

① [Layers] 패널에서 '스마트레이어'를 선택합니다.

② 아래의 [Delete layer] 🗑 를 클릭합니다.

③ 레이어 삭제 여부를 묻는 메시지가 나타나면 [Yes] 버튼을 클릭합니다.

④ '스마트레이어'가 삭제됩니다.

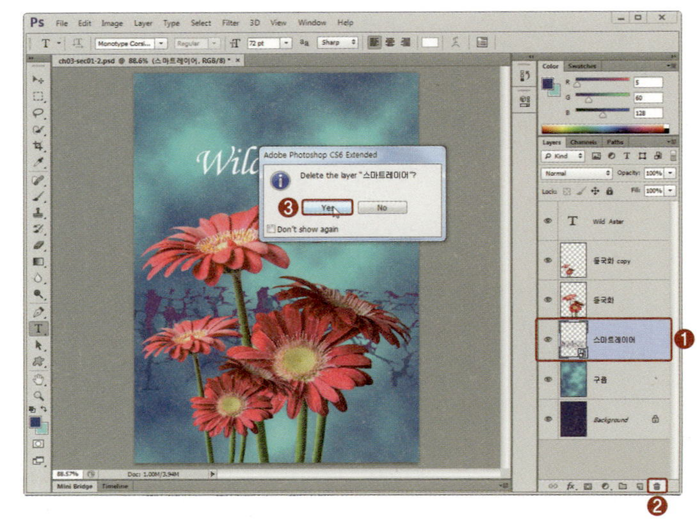

[Layers] 패널 살펴보기

[Layers] 패널에서는 레이어의 층들을 표시합니다. 새 레이어 생성과 삭제, 복수의 레이어를 그룹으로 지정하거나 숨기기, 잠그기, 합치기, 링크로 연결하는 등 여러 가지 편집 작업을 관리할 수 있습니다. 그리고 이펙트 효과인 레이어 스타일, 임의의 레이어를 추가 적용하는 보정과 마스크 레이어의 활용은 빼놓을 수 없는 테크닉입니다.

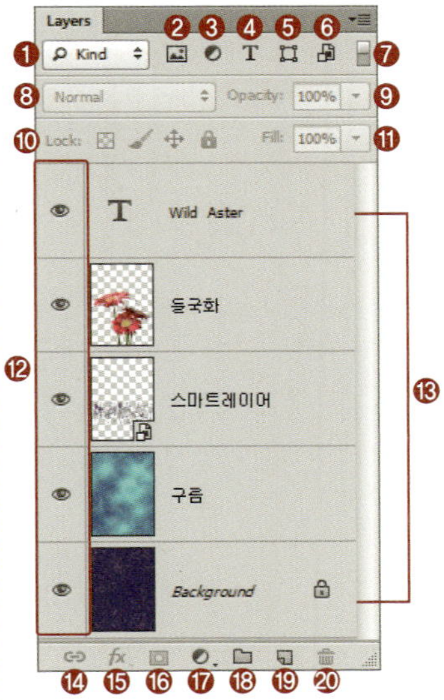

❶ Kind : 많은 레이어가 추가되었을 때, 레이어를 빠르게 검색하여 찾을 수 있습니다. 목록은 Kind, Name, Effect, Mode, Attribute, Color 등을 제공합니다.

❷ Filter for pixel layers : 픽셀로 구성된 레이어를 검색합니다.

❸ Filter for adjustment layers : 보정을 적용한 레이어를 검색합니다.

❹ Filter for type layers : 문자 레이어를 검색합니다.

❺ Filter for shape layers : 모양 레이어를 검색합니다.

❻ Filter for smart objects : 스마트 개체 레이어를 검색합니다.

❼ Turn layer filtering on/off : 레이어 검색 기능 사용 여부를 표시합니다.

❽ Blending Mode : 선택한 레이어와 아래 레이어의 색상을 혼합할 옵션을 설정합니다.

❾ Opacity : 불투명도를 조절합니다. 0%에 가까울수록 투명해집니다.

❿ Lock : 레이어를 움직이지 않도록 고정시킵니다.

⓫ Fill : 레이어 스타일을 적용한 경우 레이어 스타일은 그대로 두고, 이미지의 투명도만 조절합니다.

⓬ Indicates layer visibility : 이미지를 숨기거나 표시합니다.

⓭ Layer : 선택된 레이어는 파란색으로 활성화됩니다.

⓮ Link layers : 여러 레이어를 Shift 나 Ctrl 을 눌러 다중으로 선택하여 연결하면, 동시에 동일한 작업을 할 수 있습니다.

⓯ Add a layer style : 레이어에 그림자, 입체감, 광택, 색상 등의 스타일을 적용합니다.

⓰ Add layer mask : 레이어에 마스크 레이어를 추가합니다.

⓱ Create new fill or adjustment layer : 선택한 레이어 위에 보정 레이어를 생성하고 효과를 줍니다.

⓲ Create a new group : 많은 레이어를 구분하기 위해 그룹으로 묶어 관리합니다.

⓳ Create a new layer : 클릭하면 새 레이어를 추가하고, 특정 레이어를 아이콘 위로 드래그하면 레이어가 복사됩니다.

⓴ Delete layer : 클릭하거나 아이콘 위로 드래그하여 선택한 레이어를 삭제합니다.

SECTION 02

레이어 편집 및 관리하기

[Layers] 패널

여러 개의 레이어로 작업할 때 작업이 수월할 수 있도록 레이어를 그룹으로 지정하거나 링크로 연결하고 잠그는 등의 편집, 관리 기능에 대해 알아봅니다.

| 학습 포인트 |

- 레이어 링크하기
- 레이어 병합하기
- 레이어 잠그기
- 레이어 그룹으로 구분하기
- 레이어 보기와 숨기기

◎ **[시작파일]** ch03/ch03-sec02.psd ◉ **[완성파일]** ch03/ch03-sec02(완성).psd

01 레이어 관리 및 편집하기

많은 레이어의 구분을 위해 링크, 그룹, 병합하는 방법을 학습합니다.

1 레이어 링크 걸기

① [Layers] 패널에서 '서브연꽃잎' 레이어를 클릭하고 Shift 를 누른 채 '메인연꽃잎', '반사 그림자' 레이어를 선택합니다.

② [Layers] 패널 하단의 [Link layers] 를 클릭하여 선택한 레이어를 연결합니다.

NOTE

여러 개의 레이어에 링크하면 링크된 레이어들은 이동, 변형, 필터 등의 기능을 함께 적용할 수 있습니다.

2 레이어 그룹 만들기

① [Layers] 패널에서 '큰연잎9' 레이어를 선택하고, 하단의 [Create a new group] 을 클릭합니다.

② 'Group 1' 레이어가 생성됩니다. 'Group 1' 레이어의 이름을 더블클릭하여 '큰연잎들'로 입력합니다.

③ [Layers] 패널에서 '큰연잎9' 레이어를 클릭하고, Shift 를 누른 채 '큰연잎6' 레이어까지 한꺼번에 선택합니다.

④ '큰연잎들' 그룹에 드래그하여 그룹으로 묶습니다.

NOTE

'큰연잎들' 그룹의 역삼각형 (▼) 최소화 버튼을 클릭해, '접기'를 할 수도 있고, 다시 눌러 '펼치기'도 할 수 있습니다.

3 레이어 병합하기

① [Layers] 패널에서 '연잎1' 레이어를 선택하고, Shift 를 누른 채 '연잎5' 레이어까지 모두 선택합니다.

② 레이어 팝업 메뉴 를 클릭합니다.

③ [Merge Layers] 메뉴를 선택하면, 레이어가 병합됩니다.

NOTE

레이어를 병합하면 상위 레이어 이름으로 합쳐지며, 단축키 Ctrl + E 를 사용하여 기능을 적용할 수도 있습니다. 또 링크로 연결하거나 그룹으로 묶는 경우에는 레이어를 묶는 기능만 하므로 용량에는 변화가 없지만, 병합하는 경우에는 여러 레이어를 하나의 레이어로 합치기 때문에 이미지의 용량이 줄어듭니다.

4 컬러 레이어 적용하기

① [Layers] 패널에서 '큰연잎들' 그룹을 선택합니다.

② [Indicates layer visibility] 에서 마우스 오른쪽 버튼을 클릭합니다.

③ 'Green'을 선택합니다.

④ '큰연잎들' 레이어의 가 연두색으로 바뀝니다.

《 Photoshop 코칭 》

레이어 팝업 메뉴 살펴보기

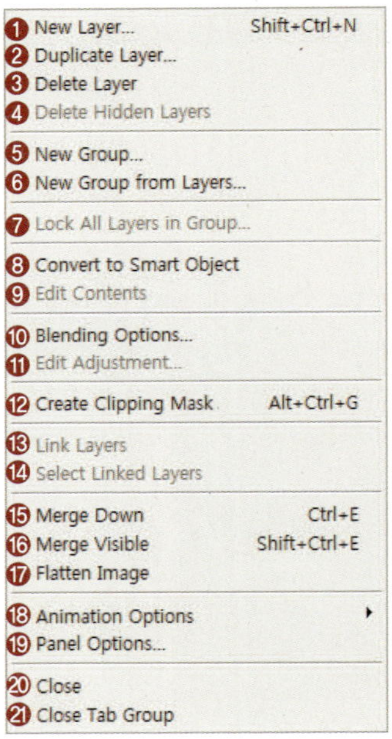

① New Layer : 새 레이어를 생성합니다.
② Duplicate Layer : 선택한 레이어를 복제합니다.
③ Delete Layer : 선택한 레이어를 삭제합니다.
④ Delete Hidden Layers : [Indicates layer visibility] 가 꺼져 있는 레이어를 삭제합니다.
⑤ New Group : 새 그룹을 생성합니다.
⑥ New Group from Layers : 레이어에서 새 그룹을 생성합니다.
⑦ Lock All Layers in Group : 그룹 안의 모든 레이어를 잠급니다.
⑧ Convert to Smart Object : 고급 개체로 변환합니다.
⑨ Edit Contents : 내용을 편집합니다.
⑩ Blending Options : 색상 혼합 옵션을 표시합니다.
⑪ Edit Adjustment : 조정을 편집합니다.
⑫ Create Clipping Mask : 클리핑 마스크를 생성합니다.
⑬ Link Layers : 레이어를 링크하여 연결합니다.
⑭ Select Linked Layers : 링크로 연결된 레이어를 선택합니다.
⑮ Merge Down : 선택된 레이어와 바로 아래 레이어를 병합합니다.
⑯ Merge Visible : [Indicates layer visibility] 가 켜져 있는 레이어를 병합합니다.
⑰ Flatten Image : 모든 레이어를 배경 레이어로 병합합니다.
⑱ Animation Options : 애니메이션 옵션을 표시합니다.
⑲ Panel Options : 미리보기창의 크기와 패널 옵션을 표시합니다.
⑳ Close : 패널을 닫습니다.
㉑ Close Tab Group : 탭 그룹을 닫습니다.

SECTION 03

레이어 색상 혼합하기

[Blending Mode]

블랜딩 모드[Blending Mode]는 레이어와 레이어, 즉 이미지가 서로 겹쳐있을 때 색을 혼합하는 방식으로 결과를 만듭니다. [Opacity] 불투명도와 레이어 마스크의 설정으로 독특한 느낌의 이미지를 연출해봅니다.

| 학습 포인트 |

- [Duplicate Layer]로 레이어 사본 만들기
- 블랜딩 모드 중 'Linear Burn' 적용하기
- 레이어 블랜딩 모드 이해하기
- **[UPGRADE 실력올리기] [Blending Mode] 목록 살펴보기**

◎ **[시작파일]** ch03/ch03-sec03.psd ◉ **[완성파일]** ch03/ch03-sec03(완성).psd

01 이미지 맵핑하기

레이어를 복제하고 병합한 후 블랜딩 모드를 적용하여 제품에 이미지가 자연스럽게 맵핑되는 효과를 배워보겠습니다.

1 이미지 복사하기

① [Layers] 패널에서 '꽃' 레이어를 선택합니다.

② 마우스 오른쪽 버튼을 클릭하여 [Duplicate Layer]를 지정합니다.

③ [Duplicate Layer] 대화창이 나타나면, [As]에 '꽃 copy'를 '꽃 2'라고 수정하고 [OK] 버튼을 클릭합니다.

④ ①②의 방법을 동일하게 4번 더 반복하여 '꽃 6'까지 추가합니다.

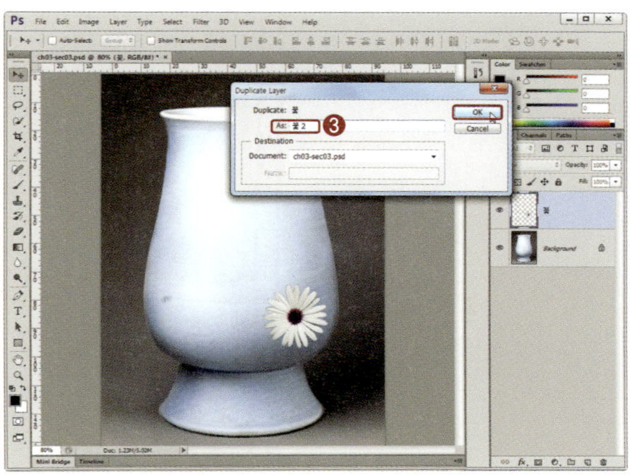

2 이미지 배치하기

① '꽃 2' 레이어를 선택합니다.

② [Tools] 패널에서 [Move Tool] ▸+을 선택하고 이미지창에서 이동하여 배치합니다.

③ '꽃 3'~'꽃 6' 이미지도 ①②와 같은 방법으로 선택하고, 배치합니다.

3 이미지 병합하기

① [Layers] 패널에서 '꽃' 레이어를 선택합니다.

② Shift 를 누른 채 '꽃 6' 레이어를 선택합니다.

③ 단축키 Ctrl + E 를 누릅니다.

4 이미지 맞추기

① [Layers] 패널에서 '꽃 6' 이름으로 레이어가 병합된 것을 확인하고, '꽃 6' 레이어의 [Indicates layer visibility] 를 끕니다.

② 'Background'를 선택합니다.

③ [Quick Selection Tool] 을 선택합니다.

④ 도자기 바깥 영역을 선택합니다.

⑤ 다시 '꽃 6' 레이어의 [Indicates layer visibility] 를 켭니다.

⑥ '꽃 6' 레이어를 선택합니다.

⑦ Delete 를 눌러 도자기 영역을 벗어난 꽃 이미지를 삭제합니다.

5 맴핑하기

① [Select]-[Deselect]을 클릭하여 선택 영역을 해제합니다.

② [Layers] 패널에서 '꽃 6' 레이어가 선택되어 있는지 확인합니다.

③ [Layers] 패널의 [Blending Mode] 목록에서 'Linear Burn'을 지정합니다.

NOTE

선택 영역 해제 시 단축키 Ctrl + D 를 사용해도 됩니다. 또 '꽃 6' 레이어의 [Blending Mode]를 'Linear Burn' 이외에 'Mulitply' 또는 'Color Burn'으로 지정해도 됩니다.

레이어 [Blending Mode] 살펴보기

색상을 혼합할 두 장의 이미지가 있습니다. 일반 레이어에는 초록색과 빨간색의 '앵무새' 이미지가 있고 'Background'에는 배경으로 사용할 '백조' 이미지가 있습니다.

합성 이미지 : '앵무새' 일반 레이어

배경 이미지 : 'Background' 배경

[Layers] 패널의 레이어 배치 순서

두 개의 레이어가 겹쳐있는 경우 블랜딩 모드는 항상 '위'의 레이어에 적용합니다. 선택한 레이어에 적용한 블랜딩 모드는 하위 레이어 전체에 반영됩니다.

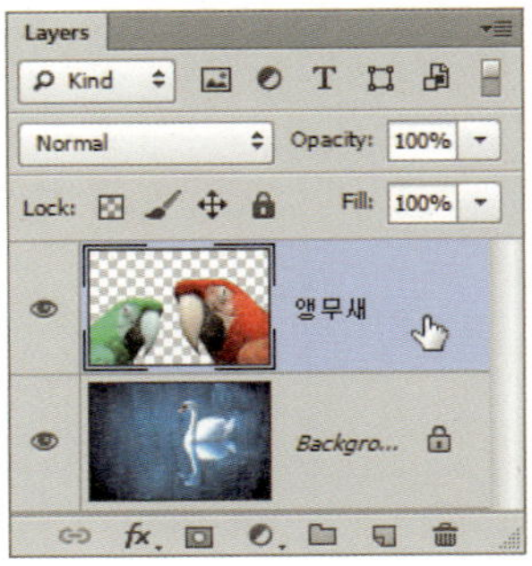

[Blending Mode] 목록

총 26개를 제공하고 있는 [Blending Mode] 목록은 다음과 같습니다.

Normal
Dissolve

Darken
Multiply
Color Burn
Linear Burn
Darker Color

Lighten
Screen
Color Dodge
Linear Dodge (Add)
Lighter Color

Overlay
Soft Light
Hard Light
Vivid Light
Linear Light
Pin Light
Hard Mix

Difference
Exclusion
Subtract
Divide

Hue
Saturation
Color
Luminosity

UPGRADE
실력
올리기

[Blending Mode] 목록 살펴보기

- Normal : 아무것도 적용되지 않은 상태입니다.

- Dissolve : 반투명한 픽셀을 정도에 따라 흩뿌려 합성합니다. [Opacity]를 낮춰 반투명으로 만들어야 디졸브가 적용됩니다. 배경이 투명한 이미지의 가장자리에 약간의 흩뿌려진 효과가 적용된 것을 확인할 수 있습니다.

- Darken : 겹쳐지는 이미지 중 좀 더 어두운 색상을 우선적으로 나타내며, 위에 있는 이미지의 흰색은 무시됩니다.

- Multiply : 많이 사용하는 혼합 효과로 두 이미지의 어두운 값이 더해져서 합성되며, 밝은 영역은 투명하게 표시되고 투명감은 있지만 전체적으로 어두워집니다.

- **Color Burn** : 밝은 영역은 투명하게 표시되며, 합성할 이미지의 어두운 값에 따라 채도가 높고 어둡게 합성됩니다.

- **Linear Burn** : 'Multiply'와 흡사하지만 채도와 대조가 좀 더 강하게 합성되며, 밝은 영역은 투명하게 합성됩니다.

- **Darker Color** : 흰색은 무시되며 합성 모드가 적용된 이미지의 밝은 톤이 사라집니다.

- **Lighten** : 'Darken'과 반대의 개념으로 검정색과 같은 어두운 영역은 무시됩니다. 겹쳐지는 이미지에서 더 밝은 색상을 우선적으로 나타내며 투명하게 보입니다.

- **Screen** : 'Multiply'와 반대의 개념으로 두 이미지의 밝은 값이 더해져서 합성되며 검정색은 무시되고, 전체적으로 아주 밝아지고 투명하게 합성됩니다. 많이 사용하는 혼합 효과 중 하나입니다.

- **Color Dodge** : 검정색은 무시되며 합성할 이미지의 밝기가 높을수록 채도와 밝기가 강하게 합성됩니다.

- **Linear Dodge(Add)** : 검정색은 무시되고 'Screen'과 흡사하나 채도와 대조가 강하게 나타나며 투명하게 합성됩니다.

- **Lighter Color** : 검정색은 무시되며, 합성 모드가 적용된 이미지의 어두운 색상이 무시됩니다.

- **Overlay** : 'Screen+Multiply'를 혼합한 효과입니다. 중간 톤보다 밝으면 'Screen'처럼 표현되고, 어두우면 'Multiply'처럼 표현되고 채도와 대조가 높아지며, 50% 회색을 투명하게 합성합니다. 역시 많이 사용하는 혼합 효과입니다.

- **Soft Light** : 'Overlay'처럼 합성되나 채도와 대조가 높아지지 않으며, 50% 회색을 투명하게 합성합니다.

- **Hard Light** : 'Overlay'처럼 합성되나 이미지가 밝을수록 대조가 강하고 채도가 높게 합성되며, 50% 회색을 투명하게 합성합니다.

- **Vivid Light** : [Burn Tool] 과 [Dodge Tool] 을 사용한 듯 강하게 합성됩니다. 50% 회색을 투명하게 합성합니다.

- **Linear Light** : 합성 이미지의 색상이 반투명하게 합성되며 밝은 부분은 대조가 강하게 합성됩니다. 50% 회색을 투명하게 합성합니다.

- **Pin Light** : 밝은 색상이 우선적으로 나타나고 배경 이미지의 밝기 값에 따라 반전되어 나타나며, 50% 회색을 투명하게 합성합니다.

- **Hard Mix** : 채도 값을 최대로 표시하며, 50% 회색을 투명하게 합성합니다.

- **Difference** : 합성 이미지와 배경 이미지 중 밝은 쪽일수록 반전되어 나타납니다. 흰색은 100% 반전되어 나타나며 검정색은 무시되어 원래의 이미지를 그대로 보여줍니다.

- **Exclusion** : 'Difference'와 비슷하지만, 밝은 부분만 강하게 반전되어 나타납니다.

- **Subtract** : 각 채널의 색상 정보를 기반으로 기본 색상에서 혼합 색상을 빼주며, 혼합 색상에서 밝은 색상은 어두워집니다.

- **Divide** : 각 채널의 색상 정보를 기반으로 기본 색상에서 혼합 색상을 나눕니다.

- **Hue** : 합성 이미지의 색상과 채도 값에 따라 배경 이미지의 색상이 변하고, 흰색, 검정색, 50% 회색은 흑백 이미지로 나타납니다.

- **Saturation :** 합성 이미지의 채도 값만이 합성되며 흰색, 검정색, 50% 회색은 흑백 이미지로 나타납니다.

- **Color :** 합성 이미지의 색상 값만이 합성되며 흰색, 검정색, 50% 회색은 흑백 이미지로 나타납니다.

- **Luminosity :** 'Color'와 반대로 합성 이미지의 명도 값만 표시됩니다.

SECTION 04

이펙트 효과 적용하기

[Layer style]

레이어 스타일[Layer style]은 일종의 필터와 같은 효과로 그림자, 엠보스, 테두리, 색상, 그레이디언트 등을 이미지에 적용할 수 있습니다. 몇몇의 레이어 스타일을 복합적으로 사용하여 독특한 효과를 만들어봅니다.

| 학습 포인트 |

- [Layer style] 대화창 살펴보기
- [Layer style] 옵션 설정하기
- [Layer style] 복합 적용하기
- **[UPGRADE 실력올리기] 레이어 스타일의 종류 살펴보기**

◎ **[시작파일]** ch03/ch03-sec04.jpg ◉ **[완성파일]** ch03/ch03-sec04(완성).psd

01 가장자리 빛 새어나오는 장식 만들기

장식을 선택하고 복제한 후 [Outer Glow]를 적용하여 빛이 새어나오는 효과를 제작합니다.

1 장식 이미지 선택 영역 만들기

① [Tools] 패널에서 [Quick Mask Mode] 를 클릭합니다.

② 그림처럼 정교하게 보기 위해 [Zoom Tool] 로 확대합니다.

③ [Brush Tool] 을 선택합니다.

④ 옵션 바에서 브러시 종류 'Hard Round', [Size]는 '30px'로 설정합니다.

⑤ 전경색은 '검정'으로 지정합니다.

⑥ 장식 이미지만 채색합니다.

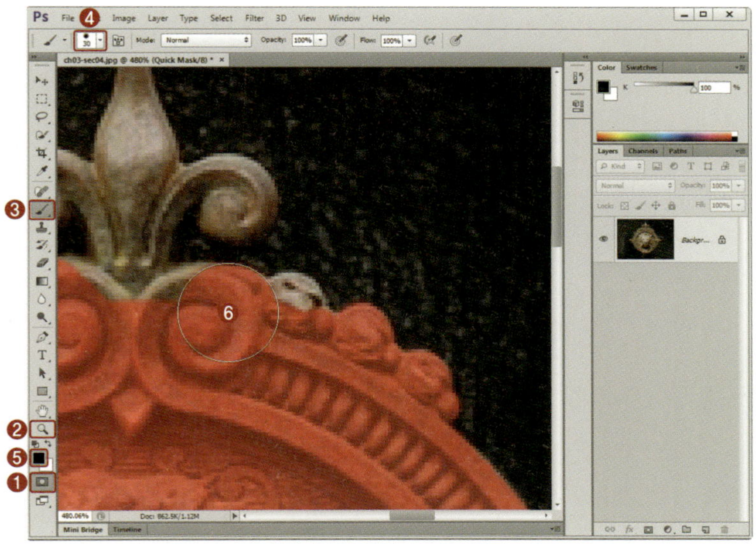

NOTE

정교하게 선택하기 위해 브러시 크기를 조절하고, [Zoom Tool] 을 이용하여 확대, 축소를 반복하며 채색합니다. 채색도중 범위를 벗어난 부분은 흰색으로 교체하여 수정합니다.

2 선택한 이미지 반전시키기

① 정교하게 마무리되면, [Tools] 패널에서 [Hand Tool] 을 더블클릭하여 이미지창을 화면에 맞추어 전체를 확인합니다.

② 다시 [Tools] 패널에서 [Edit in Standard Mode] 를 클릭하면 선택 영역이 나타납니다.

③ 선택 영역이 장식 이미지 바깥쪽에 생성된 것을 확인한 후, [Select]–[Inverse]를 지정하여 선택 영역을 반전합니다.

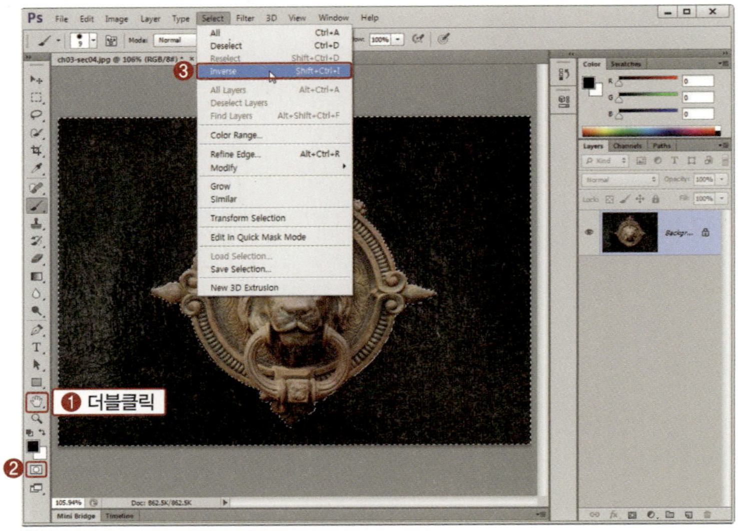

NOTE

선택 영역을 반전하는 [Select]–[Inverse]는 단축키 Shift + Ctrl + I 를 사용해도 됩니다.

3 장식 이미지 복제하기

① 선택된 장식 이미지를 복제하기 위해, [Edit]–[Copy]를 선택하거나 Ctrl + C 를 누릅니다.

② [Edit]–[Paste]를 지정하거나 Ctrl + V 하여 붙여넣기합니다.

③ 'Layer 1'이 생성됩니다.

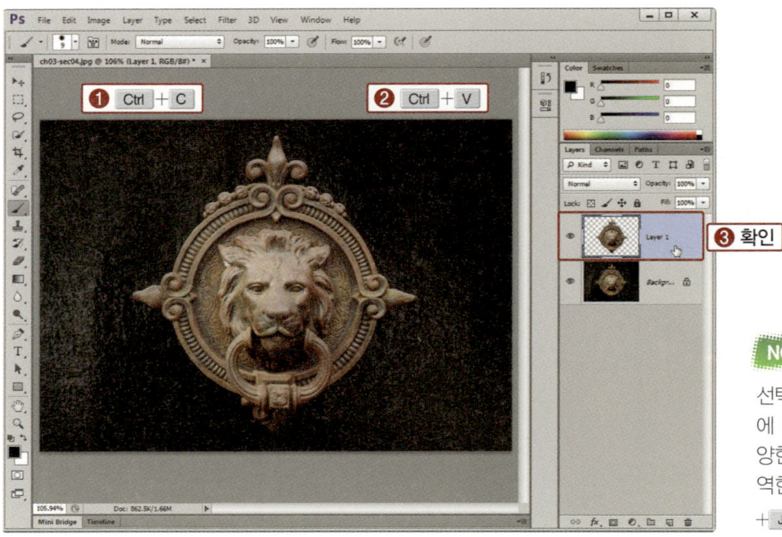

NOTE

선택 영역을 복사한 후 붙이기하면 새로운 레이어에 이미지가 생성되기 때문에 같은 이미지에 다양한 효과를 적용할 때 많이 사용됩니다. 선택 영역한 부분을 복사하고 붙이는 것은 한번에 Ctrl + J 를 이용해도 됩니다.

4 빛이 새어나오는 효과 적용하기

① 'Layer 1' 레이어가 선택된 것을 확인하고, [Layers] 패널 하단의 [Add a layer style] fx 을 클릭합니다.

② [Layer Style] 창의 목록에서 [Outer Glow]를 선택합니다.

③ [Outer Glow] 옵션 창에서 [Elements] 목록의 [Size]를 '40px'로 변경합니다.

④ [OK] 버튼을 클릭합니다.

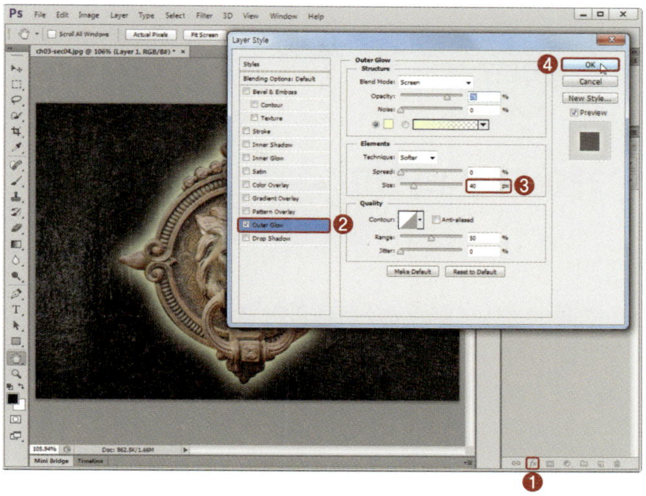

5 확인하기

장식 이미지 가장자리에 빛이 새어나오는 효과가 적용된 것을 확인합니다.

《 Photoshop 코칭 》

■ 레이어 스타일 편집하기

[Layers] 패널에 적용할 때는 [Layers] 패널 하단의 [Add a layer style] fx 이나 [Layer]-[Layer Style] 하위 메뉴를 선택하여 적용할 수 있습니다. 적용된 레이어 스타일 목록을 더블클릭하면 [Effects] 효과라는 [Layer Style] 대화창이 나타나며 다시 레이어 스타일을 수정 편집할 수 있습니다. 레이어 스타일을 삭제하려면 해당 항목만 하단의 휴지통으로 드래그합니다.

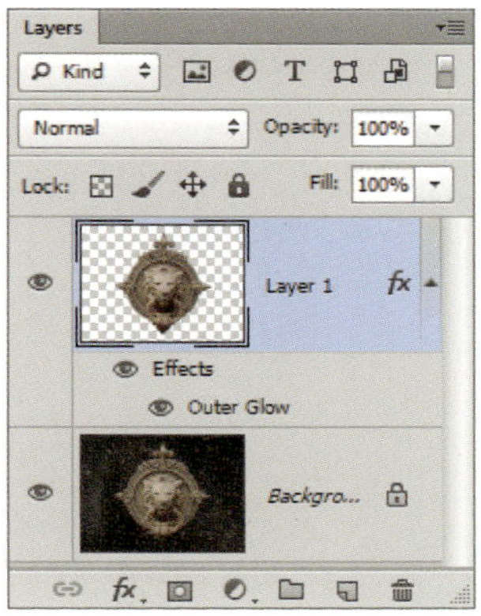

UPGRADE
실력 올리기

레이어 스타일의 종류 살펴보기

[Layer]–[Layer Style] 하위 메뉴에는 적용한 스타일을 위한 확장 기능과 총 11가지 효과를 제공합니다.

- **Blending Options** : 레이어의 블랜딩 모드, 투명도 등을 설정할 수 있으며, 특히 [Blend If]에서는 선택된 레이어와 그 밑에 있는 레이어의 톤을 조합할 수 있습니다.

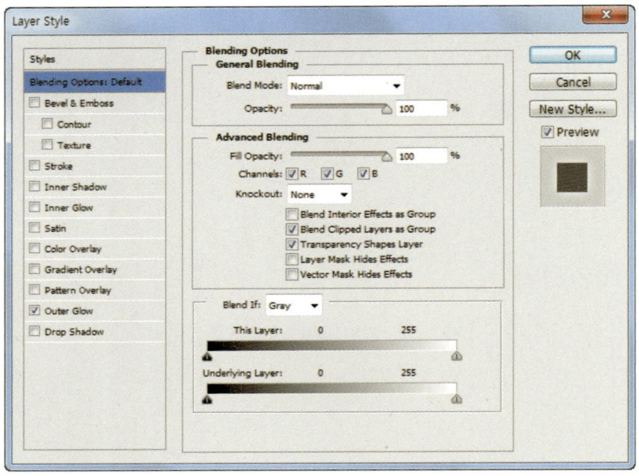

- **Drop Shadow** : 그림자를 적용할 때 사용하며 위치, 각도, 압력 정도, 퍼지는 크기 등을 설정합니다.

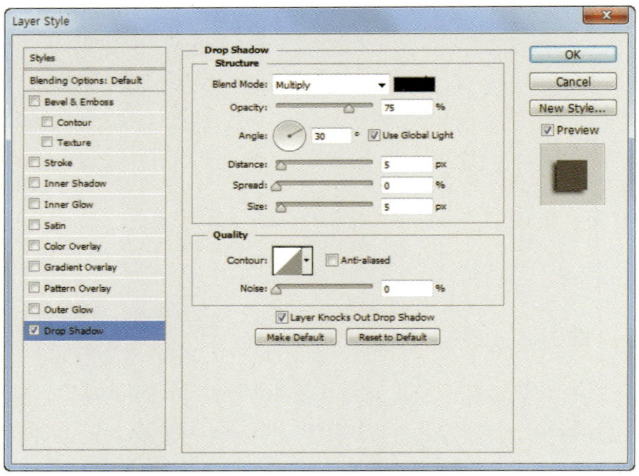

- **Inner Shadow** : 이미지 안쪽에 그림자를 적용합니다. Drop Shadow처럼 위치, 각도, 압력 정도, 퍼지는 크기 등을 설정합니다.

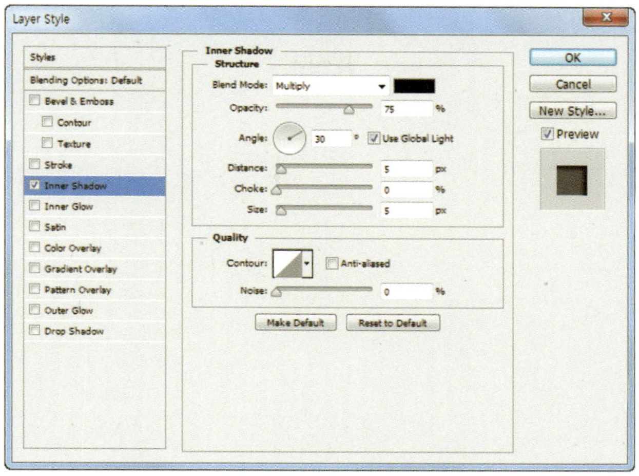

- **Outer Glow** : 이미지 바깥쪽에 발광 효과를 적용합니다. 배경을 어둡게 설정할 때, 효과적입니다.

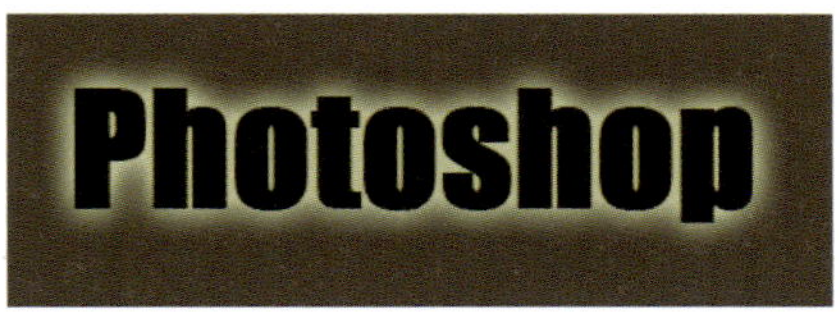

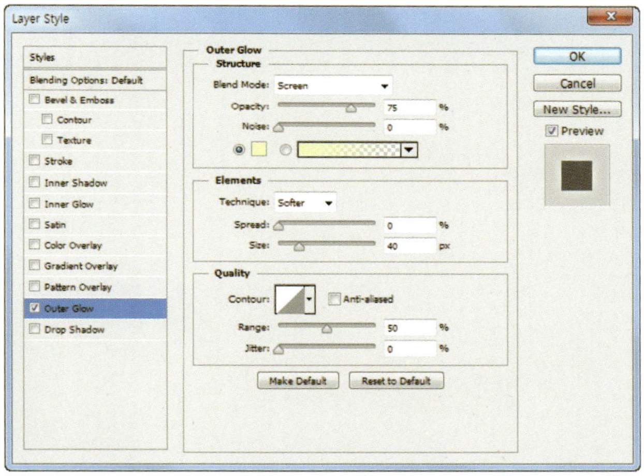

- **Inner Glow** : 이미지 안쪽에 발광 효과를 적용합니다. Outer Glow처럼 배경을 어둡게 설정할 때 효과적입니다.

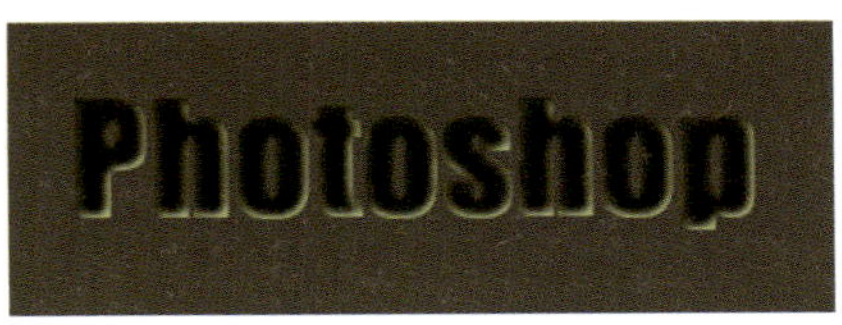

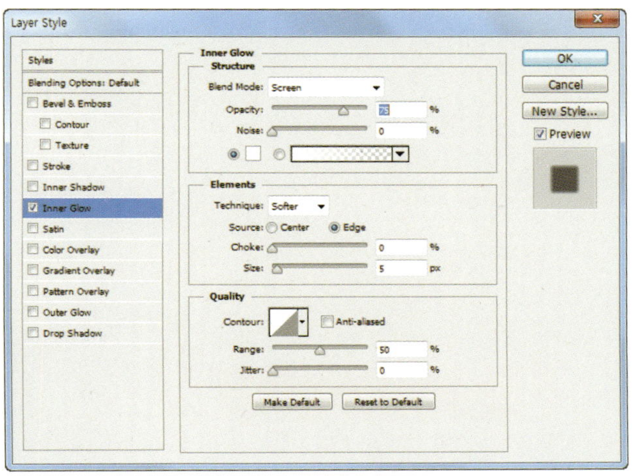

- Bevel & Emboss : 이미지나 문자에 입체 효과를 적용하고, 질감을 추가할 수 있습니다.

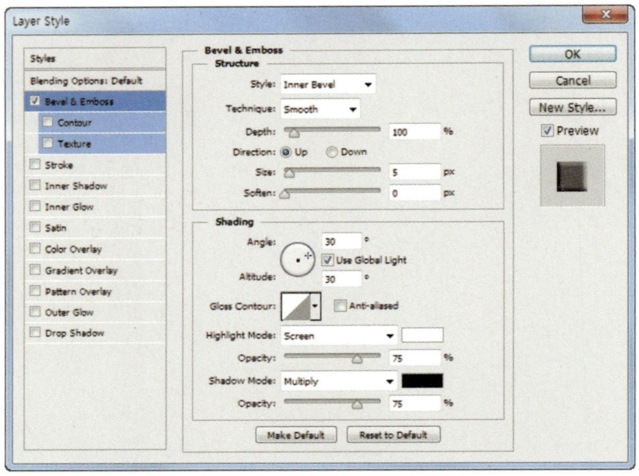

- Satin : 이미지에 금속의 광택 효과를 추가할 수 있으며, [Bevel & Emboss]와 함께 사용하면 효과적입니다.

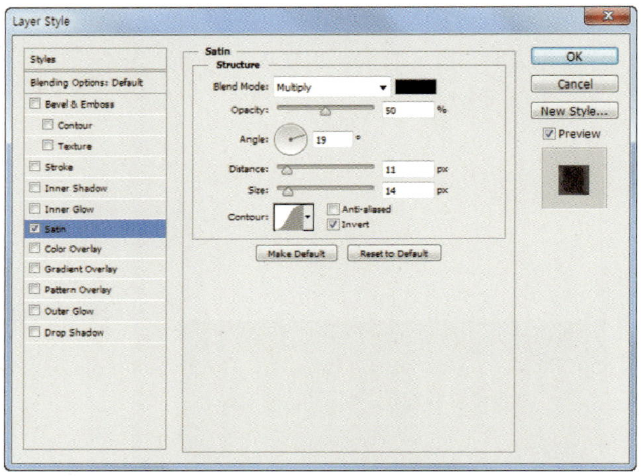

- Color Overlay : 이미지를 단색으로 채울 수 있으며, 블랜딩 모드와 불투명도를 설정할 수 있습니다.

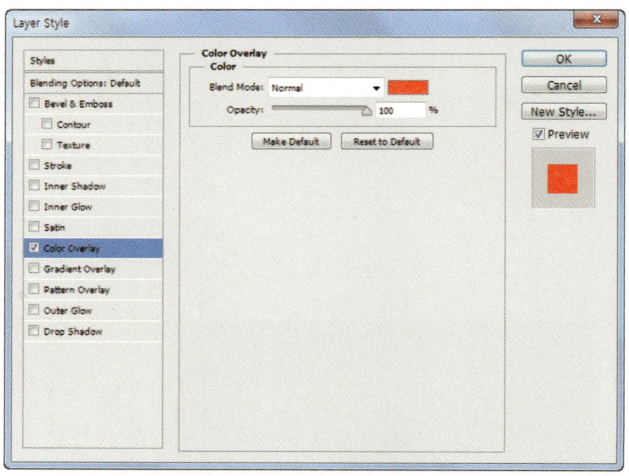

- **Gradient Overlay** : 이미지를 그레이디언트로 채울 수 있으며, 블랜딩 모드와 불투명도를 설정할 수 있고, 그레이디언트의 각도도 설정할 수 있습니다.

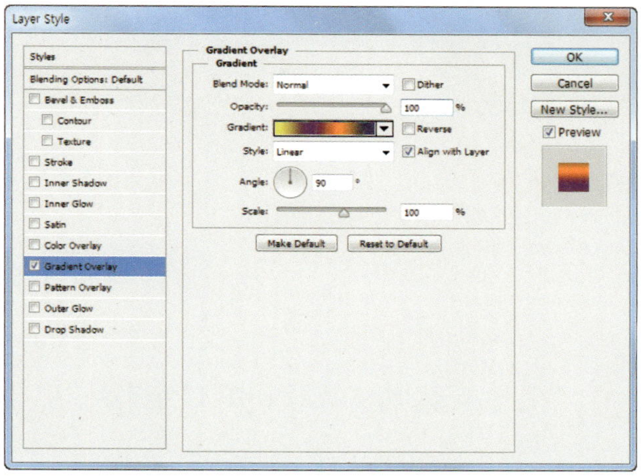

- **Pattern Overlay** : 이미지를 등록한 패턴으로 채울 수 있으며, 블랜딩 모드와 불투명도를 설정할 수 있습니다.

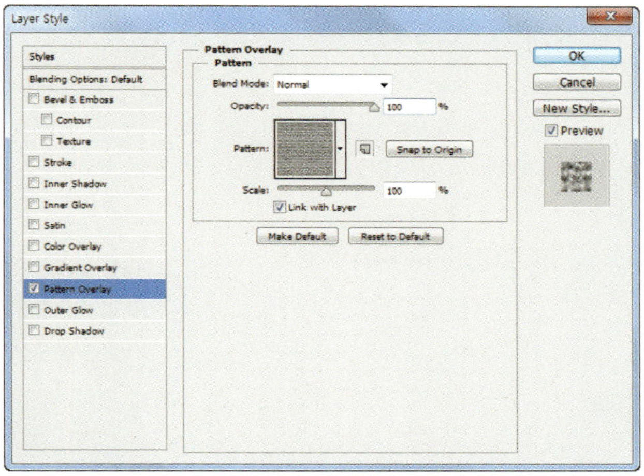

- **Stroke** : 이미지나 문자 가장자리에 테두리를 삽입할 수 있으며, 테두리의 두께와 색상, 테두리 위치를 설정할 수 있습니다.

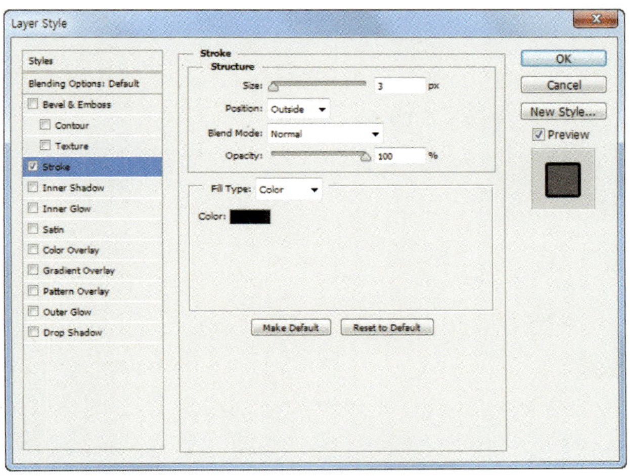

SECTION 05

레이어로 이미지 컬러 보정하기 *[Adjustment Layer]*

보정 레이어[Adjustment Layer]는 [Image] 메뉴의 [Adjustments] 하위 메뉴를 레이어 형태로 적용할 수 있는 기능입니다. 보정 레이어를 사용하고 수정하는 방법에 대해 알아봅니다.

| 학습 포인트 |

- 보정 레이어 사용법 익히기
- 보정 레이어 수정하기
- [Adjustments] 패널 살펴보기

◎ **[시작파일]** ch03/ch03-sec05.jpg ◉ **[완성파일]** ch03/ch03-sec05(완성).psd

01 [Layers] 패널에서 이미지 보정하기

[Layers] 패널에서 임의의 레이어를 추가하여 이미지의 색상, 명도, 채도를 조절해봅니다.

1 파일 열기

① 'ch03-sec05.jpg' 파일을 불러옵니다. [Tools] 패널에서 [Hand Tool] 을 더블클릭하면 이미지가 화면에 맞춰집니다.

② [Window]-[Adjustments]를 체크합니다.

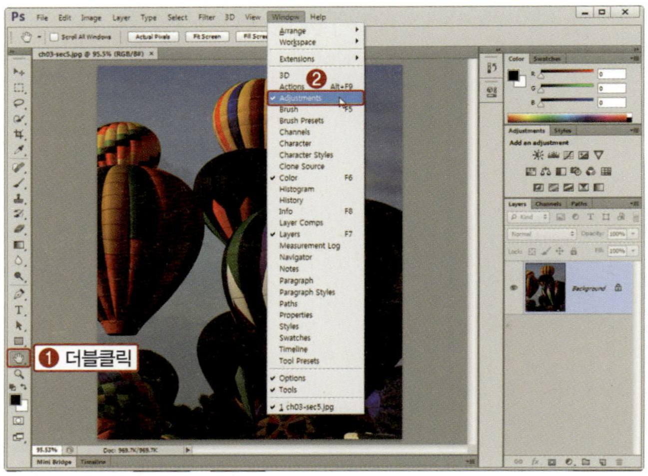

NOTE

[Window] 메뉴를 클릭하고, [Workspace]-[Essentails (Default)]을 실행해도 [Adjustments] 패널이 표시됩니다.

2 Brightness/Contrast 옵션 조정

① [Adjustments] 패널에서 [Brightness/Contrast] 를 선택합니다.

② [Properties] 대화창에서 'Brightness'는 '60', 'Contrast'는 '-35'로 설정합니다.

NOTE

[Layers] 패널 하단의 [Create new fill or adjustment layer] 를 클릭하여 목록에서 [Brightness/Contrast...]를 실행해도 됩니다.

3 [Exposure] 옵션 조정

① [Adjustments] 패널에서 [Exposure] 를 선택합니다.

② [Properties] 대화창에서 'Exposure'는 '+0.72', 'Offset'은 '+0.0165', 'Gamma Correction'은 '0.89'로 설정합니다.

③ [Properties] 대화창 오른쪽 상단의 접기 버튼 을 클릭하여 닫습니다.

4 이미지 보정 확인하기

보정 레이어가 적용된 것을 확인합니다.

《 Photoshop 코칭 》

[Adjustments] 패널 살펴보기

[Adjustments] 패널을 이용하면 [Image]–[Adjustements] 하위 메뉴의 기능을 레이어 형식으로 적용할 수 있습니다. 적용 방법은 [Adjustments] 패널에서 직접 적용하거나 [Layers] 패널 하단의 [Create new fill or adjustment layer] 를 클릭하는 두 가지가 있습니다. 그 중 [Image]–[Adjustements] 하위 메뉴의 기능은 뒤에서 자세히 공부하겠습니다.

[Adjustments] 패널

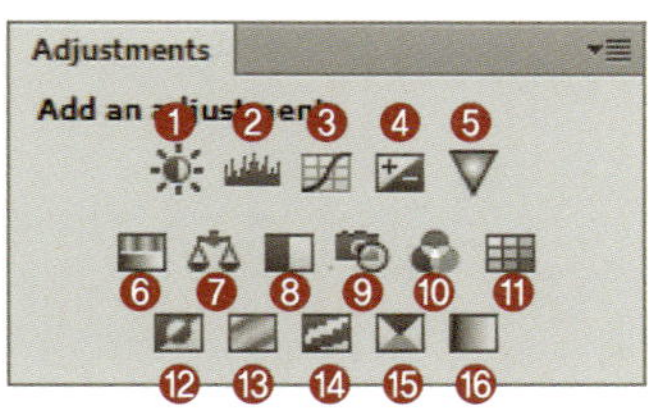

❶ Brightness/Contrast : 이미지의 밝기와 명도 대비를 조절합니다.

❷ Levels : 이미지의 명도, 색상 대비, 감마 등을 조절합니다.

❸ Curves : 이미지의 명도, 색상, 감마 등을 커브 곡선으로 조절합니다.
❹ Exposure : 사진을 찍을 때 부족하거나 과다한 노출 값을 조절합니다.
❺ Vibrance : 이미지의 색상 손실을 최소화하면서 채도를 조절할 수 있습니다.
❻ Hue/Saturation : 이미지의 색상, 명도, 채도를 조절합니다.
❼ Color Balance : 이미지 톤에 따른 색상의 밸런스를 조절합니다.
❽ Black & White : 흑백 톤을 이미지의 색상 값에 따라 세밀하게 조절할 수 있습니다.
❾ Photo Filter : 카메라 렌즈 앞에 장착하는 컬러 필터 효과이고, 필터를 선택하여 컬러를 적용시키거나 임의의 컬러를 설정할 수 있습니다.
❿ Channel Mixer : 이미지의 각 채널을 조절하여 색상을 조정합니다.
⓫ Color Lookup : 이미지의 색상을 독특한 색감으로 바꿀 수 있고, 대비를 이용하여 다양한 변화를 규칙화합니다.
⓬ Invert : 이미지의 색상 값을 반대로 적용합니다.
⓭ Posterize : 이미지의 색상 단계를 원하는 수치를 입력하여 색상을 단순화합니다.
⓮ Threshold : 이미지의 색상을 흑백으로 변경합니다.
⓯ Selective Color : 이미지에 사용된 특정 컬러를 선택하여 추가하거나 제거합니다.
⓰ Gradient Map : 그레이디언트를 이용하여 색상을 다양하게 변경합니다.

보정 레이어 패널 하단의 아이콘 살펴보기

[Adjustments] 패널 내 보정 메뉴를 클릭하면 이동되는 설정 화면입니다.

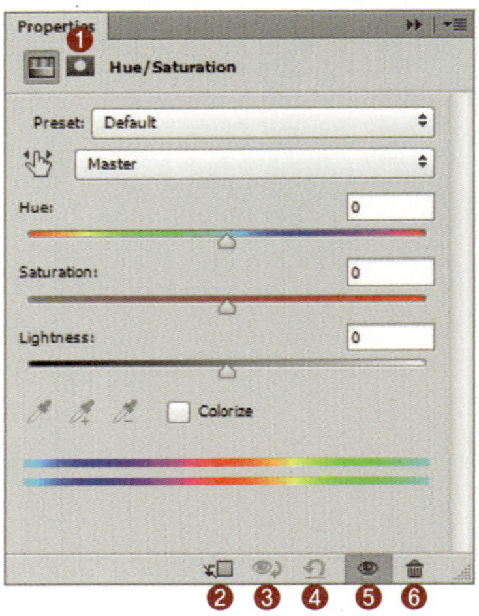

❶ Masks : 마스크를 적용합니다.
❷ New adjustments effect all layers below : 클릭한 후 보정 레이어를 추가하면 클리핑 마스크가 적용됩니다.
❸ Press to view previous state : 클릭하고 있는 동안 보정 레이어 적용이 해제됩니다.
❹ Reset to adjustment defaults : 기본 값으로 되돌립니다.
❺ Toggle layer visibility : 조정 레이어의 [Indicates layer visibility]를 켜거나 끕니다.
❻ Delete this adjustment layer : 보정 레이어를 삭제합니다.

보정 레이어가 적용된 [Layers] 패널 화면

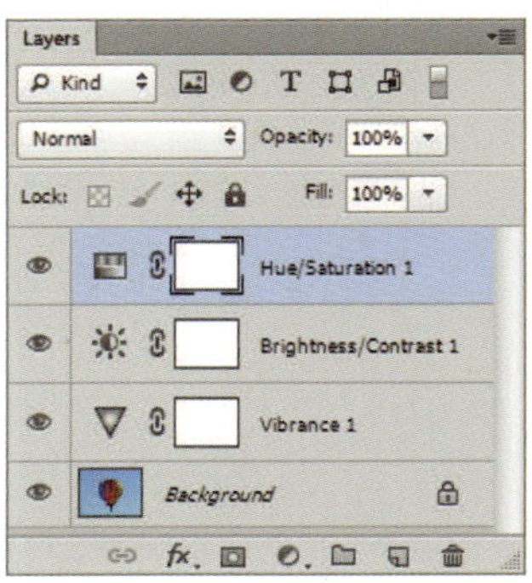

SECTION 06

이미지 합성하기

[Layer Mask], [Clipping Mask]

레이어 마스크는 레이어를 선택하고 마스크 버튼을 클릭하여 적용하는 방식으로 이미지의 일부를 가리는 기능입니다. 레이어 마스크의 메뉴와 사용법에 대해 알아봅니다.

| 학습 포인트 |

- 레이어 마스크 사용법 익히기
- [Layer Mask] 메뉴 살펴보기
- 레이어 마스크 적용하기

01 MASK 집중 분석하기

포토샵 프로그램 안에는 [MASK] 아이콘이 세 곳 있습니다. 그만큼 마스크 기능은 중요한 기능입니다. 또 마스크 기능이 활용된 명령어도 곳곳에 있습니다. 대표적으로 아이콘을 사용한 세 가지 기능을 자세히 살펴봅시다.

MASK〈 〉			
위치	Tools Panel	Layers Panel	Channels Panel
이름	Quick Mask Mode	Add Layer Mask	Save Selection As Channel
기능	정교한 이미지의 선택 영역을 지정할 때	레이어 상에서 두 개 이상의 레이어를 합성할 때	선택 영역을 저장할 때
특징	• 모양과 색상의 경계가 불분명한 이미지를 선택 영역으로 지정 • 퀵마스크 모드로 전환하면 흰색으로 선택 영역 표시	• 합성하고자 하는 레이어 중 위에 마스크 적용 • 흰색은 위의 레이어 표시, 검은색은 아래 레이어 표시, 회색은 두 레이어를 겹치게 표시	• 채널에서 'Alpha 1'로 생성 • 선택 영역은 흰색으로 표시
이미지			

포토샵에는 이 외에도 마스크를 이용한 기능이 많습니다.

02 Layer Mask 원리 이해하기

이미지 합성을 위한 마스크 레이어의 적용 방법과 원리에 대하여 알아봅시다.

▲ '구름 하늘' 레이어(상위 레이어) '마스크' 추가

▲ 'Background'(하위 레이어)

[합성할 두 개의 파일]

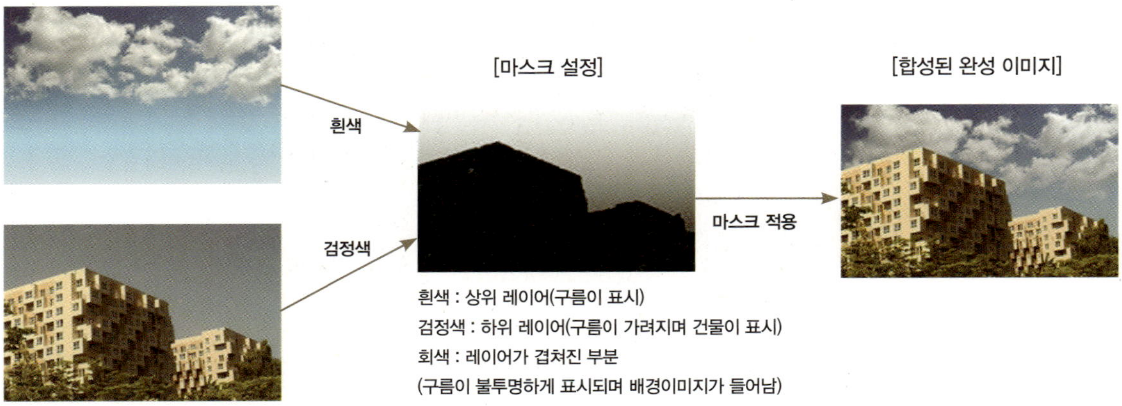

◎ **[시작파일]** ch03/ch03-sec06-01.psd ◉ **[완성파일]** ch03/ch03-sec06-01(완성).psd

03 구름하늘로 이미지 합성하기

레이어 마스크 원리와 기능을 이용하여 이미지 합성하는 방법을 배워보겠습니다.

1 선택 영역 지정하기

① 'ch03-sec06-01.psd' 파일을 불러온 후, [Tools] 패널에서 [Quick Selection Tool] 을 선택합니다.

② 옵션 바에서 [Add to selection] 을 선택하고 브러시 크기는 '50px'로 설정합니다.

③ [Layers] 패널에서 'Background'를 선택합니다.

④ 이미지창에서 하늘을 드래그하여 선택 영역으로 지정합니다.

2 합성할 레이어 선택하기

① [Layers] 패널에서 'Layer 1' 레이어를 선택하고, 이름을 더블클릭한 후 '구름하늘'로 수정합니다.

② [Indicates layer visibility] 를 클릭하여 켭니다.

NOTE

하늘의 일부를 가려서 건물이 나타나게 해야 하므로 레이어 마스크는 상위 레이어인 '구름하늘'을 선택하여 추가합니다.

3 마스크 레이어를 추가하여 이미지 합성하기

① '구름하늘' 레이어가 선택된 상태에서, [Layers] 패널 하단의 [Add layer mask] 를 클릭합니다.

② 'Background'의 어두운 하늘이 '구름하늘'로 합성된 것을 확인할 수 있습니다.

NOTE

[Add layer mask] 를 추가하였을 때, '구름하늘' 레이어의 선택 영역으로 지정된 부분은 [Layer mask thumbnail] 창에 흰색으로 표시되어 구름 하늘이 보이고, 선택 영역으로 지정되지 않은 부분은 [Layer mask thumbnail] 창에 검은색으로 표시되어 아래에 있는 'Background'의 건물이 보입니다.

4 그라데이션으로 구름하늘 자연스럽게 연출하기

① 좀 더 자연스러운 구름하늘을 표현하기 위해, Ctrl 을 누른 채 [Layer mask thumbnail] 을 클릭하여 선택 영역을 불러옵니다.

② [Gradient Tool] 을 선택합니다.

③ 옵션 바에서 'Reverse'를 체크하여 그라데이션을 '흰색'에서 '검정색'으로 설정합니다.

④ 이미지창에서 그림처럼 위에서 아래로 드래그합니다.

NOTE

Shift 를 누른 채 위, 아래로 드래그하면 수직으로 그라데이션이 채워집니다. 또 Shift 를 누른 채 좌, 우로 드래그하면 수평으로 채워집니다. Ctrl 을 누른 채 레이어 마스크나 마스크 섬네일을 클릭하면 선택 범위가 만들어집니다.

5 확인하기

① [Select]–[Deselect]를 선택하여 선택 영역을 해제합니다.

② 구름하늘과 건물이 맞닿은 경계 부분이 'Background'의 어두운 하늘과 자연스럽게 겹쳐진 것을 확인할 수 있습니다.

NOTE

선택 영역을 해제할 때는 단축키 Ctrl + D 를 사용합니다.

《 Photoshop 코칭 》

[Layer]–[Layer Mask] 메뉴 살펴보기

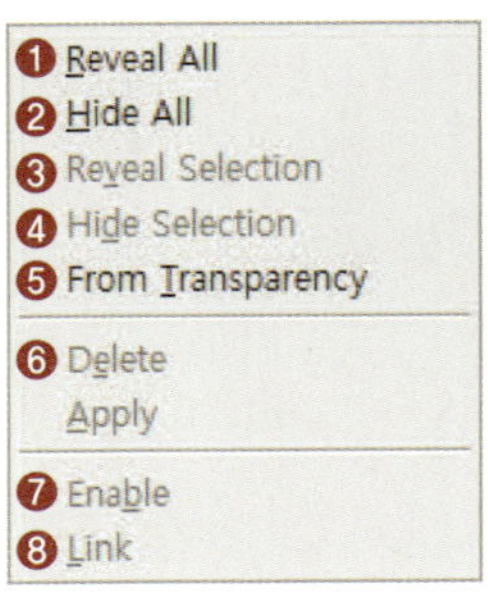

❶ Reveal All : 선택된 레이어에 마스크가 추가됩니다. 이미지는 보입니다.
❷ Hide All : 선택된 레이어에 마스크가 추가됩니다. 이미지는 가려집니다.
❸ Reveal Selection : 선택 영역에 마스크가 적용됩니다.
❹ Hide Selection : 선택 영역이 가려지며 마스크가 적용됩니다.
❺ From Transparency : 레이어의 투명 영역으로 마스크가 적용됩니다.
❻ Delete : 마스크를 삭제합니다.
❼ Enable : 마스크 적용된 화면을 보여줍니다.
❽ Link : 레이어와 마스크와의 링크를 연결합니다.

04 클리핑 마스크를 이용하여 문자에 패턴 적용하기

벡터 방식의 도형이나 문자에 패턴 이미지를 [Clipping Mask]를 이용하여 합성해봅니다.

1 레이어 복제하기

① 'ch03-sec06-02.jpg' 파일을 불러온 후, 화면에 맞춥니다.

② 'Background'를 복제하기 위해 마우스 오른쪽 버튼을 클릭하여 [Duplicate Layer]를 지정합니다.

③ 레이어명을 '패턴'으로 수정 입력하고 [OK] 버튼을 클릭합니다.

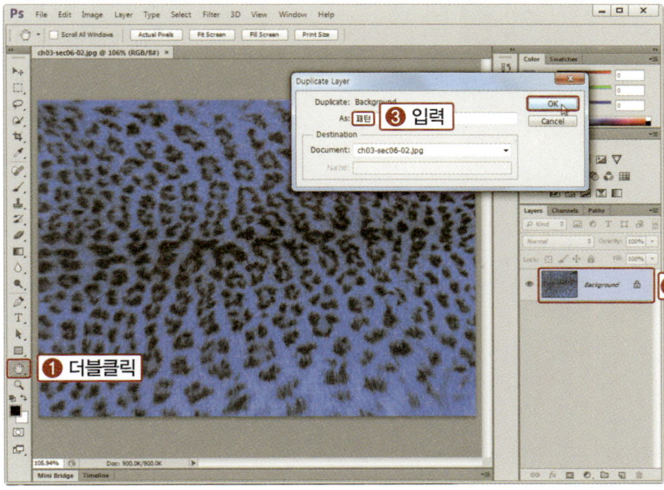

2 컬러 수정하기

① 컬러를 수정하기 위해 [Image] 메뉴의 [Adjustments]-[Hue/Saturation]을 지정합니다.

② [Hue/Saturation] 대화창에서 [Hue]는 '+90', [Saturation]는 '-35'를 설정합니다.

③ [OK] 버튼을 클릭합니다.

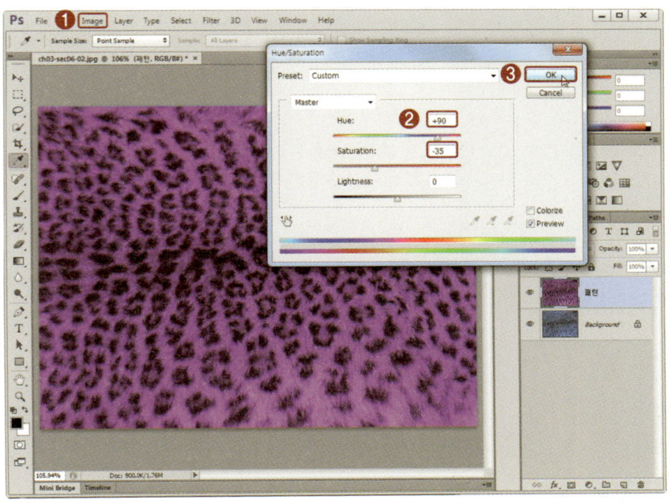

3 문자 입력하기

① [Horizontal Type Tool] T 을 선택합니다.

② 옵션 바에서 [Set the font family]는 'Impact', [Set the font size]는 '150pt', [Align text]는 '가운데 정렬', [Set the text color]는 '검정색'으로 설정합니다.

③ 이미지창 가운데를 클릭하여 그림처럼 'Clipping'이라고 입력한 후 Enter 를 누릅니다.

④ 'Mask'를 입력합니다.

⑤ 옵션 바에서 [Commit any current edits] ✓ 을 클릭합니다.

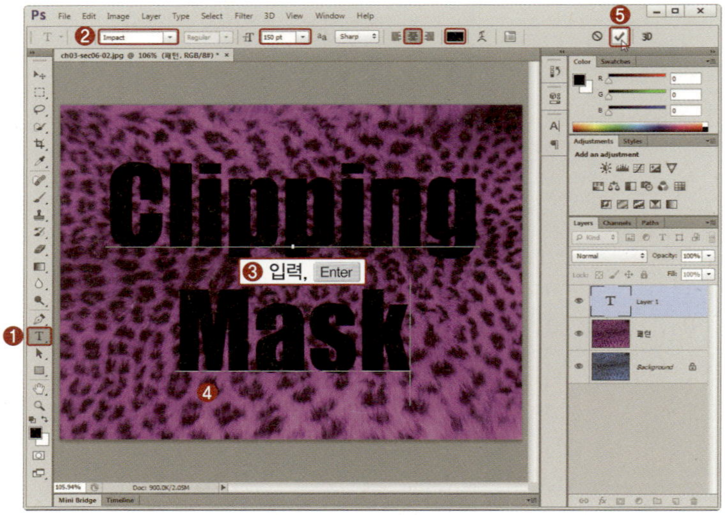

NOTE

문자를 입력한 후 ✓ 를 눌러 완료하기 전에 위치를 맞출 때는 마우스 포인터를 문자에서 살짝 벗어나게 하거나 [Move Tool] 을 선택한 후 원하는 위치로 드래그합니다.

4 레이어 순서 바꾸기

[Layers] 패널에서 '패턴' 레이어를 'Clipping Mask' 텍스트 레이어 위로 드래그합니다.

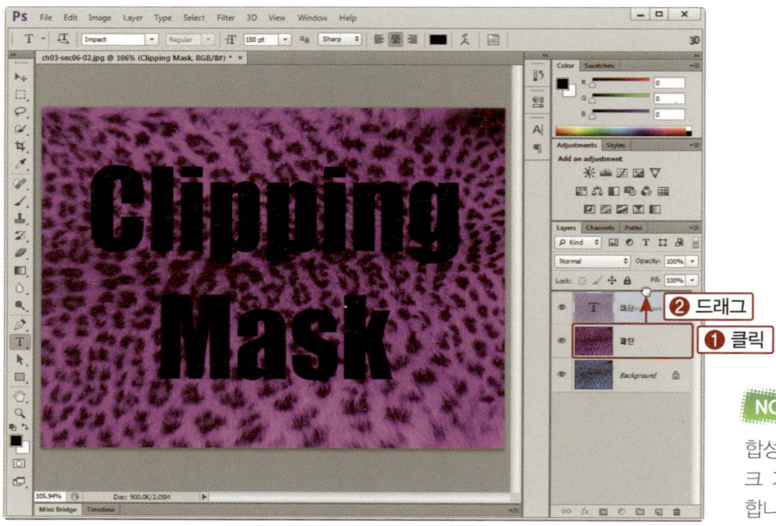

NOTE

합성하고자 하는 패턴이 위에 위치해야 하며, 마스크 기능이 적용되기 때문에 문자는 검정색을 입력합니다.

5 [Clipping Mask] 적용하기

[Layer]–[Create Clipping Mask]를 지정합니다.

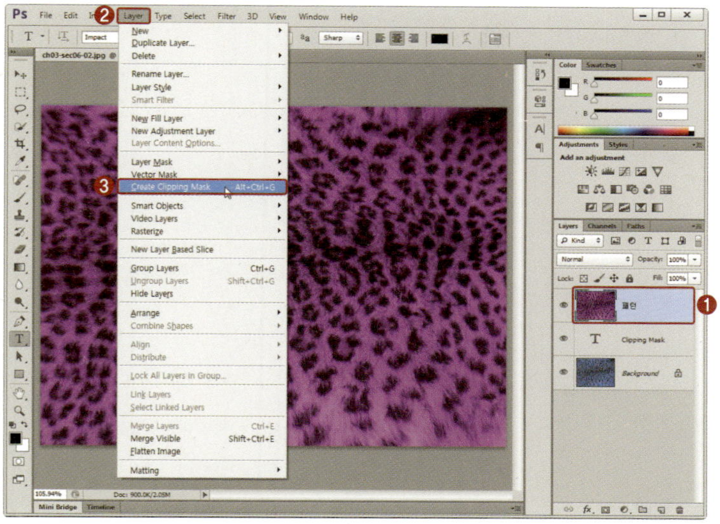

NOTE

[Create Clipping Mask]는 레이어가 분리되어 있으므로 호피무늬의 위치를 움직일 수 있습니다. 단축키는 Alt + Ctrl + G 를 사용합니다.

6 완성 확인하기

클리핑 마스크가 적용된 것을 확인합니다.

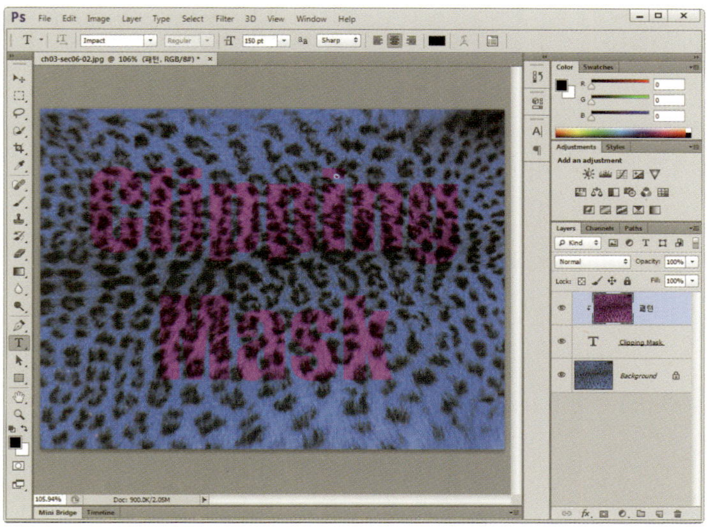

TRAINING & TEST 실력 점검하기

이론 01 다음은 Mask에 대한 내용이다. 빈칸을 채우시오.

MASK〈 〉			
위치	Tools Panel	Layers Panel	Channels Panel
이름	①	Add Layer Mask	Save Selection As Channel
기능	정교한 이미지의 선택 영역을 지정할 때	레이어 상에서 두 개 이상의 레이어를 합성할 때	③
특징	• 모양과 색상의 경계가 불분명한 이미지를 선택 영역으로 지정 • 퀵마스크 모드로 전환하면 흰색으로 선택 영역 표시	• 합성하고자 하는 레이어 중 (②)에 마스크 적용 • 흰색은 위의 레이어 표시, 검은색은 아래 레이어 표시, 회색은 두 레이어를 겹치게 표시	• 채널에서 'Alpha 1'로 생성 • 선택 영역은 흰색으로 표시

이론 02 레이어를 복제하는 여러 가지 방법 중 잘못된 것은 무엇인가?

① 복제할 레이어를 선택한 후 마우스 오른쪽 버튼을 클릭하여 목록에서 [Duplicate Layer] 선택

② 복제할 레이어를 선택하고 [Create a new layer] 로 드래그

③ 복제할 레이어를 선택하고 단축키 Ctrl + J 누름

④ [Move Tool] 을 지정하고 복제할 레이어를 Ctrl 을 누른 채 드래그

이론 03 포토샵의 여러 패널 중 각각의 이미지를 분리하여 수정하거나 삭제가 편리하도록 제공하는 패널은 무엇인가?

① Paths
② Channels
③ Actions
④ Layers

이론 04 Adjustment Layer에서 제공되는 기능이 아닌 것은 무엇인가?

① Invert
② Posterize
③ Lighting Effects
④ Threshold

실습 01 필터를 이용하여 몽환적인 풍경을 연출하시오.

• [시작파일] ch03/ch03–실습01.jpg • [완성파일] ch03/ch03–실습01(완성).psd • [해설파일] ch03/ch03–실습해설01.pdf

Before

After

HOW TO 'Background' 복제 → [Fiter]–[Blur]–[Gaussian Blur...] 지정, [Radius]를 '7Pixels'로 설정 → [Blending Mode] 목록의 'Overlay' 적용

실습 02 마스크 기능을 이용하여 노을진 하늘을 연출하시오.

• [시작파일] ch03/ch03–실습02–01.jpg ch03–실습02–02.jpg • [완성파일] ch03/ch03–실습02(완성).psd • [해설파일] ch03/ch03–실습해설02.pdf

Before

After

HOW TO 'ch03–실습02–02.jpg' 파일을 'ch03–실습02–01.jpg'로 이동 → 'Layer 1'의 [Indicates layer visibility] [👁]를 끄고, 'Background'를 선택하고 하늘과 산 부분만 선택 영역으로 지정 → 다시 'Layer 1'의 [👁]을 켜고, [Add layer mask] [◙]를 클릭 → 'Layer 1'의 [Layer mask thumbnail]창 선택, Ctrl +클릭한 후 [Gradient Tool] [▣]로 중간 부분만 수직 드래그 → Ctrl + D 하여 선택 영역 해제 → 'Background' 선택, [Image]–[Adjustments]–[Color Balance]를 지정, 'Red'쪽으로 '+25' 적용

실습 03 하얀 쿠션에 작품을 맵핑하시오.

• [시작파일] ch03/ch03-실습03-01.jpg ch03-실습03-02.jpg • [완성파일] ch03/ch03-실습03(완성).psd • [해설파일] ch03/ch03-실습해설03.pdf

Before

After

HOW TO 'ch03-실습03-02.jpg' 파일을 'ch03-실습03-01.jpg'로 이동 → 'Layer 1'의 [Opacity]를 '40%'로 조절, [Edit]-[Transform]의 [Distort]와 [Warp]으로 쿠션 꼭지점에 맞춤 → 'Layer 1'의 [Opacity]를 '100%'로 조절, [Blending Mode] 목록의 'Darker Color' 적용

실습 04 얼굴 이미지를 합성하시오.

• [시작파일] ch03/ch03-실습04.psd • [완성파일] ch03/ch03-실습04(완성).psd • [해설파일] ch03/ch03-실습해설04.pdf

Before

After

HOW TO 'Layer 1' 레이어의 [Opacity]를 줄여 반투명하게 하고, Ctrl + T 한 후, 얼굴 크기와 회전을 맞춤 → 'Layer 1' 레이어의 [Opacity]를 다시 '100%'로 조절, [Add layer mask] 적용 → 전경색을 '검정색'으로 설정하여 [Brush Tool]로 칠하여 지우고, 잘못 칠한 부분은 흰색으로 칠하여 수정하며 얼굴 부분만 합성

MEMO

CHAPTER

04

생명을 불어넣는 이미지 색상과 채널

채색하는 작업을 하기 전에 꼭 해야 하는 것은 색상 선택입니다.
이장에서는 색상을 선택하는 방법과 채색하고
수정하는 작업에 대해 알아보겠습니다.

* PREVIEW 한눈에 살펴보기

SECTION	제목	학습할 주요 기능
1	색상 선택하여 채색하기 *[Color Picker]*	• [Color Picker] 이해하기 • 색상 선택하기 • [Paint Bucket Tool]로 채색하기
2	이미지에서 색상 추출하고 색상 등록하기 *[Color], [Swatches]*	• 색상 추출하기 • [Swatches] 패널로 색상 등록하기 • [Color] 패널 살펴보기
3	다양한 채색 방법 익히기 *[Fill]*	• 선택 영역 지정하고 채색하기 • [Fill] 대화창 살펴보기 • 전경색, 배경색으로 채색하기
4	그레이디언트 적용하여 채색하기 *[Gradient Tool], [Gradient Editor]*	• [Gradient Tool] 옵션 바 살펴보기 • [Gradient Editor] 대화창 살펴보기 • 다양한 타입으로 채색하기
5	패턴 모자이크 만들기 *[Grayscale], [Bitmap]*	• [Grayscale] 모드 이용하기 • [Bitmap] 모드 대화창 살펴보기 • [Bitmap] 모드 종류 살펴보기
6	분위기 있는 단색 이미지 만들기 *[Duotone]*	• [Duotone] 모드 옵션창 살펴보기 • [Duotone] 모드 타입 알아보기 • 단색 이미지 만들기
7	선택 영역 지정하여 저장 활용 하기 *[Color Channel], [Alpha Channel]*	• [Color Channel] 이해하기 • [Alpha Channel] 이해하기 • 선택 영역 불러오기

SECTION 01

색상 선택하여 채색하기

[Color Picker]

페인팅 작업을 위해서 색상을 선택하는 다양한 방법이 제공되고 있습니다. 색상 설정 방법과 채색하는 방법에 대해 알아봅니다.

| 학습 포인트 |

- [Color Picker] 이해하기
- 색상 선택하기
- [Paint Bucket Tool]로 채색하기

01 색의 개념과 속성

색의 기본 개념과 색의 3속성에 대해 알아봅니다.

색 개념 알아보기

포토샵을 사용하여 작업물을 만들려면 색에 대한 내용을 알아야만 합니다. 이미지를 다루는 작업이기 때문에 수많은 색에 대한 정보를 공부하면, 좀 더 세련되고, 멋진 작업을 할 수 있습니다. 색을 이루는 요소는 Hue(색상), Saturation(채도), Brightness(명도)가 있습니다. 좀 더 자세히 알아봅시다.

색의 3속성 이해하기

색의 감각을 나타내기 위해 사용되는 3개의 성질이 있습니다. Hue(색상), Saturation(채도), Brightness(명도)라는 3가지 중요한 속성을 기준으로 색을 보다 정확하게 지정할 수 있습니다.

Hue	Saturation	Brightness
색의 종별을 말하며, 빛의 파장에 따라 정해짐	색의 순수성, 선명성이라고 하는 맑고 탁한 정도	빛이 많거나 적을 때를 말하는 색의 밝기 정도
• 색상이 있는 유채색과 색상이 없는 무채색으로 구분 • 포토샵에서는 빨강, 노랑, 파랑 등의 유채색으로 색상을 표현함	• 아무것도 섞지 않아 맑고 깨끗하며 원색에 가까운 것을 채도가 높다고 표현함 • 스펙트럼 색에 가까울수록 채도가 높아지며, 한 색상 중에서 가장 채도가 높은 색을 그 색상 중의 순색이라 함	'어두운 회색', '밝은 흰색'처럼 명도가 '어둡다, 밝다'로 표현하며, 가장 어두운 검은색을 '0'으로 시작해서 가장 밝은 흰색 10에 이르는 11단계로 표시함
	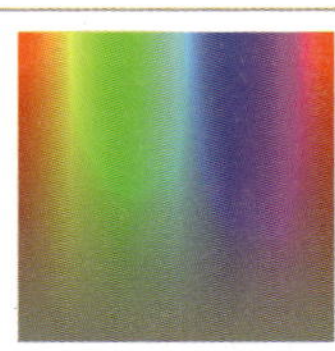	
색상 단계	색상과 채도 관계	색상과 명도 관계

컬러 모드 이해하기

컬러 모드는 이미지의 색상을 구성하는 색상 모형을 지정합니다. 총 8개로 구성되어 있는데, 크게 흑백 이미지 모드와 컬러 이미지 모드로 구분할 수 있습니다. [Image] 메뉴의 [Mode]에서 변환이 가능합니다.

① Bitmap

1bit의 Bitmap이라고도 하는데, White와 Black 두 가지색(1bit Color)으로만 이미지를 표현합니다. White와 Black점(pixel, dot)들의 밀도로 이미지의 음영을 나타내며, 컬러 이미지 모드인 RGB color나 CMYK color를 Bitmap으로 전환할 때는 Grayscale을 꼭 거쳐야 합니다. 이유는 색상 정보를 모두 버린 다음 이미지의 음영을 1bit의 Bitmap으로 표현해야 하기 때문입니다.

② Grayscale

256단계의 회색 음영 단계로 명도는 있고, 색상과 채도는 없는 흑백 이미지입니다. 컬러 적용은 안 되지만, 적용을 원할 때는 RGB color나 CMYK color로 변환하여 사용합니다. 회색 음영 값은 검정 잉크 적용 비율(0%는 흰색, 100%는 검정에 해당)로도 측정할 수 있습니다.

③ Duotone

Grayscale인 흑백 이미지에 1~4가지 임의의 색상을 혼합시켜 줍니다. Monotone, Duotone(2색), Tritone(3색), Quadtone(4색)의 회색 음영(Grayscale) 이미지를 만들며, 이것을 출력할 때 색다른 표현으로 연출하기 위한 모드입니다. 컬러 이미지 모드(RGB color나 CMYK color)를 Duotone으로 전환할 때는 Grayscale을 꼭 거쳐야 하며, 색상 정보를 모두 버린 다음 컬러 잉크를 혼합하여 표현합니다.

④ Indexed Color

8bit 색상체계로 이미지를 256색상으로만 표현해 줍니다. RGB color보다 색상 수가 감소하므로 파일 용량을 많이 줄일 수 있어 멀티미디어, 애니메이션 프로그램, 홈페이지, 게임 등의 이미지 작업을 할 때 많이 사용합니다. 이 모드에서는 편집이 제한됩니다. 편집 범위를 넓히려면 임시로 RGB 모드로 변환해야 합니다.

⑤ RGB Color

포토샵의 RGB 색상 모드는 RGB 모델을 사용하며, 채널당 8비트 이미지에서는 컬러 이미지의 RGB(빨강, 녹색, 파랑) 구성 요소 각각에 검정(0)에서 흰색(255)까지의 강도 값을 가집니다. 세 구성 요소의 값이 모두 같으면 중간 Gray가 만들어집니다. 모든 구성 요소의 값이 255이면 White가 되고 모든 값이 0이면 Black이 됩니다. 컴퓨터 모니터에 색상을 표시하는 데에도 사용되며, RGB가 표준 색상 모델이긴 하지만 표시되는 정확한 색상 범위는 응용 프로그램이나 디스플레이 장치에 따라 달라질 수 있습니다. RGB 구성 요소인 Red, Green, Blue를 혼합하면 White가 되는데, 이것은 빛으로 구성되었기 때문에 점점 밝아지는 가산혼합방식입니다.

⑥ CMYK Color

CMYK 모드에서는 각 픽셀에 원색 잉크 각각의 비율 값이 할당됩니다. CMYK 이미지에서는 네 가지 구성 요소의 값이 모두 0%이면 White가 됩니다. 원색을 사용하여 인쇄할 이미지를 준비하는 경우에 CMYK 모드를 사용하며, RGB 이미지를 CMYK로 변환하면 색상 분판이 만들어집니다. RGB 이미지로 작업을 시작할 경우 먼저 RGB 모드에서 편집한 후 마지막 편집 단계에서 CMYK로 변환하는 것이 좋고, Cyan, Magenta, Yellow, Black을 원색으로 하며, 이 구성 요소를 혼합하면, 명도가 낮아지게 하는 감산혼합방식입니다.

⑦ Lab Color

국제 CIE(COMMISSION INTERNATIONALE DE L'ECLAIREGE, 국제조명위원회)기구에서 RGB Color와 CMYK Color 모드의 장단점을 보안할 목적으로 개발한 컬러 모드입니다. Lab 모델은 색상을 재현하기 위해 특정 장치(예: 모니터, 데스크탑 프린터, 디지털 카메라 등)에 필요한 색의 양보다는 색상이 눈에 어떻게 보이는지 정의하기 때문에 장치 독립적인 색상 모델로 간주됩니다. 명도 조절은 가능하나 채도 조절에는 제약받는 부분이 있습니다. RGB Color에서 CMYK Color로 전환 시 색상이 탁해지는 정도가 심하지만, Lab Color로 전환할 경우 보안이 가능하며, 용량은 RGB Color와 같습니다.

⑧ Multichannel

다중 채널 모드 이미지는 채널마다 256레벨의 회색을 포함하며 특수 인쇄에 유용합니다. 다중 채널 모드 이미지는 Photoshop, 대용량 문서 형식(PSB), Photoshop 2.0, Photoshop Raw 또는 Photoshop DCS 2.0 형식으로 저장할 수 있습니다. RGB color나 CMYK color를 Multichannel 모드로 변환할 때, 레이어는 지원되지 않으므로 배경으로 병합되며, 원본 이미지의 색상 채널은 변환된 이미지에서 별색 채널이 됩니다.

위의 컬러 모드 내용을 간단히 정리하면 다음과 같습니다.

모드	요약 내용	결과 이미지
Bitmap	1bit Color(White, Black)/pixel이나 dot의 밀도로 표현	흑백 이미지
Grayscale	256 음영(White, Gray, Black) 단계/Bitmap과 Duotone는 Grayscale에서만 가능	
Duotone	Grayscale+1 ~ 4 잉크 혼합 방식/인쇄용	
Index Color	웹 안전 컬러 256Color/Web용	컬러 이미지
RGB Color	Red, Green, Blue 빛의 3원색 가산 혼합 방식/Web용	
CMYK Color	Cyan, Magenta, Yellow, Black 잉크 4원색 감산 혼합 방식/인쇄용	

◎ [시작파일] ch04/ch04-sec01.jpg ◉ [완성파일] ch04/ch04-sec01(완성).jpg

02 색상 선택하고 채색하기

[Color Picker]와 [Swatches] 패널을 이용하여 색상을 선택하고, 채색하는 다양한 방법에 대해 알아봅니다.

1 전경색 선택하기

① 'ch04-sec01.jpg' 파일을 불러옵니다.

② [Tools] 패널에서 [Set foreground color] 전경색을 클릭하면 [Color Picker] 대화창이 나타납니다.

③ 색상 슬라이더 바를 이동합니다.

④ 색상 영역 상자에서 '노란색'을 선택합니다.

⑤ [OK] 버튼을 클릭합니다.

NOTE

[Set foreground color]는 오른쪽 상단에 있는 [Swatches] 패널에서 원하는 색상을 클릭해도 불러올 수 있습니다.

2 채색하기

① [Paint Bucket Tool] 을 선택합니다.

② 큰 꽃게의 몸 영역을 클릭하면 선택한 전경색으로 채색됩니다.

③ 다시 [Tools] 패널에서 [Set foreground color] 전경색을 클릭한 후 [Color Picker] 대화창에서 '주황색'을 선택합니다.

④ [Paint Bucket Tool] 로 큰 꽃게의 다리를 모두 클릭하여 채색합니다.

3 완성하기

나머지 꽃게, 물고기, 배경을 위와 같은 방법을 이용하여 그림처럼 채색하여 완성합니다.

《 Photoshop 코칭 》

색상지정 도구 살펴보기

색상지정 도구는 [Set foreground color] 전경색과 [Set background color] 배경색이 있습니다. [Set foreground color] 전경색은 채색 도구로 채색할 때 지정하고, [Set background color] 배경색은 지우개 도구로 지울 때나 선택 영역을 잘라낼 때 지정합니다. [Tools] 패널의 전경색과 배경색을 클릭하면 나타나는 [Color Picker] 대화창에서 원하는 색상을 설정할 수 있습니다.

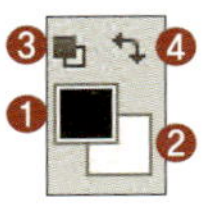

1. Set foreground color : 전경색을 설정하며, 채색하거나 채우기에 사용합니다.
2. Set background color : 배경색을 설정하며, 지우거나 잘라내면 표시되는 색상입니다.
3. Default Foreground and Background Color : 기본 색상 설정을 의미하며, 클릭하면 검정색의 전경색과 흰색의 배경색으로 변경됩니다.
4. Switch Foreground and Background Colors : 전경색과 배경색을 교체합니다.

[Color Picker] 이해하기

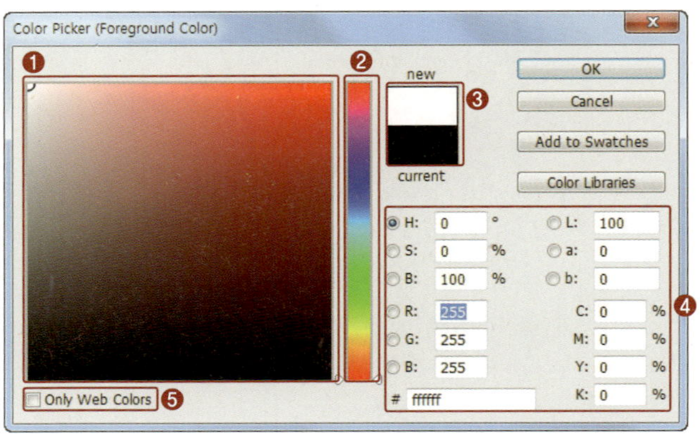

❶ 색상 영역 상자 : 선택한 색상의 위치를 표시합니다.
❷ 색상 슬라이더 바 : 단추를 드래그하여 이동하며 색상 영역을 설정합니다.
❸ 선택 색상과 이전 색상 : 위쪽은 현재 선택한 색상이 나타나고, 아래쪽은 이전 색상을 나타내 색상 선택 상황을 파악할 수 있습니다.
❹ 색상 모드 : HSB, Lab, RGB, CMYK의 색상 모드별 수치를 표시합니다.
❺ Only Web Colors : 웹 안전 컬러로 표시합니다.

[Hue] 색상

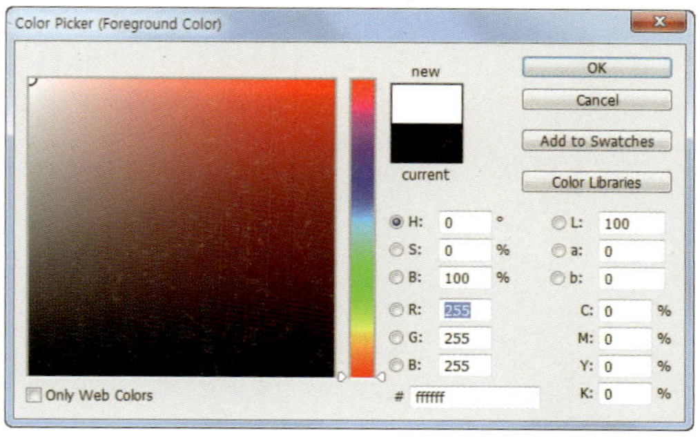

[Saturation] 채도

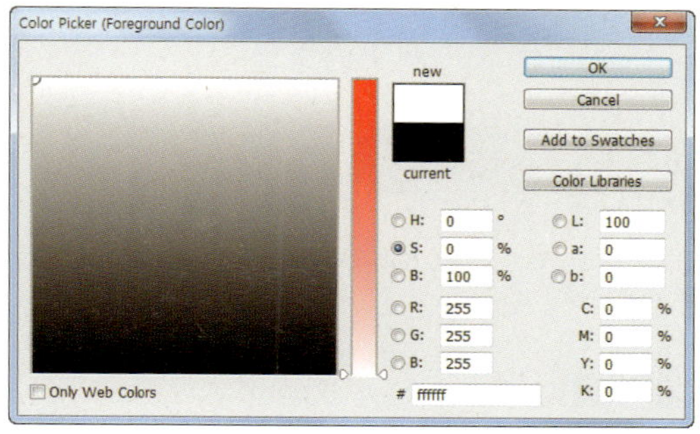

[Brightness] 명도

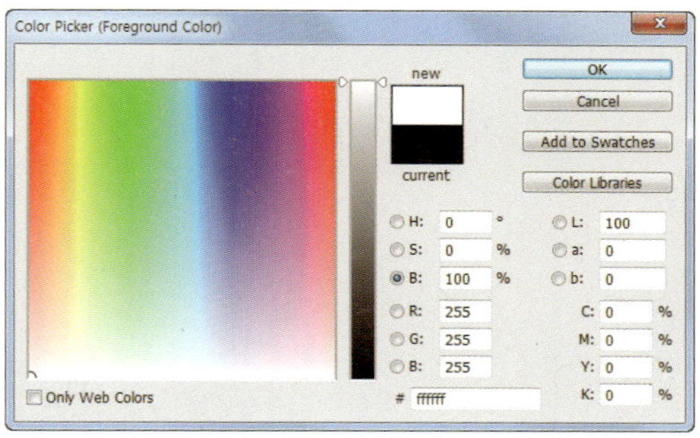

[Only Web Color] 웹 전용 컬러

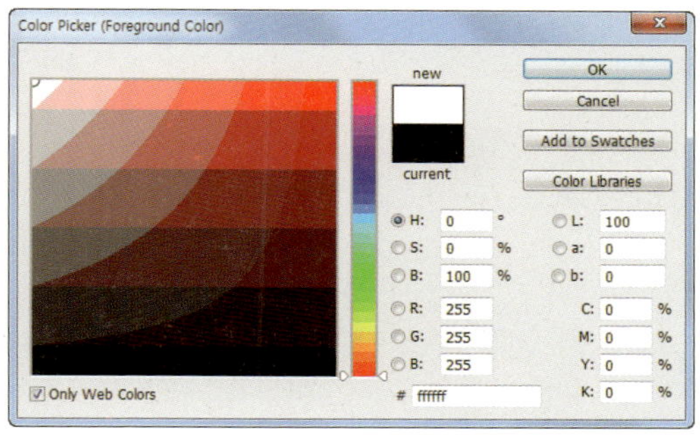

이미지에서 색상 추출하고 색상 등록하기
[Color], [Swatches]

[Eyedropper Tool] 과 [Color Sampler Tool] 은 이미지의 특정 부분의 색상 정보를 알고 싶을 때 사용합니다. 은 한 곳의 색상 정보만 알 수 있지만 은 최대 4개의 색상 정보를 확인할 수 있습니다. 이 두 가지의 기능을 적절히 활용한 방법에 대해 알아봅니다.

| 학습 포인트 |

- 색상 추출하기
- [Swatches] 패널로 색상 등록하기
- [Color] 패널 살펴보기

◎ **[시작파일]** ch04/ch04-sec02.jpg ◉ **[완성파일]** ch04/ch04-sec02(완성).jpg

01 색상 추출과 등록하기

사진에서 자연물의 색상 정보를 추출하고 등록하는 방법에 대해 학습합니다.

1 색상 추출하기

① [Tools] 패널에서 [Eyedropper Tool] 을 선택합니다.

② 과일 이미지의 '레몬의 노란색' 부분을 클릭합니다.

③ 전경색으로 등록된 것을 확인할 수 있습니다.

NOTE

[Eyedropper Tool] 로 색상을 선택하면 전경색으로 지정되며, Alt 를 누른 채 [Eyedropper Tool] 로 클릭하면 배경색으로 지정됩니다.

2 색상 등록하기

① [Swatches] 패널에서 [Create new swatch of foreground color] 를 클릭합니다.

② [Color Swatch Name] 대화창이 나타나면 [Name]을 '레몬'으로 입력합니다.

③ [OK] 버튼을 클릭합니다.

NOTE

다른 색상 등록 방법도 있습니다. [Swatches] 패널의 빈 곳에 마우스 포인터를 위치하면 커서가 [Paint Bucket Tool] 아이콘으로 변경되는데, 이때 클릭하면 나타나는 [Color Swatch Name] 대화창에서 [Name]을 설정하고 [OK] 버튼을 클릭하면 [Swatches] 패널 하단에 등록됩니다.

3 최대 색상 정보 추출하기

① 색상 정보를 더 추출하기 위해 [Color Sampler Tool] 을 선택합니다.

② 레몬 이미지를 클릭하면 [Info] 패널이 자동으로 '#1'로 등록됩니다.

③ ②와 동일한 방법으로 필요한 이미지를 클릭하여 [Info] 패널에서 '#2', '#3', '#4'까지 등록되는 것을 확인합니다.

NOTE

최대 색상 추출 정보는 4개까지만 확인할 수 있습니다.

Photoshop 코칭

[Color] 패널 살펴보기

[Color] 패널은 붉은색의 양을 조절하는 [R], 초록색의 양을 조절하는 [G], 파란색의 양을 조절하는 [B]의 조절 단추를 이동하거나 수치를 입력하여 색상을 설정하며, 이미지 색상 모드에 따라 변경됩니다.

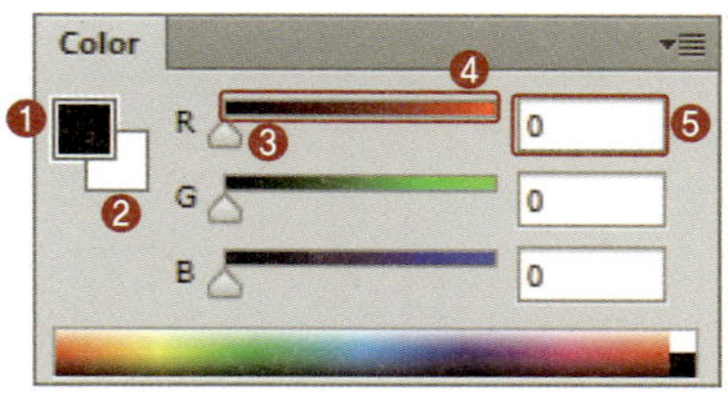

[RGB Color]

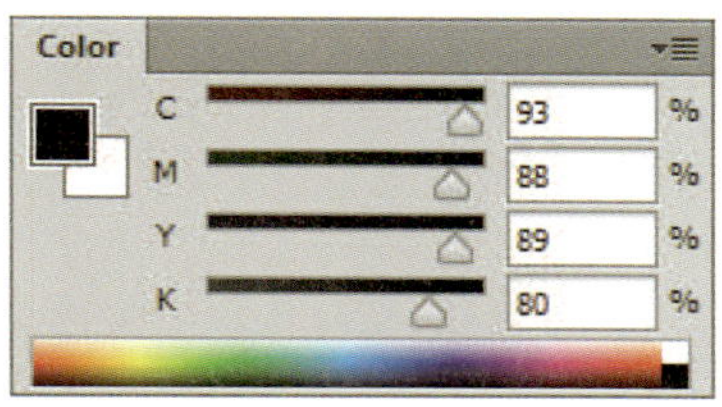

[CMYK Color]

❶ Set foreground color : 전경색을 지정합니다.

❷ Set background color : 배경색을 지정합니다.

❸ 색상 조절 버튼 : 버튼을 움직여 원하는 색상을 지정합니다.

❹ 색상 슬라이더 바 : 모든 색상이 제공되며, 클릭하는 부분의 색으로 전경색이 변경됩니다.

❺ 색상 수치 입력창 : 수치를 입력하여 색상을 설정합니다.

SECTION 03

다양한 채색 방법 익히기

[Fill]

SECTION 01에서 색상을 선택하여 채색하는 방법을 살펴보았습니다. 이번 SECTION에서는 색을 채우기 위해 선택 영역을 지정하고 채우는 방법, 이미지에 색이 아닌 이미지를 채우는 방법, 패턴으로 채워 독특한 느낌으로 작업하는 방법을 연습해봅니다.

| 학습 포인트 |

- 선택 영역 지정하고 채색하기
- [Fill] 대화창 살펴보기
- 전경색, 배경색으로 채색하기

◎ **[시작파일]** ch04/ch04-sec03.jpg ◉ **[완성파일]** ch04/ch04-sec03(완성).jpg

01 캐릭터 채색하기

선택 영역을 지정하고, [Swatches] 패널과 [Fill] 기능을 이용하여 색상을 선택한 후 채색하는 다양한 방법에 대해 익힙니다.

1 선택 영역 지정하기

① 'ch04-sec03.jpg' 파일을 불러옵니다.

② [Quick Selection Tool] 을 선택합니다.

③ 브러시 크기는 '10px'로 설정합니다.

④ 캐릭터의 티셔츠를 클릭하여 선택 영역으로 지정합니다.

NOTE

[Swatches] 패널에서 원하는 색상을 클릭하면 [Set foreground color] 전경색에 등록됩니다.

2 캐릭터 상의 채색하기

① [Swatches] 패널을 열어줍니다.

② 'Light Violet'을 선택합니다.

③ 전경색으로 등록됩니다.

④ Alt + Delete 를 누르면 티셔츠가 전경색으로 채색됩니다.

⑤ 선택 영역을 해제하기 위해 메뉴 바에서 [Select]-[Deselect]을 클릭하거나 단축키 Ctrl + D 를 누릅니다.

⑥ 옷깃은 옅은 색으로 채웁니다.

3 캐릭터 하의 채색하기

① 다시 [Quick Selection Tool] 로 캐릭터의 바지를 선택 영역으로 지정합니다.

② [Swatches] 패널에서 '파란색'을 선택합니다.

③ Alt + Delete 를 누릅니다.

④ [Select]-[Deselect]을 클릭하거나 단축키 Ctrl + D 를 눌러 선택 영역을 해제합니다.

NOTE

선택 영역이 많을 경우에는 단축키를 사용하면 한꺼번에 색상을 채울 수 있습니다. 선택 영역을 전경색으로 채울 때는 Alt + Delete 를 누르고, 선택 영역을 배경색으로 채울 때는 Ctrl + Delete 를 누릅니다. [Paint Bucket Tool] 을 이용해도 좋습니다.

4 배경 선택 영역 지정하기

① 2, 3과 같은 방법으로 캐릭터를 모두 완성합니다.

② [Magic Wand Tool] 을 선택합니다.

③ 옵션 바에서 [Add to selection] 을 지정하고 [Tolerance]를 '10'으로 설정합니다.

④ 이미지의 배경을 클릭합니다.

⑤ 뒷짐지고 있는 캐릭터의 팔 사이와 다리 사이도 선택 영역으로 지정합니다.

5 패턴 채우기

① [Edit]–[Fill]을 선택합니다.

② [Fill] 대화창에서 [Contents]의 [Use]에서 'Pattern'을 지정합니다.

③ 첫 번째 샘플 'Bubbles(80 by 80 pixels, RGB mode)'를 선택합니다.

④ [OK] 버튼을 클릭합니다.

6 이미지 배경 확인하기

① 단축키 Ctrl + D를 눌러 선택 영역을 해제합니다.

② 배경에 패턴이 적용된 것을 확인할 수 있습니다.

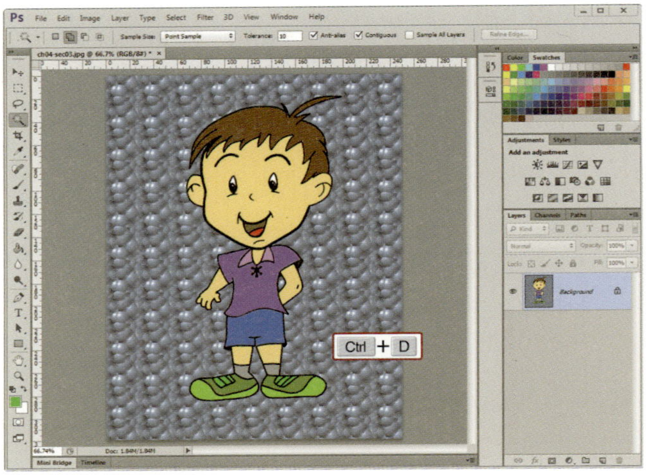

《 Photoshop 코칭 》

■ [Fill] 대화창 살펴보기

이미지에 색상을 채우기 위해 [Paint Bucket Tool] 도 사용하지만, [Edit] 메뉴의 [Fill]을 사용하면 색상뿐 아니라 패턴, 주변의 이미지를 인식하여 채우는 방법까지 다양한 채우기를 할 수 있습니다. 또 블랜딩 모드와 투명도를 편집할 수 있습니다.

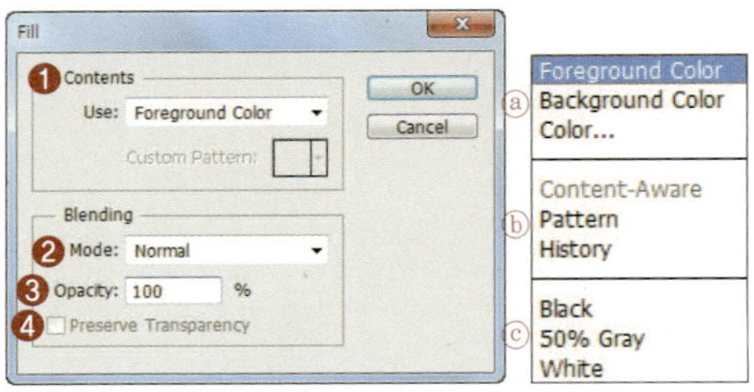

❶ Contents : 선택 영역을 채울 때 사용할 방법을 설정합니다.
ⓐ 전경색 또는 배경색 등의 색상으로 채웁니다.
ⓑ 특정한 이미지나 패턴 등으로 채웁니다.
ⓒ 검정색, 50%의 회색, 흰색으로만 채색됩니다.

❷ Mode : 채울 때의 블랜딩 모드를 설정합니다.

❸ Opacity : 선택 영역을 채울 색상 혹은 이미지의 불투명도를 설정합니다.

❹ Preserve Transparency : 레이어가 여러 개일 경우 선택한 레이어에서 투명 부분을 제외한 부분에만 채색됩니다.

SECTION 04

그레이디언트 적용하여 채색하기

[Gradient Tool], [Gradient Editor]

[Gradient Tool] 은 두 가지 이상의 색상을 점차적으로 섞어 표현할 수 있어 가장 화려한 채색 작업이 가능합니다. 다양한 색상과 불투명도 설정, 블랜드 모드 적용 방법들에 대해 알아봅니다.

| 학습 포인트 |

- [Gradient Tool] 옵션 바 살펴보기
- [Gradient Editor] 대화창 살펴보기
- 다양한 타입으로 채색하기

◎ **[시작파일]** ch04/ch04-sec04-01.jpg ◉ **[완성파일]** ch04/ch04-sec04-01(완성).psd

01 입체구슬 만들기

입체 이미지를 제작할 때 [Gradient Tool] 은 채색 도구로서 탁월한 효과를 나타냅니다. 다음과 같이 구슬을 제작하는 방법에 대해 알아보겠습니다.

1 구슬 모양의 선택 영역 지정하기

① 'ch04-sec04-01.jpg' 파일을 불러옵니다. [Elliptical Marquee Tool] 을 선택합니다.

② 이미지창 가운데에서부터 Shift + Alt 를 누르고 드래그합니다. 정원으로 된 선택 영역이 만들어집니다.

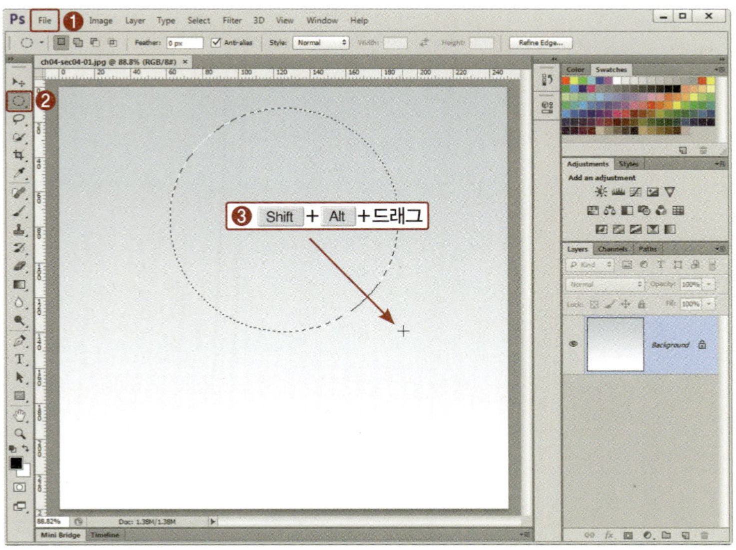

2 구슬에 그레이디언트 채색하기

① [Layers] 패널에서 하단의 [Create a new layer] 를 클릭합니다.

② 레이어의 'Layer 1' 글씨를 더블클릭하여 '구슬'로 입력합니다.

③ [Tools] 패널에서 '전경색'은 '빨간색', '배경색'은 '초콜릿색'으로 지정합니다.

④ [Gradient Tool] 을 선택하고 옵션 바에서 [Style]을 [Radial Gradient] 로 선택합니다.

⑤ 그림처럼 45° 각도로 왼쪽 위에서 오른쪽 아래로 드래그합니다.

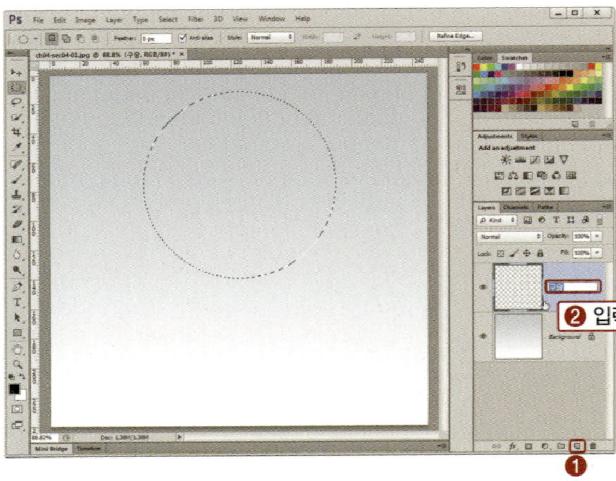

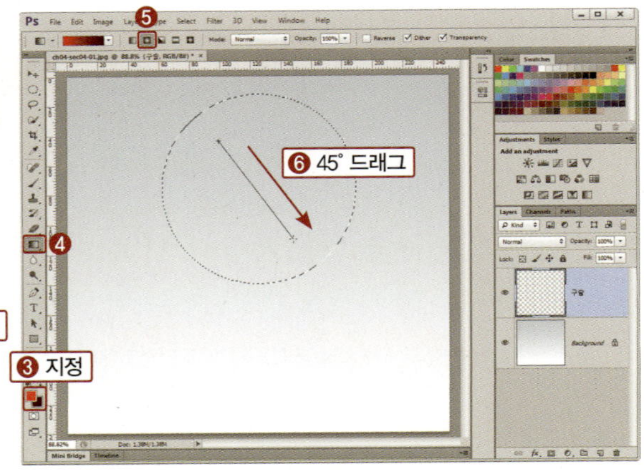

NOTE

[Gradient Tool] 로 그레이디언트를 채색했을 때 시작색과 끝색이 반대로 적용될 경우 옵션 바의 [Reverse]에 체크 표시하면 시작색과 끝색이 교체 적용됩니다.

3 레이어 복제하여 반사 구슬 만들기

① Ctrl + D 를 눌러 선택 영역을 해제합니다.

② [Layers] 패널에서 '구슬' 레이어를 선택하고 마우스 오른쪽 버튼을 클릭하여 [Duplicate Layer...]를 지정합니다.

③ 대화창에서 '구슬 copy'를 '그림자'로 수정하고, [OK] 버튼을 클릭합니다.

④ [Move Tool] 을 선택합니다.

⑤ 이미지창에서 '구슬' 레이어와 아래가 맞닿게 '구슬 copy' 레이어를 아래로 이동합니다.

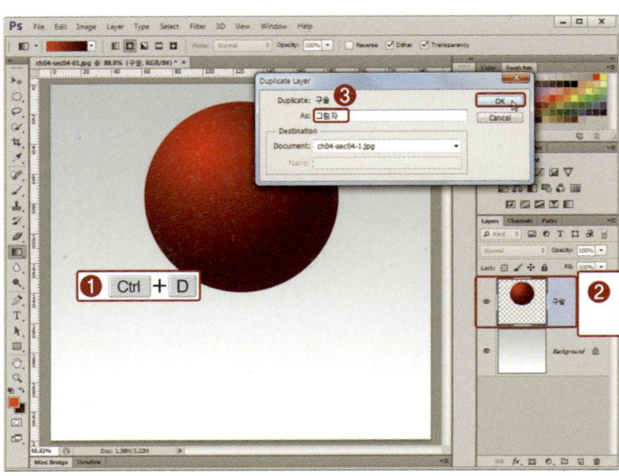

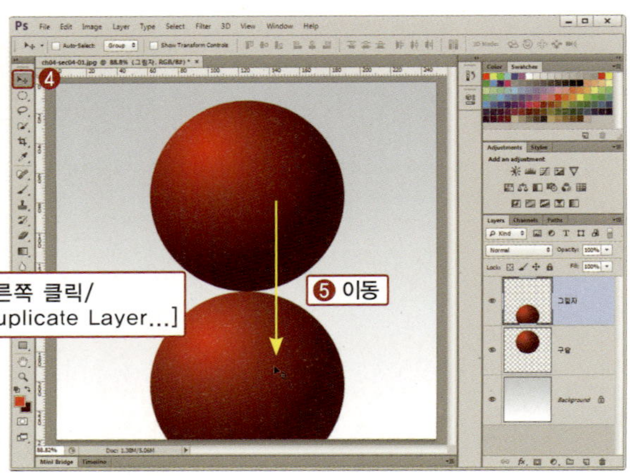

4 반사 구슬 효과주기

① '그림자' 레이어가 선택된 상태에서 [Edit]-[Transform]-[Flip Vertical]을 선택합니다. 구슬이 반사되고 세로로 대칭됩니다.

② [Layers] 패널에서 '그림자' 레이어의 [Opacity]를 '50%'로 적용합니다. 반사된 구슬은 반투명하게 적용됩니다.

③ 반사된 그림자를 자연스럽게 하기 위해 [Add layer mask] 를 추가합니다.

④ [Gradient Tool] 을 선택한 후 옵션 바에서 [Style]을 [Linear Gradient] 로 선택합니다.

⑤ [Reverse]를 체크하여 시작색은 '흰색', 끝색은 '검정색'으로 적용합니다.

⑥ 이미지창에서 수직으로 Shift 를 누른 채, 구슬의 반만 드래그하여 채색합니다.

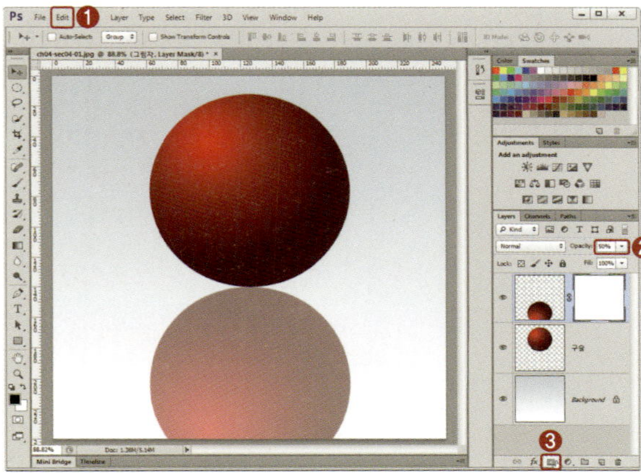

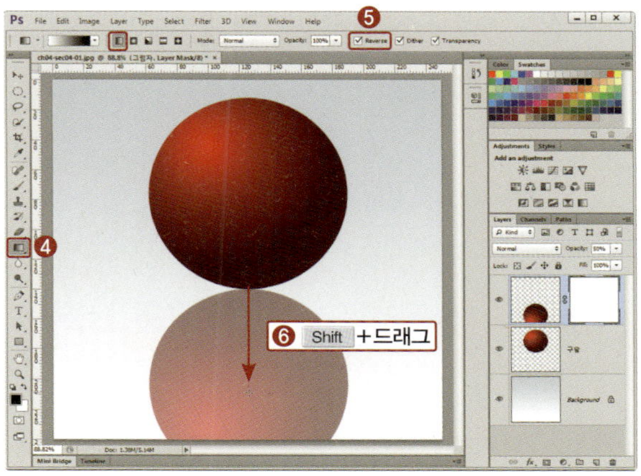

NOTE

이미지의 대칭 변형을 적용할 때, 수직 대칭은 [Edit]-[Transform]-[Flip Vertical]을 적용하고, 수평 대칭은 [Edit]-[Transform]-[Flip Horizontal]을 적용합니다.

5 반사 적용된 구슬 확인하기

반사 적용된 구슬을 확인합니다.

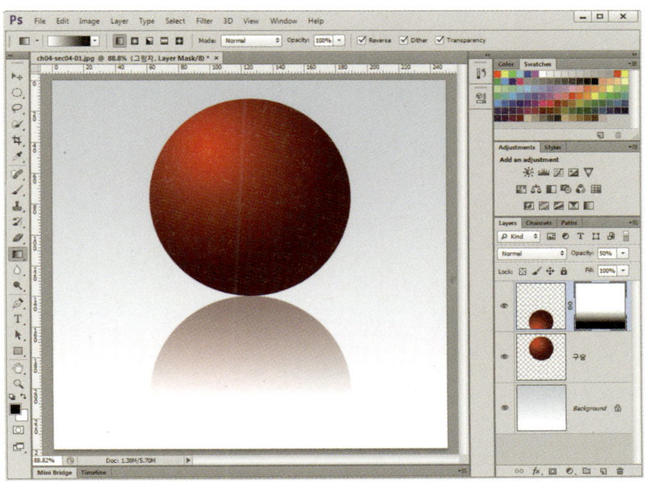

02 하얀 모자에 나염 적용하기

사진에 자연스런 색상을 교체하기 위해 색상을 지정하고 채색한 후, [Blending Mode]를 적용하는 방법을 알아봅시다.

1 모자 선택 영역 지정하기

① [Quick Selection Tool] 을 선택한 후 옵션 바에서 브러시 크기는 '13px'로 설정합니다.

② 하얀 모자 부분만 클릭하여 선택 영역으로 지정합니다.

③ [Layers] 패널에서 [Create a new layer] 을 클릭합니다.

④ 추가된 레이어 'Layer 1'의 글씨를 더블클릭하여 '나염'으로 입력합니다.

2 모자 채색하기

① [Gradient Tool] 을 선택합니다.

② 옵션 바의 [Gradient picker]에서 'Yellow, Violet, Orange, Blue'를 지정합니다.

③ [Style]을 [Radial Gradient] 로 선택합니다.

④ 그림처럼 왼쪽 위에서 오른쪽 아래로 드래그합니다.

NOTE

[Gradient Tool] 로 드래그하여 채색할 때, 모자 크기보다 길게 범위를 주어 드래그해야 둥근 모자의 입체감을 살려줄 수 있습니다. 범위를 짧게 잡아 드래그하면, 어색하게 적용됩니다.

3 모자에 효과 적용하기

① [Layers] 패널의 [Blending Mode] 목록에서 'Color Burn'을 적용합니다.

② Ctrl + D 를 눌러 선택 영역을 해제하면, 나염이 적용된 모자를 확인할 수 있습니다.

《 Photoshop 코칭 》

■ [Gradient Tool] 옵션 바 살펴보기

그레이디언트는 두 개 이상의 색상이 점차적으로 변하도록 채색하는 도구입니다. 개체를 채색할 때, 분위기 있는 사진을 연출할 때, 그리고 이미지 합성 시 마스크 레이어에도 사용합니다. 그레이디언트는 그 활용도가 높고, 그레이디언트 편집기에서 다양하고 아름다운 샘플을 제공하고 있습니다.

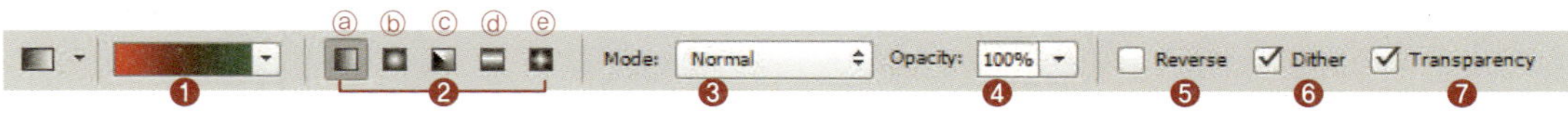

❶ 그레이디언트 : 현재 선택한 그레이디언트를 표시합니다. 클릭하면 [Gradient Editor] 대화창이 나타나 그레이디언트를 편집할 수 있으며, 오른쪽 내림 버튼을 클릭하면 [Gradient picker]를 엽니다.

❷ Style : 그레이디언트를 채색하는 방향 및 모양을 설정합니다.

▲ Linear Gradient

▲ Radial Gradient

▲ Angle Gradient

▲ Reflected Gradient

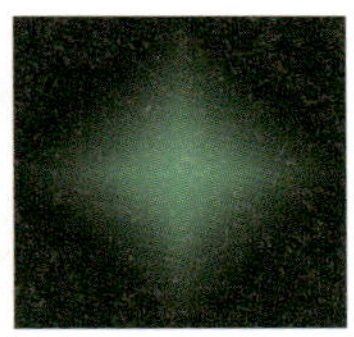
▲ Diamond Gradient

ⓐ Linear Gradient : 직선으로 채색합니다.
ⓑ Radial Gradient : 원형으로 채색합니다.
ⓒ Angle Gradient : 원뿔형으로 채색합니다.
ⓓ Reflected Gradient : 대칭형으로 채색합니다.
ⓔ Diamond Gradient : 다이아몬드형으로 채색합니다.

❸ Mode : 그레이디언트가 적용될 블랜딩 모드를 설정합니다.
❹ Opacity : 그레이디언트의 불투명도를 조절하며, 수치가 낮을수록 투명해집니다.
❺ Reverse : 그레이디언트를 채색 적용할 때 시작색과 끝색의 순서를 교체합니다.
❻ Dither : 그레이디언트를 채색 적용할 때 경계 부분을 부드럽게 혼합합니다.
❼ Transparency : 이 옵션에 체크 표시하면 불투명도가 적용되지 않습니다.

[Gradient Editor] 대화창 살펴보기

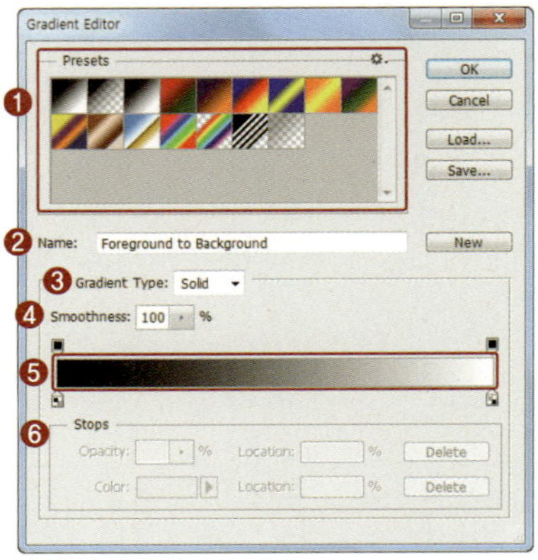

❶ Presets : 그레이디언트 샘플을 제공합니다.
❷ Name : 새로운 그레이디언트의 이름을 입력합니다.
❸ Gradient Type : 그레이디언트 타입을 지정합니다.
❹ Smoothness : 그레이디언트 가장자리의 부드러운 정도를 설정합니다.
❺ Gradient Bar : 그레이디언트로 표현되는 불투명도를 설정하는 [Opacity Stop]과 색상 띠로 색상을 추가하는 [Color Stop]을 설정하여 적용합니다.
❻ Stops : [Opacity Stop]과 [Color Stop]의 옵션 및 수치를 설정합니다.

SECTION 05

패턴 모자이크 만들기
[Grayscale], [Bitmap]

비트맵 모드의 'Custom Pattern'으로 모자이크 작업을 할 수 있으며 많은 회화 작가들이 작업하는 픽셀아트를 만들 수 있습니다. 비트맵 모드를 이용해 패턴 모자이크를 만들어봅니다.

| 학습 포인트 |

- [Grayscale] 모드 이용하기
- [Bitmap] 모드 대화창 살펴보기
- [Bitmap] 모드 종류 살펴보기

◎ **[시작파일]** ch04/ch04-sec05-01.jpg, ch04-sec05-02.jpg ◉ **[완성파일]** ch04/ch04-sec05(완성).psd

01 패턴 모자이크 만들기

강아지 사진을 패턴으로 등록한 후, [Bitmap] 모드의 패턴 적용을 이용하여 여자 인물에 강아지 패턴이 모자이크된 이미지를 만들어 봅시다.

1 패턴 등록하기

① 'ch04-sec05-01.jpg, ch04-sec05-02.jpg' 파일을 모두 불러옵니다.

② 'ch04-sec05-01.jpg'의 아주 작은 강아지 이미지를 선택합니다. [Edit]-[Define Pattern]을 지정합니다.

③ [Pattern Name] 대화창에서 [Name]를 '강아지'로 입력하고, [OK] 버튼을 클릭합니다.

④ 'ch04-sec05-01.jpg' 강아지 이미지 파일을 닫습니다.

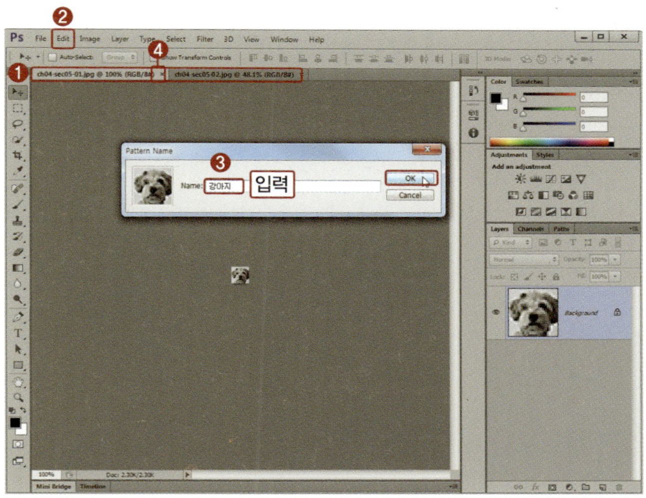

NOTE

패턴으로 등록하는 이미지의 크기가 크면, 적용될 이미지에 모자이크 설정이 잘 이루어지지 않습니다.

2 흑백 모드 만들기

① 'ch04-sec05-02.jpg' 파일을 [Bitmap] 모드로 만들기 위해 [Image]-[Mode]-[Grayscale]을 선택합니다.

② '색상정보를 버리겠습니까?'라는 뜻의 창이 나타나면 [Discard] 버튼을 클릭합니다.

NOTE

'ch04-sec05-02.jpg' 파일은 [RGB Color] 모드이므로 바로 [Bitmap] 모드로 만들 수 없습니다. 그러므로 색상 정보를 모두 삭제하는 [Grayscale] 모드로 만든 후, [Bitmap] 모드로 진행해야 합니다. [Duotone] 모드도 같은 방식으로 만듭니다.

3 패턴 모자이크 적용하기

① [Image]–[Mode]–[Bitmap]을 선택합니다.

② [Bitmap] 대화창이 나타나면, [Method]의 [Use] 목록에서 'Custom Pattern'을 선택합니다.

③ 'Custom Pattern' 샘플창을 열어 맨마지막에 등록되어 있는 패턴 '강아지'를 선택합니다.

④ [OK] 버튼을 클릭합니다.

4 패턴 적용 확인하기

강아지 패턴이 적용된 마릴린 먼로 이미지를 확인합니다. 확대해 보면 강아지 패턴을 확인할 수 있습니다.

[Bitmap] 대화창 살펴보기

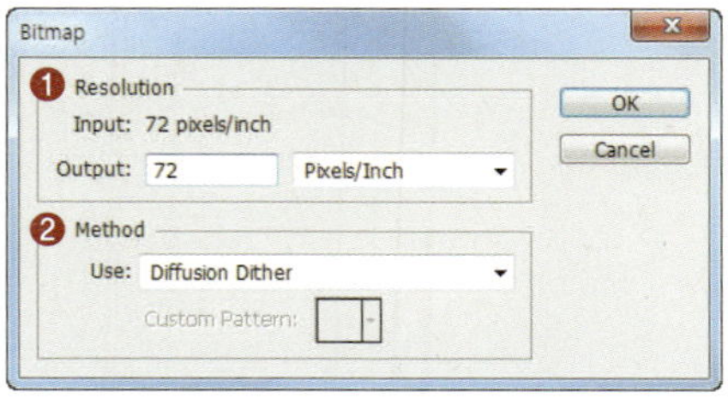

❶ Resolution : 해상도를 설정할 수 있습니다. Input은 현재 해상도의 정보를 표시하고, Output은 변환할 해상도의 정보를 표시합니다.

❷ Method : 비트맵 모드 이미지의 명암톤 유형을 설정합니다.

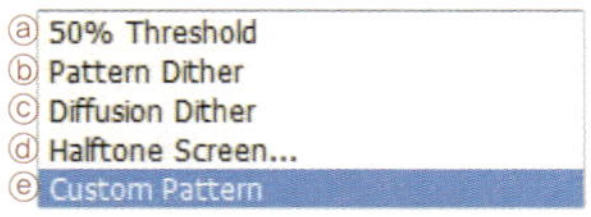

ⓐ 50% Threshold : 명암 단계 50%를 기준으로 흰색과 검정색을 구분합니다.
ⓑ Pattern Dither : 명암 단계를 패턴 형식으로 표시합니다.
ⓒ Diffusion Dither : 명암 단계를 병치 혼합 방법으로 최대한 부드럽게 처리합니다.
ⓓ Halftone Screen : 명암 단계를 Halftone 형식의 Dot 방식으로 표시합니다.
ⓔ Custom Pattern : 명암 단계를 패턴 형식으로 표시하되, 사용자가 다양한 패턴을 지정하여 표시합니다.

▲ Grayscale

▲ 50% Threshold

▲ Pattern Dither

▲ Diffusion Dither

▲ Halftone Screen...

▲ Custorm Pattern

SECTION 06

분위기 있는 단색 이미지 만들기 *[Duotone]*

화보와 같은 독특한 사진이나 분위기 있는 사진을 만들 때 모노톤(Monotone)이나 듀오톤(Duotone)으로 이미지를 표현합니다. [Image]-[Mode]-[Duotone] 메뉴에서 모노톤부터 쿼터톤(Quadtone)까지 풍부한 느낌으로 색상을 연출해봅니다.

| 학습 포인트 |

- [Duotone] 모드 옵션창 살펴보기
- [Duotone] 모드 타입 알아보기
- 단색 이미지 만들기

◎ **[시작파일]** ch04/ch04-sec06.jpg ◉ **[완성파일]** ch04/ch04-sec06(완성).psd

01 분위기 있는 단색 이미지 만들기

컬러 사진의 색상을 두 가지 색으로 구성하는 [Duotone] 모드로 연출해봅니다.

1 흑백 모드 만들기

① 'ch04-sec06.jpg' 파일을 불러온 후, Ctrl + Alt + O 을 눌러 화면 배율을 '100%'로 만듭니다.

② [Image]-[Mode]-[Grayscale]을 클릭합니다.

③ [Message] 창에서 색상 정보를 버릴 것인지 묻는 경고가 나타나면 [Discard] 버튼을 클릭합니다.

NOTE

컬러 모드를 [Bitmap]과 같이 [Duotone]를 적용하려면 먼저 [Grayscale] 모드로 전환해야 합니다.

2 [Duotone] 모드 [Ink 1] 설정하기

① [Image]-[Mode]-[Duotone]를 지정합니다.

② [Duotone Options] 대화창이 나타나면 [Type]은 'Duotone'으로 설정합니다.

③ [Ink 1]의 색상창을 클릭하고, [Color Picker (Ink 1 Color)] 대화창에서 색상을 '#002d89'로 지정합니다.

④ [Ink 1]의 [Name]을 'Blue'로 입력합니다.

⑤ [OK] 버튼을 클릭합니다.

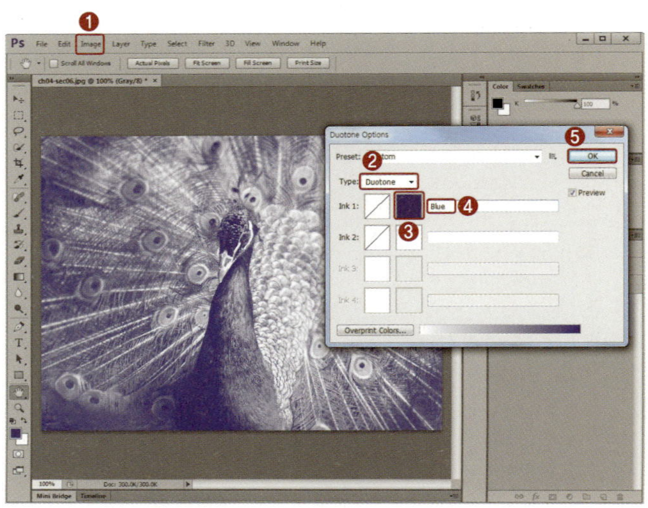

3 [Duotone] 모드 [Ink 2] 설정하기

① 지정한 한 톤의 색상으로 이미지의 색상이 구성된 것을 확인합니다.

② [Ink 2]의 색상창을 클릭하여 [Select Ink color] 대화창이 나타나면 색상을 '#ff5a00'으로 지정합니다.

③ [Ink 2]의 Name은 'Orange'로 입력합니다.

④ [OK] 버튼을 클릭합니다.

4 명도 조절하기

① 두 컬러가 섞여 낮아진 명도를 높이고, 색상의 분포도를 조정하기 위해 [Ink 1] Blue의 커브 상자를 클릭합니다.

② [Duotone Curve] 대화창이 나타나면 그림과 같이 커브 곡선을 아래로 이동하여 조정한 후 [OK] 버튼을 클릭합니다.

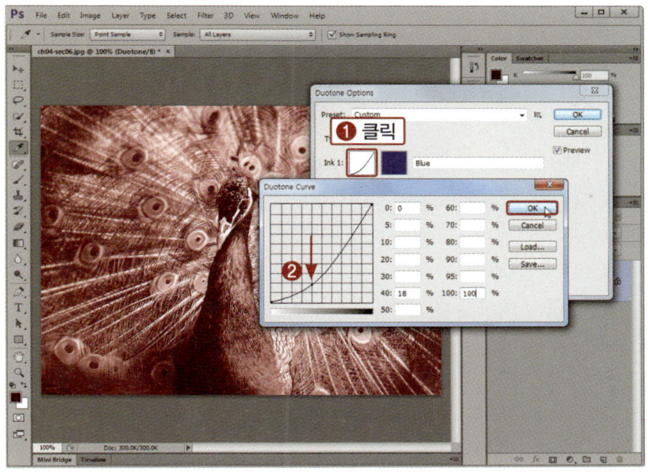

NOTE

[Duotone] 모드에서 [Adjustments]나 [Filter]의 일부 기능 등 [RGB Color] 모드에서만 실행되는 기능을 원활히 사용할 수 있습니다.

5 명도와 색상 확인하기

'Blue'의 색상이 감소되어 명도가 높아지고, 'Orange' 색상이 높아진 것을 확인합니다.

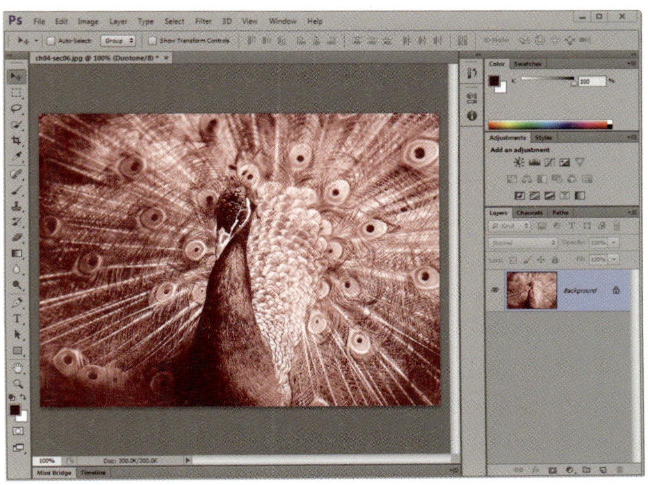

[Duotone] 옵션창 살펴보기

[Duotone] 모드 이미지를 만들기 위해서는 꼭 [Grayscale] 모드로 변환한 후 [Duotone] 모드를 적용해야 합니다.

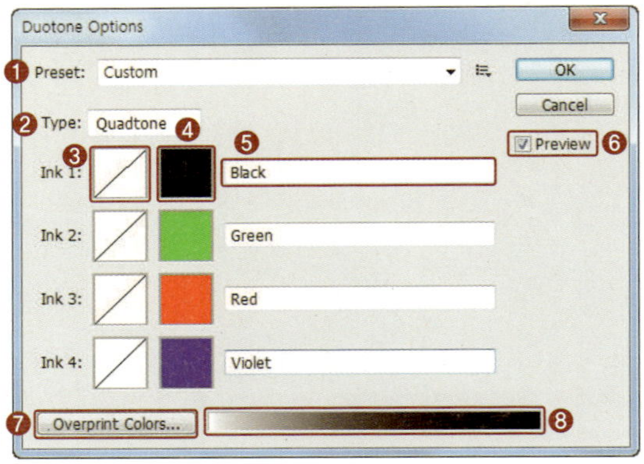

❶ Preset : 다양한 모드의 완성된 샘플을 제공합니다.
❷ Type : 듀오톤의 색상 수를 지정하는 항목으로, 색상 수를 올릴수록 전체 색상은 어두워집니다.
❸ 커브 상자 : 커브 선으로 색상 톤의 분포를 조정할 수 있습니다.
❹ 색상 상자 : 적용할 색상을 지정합니다. 색상을 지정할 때 [Select Ink color] 대화창에서는 [Color Libraries]를 클릭하고, [Color Libraries] 대화창에서는 [Picker]를 클릭해 적용할 잉크 색상을 선택할 수 있습니다.
❺ Name : 적용할 색상의 이름을 지정합니다.
❻ Preview : 이 옵션에 체크 표시하면 이미지에 색상이 적용된 모습을 미리 확인할 수 있습니다.
❼ Overprint Colors : Quadtone 모든 컬러의 색상이 표시되었을 때, 중복된 색상 정보를 표시합니다.
❽ 명도 : 색상 톤을 그레이디언트로 표시합니다.

[Duotone] 모드 타입 알아보기

[Duotone] Type	[Duotone] 대화창 적용	적용된 이미지	톤
Monotone Ink 1 기본 : White 추가 : Black	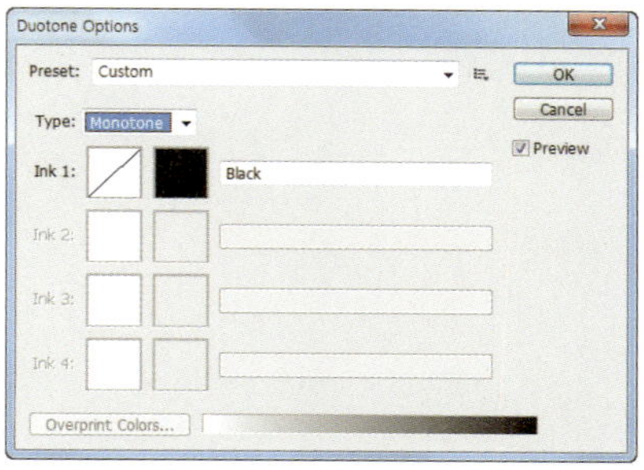		점점 어둡고 탁해짐
Duotone Ink 2 기본 : White 추가 : Black Green	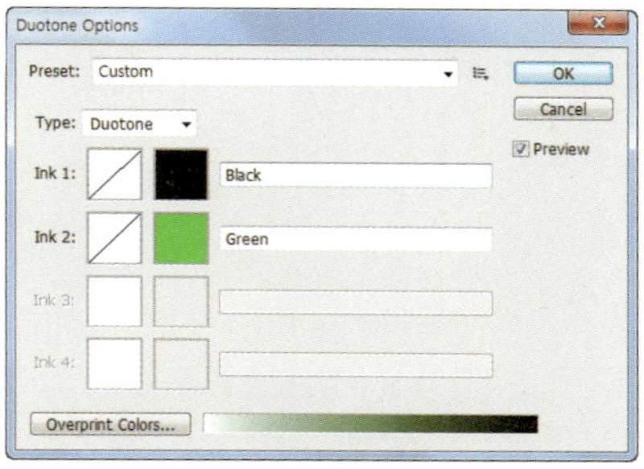		
Tritone Ink 3 기본 : White 추가 : Black Green Red	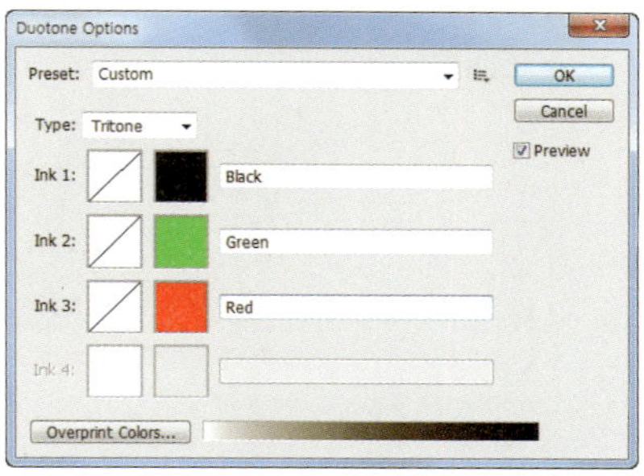		
Quadtone Ink 4 기본 : White 추가 : Black Green Red Violet	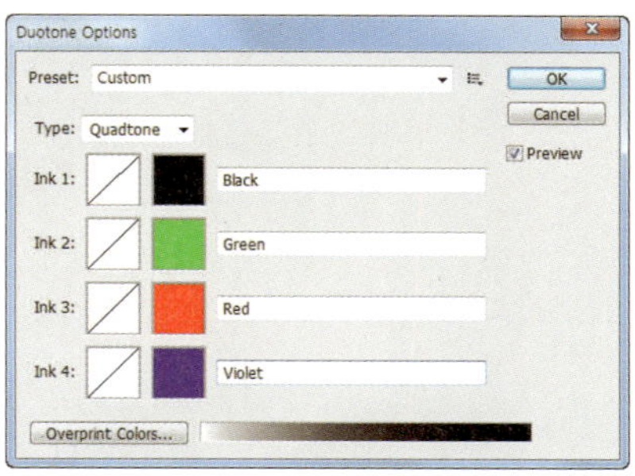		

Monotone보다 Quadtone이 명도가 낮고, 채도가 낮은 이유는 '잉크 혼합 방식'이기 때문입니다. 그래서 [Duotone Curve]를 사용하여 명도를 조절해서 사용합니다.

SECTION 07

선택 영역 지정하여 저장 활용하기

[Color Channel], [Alpha Channel]

채널(Channel)은 이미지의 컬러와 선택 정보를 담는 저장소로, 필터와 알파 채널을 이용하여 특수한 효과를 만들거나 색상 값을 조정할 수 있습니다. 채널의 원리와 기본 개념에 대해 이해하고 알파 채널의 사용법을 살펴봅니다.

| 학습 포인트 |

- [Color Channel] 이해하기
- [Alpha Channel] 이해하기
- 선택 영역 불러오기

◎ **[시작파일]** ch04/ch04-sec07-01.jpg ◉ **[완성파일]** ch04/ch04-sec07-01(완성).psd

01 종이접기만 강조되게 연출하기

종이접기를 선택 영역으로 지정한 후, [Alpha Channel]로 저장하고, 활용하는 방법을 학습합니다.

1 올가미 도구로 선택 영역 지정하기

① 'ch04-sec07-01.jpg' 파일을 열고, 이미지창을 화면에 맞춥니다.

② 직선이 많은 이미지를 선택 영역으로 지정하기 위해 다각형 올가미 도구인 [Polygonal Lasso Tool] 을 선택합니다.

③ 클릭하여 종이접기 부분만 선택 영역으로 지정합니다.

2 알파 채널 추가하기

① [Channels] 패널을 선택하여 열어줍니다.

② 지정된 종이접기를 선택 영역으로 저장하기 위해 [Channels] 패널 하단의 [Save Selection as Channel] 을 클릭합니다.

③ 'Alpha 1'이 추가된 것을 확인하고, 'Alpha 1' 글씨를 더블클릭하여 '종이접기'라고 입력합니다.

④ [Channels] 패널에서 [RGB] 목록을 선택합니다. 컬러 채널이 표시됩니다.

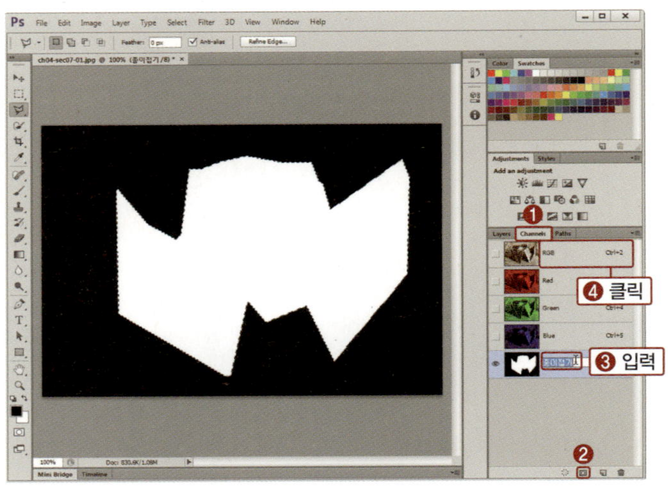

NOTE

[Alpha Channel]로 추가하는 방법은 [Select] 메뉴의 [Save Selection...]을 사용해도 됩니다.

3 선택 영역 반전하기

선택 영역을 반대로 적용하기 위해 [Select]-[Inverse]를 클릭합니다.

NOTE

선택 영역을 반대로 적용하기 위한 단축키는 Shift + Ctrl + I 입니다.

4 채도 감소하여 적용하기

① 선택 영역이 종이접기를 제외한 바깥쪽으로 선택 영역이 지정된 것을 확인합니다.

② 바깥쪽 선택 영역에 흑백 이미지를 만들기 위해 [Image]-[Adjustments]-[Desaturate]를 선택합니다.

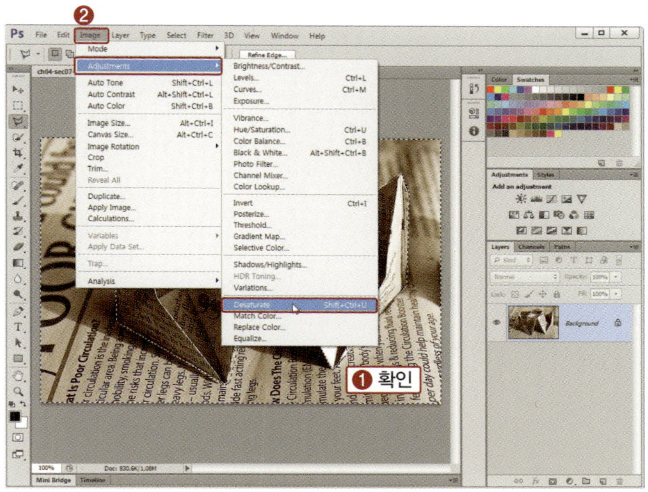

NOTE

채도 감소 단축키는 Shift + Ctrl + U 를 사용합니다.

5 선택 영역 불러오기

① 바깥쪽 선택 영역을 해제하기 위해 Ctrl + D 를 누릅니다.

② 다시 '종이접기'의 선택 영역을 불러오기 위해 [Select]-[Load Selection...]을 선택합니다.

③ [Load Selsection] 대화창이 나타나면 [Source] 목록의 [Channel]이 '종이접기'로 설정되어 있는지를 확인합니다.

④ [OK] 버튼을 클릭합니다.

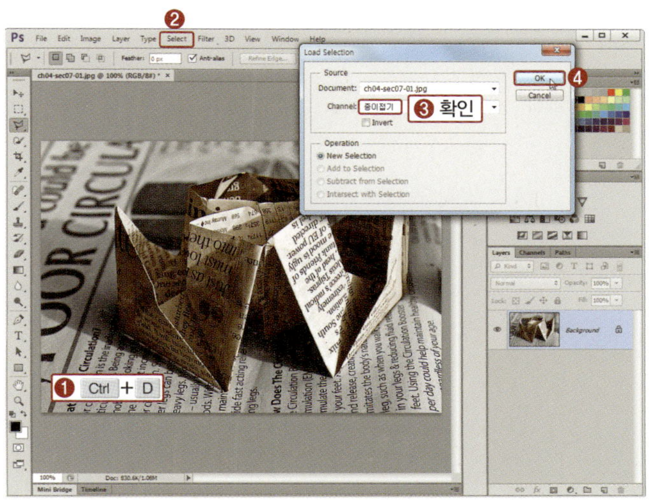

NOTE

[Channels] 패널에서 Ctrl 을 누르고 '종이접기' 채널의 섬네일창을 클릭해도 선택 영역을 불러올 수 있습니다.

6 종이접기 영역에 명도와 대비 조절하기

① '종이접기' 선택 영역에 명도와 대비를 조절하기 위해 [Image]-[Adjustments]-[Brightness/Contrast]를 선택합니다.

② 'Brightness'의 값은 '60', 'Contrast'의 값은 '25'로 설정합니다.

③ [OK] 버튼을 클릭합니다.

7 강조된 이미지 확인하기

이미지창에서 종이접기 부분만 강조된 것을 확인합니다.

◎ **[시작파일]** ch04/ch04-sec07-02.jpg ◉ **[완성파일]** ch04/ch04-sec07-02(완성).psd

02 네온 문자 만들기

[Alpha Channel]을 이용하는 방법 중 각인되는 효과에 대해 알아봅니다.

1 네온 모양 설정하기

① 'ch04-sec07-02.jpg'을 불러옵니다.

② [Horizontal Type Tool] T 을 선택합니다.

③ 글꼴은 'Monotype Corsiva', 크기는 '160pt', 글자색은 '흰색'으로 지정합니다.

④ 이미지창의 가운데 위치를 클릭하고, 내용은 'White-graphy'라고 입력합니다.

⑤ 옵션 바에서 [Commit any current edits] ✓ 를 클릭합니다.

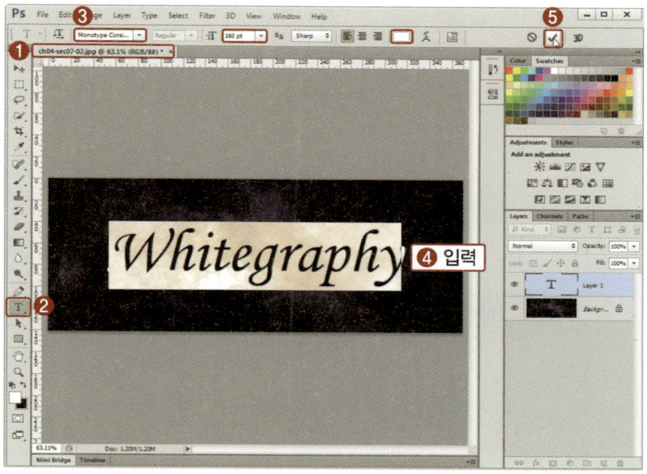

2 속성 전환하기

① 문자는 벡터 방식의 속성이므로 비트맵 방식의 속성으로 전환하기 위해 [Layers] 패널에서 'Whitegraphy' 텍스트 레이어를 선택합니다.

② 마우스 오른쪽 버튼을 클릭해 메뉴 목록에서 [Rasterize Type]을 선택합니다.

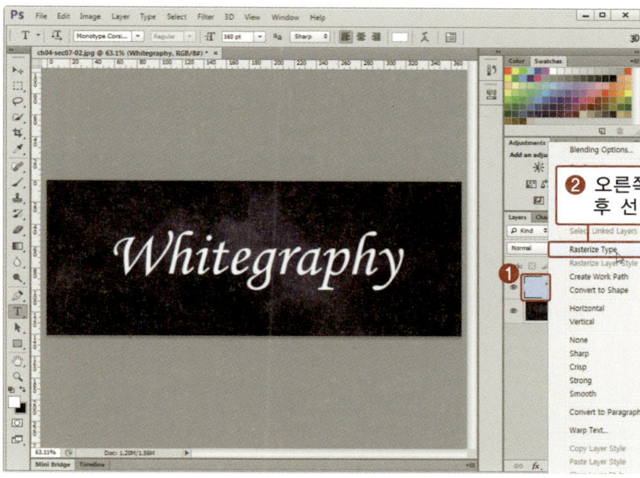

NOTE

도형이나 문자와 같은 벡터 방식의 속성을 비트맵 방식의 속성으로 전환하는 방법을 [Rasterize Layer] 또는 [Rasterize Type]이라는 '래스터화'를 해야 합니다. 필터 효과 중 비트맵 방식이어야만 적용되는 것이 있기 때문에 속성을 전환해야 합니다.

3 알파 채널 추가하기

① [Layers] 패널의 'Whitegraphy' 레이어에서 Ctrl 을 누르고, 섬네일창을 클릭하여 'Whitegraphy' 선택 영역을 생성합니다.

② [Channels] 패널을 열어줍니다.

③ 지정된 'Whitegraphy' 레이어를 선택 영역으로 저장하기 위해 하단의 [Save Selection as Channel] 을 클릭합니다.

④ 'Alpha 1'로 추가된 것을 확인하고, 'Alpha 1' 이름을 더블클릭하여 '원본'으로 입력합니다.

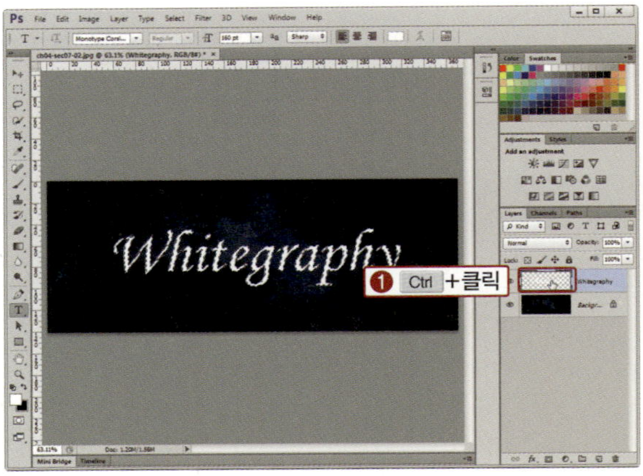

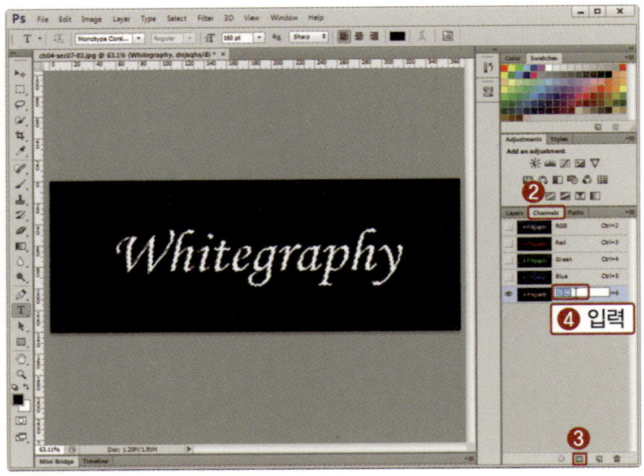

4 네온 모양 만들기

① Ctrl + D 를 눌러 선택 영역을 해제합니다.

② '원본' 채널을 [Filter]-[Blur]-[Gaussian Blur]를 선택하여 지정합니다.

③ [Radius]를 '5Pixels'로 설정한 후, [OK] 버튼을 클릭합니다.

④ [Filter]-[Stylize]-[Solarize]를 설정합니다.

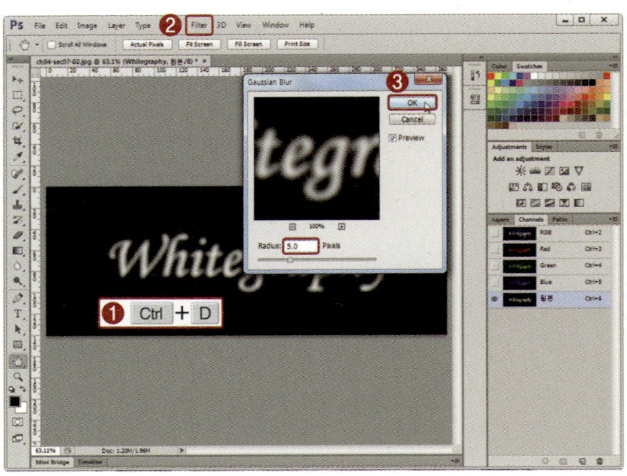

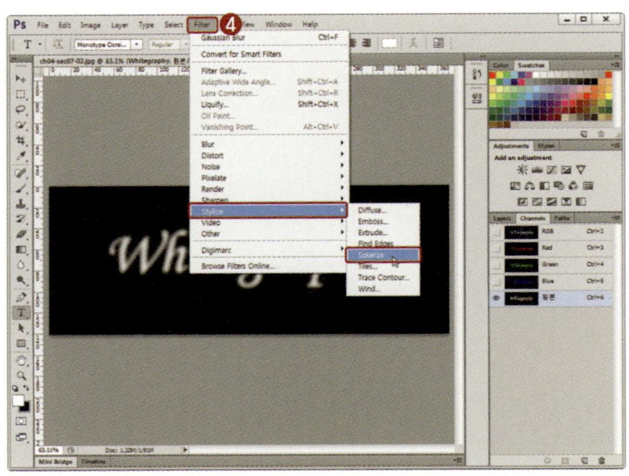

5 네온 밝기 조절하기

① '원본' 채널을 [Image]–[Adjustments]–[Levels...]로 지정합니다.

② 대화창이 나타나면 [Input Levels] 값을 '0', '1.00', '115'로 설정한 후, [OK] 버튼을 클릭합니다.

③ [Channels] 패널에서 'RGB' 채널을 선택합니다.

④ [Layers] 패널로 돌아와 'Whitegraphy' 일반 레이어를 삭제합니다.

⑤ [Select] 메뉴의 [Load Selection...]을 선택합니다.

⑥ 대화창의 [Source] 목록의 [Channel]에서 '원본'을 선택한 후 [OK] 버튼을 클릭합니다.

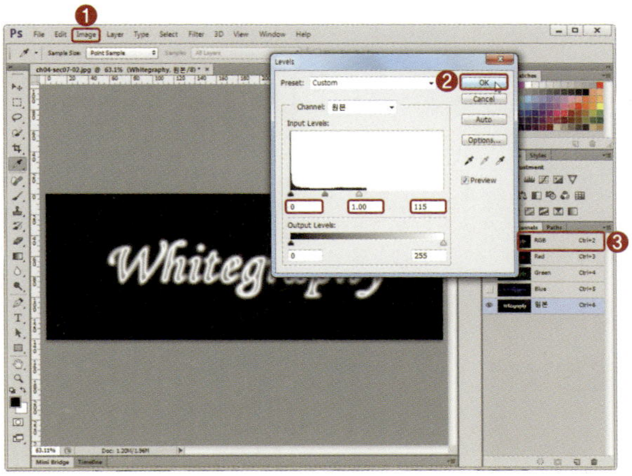

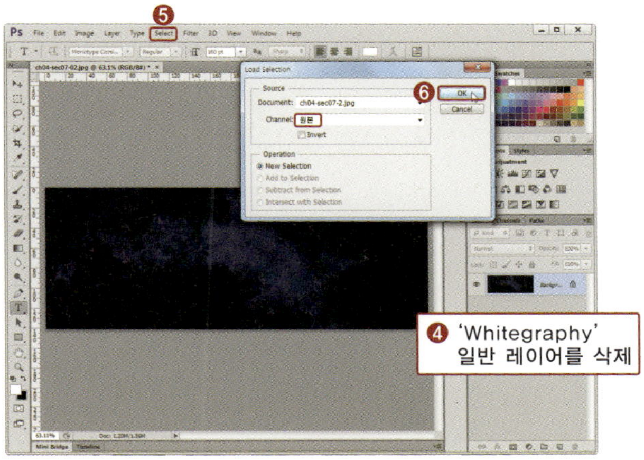

NOTE

패널에서 Ctrl 을 누르고 '원본' 채널의 섬네일창을 클릭해도 선택 영역을 불러올 수 있습니다.

6 네온 빛 채색하기

① [Tools] 패널에서 전경색을 '밝은 노랑색'으로 지정합니다.

② Alt + Delete 를 한 번만 누릅니다.

③ Ctrl + D 를 눌러 선택 영역을 해제하고, 네온 글자를 확인합니다.

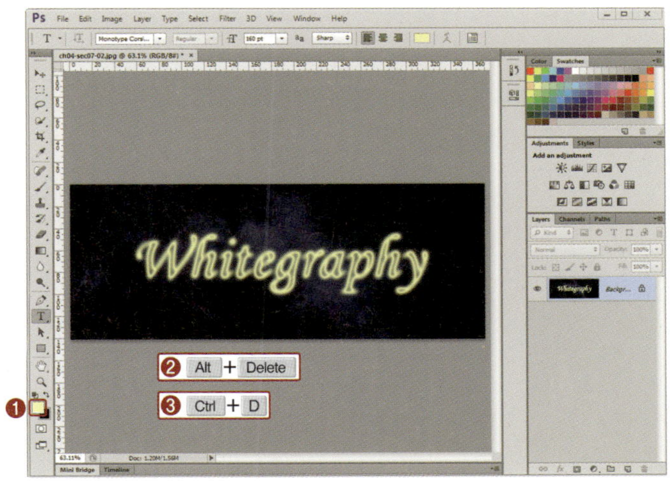

[Channel]의 종류 이해하기

채널(Channel)은 여러 가지 유형의 정보를 저장하는 회색 음영 이미지입니다. 사용 용도에 따라 색상 채널(Color Channel), 알파 채널(Alpha Channel), 스팟 채널(Spot Channel) 세 종류로 분류합니다.

① 색상 채널(Color Channel) : 새 이미지를 열면 자동으로 색상 정보 채널이 만들어지고, 이미지의 색상 모드는 만들어지는 색상 채널 수에 따라 결정됩니다. 예를 들어, RGB 이미지에는 각 색상(빨강(Red), 초록(Green), 파랑(Blue))의 채널과 이미지 편집에 사용되는 합성 채널이 있습니다. 색상 정보를 관리하는 채널로 컬러 모드에 따라 구분합니다. 가장 위에 위치한 [RGB] 채널을 선택하면 나머지 색상 채널이 모두 선택됩니다.

② 알파 채널(Alpha Channel) : 이미지의 선택 영역을 관리하는 채널로 선택 영역을 알파 채널에 흑백의 이미지 형식으로 저장합니다. 알파 채널은 오로지 선택을 저장하는 용도로만 사용하는 것으로 알파 채널을 추가하여 마스크를 저장하고 편집하면 이미지의 특정 부분을 조정하거나 보호할 수 있습니다. 흑백 이미지 속성을 가지므로 필터와 연계한 독특한 효과도 줄 수 있습니다.

③ 스팟 채널(Spot Channel) : 인쇄 시 특정 영역에 금색이나 은색 같은 특수 잉크로 별색 인쇄를 하는 경우가 있습니다. 스팟 채널은 이러한 별색 인쇄를 위해 추가로 지정하는 색상 채널입니다.

Color Channel	Alpha Channe	Spot Channel

[Channels] 패널 살펴보기

채널 패널은 이미지의 모든 채널이 나열되며 RGB, CMYK 및 Lab 이미지의 합성 채널이 맨 먼저 표시됩니다. 채널 내용의 축소판이 채널 이름 왼쪽에 나타나며, 채널을 편집하면 축소판도 자동으로 업데이트됩니다.

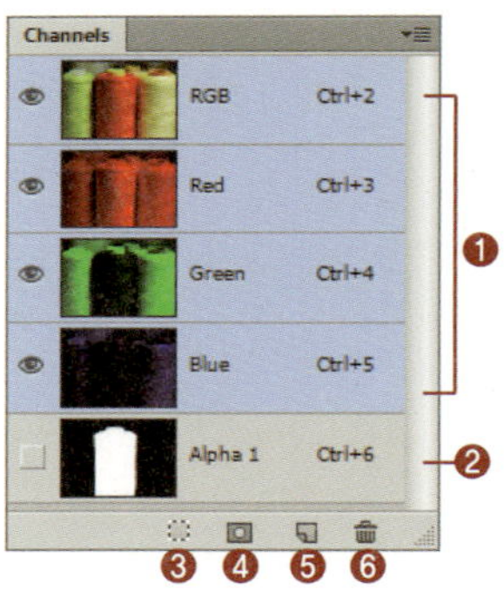

❶ 색상 채널(RGB Channel) : 이미지의 색상 정보를 관리하는 채널로 컬러 모드에 따라 구분합니다.
❷ 알파 채널(Alpha Channel) : 이미지의 선택 영역을 관리, 저장하는 채널로 선택 영역을 흑백의 이미지 형식으로 표시합니다.
❸ Load channel as selection : 활성화된 채널을 선택 영역으로 지정합니다.

❹ Save selection as channel : 선택 영역을 알파 채널로 만듭니다.
❺ Create new channel : 새로운 알파 채널을 생성합니다.
❻ Delete current channel : 선택한 채널을 삭제합니다.

[New Channel] 대화창 살펴보기

[Channels] 패널 팝업 메뉴에서 새로운 채널을 만들 때, [New Channel] 대화창이 나타납니다.

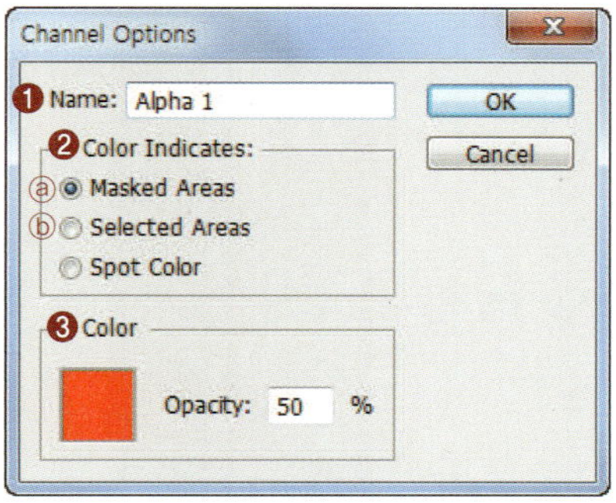

❶ Name : 알파 채널을 추가할 때 이름을 입력 설정합니다.
❷ Color Indicates : 선택 영역을 알파 채널로 저장할 때 정해지는 색상을 선택합니다.
　ⓐ Masked Areas : 대표적으로 사용하며 마스크는 검은색으로, 선택 영역은 흰색으로 지정합니다.
　ⓑ Selected Areas : 마스크는 흰색으로, 선택 영역은 검은색으로 지정합니다.
❸ Color : 채널의 선택 영역을 표시할 때 구분되게 보이는 색상으로 기본 색상은 빨강색이고, 투명도 조절이 가능하며, 기본 투명도는 50%입니다.

TRAINING & TEST
실력 점검하기

이론 01 Grayscal Mode를 거치지 않아도 되는 것은?

① RGB Mode를 Bitmap Mode로 전환
② CMYK Mode를 RGB Mode로 전환
③ CMYK Mode를 Bitmap Mode로 전환
④ RGB Mode를 Doutone Mode로 전환

이론 02 색상 샘플러는 한 이미지에서 최대 몇 개 위치의 색상 정보를 확인할 수 있을까?

① 1개 ② 2개
③ 3개 ④ 4개

이론 03 인덱스 색상 모드 이미지는 최대 몇 가지 색상으로 구성되는가?

① 215색상 ② 254색상
③ 255색상 ④ 256색상

이론 04 컬러 모드 중에서 듀오톤 이미지로 전환할 수 있는 모드는?

① RGB Mode ② LAB Mode
③ Grayscal Mode ④ CMYK Mode

이론 05 이미지 색을 표시하는 색상 모드 중 모든 필터를 사용할 수 없는 색상 모드는?

① Index Color ② RGB Mode
③ CMYK Mode ④ Lab Color

이론 06 다음 중 알파 채널의 특성에 대한 설명으로 틀린 것은 무엇인가?

① 알파 채널은 추가하거나 삭제할 수 있지만 병합할 수 없다.
② 채널의 이름, 색상, 마스크 옵션, 불투명도를 설정할 수 있다.
③ 툴 박스의 편집 관련 도구들을 사용하여 알파 채널의 마스크를 편집할 수 있다.
④ 알파 채널은 색상에 관한 정보를 가지고 있다.

실습 01 자유의 여신상을 돋보이게 연출하시오.

• [시작파일] ch04/ch04-실습01.jpg • [완성파일] ch04/ch04-실습01(완성).psd • [해설파일] ch04/ch04-실습해설01.pdf

Before

After

HOW TO [Quick Mask Mode] 를 클릭, [Brush Tool] 로 '검정색' 지정하여 자유의 여신상만 채색 → [Channels] 패널에서 'Alpha 1'로 추가하고, 이름을 '배경'으로 수정 → 배경 선택 영역에 [Image]-[Adjustments]-[Desaturate]를 선택하여 채도 감소 적용 → 선택 영역 반전하고, 자유의 여신상에 명도와 대비를 조절하기 위해 [Image]-[Adjustments]-[Brightness/Contrast] 적용 → 자유의 여신상에 색상을 조절하기 위해 [Image]-[Adjustments]-[Hue/Saturation] 적용

실습 02 [Duotone] 모드를 이용해 GreenGray톤의 여행 광고 이미지를 만드시오.

• [시작파일] ch04/ch04-실습02.jpg • [완성파일] ch04/ch04-실습02(완성).psd • [해설파일] ch04/ch04-실습해설02.pdf

Before

After

HOW TO [Image]-[Mode]-[Grayscale]을 선택한 후, 다시 [Image]-[Mode]-[Duotone] → [Duotone]의 Type 선택, [Ink 1]은 '푸른파랑', [Ink 2]은 '초록' 지정 → [Ink 1]은 '푸른파랑'의 [Duotone Curve] 클릭 후, '50: 18.1%'를 설정하고, [OK] → [Horizontal Type Tool] T 로 'Haan Cooljazz B'체, 크기는 '60pt', 글꼴색 '흰색'을 설정한 후, '떠나요! 둘이서... 제주도를 향해...' 입력 → [Layer Style]을 'Drop Shadow' 적용

실습 03 그레이디언트를 이용하여 그랜드캐니언을 채색하시오.

• [시작파일] ch04/ch04–실습03.jpg • [완성파일] ch04/ch04–실습03(완성).psd • [해설파일] ch04/ch04–실습해설03.pdf

Before

After

HOW TO [Quick Selection Tool] 로 하늘 부분을 선택 영역으로 지정 → 전경색 '하늘색', 배경색 '흰색'으로 지정하고, [Gradient Tool] 로 [Linear Gradient] 설정 후, 수직으로 채색 → [Blending Mode] 목록의 'Overlay' 적용 → 같은 방법으로 그랜드캐니언 산과 호수도 진행

실습 04 팝아트 작품처럼 채색하여 완성하시오.

• [시작파일] ch04/ch04–실습04.psd • [완성파일] ch04/ch04–실습04(완성).psd • [해설파일] ch04/ch04–실습해설04.pdf

Before

After

HOW TO [Layers] 패널에서 'Layer 1'은 한 번, 'Layer 2'는 두 번 Copy하고, 그림처럼 배치 → 'Layer 1'의 섬네일창을 Ctrl 을 누른 채 클릭하여 선택 영역으로 지정 → 전경색에 그림처럼 색을 설정하고, Alt + Delete 를 눌러 채색 → 나머지 'Layer 2~5'도 같은 방법으로 진행 완성

MEMO

CHAPTER

05

브러시의 세계와 페인팅

기본적으로 포토샵에서 제공하고 있는 브러시 세트도 활용도가 좋지만 작업자가 직접 브러시를 등록하거나 외부 브러시를 불러와 사용하는 방법으로 창의적인 작업이 가능해집니다.
이번 장에서는 브러시 기본 사용법에서부터 외부 브러시 활용 방법에 대해 알아봅니다.

* PREVIEW

한눈에 살펴보기

SECTION	제목	학습할 주요 기능
1	브러시로 그림 그리기 *[Brush Tool]*	• 브러시 개념 이해하기 • 브러시 속성 지정하기
2	나만의 브러시 만들어 등록하기 *[Brush Tool], [Brush] 패널*	• 브러시 등록하기 • 브러시 패널에서 편집하기 • [UPGRADE 실력올리기] 패턴 등록하기
3	외부 브러시 연결하기 *[Brush Tool]*	• 외부 브러시 불러오기
4	외부 브러시 활용하기 *[Brush Tool], [Layer Mask], [Hue/Saturation]*	• 외부 브러시 활용하기
5	지우개 툴로 이미지 지우기 *[Eraser Tool]*	• 지우는 방법 알아보기 • 지우개 툴 종류 살펴보기 • [Eraser Tool] 옵션 바 활용하기
6	브러시 도구를 이용한 드로잉 작업하기 *[Brush Tool], [Brush] 패널*	• 브러시로 드로잉하기 • 브러시 패널에서 편집하기
7	분필 캘리그래피 간판 만들기 *[Dry Media Brushes]*	• 브러시 불러와 사용하기 • [Stroke path with brush] 사용하기

SECTION 01

브러시로 그림 그리기
[Brush Tool]

[Brush Tool]은 캐릭터와 같은 그림을 그리고 채색하는 데 주로 사용하며 포토샵에서는 다양한 브러시 모양을 제공하고 있습니다. 옵션의 설정으로 무궁무진한 변화를 줄 수 있습니다. 브러시 모양의 종류를 살펴보고 색다른 브러시를 만들고 활용하는 방법에 대해 알아봅니다.

| 학습 포인트 |

- 브러시 개념 이해하기
- 브러시 속성 지정하기

01 브러시 개념 이해하기

드로잉에 대표적인 도구

드로잉에 사용되는 대표적인 도구로 [Brush Tool]과 [Pencil Tool]이 있으며 태블릿을 연결하면 좀 더 자유로운 드로잉을 할 수 있습니다. 브러시 툴은 안티 에일리어싱이 적용되어 부드럽게 그릴 수 있는 반면 연필 툴은 안티 에일리어싱이 적용되지 않아 픽셀 그림을 그리거나 1px의 선을 그리고 수정하는 작업 시 사용됩니다. 두 도구의 옵션 바는 거의 같은 요소로 구성되어 있습니다.

① [Brush Tool]로 그리기

▲ 브러시 툴로 그린 그림

▲ 브러시 툴로 찍은 점을 확대한 상태

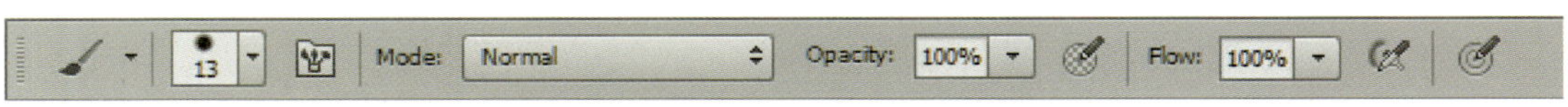

▲ [Brush Tool]의 옵션 바

② [Pencil Tool] 로 그리기

▲ 연필 툴로 그린 그림

▲ 연필 툴로 찍은 점을 확대한 상태

▲ [Pencil Tool]의 옵션 바

❰ Photoshop 코칭 ❱

■ [Brush Tool]의 옵션 바 살펴보기

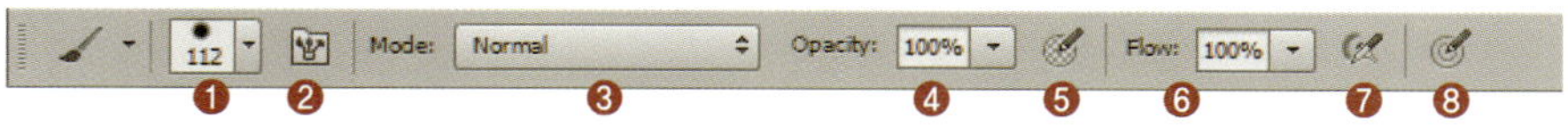

❶ 브러시 프리셋 픽커 : 브러시의 모양과 크기를 설정합니다.

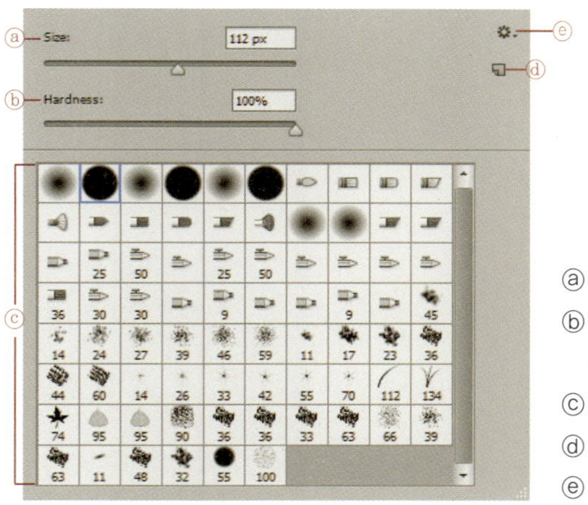

ⓐ Size : 브러시의 크기를 설정합니다.
ⓑ Hardness : 브러시 경계의 부드러움을 조절합니다. 수치가 낮을수록 부드러워집니다.
ⓒ 브러시 목록 : 브러시의 종류가 제공됩니다.
ⓓ [Brush] 패널에서 설정한 값을 신규 브러시로 저장합니다.
ⓔ 브러시 메뉴 : 브러시에 관한 메뉴들이 제공됩니다.

❷ Toggle the Brush panel : 브러시 패널을 표시합니다.
❸ Mode : 브러시의 블랜드 모드를 설정합니다.
❹ Opacity : 브러시의 불투명도를 조절합니다. 압력에 따라 불투명도가 조절됩니다.
❺ Always use Pressure for Opacity : 압력에 따라 불투명도가 조절됩니다.
❻ Flow : 적용되는 양을 설정할 수 있습니다. 적용되는 압력에 따라 브러시의 강약이 조절됩니다.
❼ Enable airbrush–style build–up effects : 마우스를 압력에 따라 에어브러시 효과처럼 적용됩니다.
❽ Tablet Pressure Controls Size : 태블릿을 연결하여 작업할 때만 적용되는 기능으로 태블릿 펜의 기능이 적용됩니다.

드로잉하면서 사용하는 단축키

직선으로 그리기	클릭한 후 Shift 를 누른 채 이어질 지점을 클릭합니다. 연결된 직선을 그릴 수 있습니다. 
색상 추출하기	Alt 를 누르면 [Eyedropper Tool] 로 변경되어 색상을 추출할 수 있습니다. 

브러시 패널 인터페이스

[Brush] 패널은 포토샵에서 제공하는 기본 브러시 외에 작업자가 직접 만들어 사용할 수 있습니다. [Window]–[Brush]를 선택하거나 브러시 툴의 옵션 바에서 를 클릭하면 나타납니다. 각 브러시 패널의 세부 항목에 대해 설명하겠습니다.

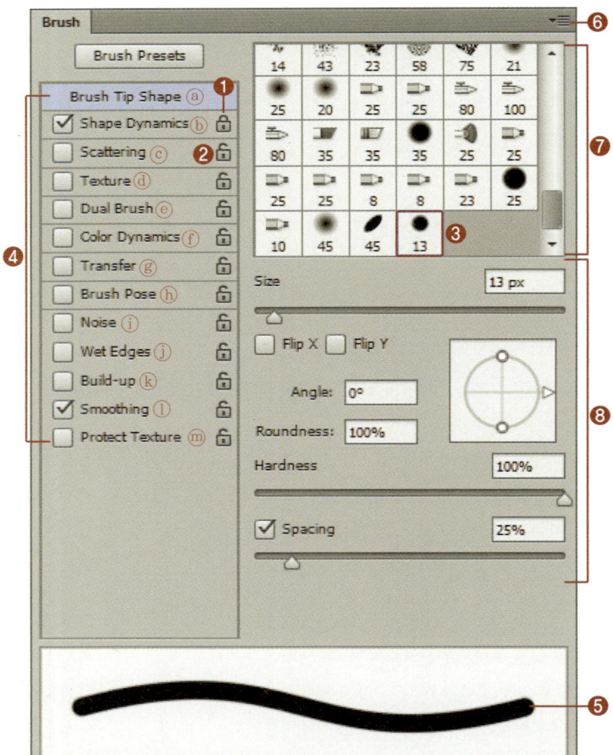

▲ 브러시 패널 인터페이스

❶ 잠그기

❷ 잠금 풀기

❸ 선택한 브러시

❹ 브러시 셋팅

ⓐ 기본 브러시 모양 만들기　ⓑ 크기 각도 조정하기　ⓒ 흩뿌려지게 만들기
ⓓ 브러시에 질감 넣기　ⓔ 두 가지 브러시 섞기　ⓕ 다양한 색상 넣기
ⓖ 투명도 조정하기　ⓗ 기울기와 강도 만들기　ⓘ 거친 느낌 추가하기
ⓙ 수채화 느낌 추가하기　ⓚ 에어브러시처럼 뿌리기　ⓛ 부드럽게 조정하기
ⓜ 브러시 패턴의 크기와 모양 조정하기

❺ 브러시 모양 미리보기

❻ 팝업 메뉴

❼ 브러시 끝 모양

❽ 브러시 옵션들

《 Photoshop 코칭 》

[Brush] 패널 살펴보기

1. Brush Tip Shape

Brush Tip Shape은 기본 브러시의 사이즈와 모양, 간격을 설정하는 곳입니다.

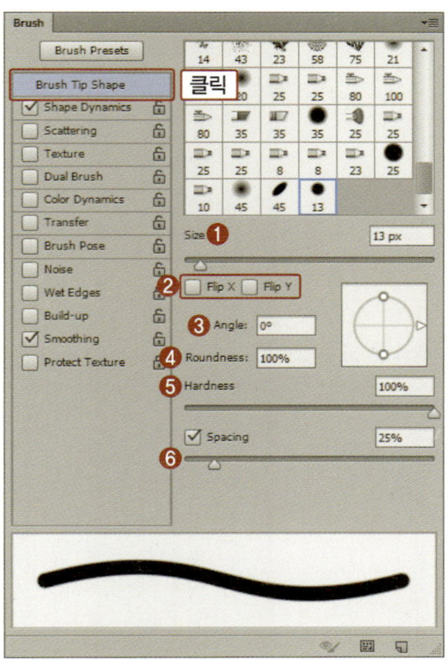

▲ Spacing을 올린 상태

❶ Size : 브러시 크기를 지정합니다.
❷ Flip X, Flip Y : 가로 방향(X)와 세로 방향(Y)으로 반전시킵니다.
❸ Angle : 브러시의 각도를 조절합니다.
❹ Roundness : 브러시의 폭을 조절합니다.
❺ Hardness : 테두리의 선명도를 설정합니다.
❻ Spacing : 브러시 입자의 간격을 조절합니다.

2. Shape Dynamics

브러시 입자의 크기와 각도 등의 불규칙한 정도를 설정합니다.

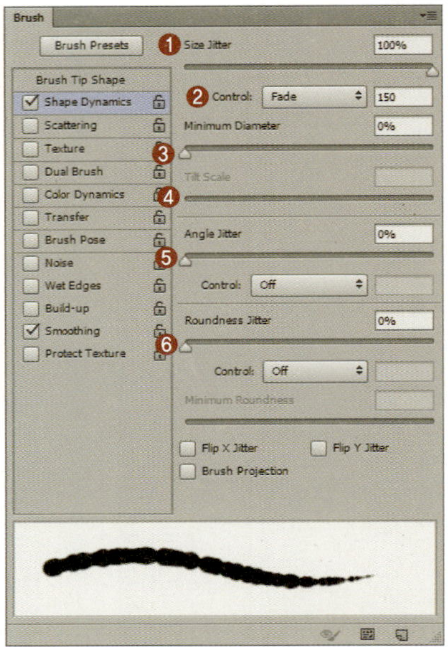

❶ Size Jitter : 브러시 입자의 크기를 불규칙하게 만듭니다. 수치가 높을수록 변화의 폭이 커집니다.

❷ Control : 태블릿PC 또는 디지타이저 펜의 압력을 감지해서 그려지는 효과를 적용합니다. Fade 옵션으로 브러시 끝을 가늘게 만듭니다.

❸ Minimum Diameter : Size Jitter를 설정할 때 활성화됩니다. 브러시의 최소 직경을 설정합니다.

❹ Tilt Scale : Control에서 'Pen Tilt'를 설정할 때 활성화됩니다. 펜의 기울기를 감지해서 브러시 크기를 조절합니다.

❺ Angle Jitter : 브러시 입자의 각도를 불규칙적으로 조절합니다. 수치가 높을수록 변화의 폭이 커집니다.

❻ Roundness Jitter : 브러시의 둥글기를 불규칙적으로 만듭니다.

▲ Size와 Angle을 불규칙하게 설정한 상태

3. Scattering

브러시의 입자가 분산되는 정도를 설정합니다. 흩날리는 눈이나 낙엽, 별 등을 손쉽게 표현할 수 있습니다.

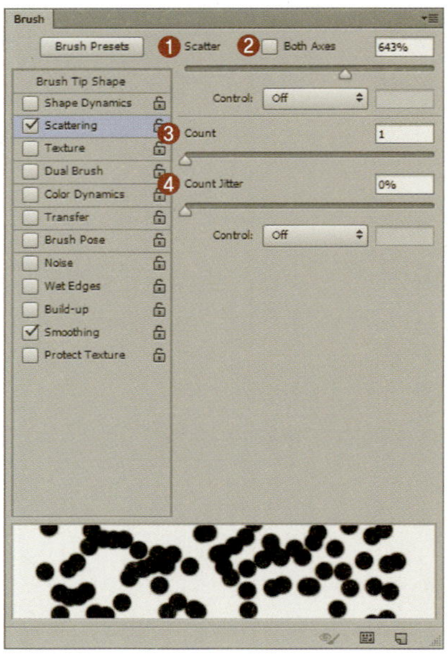

❶ Scatter : 뿌려지는 브러시 입자들의 범위를 설정합니다. 수치가 높을수록 범위가 넓어집니다.

❷ Both Axes : 브러시의 중심축을 기준으로 흩뿌려집니다.

❸ Count : 뿌려지는 입자의 개수를 설정합니다.

❹ Count Jitter : 뿌려지는 입자의 개수를 불규칙적으로 만듭니다.

4. Texture

패턴을 적용해서 브러시의 질감을 다양하게 표현할 수 있습니다. 포토샵에서 제공하는 패턴외의 것을 사용하려면 등록할 이미지를 사각형 선택 범위로 만들고 [Edit]-[Define Pattern] 메뉴를 선택합니다.

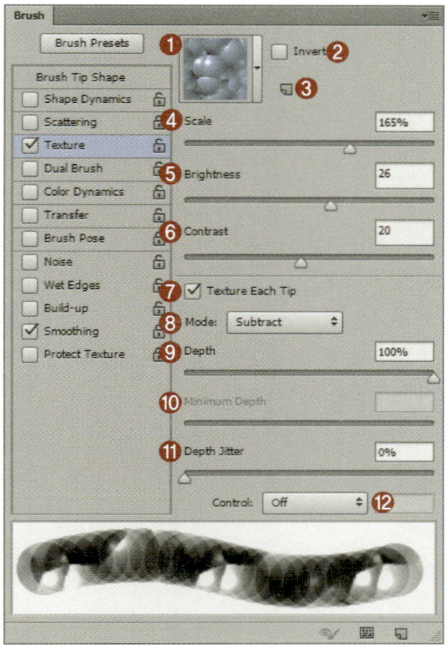

❶ Texture : 패턴을 선택합니다.
❷ 패턴을 반전합니다.
❸ Create : 새로 만든 질감을 등록합니다.
❹ Scale : 브러시에 적용한 패턴의 크기를 조절합니다.
❺ Brightness : 명도를 조절합니다.
❻ Contrast : 대비를 설정합니다.
❼ Texture Each Tip : 세부 질감을 설정합니다.
❽ Mode : 브러시와 패턴과의 블랜딩 모드를 설정합니다.
❾ Depth : 농도의 정도를 설정합니다.
❿ Minimum Depth : Control 옵션이 설정되면 활성화됩니다. 패턴의 최소 농도를 설정합니다.
⓫ Depth Jitter : 텍스처에 적용되는 농도의 불규칙한 정도를 설정합니다.
⓬ Control : 태블릿이나 디지타이저를 사용하여 농도의 강약을 조절할 수 있습니다. Fade로 설정하면 농도의 적용 길이를 설정할 수 있습니다.

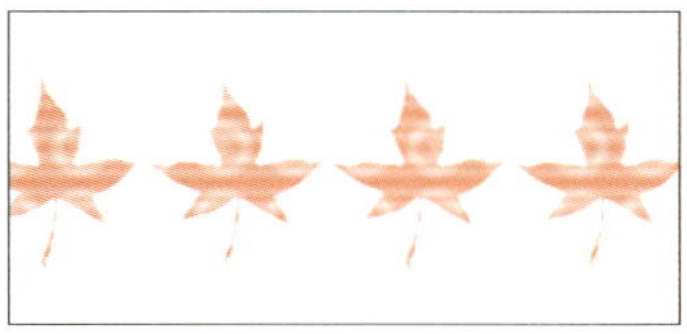

5. Dual Brush

Dual Brush는 선택한 브러시에 다른 브러시를 추가하여 독특한 브러시를 만듭니다.

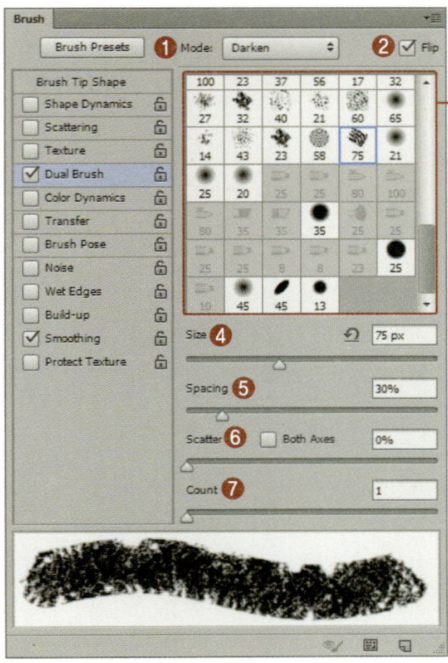

❶ Mode : 기본 Brush와 추가한 브러시간의 블랜딩 모드를 설정합니다.
❷ Flip : 셰이프 모양이 반전됩니다.
❸ Dual Brush 선택 : 사용하고 싶은 종류를 선택합니다.
❹ Size : 듀얼 브러시의 크기를 조절합니다.
❺ Spacing : 간격을 설정합니다.
❻ Scatter : 흩뿌려지는 범위를 지정합니다.
❼ Count : 뿌려지는 브러시 입자의 개수를 설정합니다.

6. Color Dynamics

Color Dynamics는 전경색과 배경색을 사용하여 다양한 색상을 표현합니다.

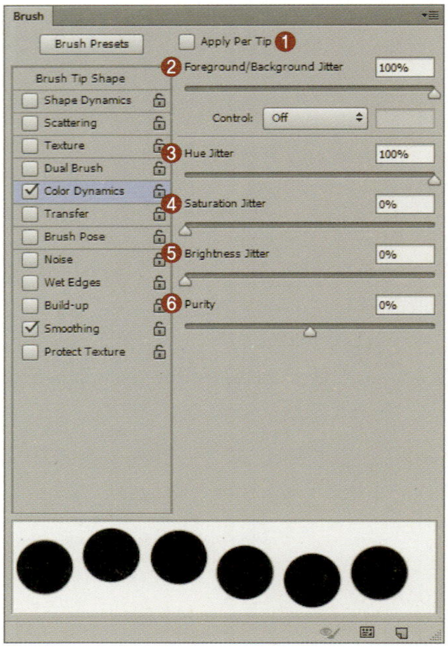

❶ Apply Per Tip : 체크가 되어 있으면 칠하는 동안 계속해서 색상이 바뀝니다.

❷ Foreground/Background Jitter : 입력 값의 비율에 따라 전경색과 배경색 사이의 색상들이 불규칙적으로 혼합되어 적용됩니다.

❸ Hue Jitter : 색상을 불규칙적으로 표현합니다.

❹ Saturation Jitter : 채도를 불규칙적으로 표현합니다.

❺ Brightness Jitter : 명도를 불규칙적으로 표현합니다.

❻ Purity : 색상의 순도를 조정합니다.

7. Transfer

브러시 입자의 불투명한 정도를 설정합니다. 브러시 입자의 간격을 벌렸을 때 효과를 볼 수 있습니다.

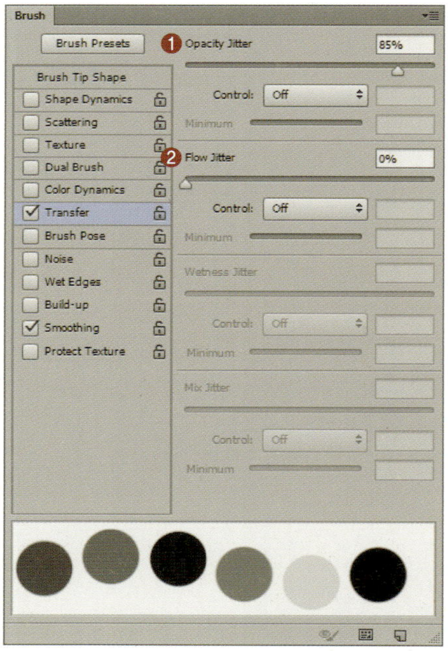

❶ Opacity Jitter : 불투명하게 나타나는 빈도를 설정합니다.

❷ Flow Jitter : 색 수치를 높이면 불투명한 입자와 투명 입자가 섞여서 나타납니다.

8. Brush Pose

브러시를 높이거나 세운 형태로 만듭니다.

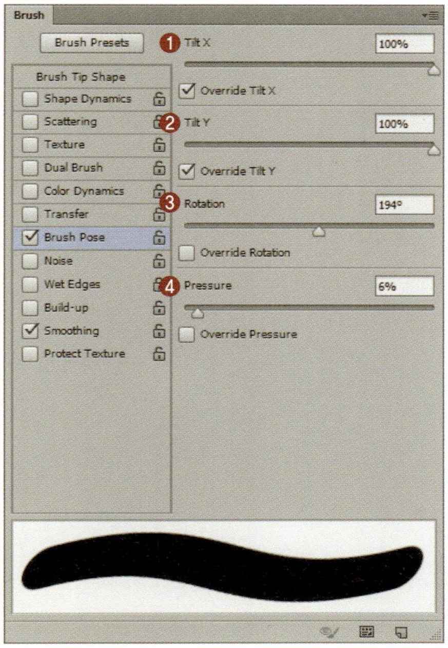

❶ Tilt X : 브러시를 가로 방향으로 기울입니다.

❷ Tilt Y : 브러시를 세로 방향으로 기울입니다.

❸ Rotation : 브러시를 회전합니다.

❹ Pressure : 브러시의 누르는 정도를 설정합니다.

◎ **[시작파일]** ch05/ch05-sec01.psd ◉ **[완성파일]** ch05/ch05-sec01(완성).psd

02 브러시 속성 지정하기

1 브러시 선택하기

① [Brush Tool] 을 선택합니다.

② 옵션 바에서 브러시 프리셋 픽커(Brush Preset Picker)를 열어 [Dune Grass] 브러시를 선택합니다.

NOTE

브러시 보기를 크게 보려면 브러시 프리셋 픽커의 브러시 메뉴 를 클릭하여 'Large Thumbnail'을 선택합니다.

2 색상 선택하기

① 풀을 그릴 때 사용할 색상을 구성해보겠습니다. 전경색을 클릭하고 [Swatches] 패널에서 'Pure Pea green'을 선택합니다.

② 배경색을 클릭하고 [Swatches] 패널에서 'Darker Green'을 선택합니다.

NOTE

[Swatches] 패널에서 배경색을 선택하는 단축키는 Ctrl +클릭입니다.

3 레이어 만들고 풀 그리기

① [Layers] 패널에서 '배경' 레이어를 선택합니다.

② [Create a new layer] 를 클릭하면 'Layer 1'이 생성됩니다.

③ 그림과 같이 나무 아래로 좌우로 드래그합니다. 밑으로 내려올수록 브러시 사이즈를 키워가며 풀을 그립니다.

NOTE

• 브러시 사이즈 조정은 단축키 [와] 를 사용합니다.
• 신규 레이어는 선택된 레이어 바로 위에 생성됩니다.
• 브러시에는 [Brushes] 패널의 효과가 설정된 상태입니다.

4 레이어 만들고 풀 그리기

① [Layers] 패널에서 '나무' 레이어를 선택합니다.

② [Create a new layer] 를 클릭하면 'Layer 2'가 생성됩니다.

③ 브러시 사이즈는 옵션 바에서 '175x'로 설정합니다.

④ 브러시로 나무뿌리 위를 좌우로 드래그합니다.

5 새 레이어 만들고 단풍 그리기

① 레이어를 추가하여 'Layer 3'을 생성합니다.

② [Swatches] 패널에서 전경색은 'RGB Red', 배경색은 Ctrl 을 누르며 'Darker Red'로 설정합니다.

③ 브러시 프리셋 픽커를 열어 [Scattered Maple Leaves] 브러시를 선택하고 옵션 바에서 사이즈를 '175px'로 조정합니다.

④ 상단을 드래그하여 단풍잎을 그립니다.

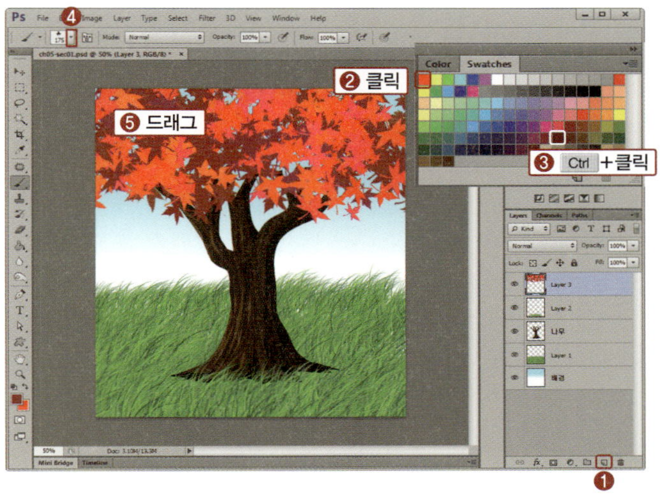

6 색상 조정하기

① [Image]-[Adjustments]-[Hue/Saturation]을 선택합니다.

② 대화창에서 [Hue]는 '13'으로 입력합니다.

③ [OK] 버튼을 클릭합니다.

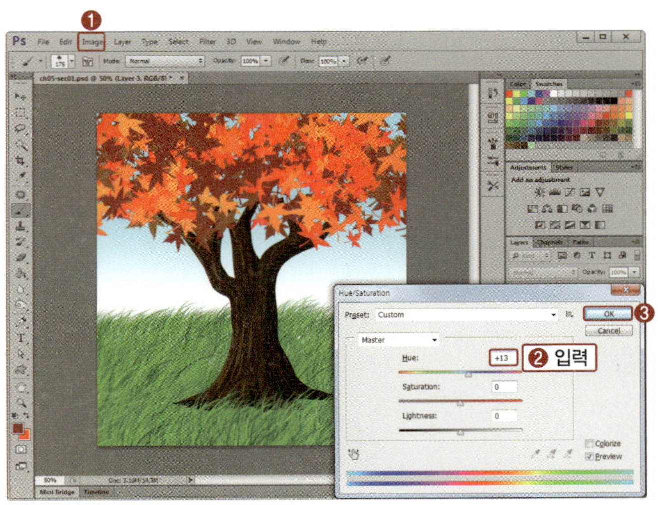

NOTE

[Hue/Saturation]은 이미지의 색상, 채도, 밝기를 조정하는 이미지 보정 기능입니다.

SECTION 02

나만의 브러시 만들어 등록하기

[Brush Tool], [Brush] 패널

[Brush] 패널에서는 다양한 모양의 브러시 효과를 만들 수 있습니다. 브러시의 크기, 모양, 패턴, 흩뿌리기, 다중 표현, 투명도 등을 설정합니다. 브러시 사용자 등록과 [Brush] 패널을 이용해 창의적인 브러시 디자인을 해보겠습니다.

| 학습 포인트 |

- 브러시 등록하기
- 브러시 패널에서 설정하기
- **[UPGRADE 실력올리기] 패턴 등록하기**

◎ **[시작파일]** ch05/ch05-sec02.jpg, ch05-sec02-01.jpg ◉ **[완성파일]** ch05/ch05-sec02(완성).jpg

01 브러시 등록하기

1 소스 보정하기

① 'ch05-sec02.jpg', 'ch05-sec02-01.jpg' 파일을 불러옵니다.

② 소스를 검정색으로 수정하기 위해 'ch05-sec02-01.jpg' 파일을 선택합니다.

③ [Image]-[Adjustments]-[Levels]를 엽니다.

④ [Sample in image to set black point] 를 선택하고 그림과 같은 부분을 클릭합니다. 클릭한 지점의 색상이 검정색으로 변합니다. [OK] 버튼을 클릭합니다.

NOTE

- 브러시 툴로 드로잉할 때 등록한 브러시의 톤으로 칠해지므로 소스 등록 전에 톤을 조정합니다.
- Image 메뉴의 Levels나 Curves의 스포이드는 이미지 안에서 특정 부분을 지정하여 보정하는 기능입니다. 는 지정한 부분보다 어두운 색상을 검정색으로 만듭니다. 는 지정한 부분보다 밝은 색상을 흰색으로 만듭니다.

2 브러시 등록하기

① [Rectangular Marquee Tool] 로 전체 영역을 지정합니다.

② [Edit]-[Define Brush Preset]를 선택하고 [OK] 버튼을 클릭하여 선택 영역을 브러시로 등록합니다.

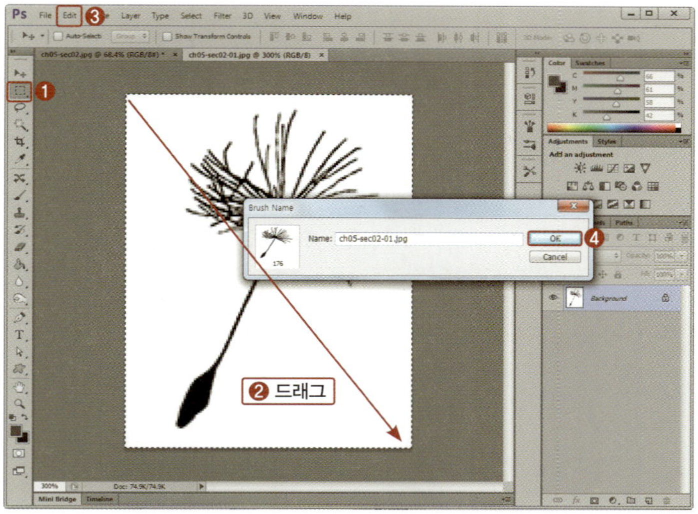

NOTE

[Rectangular Marquee Tool] 로 브러시 영역을 잡기 전에 옵션 바에서 Feather가 '0'인지 확인합니다.

3 브러시 선택하고 레이어 만들기

① 'ch05-sec02.jpg' 파일을 선택합니다.

② 브러시 프리셋 픽커를 열어 등록한 브러시를 선택합니다.

③ [Layers] 패널에서 [Create a new layer] 를 클릭하여 'Layer 1'을 만듭니다.

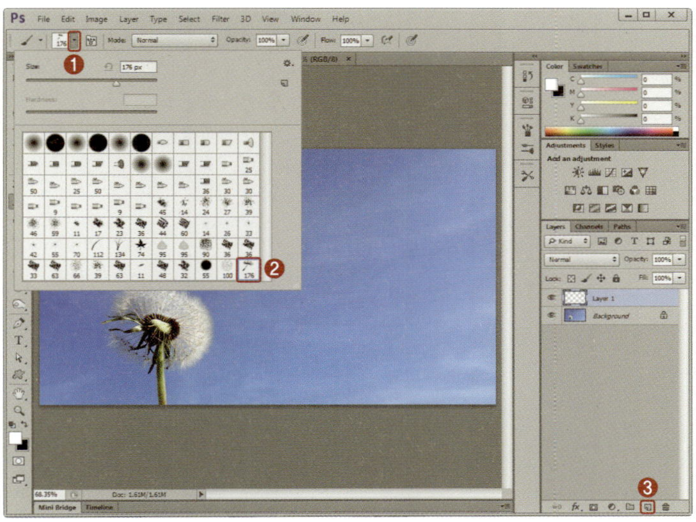

02 브러시 패널에서 설정하기

1 브러시 패널에서 설정하기

① [Window]-[Brush]를 선택합니다.

② 왼쪽 항목에서 [Brush Tip Shape]을 클릭합니다. [Spacing]은 '84%'로 설정합니다.

③ 왼쪽 항목에서 [Shape Dynamics]를 클릭합니다. [Size Jitter], [Minimum Diameter], [Angle Jitter]를 그림과 같이 설정합니다. 불규칙한 크기 변화를 많이 주고 각도의 변화를 '10%'로 설정하였습니다.

④ 왼쪽 항목에서 [Scattering]을 선택합니다. [Scatter], [Count], [Count Jitter]를 그림과 같이 설정합니다. 흩뿌려지는 효과를 적용합니다.

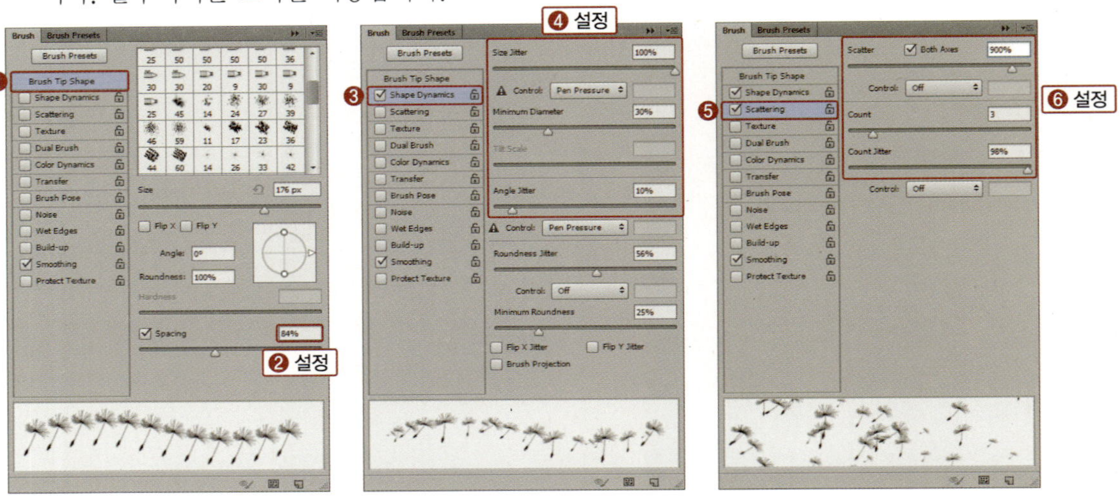

NOTE

다른 브러시를 선택하면 설정한 브러시 값이 사라지기 때문에 [Brush] 패널에서 설정한 값은 [Brush Tool] 옵션 바의 브러시 프리셋 픽커에서 ◻을 클릭해 반드시 저장합니다.

2 드로잉하기

① 전경색에 흰색을 지정합니다.

② 그림과 같이 이미지 안을 드래그하여 흩날리는 민들레 홀씨를 표현합니다.

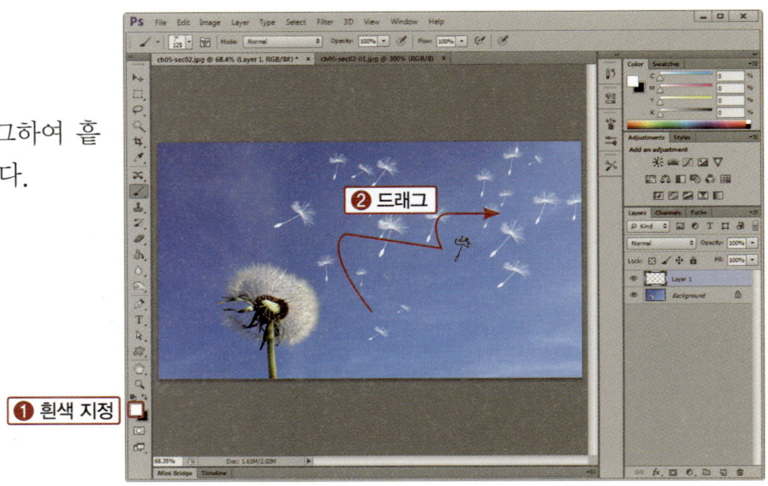

3 드로잉하기

① 브러시 프리셋 픽커를 열어 딱딱한 브러시를 선택합니다.

② [를 눌러 브러시 사이즈를 작게 줄입니다.

③ [Layers] 패널에서 ▣을 클릭하여 투명 픽셀을 잠급니다.

④ 브러시 입자의 아래 끝부분을 칠하여 완성합니다.

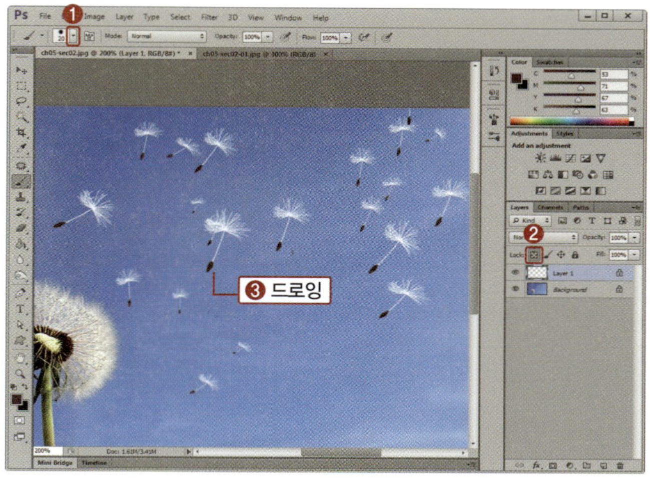

《 Photoshop 코칭 》

브러시 불러오기

포토샵은 다양한 브러시를 기본으로 제공합니다. 이 다양한 기본 브러시를 브러시 메뉴를 이용하여 불러오는 방법에 대해 알아보겠습니다.

① 브러시 툴의 옵션 바에서 브러시 프리셋 픽커를 엽니다.
② 브러시 메뉴 ⚙를 클릭하여 [Special Effect Brushes] 메뉴를 클릭합니다.

③ [OK] 버튼을 클릭하면 기존에 있던 브러시 샘플은 사라지고 불러온 브러시로 교체됩니다. [Append] 버튼을 클릭하면 불러온 브러시를 추가합니다.

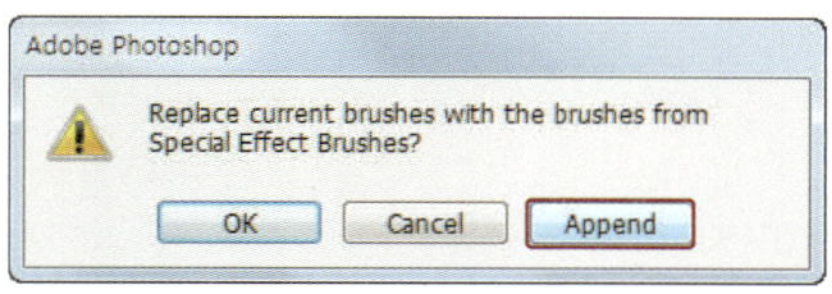

④ [Append] 버튼을 클릭한 후 하단에 추가된 브러시를 확인합니다.

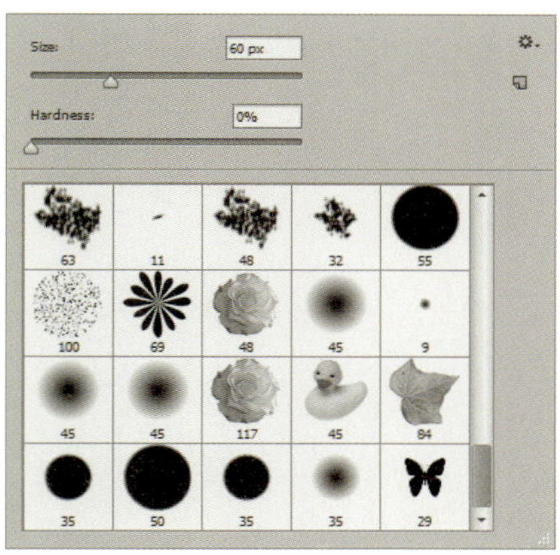

Photoshop 코칭

브러시와 패턴 비교하기

[Edit] 메뉴에서는 사용자 지정의 Brush, Pattern, Shape을 등록하여 사용할 수 있습니다. Brush와 Pattern은 픽셀로 만들어진 비트맵 방식이며, Shape은 벡터 방식으로 이루어졌습니다. Brush와 Pattern은 선택 범위를 지정하고 등록하는 방식이 동일합니다. 그러면 사용자들이 많이 혼동하는 Brush와 Pattern을 비교해 보겠습니다.

	Brush	Pattern
명령어	[Edit]-[Define Brush Preset]	[Edit]-[Define Pattern]
등록 이미지	 흑백으로 등록	 컬러로 등록
활용 기능	전경색에 설정한 색상 표현 크기 조절 가능 투명도 조절 가능	등록된 컬러 이미지 그대로 표현 크기 조절 불가능 투명도 조절 가능
활용 이미지		

UPGRADE
실력
올리기

패턴 등록하기

패턴을 등록하고 적용하는 과정에 대해 설명하겠습니다. 패턴은 웹 페이지의 배경 이미지로 사용하거나 페인팅할 때 사용됩니다. 패턴 등록 전에 [Rectangular Marquee Tool] 로 영역을 지정한 후 [Edit]-[Define Pattern]을 선택하여 등록합니다. 이렇게 등록한 패턴은 [Edit]-[Fill], [Pattern Stamp Tool] , [Brush] 패널 등의 기능을 통해 사용할 수 있습니다.

▲ 패턴을 이용한 작업물

▲ 다양한 패턴과 패턴 소스

◎ **[시작파일]** ch05/패턴배경.jpg ◉ **[완성파일]** ch05/패턴배경(완성).psd, 패턴소스(완성).psd

1. '패턴배경.jpg' 파일을 불러옵니다. [File]-[New]에서 가로, 세로 '2cm', 해상도 '72'인 도큐먼트를 만듭니다.

2. 신규 레이어를 만들고 [Brush Tool] 을 선택합니다. 딱딱한 브러시를 선택하고 사이즈 '20px'로 조정합니다. 검정색으로 캔버스의 정중앙을 클릭합니다.

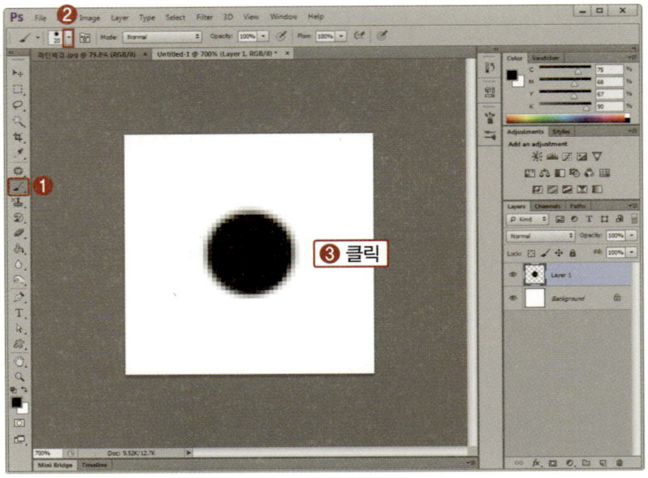

3. Caps Lock을 눌러 커서가 십자 모양이 되도록 만듭니다. 캔버스의 네 모서리를 정확하게 찍습니다.

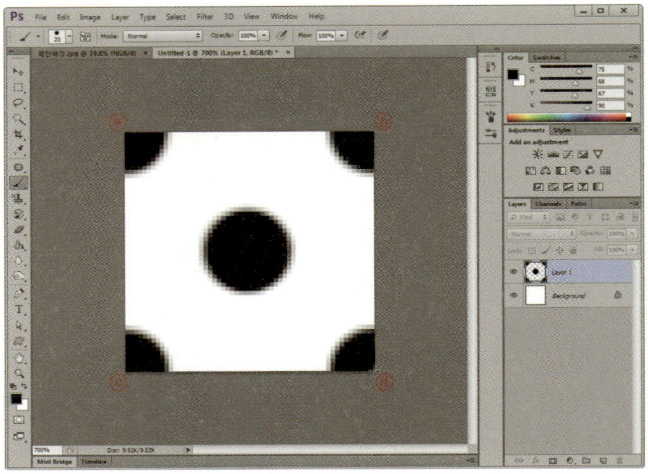

NOTE

브러시 형태로 적용되는 툴들은 모두 Caps Lock을 누르면 마우스 커서가 ⊹로 변경됩니다. 중심점을 맞춰 드로잉을 할 때 필요합니다.

4. 'Background'를 숨기고 Ctrl + A를 눌러 전체 선택합니다. [Edit]-[Define Pattern]을 선택하여 패턴으로 등록합니다.

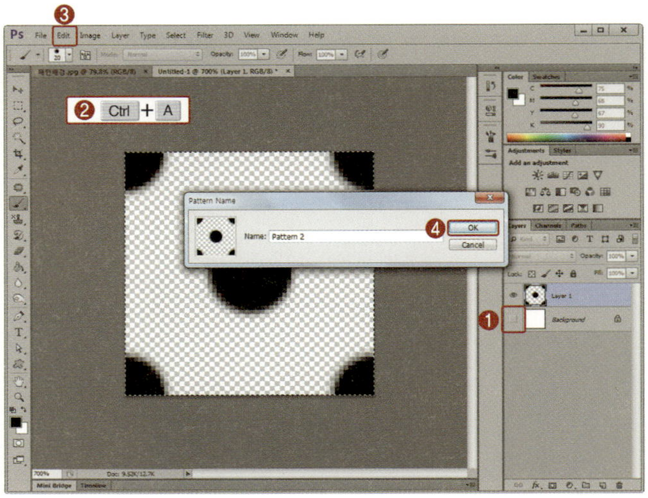

5. '패턴배경.jpg' 파일로 돌아옵니다. 신규 레이어를 만들고 [Edit]–[Fill]을 선택하고 패턴을 지정하여 패턴으로 배경을 채웁니다.

6. [Layers] 패널에서 합성 모드는 'Overlay'를 지정하고 [Opacity]는 '50%'로 설정합니다.

SECTION 03

외부 브러시 연결하기

[Brush Tool]

포털 서비스에서 'photoshop brush'로 검색하면 다양한 브러시 소스를 무료나 유료로 다운로드할 수 있습니다. 다음은 무료 브러시 소스를 포토샵에 설치하고 불러오는 방법을 학습합니다.

| 학습 포인트 |

• 외부 브러시 불러오기

◎ **[시작파일]** ch05/brush set/kaos–brush–set.abr ◉ **[완성파일]** 없음

01 외부 브러시 불러오기

1 브러시 소스 복사하기

① 브러시 샘플 폴더를 엽니다.

② 'kaos–brush–set.abr'을 선택하고 마우스 오른쪽 버튼을 클릭하여 '복사'를 선택합니다.

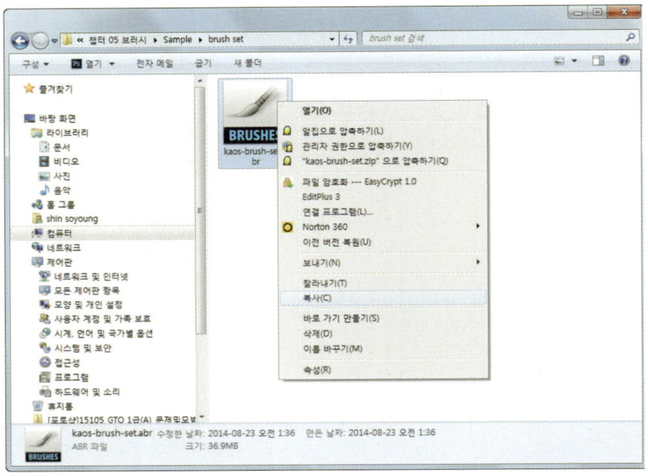

2 브러시 소스 붙이기하기

① 'C:\Program FIle(×86)\Adobe\Adobe Photoshop\Plug–ins'를 엽니다.

② Ctrl + V 를 눌러 브러시 소스를 붙여 넣습니다.

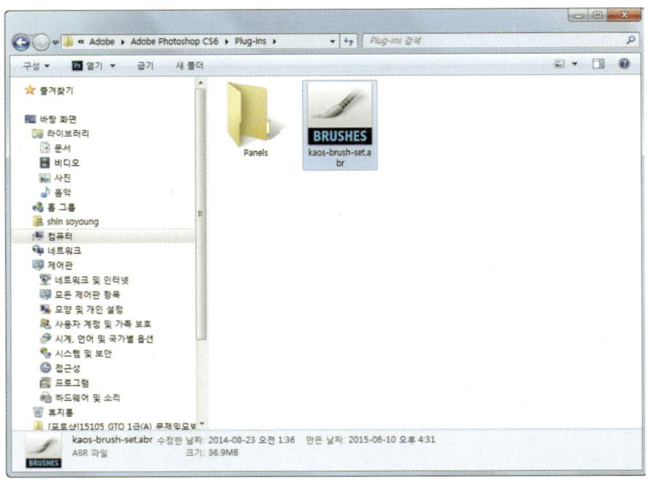

3 포토샵에서 브러시 소스 불러오기

① 포토샵을 실행하고 [Brush Tool] 을 선택합니다.

② 브러시 프리셋 픽커를 열고 를 누릅니다. 'Load Brushes'를 선택합니다.

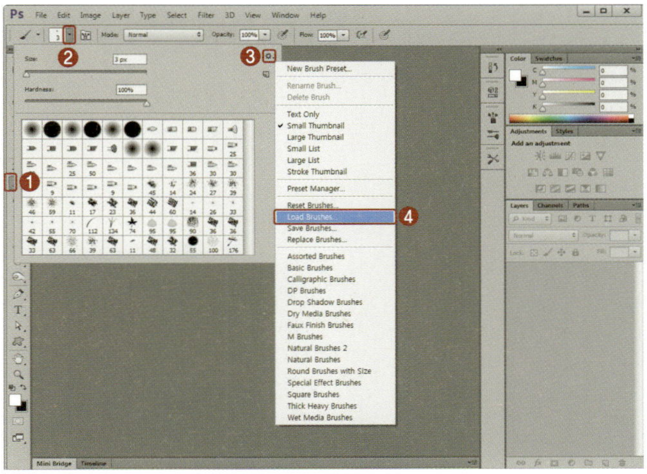

4 포토샵에서 브러시 소스 불러오기

등록한 브러시를 경로를 찾아들어가 선택한 후 'Load'를 클릭합니다. 브러시 프리셋 픽커에 들어온 브러시를 확인합니다.

NOTE

브러시 소스가 저장되어 있는 경로는 'C:₩Program File(×86)₩Adobe₩AdobePhotoshop₩Plug-ins'입니다.

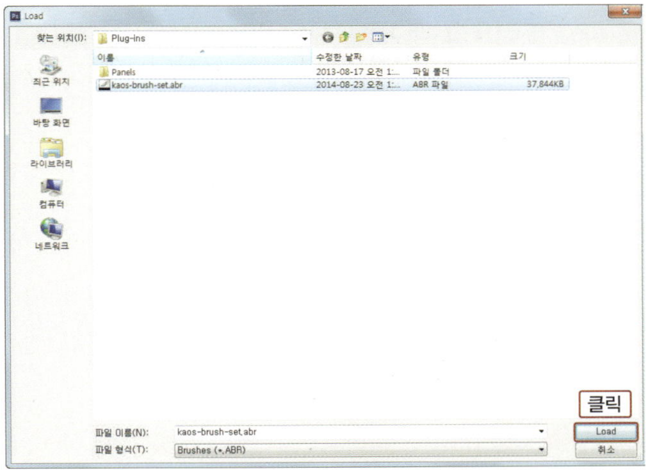

《 Photoshop 코칭 》

브러시 다운로드 사이트 소개

포토샵 브러시와 액션 패턴 등의 소스들을 무료로 다운로드 받을 수 있는 사이트입니다.

http://www.brusheezy.com

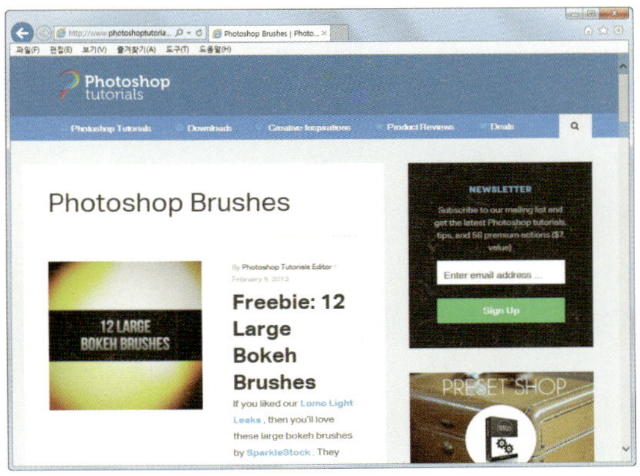

http://www.photoshoptutorials.ws

SECTION 04

외부 브러시 활용하기

[Brush Tool], [Layer Mask], [Hue/Saturation]

다음은 외부 브러시를 불러와 활용하는 예제입니다. 붓터치 느낌의 브러시는 감각적인 결과물을 만들어 줍니다. 색상 값의 변화와 레이어 마스크를 이용하여 감성적인 이미지를 만들어 보겠습니다.

| 학습 포인트 |

- 외부 브러시 활용하기

◎ **[시작파일]** ch05/ch05-sec04.jpg ◉ **[완성파일]** ch05/ch05-sec04(완성).psd

01 외부 브러시 활용하기

1 파일 불러오고 레이어 복제하기

① 'ch05-sec04.jpg' 파일을 불러옵니다.

② [Layers] 패널에서 'Background'를 [Create a new layer] 버튼으로 드래그합니다. 'Background copy' 레이어가 생성되었습니다.

2 채도 빼기

① 'Background copy' 레이어의 [Indicates layer visibility] 를 끕니다.

② 'Background'를 선택합니다.

③ [Image]-[Adjustments]-[Desaturation]을 선택합니다.

④ 채도가 빠지면 [Image]-[Adjustments]-[Hue/Saturation]을 선택합니다. 'Lightness'는 '30'을 설정합니다.

⑤ [OK] 버튼을 클릭합니다.

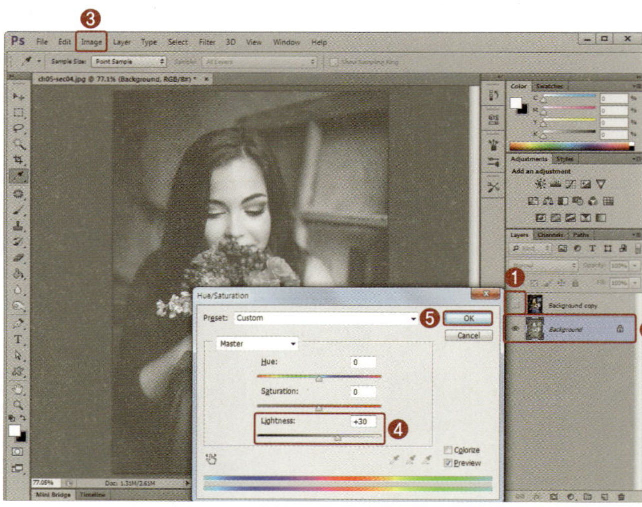

NOTE

[Desaturation]은 이미지에서 채도를 빼고 [Hue/Saturation]은 색상, 채도, 밝기를 조정하는 보정 기능입니다.

3 레이어 마스크 씌우기

① 'Background copy' 레이어를 선택하고 [Indicates layer visibility] 을 켭니다.

② 를 클릭하여 마스크를 씌웁니다.

③ 전경색은 흰색 배경색은 검정색을 지정합니다.

④ Ctrl + Delete 를 눌러 마스크 영역에 검정색을 채웁니다. 'Background copy' 레이어의 이미지가 가려집니다.

NOTE

Ctrl + Delete 는 배경색으로 채우기의 단축키입니다.

4 브러시 선택하기

① [Brush Tool] 을 선택합니다.

② 브러시 프리셋 픽커를 열고 'SECTION 03'에서 불러온 브러시 중에서 을 선택합니다.

③ 브러시 사이즈는 '900px'로 설정합니다.

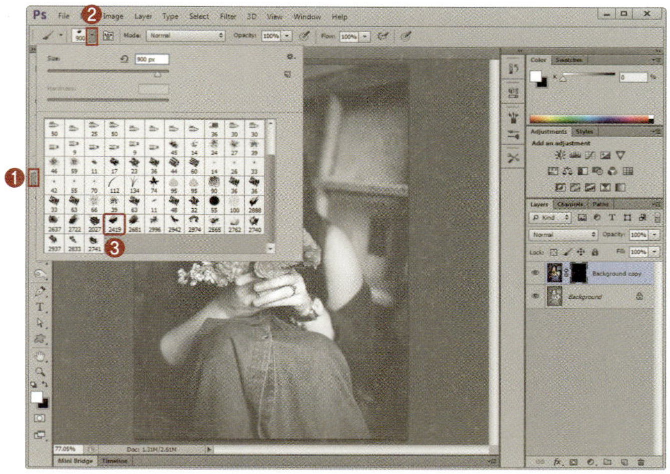

5 브러시 적용하기

① 브러시 사이즈를 적당히 조정합니다.

② 이미지 안을 클릭합니다. 흰색으로 마스크 영역 안을 클릭하면 가려졌던 컬러 이미지가 나타납니다.

SECTION 05

지우개 툴로 이미지 지우기 *[Eraser Tool]*

이미지의 일부분을 지우는 지우개 툴은 [Eraser Tool] , [Background Erase Tool] , [Magic Erase Tool] 세 가지가 있습니다. 단순히 이미지를 지우거나 지울 색상 범위를 지정하거나 특정 색상만 지울 수 있는 편리한 기능을 제공합니다. 세 가지 툴을 활용하는 방법을 예제를 통해 설명하겠습니다.

| 학습 포인트 |

- 지우는 방법 알아보기
- 지우개 툴 종류 살펴보기
- [Eraser Tool] 옵션 바 활용하기

◎ **[시작파일]** ch05/ch05-sec05.psd ◉ **[완성파일]** ch05/ch05-sec05(완성).psd

01 다양하게 지워보기

1 파일 불러오고 [Eraser Tool]로 배경 이미지 지우기

① 'ch05-sec05.psd' 파일을 불러옵니다.

② [Eraser Tool] 을 선택합니다.

③ 이미지를 드래그하면 현재 배경색으로 지정되어 있는 색상이 드러납니다.

NOTE

[Layers] 패널의 'Background'를 [Erase Tool] 로 지우거나 일부 삭제하면 배경색이 표시됩니다.

Photoshop 코칭

■ [Eraser Tool] 옵션 바 살펴보기

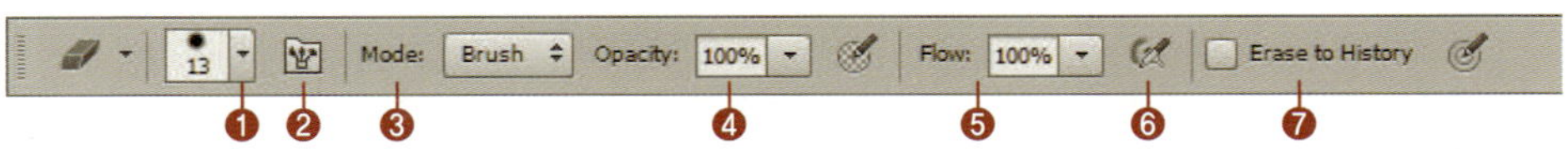

❶ 브러시 프리셋 픽커 : 지우개로 사용할 브러시의 종류와 크기를 설정합니다.
❷ Toggle the Brush panel : 브러시 패널을 표시합니다.
❸ Mode : 지우개로 지울 방식을 선택합니다. Brush, Pencil, Block이 있습니다.
❹ Opacity : 지울 부분의 불투명도를 수치로 조절합니다. 수치가 높을수록 불투명해집니다.
❺ Flow : 지우개 브러시의 강약을 조절합니다.
❻ Set to enable airbrush capabilities : 에어브러시 효과로 브러시 압력을 조절합니다.
❼ Erase to History : 체크 표시하고 드래그하면 지웠던 이미지를 복구합니다.

2 [Background Erase Tool] 로 배경 지우기

① [Edit]–[Undo]를 클릭하여 작업을 한 단계 되돌립니다.

② [Background Erase Tool] 을 선택합니다.

③ 옵션 바에서 [Sampling]은 'Once'( )를 선택하고, [Limits]는 'Contiguous'로 [Tolerance]는 '50%'로 설정합니다.

④ Alt 를 누른 채 이미지 안의 배경색을 클릭합니다. 전경색에 색상이 등록됩니다.

⑤ 이미지 안의 배경색을 드래그하여 삭제합니다. 배경색만 삭제되며 투명한 셀이 표시됩니다.

NOTE

[Background Erase Tool] 로 [Layers] 패널의 'Background'를 지우면 자동으로 'Layer 0'으로 변경됩니다.

《 Photoshop 코칭 》

■ [Background Eraser Tool] 옵션 바 살펴보기

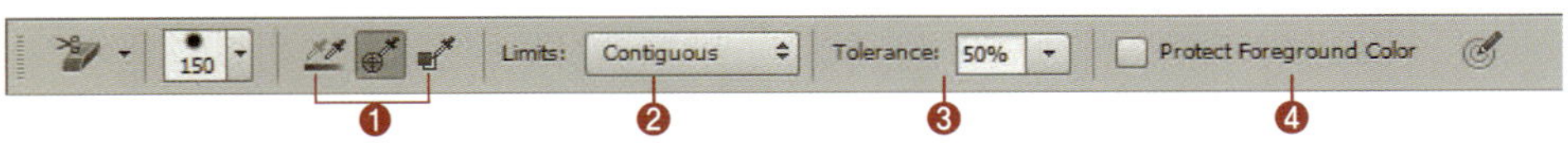

❶ Sampling
- Contiguous : 연속으로 지웁니다.
- Once : 등록된 색과 같은 부분만 지웁니다.
- Background Swatch : 이미지에서 배경색으로 지정한 색상만 지웁니다.

❷ Limits
- Discontiguous : 인접한 색상까지 지웁니다.
- Continuous : 처음 클릭한 색상의 이미지만 지웁니다.
- Find Edges : 샘플 색상의 경계를 구분해서 지웁니다.

❸ Tolerance : 색상 범위를 수치로 조절합니다.

❹ Protect Foreground Color : [Tools] 패널의 전경색과 동일한 색상은 지우지 않습니다.

02 동일한 색상 한번에 지우기

1 [Magic Erase Tool] 로 지우기

① [File]–[Revert]를 선택하면 저장 상태로 돌아갑니다.

② [Magic Erase Tool] 을 선택한 후 옵션 바는 그대로 기본값으로 둡니다. [Contiguous] 체크가 해제되었는지 확인한 후 패턴 부분을 클릭합니다. 모두 삭제됩니다.

NOTE

[Magic Erase Tool] 은 [Magic Wand Tool] 처럼 특정 색상 범위를 인식합니다.

2 이미지 경계 정리하고 색상 채우기

① [Layer]–[Matting]–[Defringe]를 선택합니다.

② [With]는 '1'을 입력하고 [OK] 버튼을 클릭합니다. 경계에 달라붙은 남색이 제거되었습니다.

③ 전경색에 '#ded1c0'을 선택합니다.

④ Shift + Back Space 를 눌러 [Fill] 메뉴를 꺼냅니다. [Use]는 'Foreground Color', [Mode]는 'Behind'로 설정합니다. 'Behind'로 설정하면 투명 픽셀에만 색상이 채워집니다.

⑤ [OK] 버튼을 클릭합니다.

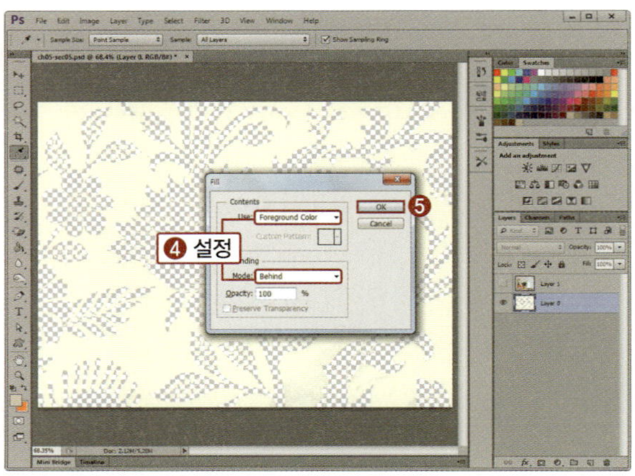

NOTE [Magic Erase Tool] 로 [Layers] 패널의 'Background'를 지우면 자동으로 'Layer 0'으로 변경됩니다.

■ [Magic Eraser Tool] 대화창 살펴보기

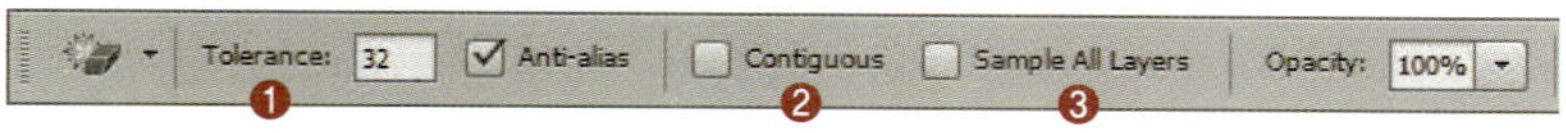

❶ Tolerance : 지워지는 색상 범위를 설정합니다.
❷ Contiguous : 체크하면 인접한 색상만 지워집니다.
❸ Sample All Layer : 체크하면 모든 레이어를 인식하여 지웁니다.

3 결과 확인하기

원래 색상이 제거되고 베이지 색상이 깨끗하게 채워진 것을 확인합니다.

03 옵션 바 활용하여 지우기

1 [Magic Erase Tool] 로 지우기

① [Layers] 패널에서 'Layer 0'의 [Indicates layer visibility] 를 끄고 'Layer 1'을 선택한 후 [Indicates layer visibility] 를 켭니다.

② 인접한 색상만 제거되도록 옵션 바에서 [Tolerance]는 '15', [Contiguous]를 체크합니다.

③ 배경을 순차적으로 클릭하여 제거해 나갑니다. 산세베리아 사이사이를 클릭하여 정교하게 제거해나갑니다.

2 로즈마리 정교하게 지우기

① [Lasso Tool] 을 선택합니다.

② 화분의 복잡한 부분을 그림과 같이 선택합니다.

③ [Magic Erase Tool] 을 선택합니다.

④ 옵션 바에서 [Tolerance]는 '5', [Contiguous]를 체크 해제합니다. 인접하지 않은 색상도 제거됩니다.

⑤ 잎사귀 사이사이를 클릭해 정리합니다.

3 결과물 확인하기

'Layer 0'의 [Indicates layer visibility] 를 켜서 결과물을 확인합니다.

브러시 도구를 이용한 드로잉 작업하기

[Brush Tool], [Brush] 패널

사진을 밑그림으로 사용하여 드로잉하는 과정에 대해 설명하겠습니다. 브러시 패널에서 브러시 끝이 사라지고 다이나믹한 색상 변화 옵션을 설정하여 직선 모양의 뾰족한 솔잎을 표현해보겠습니다.

| 학습 포인트 |

- 브러시로 줄기 그리기
- 브러시 패널 설정하여 솔잎 그리기

◎ **[시작파일]** ch05/ch05–sec06.jpg ◉ **[완성파일]** ch05/ch05–sec06(완성).psd

01 브러시로 줄기 그리기

1 파일 불러오고 일반 레이어 만들기

① 'ch05–sec06.jpg' 파일을 불러옵니다.

② [Layers] 패널에서 'Background'를 더블클릭하여 'Layer 0'으로 만듭니다.

2 흰색 배경 레이어 만들기

① [Create a new layer] 를 클릭하여 'Layer 1'을 만듭니다.

② 'Layer 0' 밑으로 레이어를 이동합니다.

③ 전경색에 흰색을 지정하고 Alt + Delete 를 눌러 채웁니다. 화면에서는 솔잎 이미지에 가려 안보입니다.

3 밑그림 준비하기

① 'Layer 0'을 선택합니다.

② 'Opacity'를 '65%'로 설정합니다.

4 줄기 칠하기

① 전경색에 '#3a1c01'을 지정합니다.

② [Create a new layer] 를 클릭하여 'Layer 2'를 만듭니다.

③ [Brush Tool] 을 선택합니다.

④ 옵션 바에서 딱딱한 브러시를 지정한 후 사이즈를 줄여 그림과 같이 밑그림을 따라 그립니다.

02 브러시 패널 설정하여 솔잎 그리기

1 브러시 크기 변화주기

① 전경색은 '#8dc63f', 배경색은 '#005826'으로 지정합니다.

② 브러시 사이즈를 '10pt'로 설정합니다.

③ [Window]–[Brush]를 선택합니다.

④ 왼쪽 항목에서 [Shape Dynamics]를 선택합니다. [Size jitter]는 '0', [Control]은 'fade', '70'으로 설정합니다.

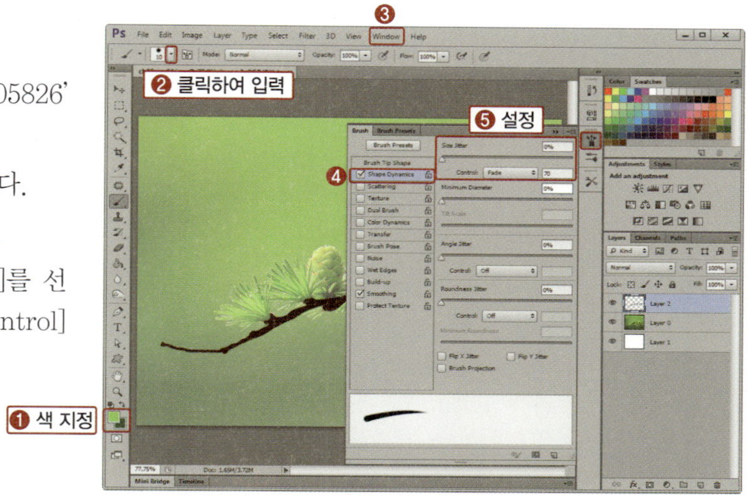

2 브러시 색상 변화주기

① 왼쪽 항목에서 [Color Dynamics]를 선택합니다.

② [Foreground/Background Jitter]는 '100%'로 설정합니다.

NOTE

브러시 설정이 끝나면 브러시 옵션 바에서 브러시 프리셋 픽커를 열고 [아이콘]를 눌러 저장합니다.

3 솔잎 그리기

① 'Layer 0'을 선택하고 [Create a new layer] [아이콘]를 클릭하여 'Layer 3'을 만듭니다.

② ⓐ 지점을 클릭합니다.

③ Shift 를 누른 채 ⓑ 지점을 클릭합니다.

④ 같은 방법으로 솔잎을 하나씩 그려나갑니다.

NOTE

브러시 툴로 Shift 를 누른 채 클릭하면 직선이 그려집니다. 브러시 툴 외에도 드로잉할 수 있는 도구들은 대부분 이 기능이 적용됩니다.

4 배경 처리하기

① 'Layer 0'을 선택합니다.

② [Filter]–[Blur]–[Gaussian Blur]를 선택합니다.

③ [Radius]는 '46'을 입력하여 적용합니다. 배경 이미지가 부드럽게 퍼집니다.

④ 완성된 결과물을 확인합니다.

5 밝기 보정하기

① [Image]–[Adjustments]–[Curves]를 선택합니다.

② 그림과 같이 커브 곡선을 조정합니다.

③ [OK] 버튼을 클릭합니다.

SECTION 07

분필 캘리그래피 간판 만들기

[Dry Media Brushes]

포토샵에서 기본으로 제공하는 [Dry Media Brushes]는 크레파스나 분필과 같은 도구로 그린 효과를 볼 수 있는 브러시입니다. 브러시의 사용 방법을 알아봅니다.

| 학습 포인트 |

- 내부 브러시 불러와 사용하기
- [Stroke path with brush] 사용하기

◎ **[시작파일]** ch05/ch05-sec07.psd ◉ **[완성파일]** ch05/ch05-sec07(완성).psd

01 내부 브러시 불러와 사용하기

1 파일 불러오기

① 'ch05-sec07.psd' 파일을 불러옵니다.

② 전경색에 '#a8d99d'를 선택합니다.

③ [Brush Tool] 을 선택합니다.

2 브러시 불러오기

① 옵션 바에서 브러시 프리셋 픽커를 열고 를 클릭합니다.

② 'Dry Media Brushes'를 선택합니다.

③ [Append] 버튼을 클릭하여 추가합니다.

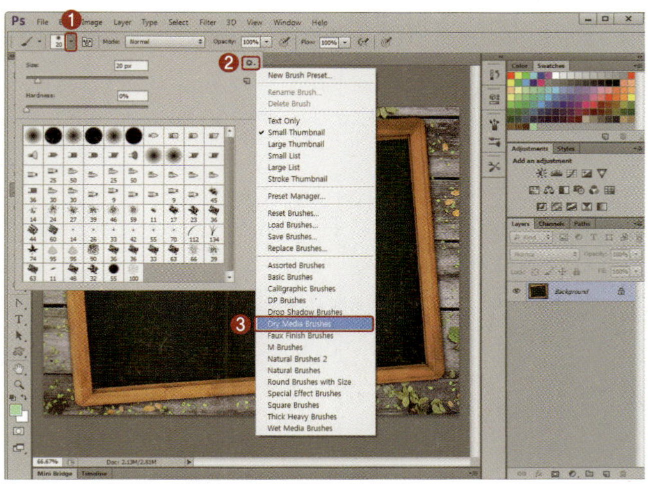

3 브러시 선택하고 사이즈 조정하기

① 브러시 픽커에서 [icon] 를 선택합니다.

② [[ ] 를 눌러 사이즈를 '20px'로 설정합니다.

4 Stroke path로 그리기

① [Create a new layer] [icon] 를 클릭하여 'Layer 1'을 만듭니다.

② [Paths] 패널을 선택합니다.

③ 저장되어 있는 'Path 1'을 [Stroke path with brush] 버튼([icon])으로 드래그합니다. 설정된 브러시로 그려집니다.

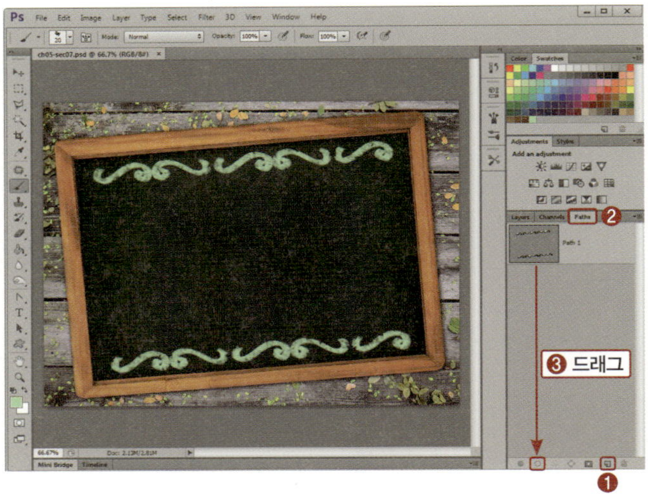

5 나머지 요소 그리기

브러시 사이즈를 적절히 조정하고 흰색과 분홍색을 이용하여 나머지 요소를 그립니다.

TRAINING & TEST
실력 점검하기

이론 01 다음 중 Define 메뉴로 등록하여 사용할 수 없는 것은?

① Brush ② Pattern
③ Stroke ④ Shape

이론 02 이미지를 브러시로 등록하려고 한다. 맞는 명령어는?

① Edit/Rasterize/Define Brush Preset
② Image/Define Brush Preset
③ Layer/Rasterize/Define Brush Preset
④ Edit/Define Brush Preset

이론 03 브러시나 패턴을 등록하는 과정을 쓰시오.

이론 04 포토샵 프로그램에서 사용자 정의로 Brush와 Pattern을 등록할 수 있다. 차이점을 쓰시오.

실습 01 밑그림을 따라 브러시로 그리고 채색하시오.

• [시작파일] ch05/ch05–실습01.psd • [완성파일] ch05/ch05–실습01(완성).psd • [해설파일] ch05/ch05–실습해설01.pdf

Before

After

HOW TO

01 | 밑그림 그리고 채색하기

'ch05-실습01.psd' 파일 불러오기 → [Brush Tool] 을 선택 → [Dry Media Brushes] 불러오기 → 'Soft Oil Pastel', 6pt 설정 → 을 눌러 'Layer 1' 만들기 → 라인따라 그리기 → 'Layer 1' 복제하여 'Layer 1 copy' 만들기 → 'Pastel on Charcoal Paper' 브러시 선택하기 → [Magic Wand Tool] 로 영역을 선택하고 채색하기

02 | 패턴 적용하기

'Layer 1'을 으로 드래그하여 'Layer 1 copy 2' 만들기 → 나머지 [Indicates layer visibility] 를 모두 끄고 브러시로 빈 영역에 화살표 그리기 → [Rectangular Marquee Tool] 로 영역을 잡고 패턴으로 등록한 후 Delete 하기→ [Magic Wand Tool] 로 몸을 선택하여 [Edit]-[Fill]로 채우기 → 'Background'와 'Layer 1 copy' [Indicates layer visibility] 켜기

실습 02 꽃 이미지를 브러시로 등록하고 등록한 브러시를 이용하여 편지지를 만드시오.

• [시작파일] ch05/ch05-실습02-01.psd, ch05-실습02-02.psd • [완성파일] ch05/ch05-실습02(완성).psd • [해설파일] ch05/ch05-실습해설02.pdf

Before

After

HOW TO

'ch05-실습02-01.psd' 파일 불러오기 → [Edit]-[Define Brush Preset]으로 브러시로 등록하기 → 'ch05-실습02-02.psd' 파일 불러오기 → 'Layer 1' 만들기 → [Brush Tool] 선택하기 → 브러시 크기를 변경해가며 꽃무늬 그리기→ 'Layer 2' 만들기 → 전경색에 '#5a182d' 선택 → 브러시 프리셋 픽커에서 'Conte Pencil' 선택하기 → 'Path 1'을 [Stroke path with brush]로 드래그하여 선 그리기

실습 03 브러시 툴로 별과 별똥별을 그리시오.

• [시작파일] ch05/ch05–실습03.jpg • [완성파일] ch05/ch05–실습03(완성).psd • [해설파일] ch05/ch05–실습해설03.pdf

Before

After

HOW TO

01 | 별 그리기

'ch05–실습03.jpg' 파일을 불러오기 → [Brush Tool] 을 선택 → [Assorted Brushes] 불러오기 → 브러시 목록에서 'Starburst – Small' 선택 → [Brush] 패널에서 [Brush Tip Shape]의 [Spacing]은 '300%' → [Shape Dynamics]의 [Size Jitter]는 '100%' → [Scattering]의 [Scatter]는 '1000%', [Count]는 '1%' → 신규 브러시로 등록 → 신규 레이어 만들고 별 그리기

02 | 별똥별 그리기

브러시 옵션 바에서 [Hard Round] 브러시를 선택하고 [Size]는 '3'으로 설정 → [Brush] 패널에서 [Shape Dynamics]의 [Size Jitter]는 '0%', [Control]의 'Fade'는 '200'으로 설정 → [Transfer]의 [Opacity Jitter]는 '0%'로 설정하고 [Control]의 'Fade'는 '200'으로 설정 → 레이어를 만들고 별똥별 그리기

CHAPTER

06

이미지 보정의 세계로

용도에 따라 컬러 이미지를 흑백이나 단색으로 수정하여 사용하고,
반대로 색감이 없는 이미지를 풍부한 색감으로 연출하는
다양한 방법에 대해 알아봅니다.

＊PREVIEW 한눈에 살펴보기

SECTION	제목	학습할 주요 기능
1	더 좋아진 자동 이미지 보정하기 *[Auto Tone], [Auto Contrast], [Auto Color]*	• 자동보정 기능 살펴보기 • 자동컬러 적용하기
2	이미지의 명도와 대조 값 조절하기 *[Brightness/Contrast], [Levels], [Curves]*	• 이미지 빛 조절 기능 살펴보기 • 명암 조절하기 • 대비 조절하기
3	풍부한 색상 표현과 기존 색상 변경하기 *[Color Balance], [Variations]*	• [Color Balance]를 이용해 색상 균형 조절하기 • [Variations]을 이용해 풍부한 색상 적용하기
4	생기 있는 채도 조절하기 *[Vibrance]*	• [Vibrance] 살펴보기 • 생기있는 이미지 연출하기
5	분위기 있는 흑백 이미지 연출하기 *[Deseturation], [Black & White]*	• 컬러 이미지 채도 제거하기 • 단색 이미지 연출하기 • 흑백 이미지 연출하는 다양한 방법 알아보기
6	색상, 채도, 명도 동시에 조절하기 *[Hue/Saturation]*	• 색상, 명도, 채도 조절하기 • [Colorize] 적용하기 • [Hue/Saturation] 대화창 살펴보기
7	이미지의 명도 단계를 그레이디언트로 변신하기 *[Gradient Map]*	• 이미지 명암 확인하기 • [Gradient Map] 살펴보기 • [Gradient Editor]에서 색상 선택 적용하기
8	특정 부분 색상 교체하기 *[Replace Color]*	• [Replace Color]로 색상 수정하기 • [Replace Color]의 대화창 살펴보기
9	독특한 효과 적용하기 *[Invert], [Posterize], [Threshold]*	• [Invert]로 보색 이미지 만들기 • [Posterize] 적용하여 색상 단계 단순화하기 • [Threshold]를 적용하여 판화 이미지 만들기

SECTION 01

| 학습 포인트 |

- 자동보정 기능 살펴보기
- 자동컬러 적용하기

더 좋아진 자동 이미지 보정하기
[Auto Tone], [Auto Contrast], [Auto Color]

노을진 풍경이나 어두워질 때, 흐린 날씨에 촬영된 사진, 실내에서 촬영한 사진 역시 조명 색깔에 영향을 받아 원래의 색상을 연출하지 못합니다. [Auto Tone], [Auto Contrast], [Auto Color]를 이용하여 신속하게 자연광의 최적화된 이미지로 조정해 보겠습니다.

01 [Adjustments]와 [Adjustment Layer]의 차이점

포토샵에는 이미지의 색상, 명도, 채도를 조절하는 [Adjustments] 기능을 두 군데에서 적용할 수 있습니다. 하나는 [Image] 메뉴 안에 있는 명령어 [Adjustments]를 이용하는 방법, 또 하나는 [Layers] 패널 하단의 [Adjustment Layer] 를 이용하는 방법입니다. [Layers] 패널 하단의 를 이용하는 방법은 'CHAPTER 03의 SECTION 05. 레이어로 이미지 컬러 보정하기'에서 다루었습니다. 이 두 가지 방법은 효과는 같으나 적용할 때, 레이어의 위치는 다릅니다. 자세한 내용을 학습합니다.

	[Adjustments]	[Adjustment Layer]
적용 화면		
위치	[Image] 메뉴 안 명령어	[Layers] 패널 하단 아이콘
적용 위치	[Layers] 패널에서 'Background'에 바로 적용	[Layers] 패널에서 'Background' 위에 Mask를 이용하여 적용
특징	원본 레이어에 바로 적용하므로 원본에 손상을 주기 때문에 사본 레이어를 추가하여 적용하거나 [History] 패널에서 취소	원본 레이어를 보호하고, 임의의 Mask 레이어를 사용하므로 수정 시 적용한 Mask 레이어만 삭제

◎ [시작파일] ch06/ch06-sec01.jpg ◉ [완성파일] ch06/ch06-sec01(완성).jpg

02 이미지 자동 컬러 보정하기

[Auto] 기능을 이용하여 노을진 붉은 색감의 색상 톤을 신속하게 조절해봅니다.

1 자동 보정하기

① 'ch06-sec01.jpg' 파일을 불러옵니다. [Tools] 패널에서 [Hand Tool] 을 더블클릭합니다.

② 사진이 전체적으로 붉은 색감을 띠고 있습니다. 이미지를 자동 조절하기 위해 [Image]-[Auto Color]를 선택합니다.

NOTE

[Auto Color] 기능의 단축키는 Shift + Ctrl + B 를 사용합니다.

2 변경된 색상 확인하기

[Auto Color]를 선택하면 색상이 자동으로 조절되어 변경된 것을 확인할 수 있습니다.

■ 자동 보정 기능 살펴보기

[원본]

[Auto Tone] 자동 톤을 적용한 이미지

[Auto Contrast] 자동 대비를 적용한 이미지

SECTION 02

이미지의 명도와 대조 값 조절하기

[Brightness/Contrast], [Levels], [Curves]

이미지의 빛을 조절하는 기능에 대해 살펴본 후 명암과 대비를 조절하는 방법에 대해 알아봅니다.

| 학습 포인트 |

- 이미지 빛 조절 기능 살펴보기
- 명암 조절하기
- 대비 조절하기

◎ **[시작파일]** ch06/ch06-sec02-01.jpg ◉ **[완성파일]** ch06/ch06-sec02-01(완성).jpg

01 이미지 밝기와 대비 조절하기

명암이 어두운 풍경 이미지의 밝기와 대비를 조절하여 최적화 이미지를 연출합니다.

1 [Brightness/Contrast] 메뉴 선택하기

① 'ch06-sec02-01.jpg' 파일을 불러온 후 [Tools] 패널에서 [Hand Tool] 을 더블클릭합니다.

② 이미지의 명도와 대비를 조절하기 위해 [Image]-[Adjustments]의 하위 메뉴 중 [Brightness/Contrast]를 선택합니다.

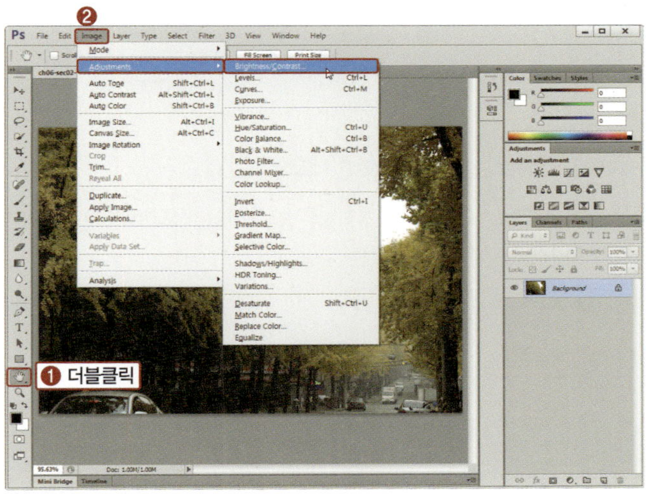

NOTE

[Zoom Tool] 옵션 바에서 [Fit Screen]을 클릭하여 사용해도 됩니다.

2 밝기와 대비 조절하기

① [Brightness/Contrast] 대화창이 나타나면 'Brightness' 값을 '35', 'Contrast' 값은 '20'을 입력합니다.

② [OK] 버튼을 클릭합니다.

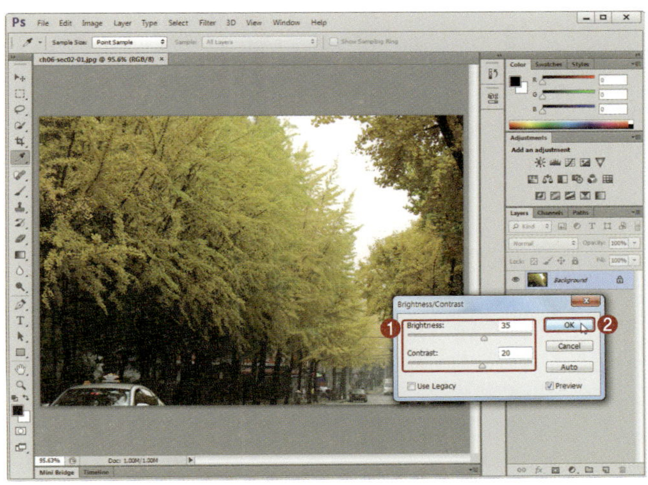

NOTE

슬라이더로 직접 조절해도 됩니다.

③ 확인하기

명도 대비가 조절된 것을 확인합니다.

〈 Photoshop 코칭 〉

[Brightness/Contrast] 대화창 살펴보기

이미지의 밝기와 대비를 조절하는 대표적인 메뉴이며, 이미지의 밝은 톤과 어두운 톤을 구분하지 않고 조절하기 때문에 미세한 조절이 가능합니다.

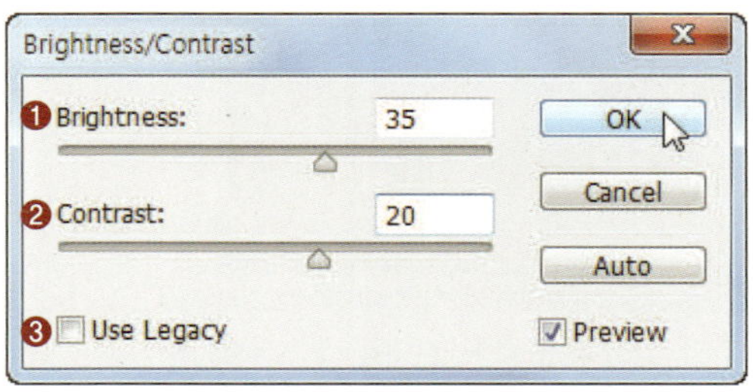

❶ Brightness : 이미지의 밝기를 조절합니다.
❷ Contrast : 명암의 대비라 하는데, 밝은 톤과 어두운 톤의 격차를 조절합니다.
❸ Use Legacy : 이전의 명도 대비 값을 적용하고 싶을 때 사용합니다.

02 이미지 명도 조절하기

명암이 어두운 이미지의 밝은 톤과 중간 톤, 어두운 톤을 조절하여 최적화된 이미지 명암을 조정합니다.

1 [Levels] 메뉴 선택하기

① 'ch06-sec02-02.jpg' 파일을 불러온 후, [Tools] 패널에서 [Hand Tool] 을 더블클릭합니다.

② [Image]-[Adjustments]의 하위 메뉴 중 [Levels]을 지정합니다.

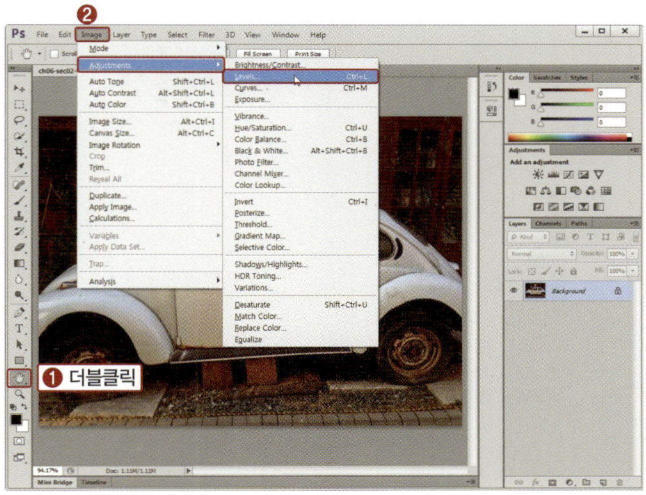

NOTE

[Levels]의 단축키 Ctrl + L 을 사용합니다.

2 명도 조절하기

① [Levels] 대화창이 나타나면 목록에서 'Input Levels' 값을 '4', '1.50', '230'을 차례로 입력합니다.

② [OK] 버튼을 클릭합니다.

③ 이미지의 명도가 어두운 톤, 중간 톤, 밝은 톤을 각각 조절하여 디테일한 명도가 조절되었습니다.

NOTE

아래의 색상 슬라이더를 직접 조절해도 됩니다.

3 확인하기

명도가 밝아진 것을 확인합니다.

■ [Levels] 대화창 살펴보기

[Levels]에서는 이미지 톤의 분포를 히스토그램으로 표시하는데, 히스토그램 아래 [Input Levels]을 어두운 톤(Shadow), 중간 톤(Midtone), 밝은 톤(Highlight) 슬라이더를 움직여 밝기를 조절할 수 있습니다.

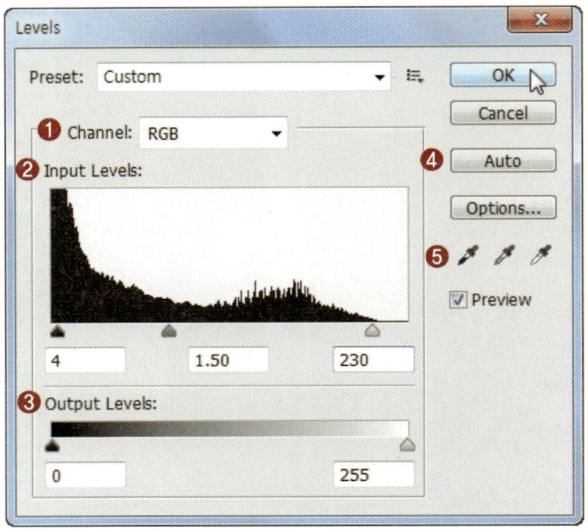

❶ Channel : 보정할 특정 색상을 선택할 수 있습니다.

❷ Input Levels : 이미지의 톤을 조절합니다. 가장 어두운 영역을 표시하는 영역은 왼쪽의 0에 위치하고 중간 영역은 1에 위치하고, 가장 밝은 영역은 오른쪽의 255에 위치합니다.

❸ Output Levels : [Input Levels]와는 달리 전체적인 명도 값을 조절합니다.

❹ Auto : 자동으로 레벨을 조정합니다.

❺ 스포이드 : 스포이드로 이미지 안을 블랙 스포이드, 미드톤 스포이드, 화이트 스포이드를 이용하여 클릭하면 어두운 톤, 중간 톤, 밝은 톤 등이 자동 조정됩니다.

◎ **[시작파일]** ch06/ch06-sec02-03.jpg ◉ **[완성파일]** ch06/ch06-sec02-03(완성).jpg

03 이미지 명암을 곡선으로 조절하기

명암이 어두운 이미지의 밝은 톤과 어두운 톤을 곡선을 이용하여 조정합니다.

1 밝기와 대비 조절하기

① 'ch06-sec02-03.jpg' 파일을 불러온 후, [Tools] 패널에서 [Hand Tool] 을 더블클릭합니다.

② [Image]-[Adjustments]의 하위 메뉴 중 [Curves]를 선택합니다.

③ [Curves] 대화창이 나타나면 목록에서 'Output' 값을 '160', 'Input' 값은 '90'을 차례로 입력합니다.

④ [OK] 버튼을 클릭합니다.

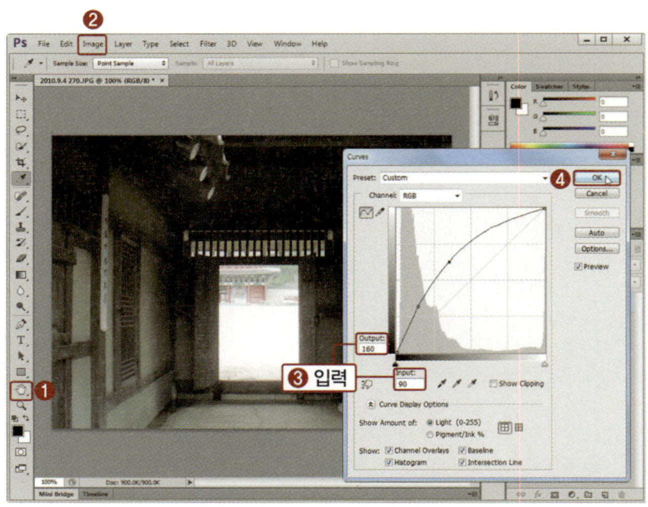

NOTE

[Curves]의 단축키 Ctrl + M 을 사용합니다.

2 확인하기

곡선을 이용한 결과 밝아진 것을 확인합니다.

《 Photoshop 코칭 》

■ [Curves] 대화창 살펴보기

곡선의 그래프를 이용하여 이미지의 밝기와 대비를 조절할 수 있습니다. 베어지 곡선에 점을 찍어 정확하고 정교한 수정이 가능하며 [Channel]을 각 채널로 설정하여 이미지에서 'Red', 'Green', 'Blue'의 톤의 양을 조정할 수 있습니다.

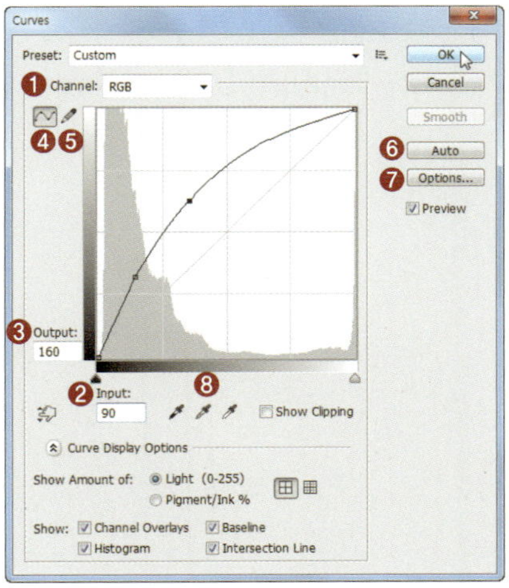

❶ Channel : 보정할 색상을 선택합니다.

❷ Input : 가로축을 나타내며 원본 이미지의 채도와 명도를 조정합니다.

❸ Output : 세로축을 나타내며 명도를 높이거나 낮출 수 있고, 대각선 양 끝의 포인트를 위, 아래로 움직여 조정합니다.

❹ 곡선 버튼 : 커브 곡선에 포인트를 추가하여 조정하는 모드입니다.

❺ 연필 버튼 : 커브 영역 안을 드래그하여 다이내믹한 색상 변화를 줄 수 있는 모드입니다.

❻ Auto : 자동으로 보정해 주는 [Auto Tone]과 같은 효과입니다.

❼ Options : 블랙, 미드톤, 하이라이트 값의 기준을 설정할 수 있습니다.

❽ 색상 스포이드 : 이미지 안을 블랙 스포이드, 미드톤 스포이드, 화이트 스포이드를 이용하여 클릭하면 어두운 톤, 중간 톤, 밝은 톤 등이 자동 조정됩니다.

SECTION 03

풍부한 색상 표현과 기존 색상 변경하기

[Color Balance], [Variations]

[Color Balance]는 RGB 색상과 CMYK 색상의 균형을 맞추거나 흑백 이미지의 색상을 추가 적용하여 풍부한 색상 표현이 가능합니다. 색상의 균형을 맞추고 다양하게 색상을 적용해봅니다.

| 학습 포인트 |

- [Color Balance]를 이용하여 색상 균형 조절하기
- [Variations]을 이용하여 풍부한 색상 적용하기

◎ **[시작파일]** ch06/ch06-sec03-01.jpg ◉ **[완성파일]** ch06/ch06-sec03-01(완성).jpg

01 색상 균형 맞추기

보라 색감이 강한 이미지의 색상의 균형을 맞추어 봅니다.

1 [Color Balance]로 색상 균형 조절하기

① 'ch06-sec03-01.jpg' 파일을 불러온 후, [Tools] 패널에서 [Hand Tool] 을 더블클릭합니다.

② 이미지 전체의 색감이 보라색을 띠고 있으므로 균형있게 조절하기 위해 [Image]-[Adjustments]의 하위 메뉴 중 [Color Balance]를 선택합니다.

③ [Color Balance] 대화창이 나타나면 [Color Balance] 목록에서 'Color Levels' 값을 '-30', '+15', '-50'을 차례로 입력합니다. 아래의 색상 슬라이더를 직접 조절해도 됩니다.

④ [OK] 버튼을 클릭합니다.

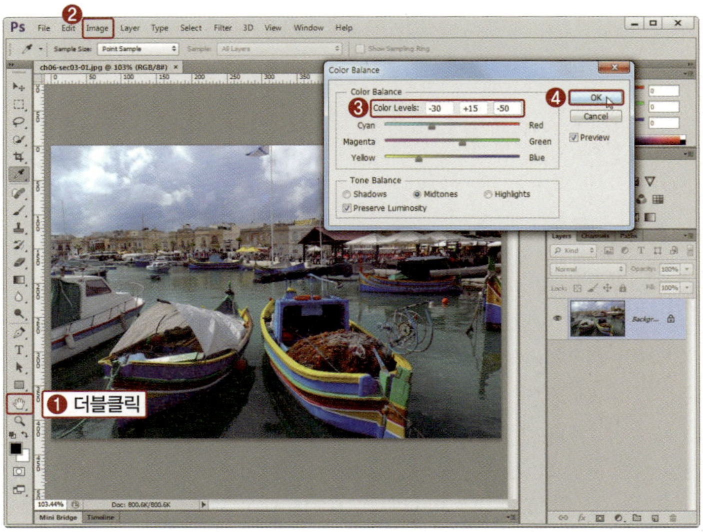

NOTE

[Color Balance]는 단축키 Ctrl + B 를 사용합니다.

2 색상 균형 확인하기

초록색감을 띠는 이미지의 색상 균형이 맞춰진 것을 확인합니다.

《 Photoshop 코칭 》

■ [Color Balance] 대화창 살펴보기

[Color Balance]는 이미지의 색상이 불균형을 이루거나 좀 더 풍부한 색감을 연출하고 싶을 때 사용합니다. 슬라이더의 양쪽 끝의 색상은 보색의 원리로 구성되어 있으며, 슬라이더를 움직여 색상을 추가하거나 뺄 수 있습니다.

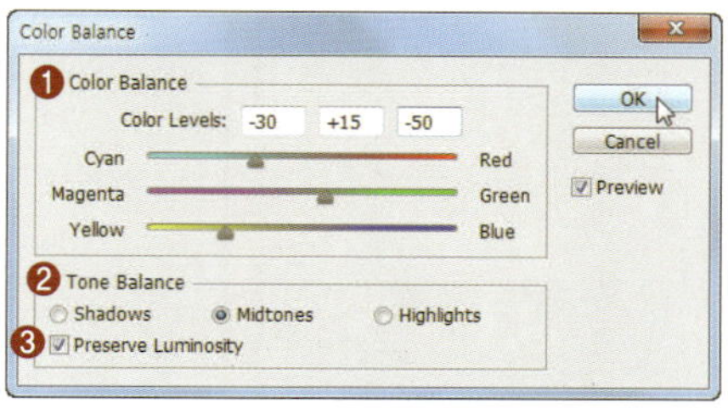

❶ Color Balance : 슬라이더를 드래그하여 색을 더하거나 뺍니다.

❷ Tone Balance : 색상이 적용될 영역을 설정하고, Shadow(어두운 부분), Midtones(중간 톤 부분), Highlight(밝은 부분)를 설정하여 조절합니다.

❸ Preserve Luminosity : 체크하면 톤이 유지된 채 색상만 조절됩니다.

CS6

◎ **[시작파일]** ch06/ch06–sec03–02.jpg ◉ **[완성파일]** ch06/ch06–sec03–02(완성).jpg

02 흑백 앵무새 이미지에 화려한 색상 입히기

흑백 이미지에 색상을 추가하여 풍부한 색상을 적용합니다.

1 선택 영역 설정하기

① 'ch06–sec03–02.jpg' 파일을 불러온 후, [Quick Selection Tool] 을 선택합니다.

② 옵션 바에서 [Add to selection] , 브러시 크기 '10px'을 선택합니다.

③ 앵무새 머리 부분을 그림처럼 선택 영역으로 지정합니다.

NOTE

[Quick Selection Tool] 을 이용하여 선택 영역을 지정할 때, 선택 영역이 이탈될 수 있습니다. 이때 옵션 바에서 [Add to selection] 과 [Subtract from selection] 을 교체하고, 브러시 크기를 조절하며 선택 영역을 수정합니다.

2 앵무새 머리 부분 색상 변경하기

① [Image]–[Adjustments]의 하위 메뉴 중 [Variations]을 선택합니다.

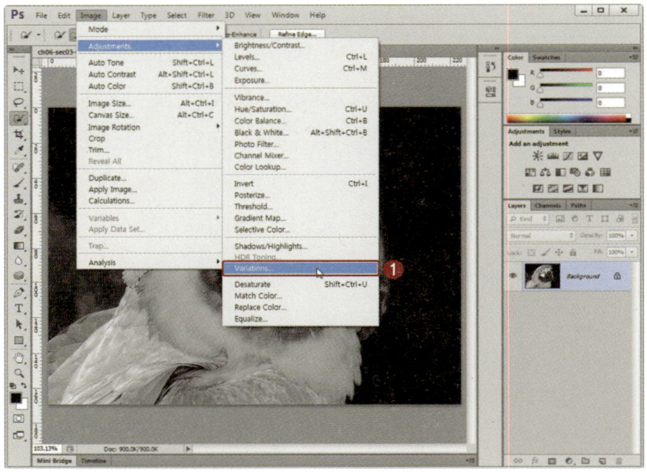

② [Variations] 대화창이 나타나면, 'More Green'을 더블클릭합니다.

③ [OK] 버튼을 클릭합니다.

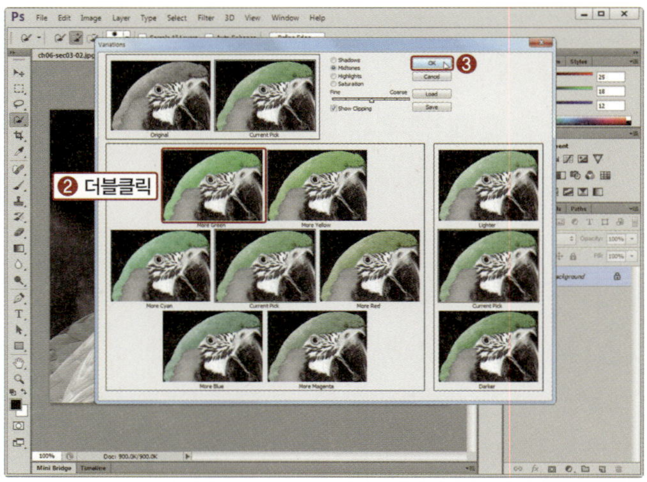

3 앵무새 목 부분 색상 변경하기

① 단축키 Ctrl + D 하여 선택 영역을 해제합니다.

② 같은 방법으로 앵무새 이미지의 목 부분을 선택 영역으로 지정합니다.

③ [Image]−[Adjustments]의 하위 메뉴 중 [Variation]을 선택합니다.

④ [Variations] 대화창이 나타나면, 'Original'을 클릭합니다.

⑤ 그리고 'More Yellow'를 한 번, 'More Red'를 세 번 클릭합니다.

⑥ [OK] 버튼을 클릭합니다.

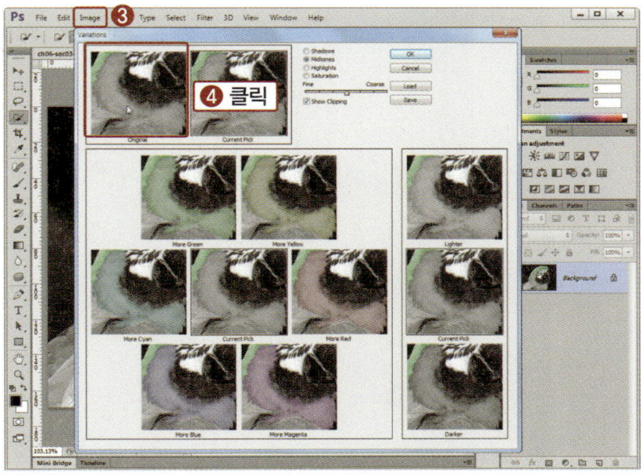

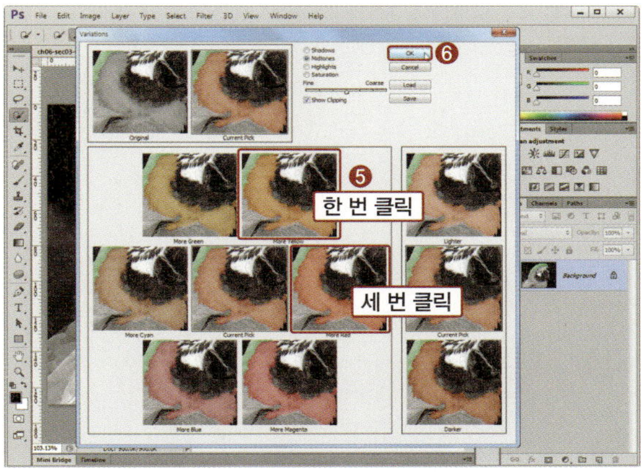

NOTE

색상에 명도를 추가하려면, [Variation] 대화창에서 'Lighter'를 추가하여 밝게, 'Darker'를 추가하여 어둡게 연출할 수 있습니다. 다양한 연출을 위해 본인이 원하는 색상을 클릭 추가해도 됩니다.

4 완성하기

① 같은 방법으로 앵무새 이미지의 턱, 날개 등을 부분 부분 나누어 선택 영역을 지정합니다.

② 3 앵무새 목 부분 색상 변경하기 과정을 반복하여 그림처럼 완성합니다.

SECTION 04

생기 있는 채도 조절하기
[Vibrance]

[Vibrance...]는 주로 사진 이미지에 채도를 높여줄 때 피부 톤의 변화는 작게 연출하고, 나머지 색들의 채도를 강하게 적용합니다. 자연스럽고 생기 있는 사진을 만들어봅니다.

| 학습 포인트 |

- [Vibrance] 살펴보기
- 생기 있는 이미지 연출하기

◎ **[시작파일]** ch06/ch06-sec04.jpg ◉ **[완성파일]** ch06/ch06-sec04(완성).jpg

01 이미지의 색상 화려하게 연출하기

[Vibrance]에서 'Vibrance'와 'Saturation'을 조절하여 생기 있는 이미지를 연출해봅니다.

1 채도 조절하기

① 'ch06-sec04.jpg' 파일을 불러온 후 [Image]-[Adjustments]-[Vibrance...]을 선택합니다.

② [Vibrance] 대화창이 나타나면 목록에서 'Vibrance' 값을 '+60', 'Saturation' 값은 '80'을 차례로 입력합니다.

③ [OK] 버튼을 클릭합니다.

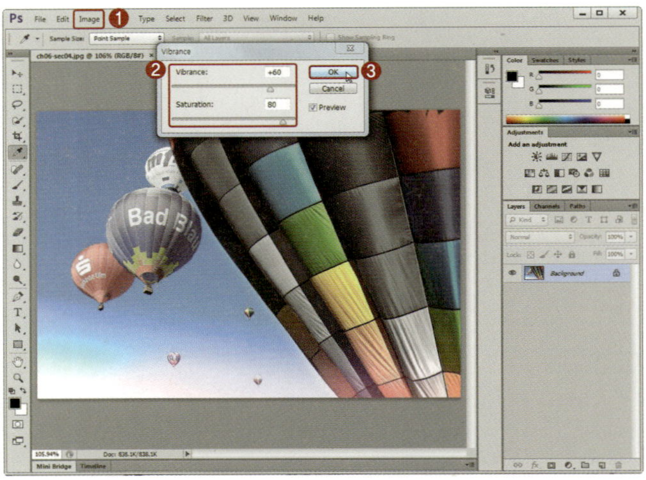

NOTE

[Vibrance] 목록에서 'Vibrance'는 색의 밝고 짙은 정도를 표시하고, 'Saturation'은 색의 순수성, 즉 원색에 가까운지 무채색에 가까운지를 표시합니다.

2 확인하기

색상은 유지하고, 채도를 안정감있게 조절한 것을 확인합니다.

Photoshop 코칭

[Vibrance] 대화창 살펴보기

[Vibrance]는 이미지의 색상 손실을 줄이며 채도를 올릴 수 있으며, 이미지 안에서 채도가 낮은 부분을 기준으로 채도 조정이 이루어져 자연스럽게 작업할 수 있습니다.

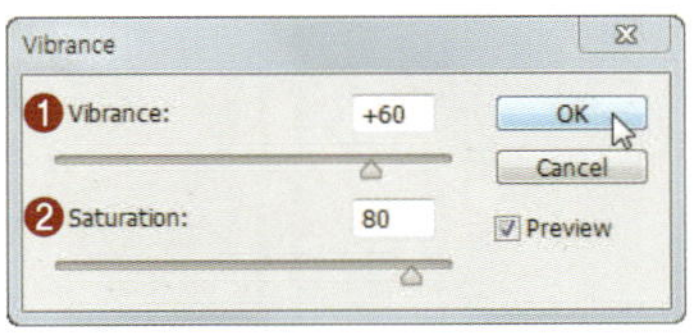

❶ Vibrance : 전체 채도가 더 이상 올라가지 않도록 낮은 채도의 색상을 조정합니다.

❷ Saturation : 모든 색상에서 동일하게 채도를 높이거나 낮춥니다.

SECTION 05

분위기 있는 흑백 이미지 연출하기

[Deseturation], [Black & White]

컬러 이미지의 채도를 제거하여 흑백 느낌의 모노톤 이미지를 연출하고, 임의의 색상 [Tint]을 추가하여 단색 이미지를 연출하는 작업에 대해 학습하겠습니다. 쉽게 흑백 이미지를 적용할 수 있는 방법에 대해 학습합니다.

| 학습 포인트 |

- 컬러 이미지 채도 제거하기
- 단색 이미지 연출하기
- 흑백 이미지 연출하는 다양한 방법 알아보기

01 흑백 이미지 만드는 다양한 방법

[Image]–[Adjustments] –**[Desaturate]**	[Image]–[Adjustments] –**[Vibrance]** 'Saturation' 값 '–100'으로 적용	[Image]–[Adjustments] –**[Hue/Saturation]** 'Saturation' 값 '–100'으로 적용

[Image]–[Adjustments] –**[Black & White]**	[Image]–[Adjustments] –**[Gradient Map]** 'Black', 'White'로 적용	[Image]–[Mode] –**[Grayscale]**

흑백 이미지를 연출하는 방법은 포토샵에 곳곳에 있습니다. 대표적으로 [Image] 메뉴의 [Mode]에서 [Grayscale]을 적용하면, 채도와 색상의 속성을 모두 제거하기 때문에 명도만 표현하여 더 이상 색상을 추가할 수 없는 완벽한 흑백 이미지가 됩니다. 하지만 [Image] 메뉴의 [Mode]에서 색상 모드는 채도만 제거하기 때문에 색상의 속성은 남아 있어 임의의 색상을 추가하여 분위기 있는 단색 이미지를 연출할 수 있습니다. 여기서 설명하는 6가지 방법 중 속성이 다른 것은 [Grayscale]이며, 이 외에도 다양한 방법이 있습니다.

◎ **[시작파일]** ch06/ch06-sec05-01.jpg ◉ **[완성파일]** ch06/ch06-sec05-01(완성).jpg

02 흑백 이미지 연출하기

[Deseturation]을 이용하여 이미지의 채도를 제거하여 흑백 이미지를 연출해 보겠습니다.

1 [Deseturation] 메뉴 선택하기

'ch06-sec05-01.jpg' 파일을 불러온 후, [Image]-[Adjustments]의 하위 메뉴 중 [Deseturation]을 선택합니다.

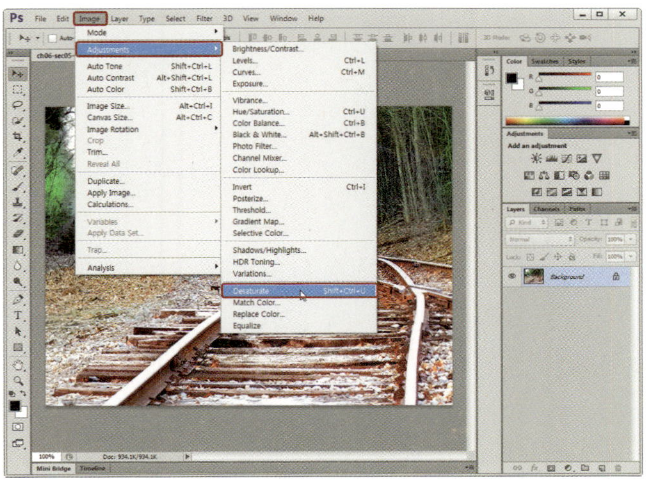

NOTE

[Deseturation] 기능의 단축키는 Shift + Ctrl + U 를 사용합니다.

2 흑백 이미지 확인하기

채도 단계가 제거되어 흑백 이미지가 적용된 것을 확인합니다.

◎ **[시작파일]** ch06/ch06-sec05-02.jpg ◉ **[완성파일]** ch06/ch06-sec05-02(완성).jpg

03 분위기 있는 단색 이미지 연출하기

[Black&White]를 이용하여 흑백 이미지를 만든 후, [Tint]를 추가하여 분위기 있는 단색 이미지를 연출해 보겠습니다.

1 단색 이미지 연출하기

① 'ch06-sec05-02.jpg' 파일을 불러온 후, 화면에 맞춥니다.

② [Image]-[Adjustments]의 하위 메뉴 중 [Black & White]를 선택합니다. [Black and White] 대화창이 나타나면 흑백 이미지로 바뀝니다.

③ 대화창에서 [Tint]를 체크합니다.

④ [OK] 버튼을 클릭합니다.

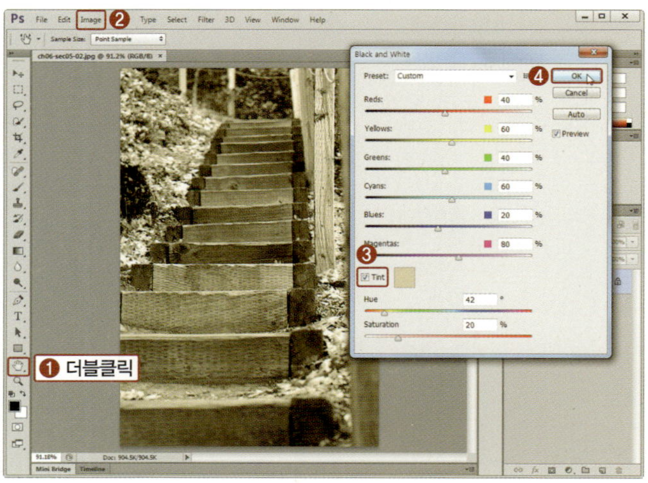

NOTE

[Black&White] 기능의 단축키는 Alt + Shift + Ctrl + B 를 사용합니다.

2 확인하기

단색 이미지가 연출된 것을 확인합니다.

Photoshop 코칭

[Black and White] 대화창 살펴보기

[Black and White]는 전문적인 흑백 사진을 만드는 기능으로 10개의 프리셋을 제공하여 다양한 흑백 이미지를 만들 수 있습니다. 모노톤 효과와 흡사한 [Tint] 기능까지 제공하고 있으며, 여섯 가지 색상의 슬라이더를 각각 움직여 농도를 개별적으로 조정할 수 있습니다.

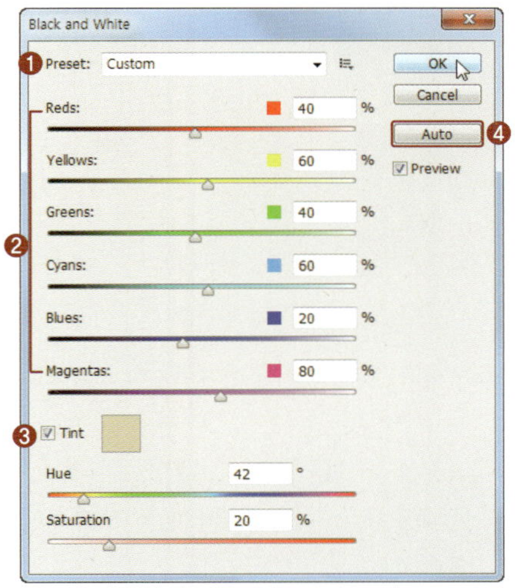

❶ Preset : 10개의 프리셋을 제공하고 있어 좀 더 쉽게 원하는 결과를 얻을 수 있습니다.

❷ 슬라이더 : RGB, CMYK 색상별로 흑백 톤을 조정합니다.

❸ Tint : 체크하면 슬라이더를 움직여 'Hue' 색상과 'Saturation' 채도의 값을 조정하여 단색 이미지를 연출할 수 있습니다.

❹ Auto : 자동으로 흑백 이미지를 만듭니다.

색상, 채도, 명도 동시에 조절하기 [Hue/Saturation]

SECTION 06

[Hue/Saturation] 대화창에서 'Colorize'를 체크하여 [Duotone] 모드처럼 단색 이미지를 연출해봅니다. 색상, 채도, 명도를 각각 조절하여 변화된 이미지의 정보를 동시에 확인할 수 있어 편리한 기능입니다.

| 학습 포인트 |

- 색상, 채도, 명도 조절하기
- Colorize 적용하기
- [Hue/Saturation] 대화창 살펴보기

◎ **[시작파일]** ch06/ch06-sec06.jpg ◉ **[완성파일]** ch06/ch06-sec06(완성).jpg

01 색상, 채도, 명도 조절과 단색 이미지 연출하기

[Hue/Saturation] 기능을 이용하여 색상 정보를 조절하고, 'Colorize'를 적용하여 단색 이미지를 연출해 보겠습니다.

1 [Hue/Saturation]으로 색상과 채도 조절

① [Image]-[Adjustments]의 하위 메뉴 중 [Hue/Saturation]을 선택합니다.

② [Hue/Saturation] 대화창 목록에서 'Hue' 값을 '+150', 'Saturation' 값은 '-15'을 차례로 입력한 후, 'Lightness' 값은 그대로 '0'으로 합니다.

③ [OK] 버튼을 클릭합니다. 슬라이더를 직접 조절해도 됩니다.

NOTE

[Hue/Saturation] 기능의 단축키는 Ctrl + U를 사용합니다.

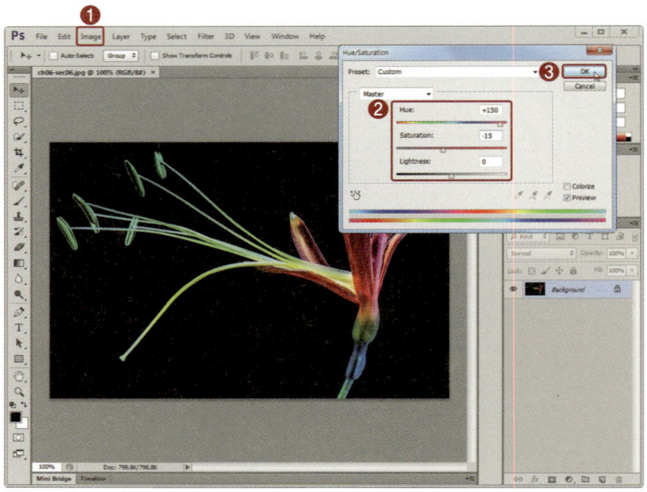

2 색상과 채도 확인하기

빨간색 꽃의 색상이 초록색으로 변경되고, 채도는 조금 낮춰진 것을 확인합니다.

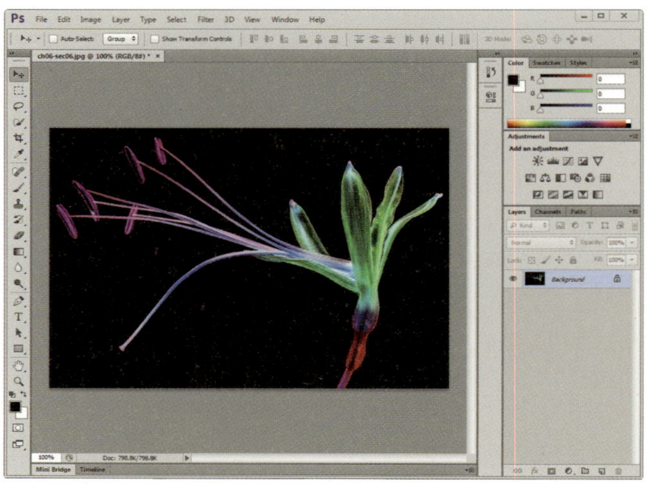

3 단색 이미지 연출하기

① 다시 [Image]–[Adjustments]의 하위 메뉴 중 [Hue/Saturation]을 선택합니다.

② [Hue/Saturation] 대화창에서 'Colorize'를 체크하면, 이미지의 색상이 단색으로 변경된 것을 확인합니다.

③ [OK] 버튼을 클릭합니다.

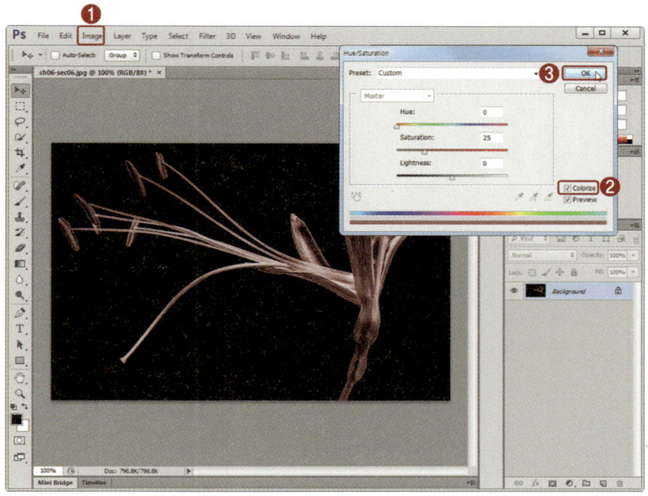

NOTE

[Hue/Saturation]에서 'Colorize'를 체크하면, [Duotone] 모드를 연출할 수 있습니다.

4 확인하기

Colorize 색상화가 적용된 단색 이미지를 확인합니다.

《 Photoshop 코칭 》

[Hue/Saturation] 대화창 살펴보기

이미지의 색상 정보를 변경하는 기능으로, 색상과 채도, 밝기 값을 조정할 수 있으며 'Colorize'에 체크 표시하면 단색 이미지를 쉽게 만들 수 있습니다.

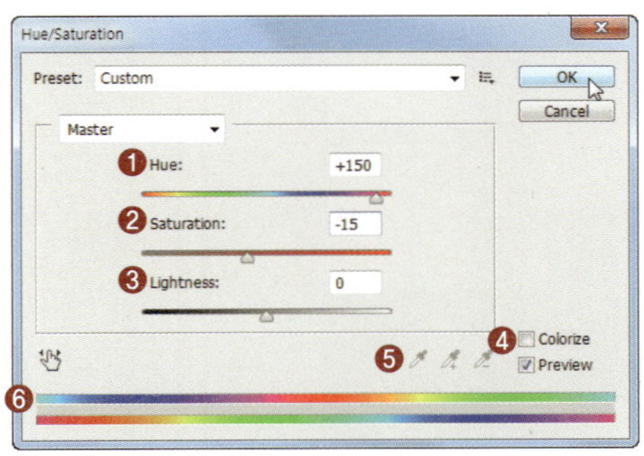

❶ Hue : 색상 값을 슬라이더를 움직여 조정합니다.

❷ Saturation : 슬라이더를 움직여 채도 값을 조정합니다.

❸ Lightness : 슬라이더를 움직여 밝기 값을 조정합니다.

❹ Colorize : 이미지를 모노톤으로 만듭니다.

❺ 스포이드 : [Edit]에서 색상 영역을 설정했을 때 활성화됩니다. 색상 영역을 추가하거나 제거할 때 사용합니다.

❻ 스펙트럼 : 색상을 조절할 때 스펙트럼으로 대치되는 색상을 보여줍니다.

SECTION 07

이미지의 명도 단계를 그레이디언트로 변신하기

[Gradient Map]

작업 중인 이미지를 그레이디언트 컬러 단계로 적용하는 기능을 [Gradient Map...]이라고 합니다. [Gradient Map...]과 [Gradient Editor]에서 색상을 선택해 적용해봅니다.

| 학습 포인트 |

- 이미지 명암 확인하기
- [Gradient Map...] 살펴보기
- [Gradient Editor]에서 색상 선택 적용하기

◎ **[시작파일]** ch06/ch06-sec07.jpg ◉ **[완성파일]** ch06/ch06-sec07(완성).jpg

01 보라색과 주황색 그레이디언트로 명암에 적용하기

이미지의 명암 단계에 그레이디언트 맵을 이용하여 색감을 적용합니다.

1 파일 열기

'ch06-sec07.jpg' 파일을 불러온 후 [Tools] 패널에서 [Hand Tool] 을 더블클릭합니다.

2 그레이디언트 맵 적용하기

① [Image]-[Adjustments]의 하위 메뉴 중 [Gradient Map...]을 선택합니다.

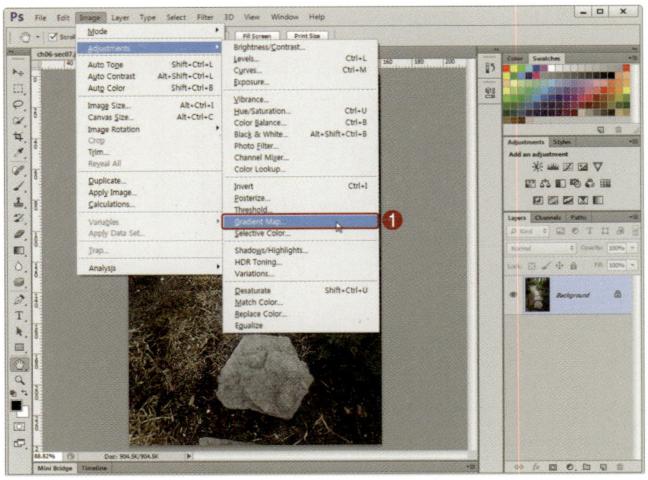

② [Gradient Map] 대화창이 나타나면 'Click to edit the gradient'를 클릭합니다.

③ [Presets] 목록에서 'Violet, Orange'를 선택합니다.

④ [OK] 버튼을 클릭합니다.

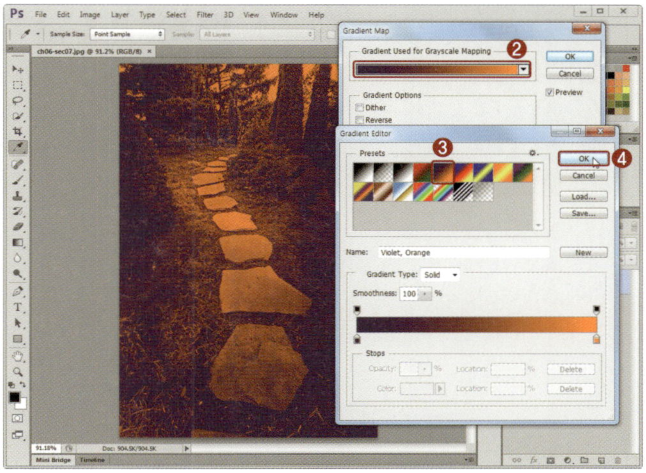

3 그레이디언트 적용 확인하기

이미지의 명도 단계가 그레이디언트로 적용된 것을 확인합니다.

SECTION 08

특정 부분 색상 교체하기
[Replace Color]

[Replace Color]는 이미지의 특정한 부분의 색상만 교체하고 싶을 때 사용합니다. [Replace Color] 기능으로 색상, 채도, 명도 조절을 추가해 자연스런 색상으로 교체해봅니다.

| 학습 포인트 |

- [Replace Color]로 색상 수정하기
- [Replace Color]의 대화창 살펴보기

◎ **[시작파일]** ch06/ch06-sec08.jpg ◉ **[완성파일]** ch06/ch06-sec08(완성).jpg

01 분홍색 꽃잎을 푸른 보라색 꽃잎으로 변경하기

특정 부분의 색상만 변경하기 위해 스포이드로 변경할 부분을 선택 범위로 지정하여 교체합니다.

1 색상 대체 적용하기

① 'ch06-sec08.jpg' 파일을 불러온 후, [Tools] 패널에서 [Hand Tool] 을 더블클릭합니다.

② [Image]-[Adjustments]의 하위 메뉴 중 [Replace Color...]를 선택합니다.

③ [Replace Color] 대화창이 나타나면 [Eyedropper Tool] 을 선택합니다.

④ 꽃잎의 중간톤 부분을 클릭하여 추출합니다.

⑤ [Replace Color] 대화창의 미리보기창에서 으로 클릭한 꽃잎 부분이 흰색으로 선택된 것을 확인합니다.

2 [Replacement] 옵션 값 설정하기

① [Add to sample] 을 선택합니다.

② 꽃잎의 어두운 톤을 클릭하여 추가합니다.

③ 'Fuzziness'를 '145'로 설정합니다.

④ [Replacement] 옵션의 'Hue'는 '−70', 'Saturation'은 '−20'을 입력합니다.

⑤ [OK] 버튼을 클릭합니다.

NOTE

색상을 변경하고자 특정 부분의 범위를 선택하여 추출할 경우 로 색상을 추출하는 위치가 개인마다 다를 수 있어 'Fuzziness' 값이 이 책과 다를 수도 있습니다. 꽃잎 부분만 모두 선택되도록 지정합니다.

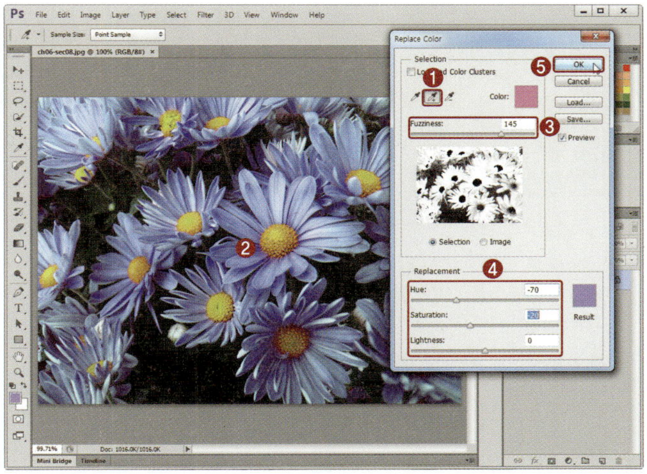

3 확인하기

분홍색 꽃잎의 색상만 푸른 보라색으로 변경된 것을 확인합니다.

《 Photoshop 코칭 》

[Replace Color] 대화창 살펴보기

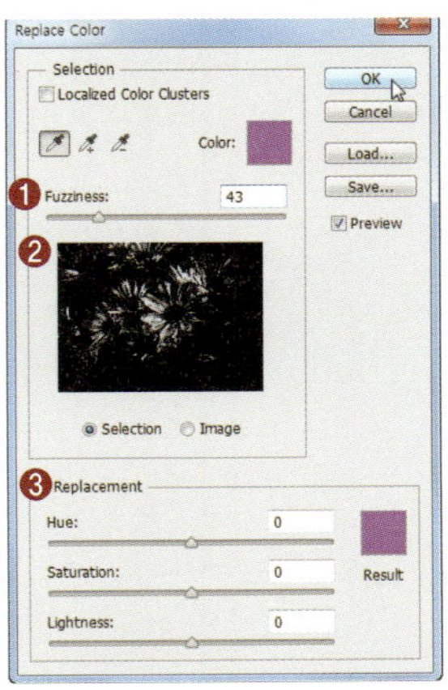

[Replace Color]는 색상의 범위를 설정하여 색상을 수정하는 기능으로, 수정할 색상 범위를 설정한 후 색상, 채도, 밝기를 조절할 수 있습니다.

❶ Fuzziness : 슬라이더를 조절하여 수정할 영역을 확장하거나 줄입니다.

❷ 미리보기창 : 미리보기창을 통해 수정할 영역을 확인할 수 있습니다. 'Selection'으로 설정하면 색상 범위가 흰색으로 표시됩니다.

❸ Replacement : 수정할 영역의 색상(Hue), 채도(Saturation), 명도(Lightness)를 조절합니다.

SECTION 09

독특한 효과 적용하기

[Invert], [Posterize], [Threshold]

[Invert]로 보색 이미지를 만들고, [Posterize]를 적용하여 색상 단계를 단순화하여 그림 같은 효과를 연출하기도 하고, [Threshold]를 적용하여 판화 이미지를 제작해봅니다.

| 학습 포인트 |

- [Invert]로 보색 이미지 만들기
- [Posterize] 적용하여 색상 단계 단순화하기
- [Threshold]를 적용하여 판화 이미지 만들기
- [Layers] 패널의 [Thumbnail Size] 변경하기

◎ **[시작파일]** ch06/ch06-sec09.psd ◉ **[완성파일]** ch06/ch06-sec09(완성).psd

01 이미지를 보색, 단순화하여 판화 이미지 연출하기

각각의 레이어를 선택하여 독특한 [Adjustments] 기능을 적용하여 봅시다.

1 [Thumbnail Size] 선택하기

① 'ch06-sec09.psd' 파일을 불러온 후 [Layers] 패널의 팝업 메뉴 ▾≡ 를 클릭하여, [Panel Options...]를 선택합니다.

② [Layers Panel Options] 대화창이 나타나면 [Thumbnail Size] 목록에서 네 번째 가장 큰 것을 체크합니다.

③ [OK] 버튼을 클릭합니다.

2 색상, 명도 반전 적용하기

① [Layers] 패널에서 'Invert' 레이어를 선택합니다.

② [Image]–[Adjustments]의 하위 메뉴 중 [Invert]를 선택합니다.

③ 색상은 보색, 명도는 반대로 적용된 것을 확인합니다.

NOTE

단축키 Ctrl + I 를 사용합니다.

3 색상 단순화하기

① [Layers] 패널에서 'Posterize' 레이어를 선택합니다.

② [Image]–[Adjustments]의 하위 메뉴 중 [Posterize...]를 선택합니다.

③ [Posterize] 대화창이 나타나면 'Levels'를 '5'로 입력합니다.

④ [OK] 버튼을 클릭합니다.

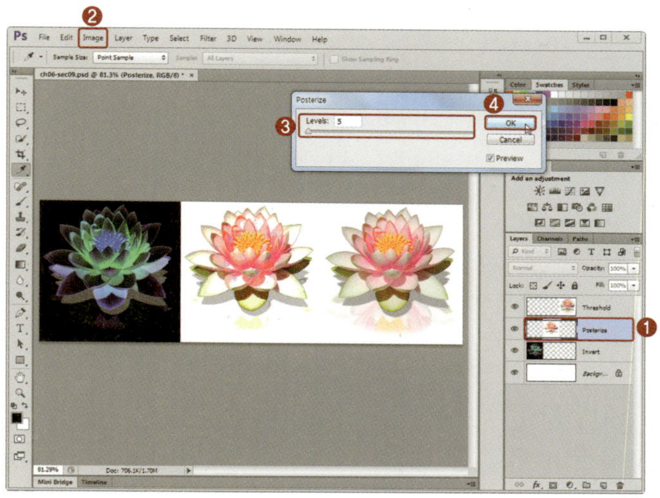

4 판화 이미지 만들기

① [Layers] 패널에서 'Threshold' 레이어를 선택합니다.

② [Image]–[Adjustments]의 하위 메뉴 중 [Threshold...]를 선택합니다.

③ [Threshold] 대화창이 나타나면 'Threshold Level'을 '195'로 입력합니다.

④ [OK] 버튼을 클릭합니다.

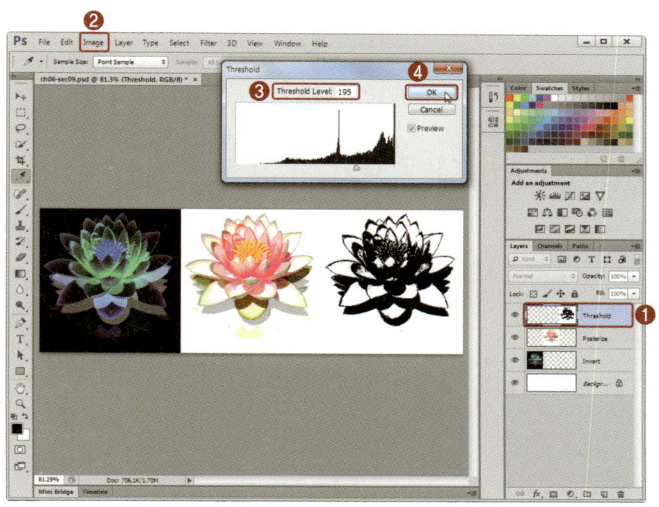

TRAINING & TEST
실력 점검하기

이론 01 빈칸을 채우시오.

	[Adjustments]	[Adjustment Layer]
위치	(①) 안 명령어	[Layers] 패널 하단 ◐ 아이콘
적용 위치	[Layers] 패널에서 'Background'에 바로 적용	[Layers] 패널에서 'Background' 위에 (②)를 이용하여 적용
특징	원본 레이어에 바로 적용하므로 원본에 손상을 주기 때문에 사본 레이어를 추가하여 적용하거나 [History] 패널에서 취소	원본 레이어를 보호하고, 임의의 (②) 레이어를 사용하므로 수정 시 적용한 (②) 레이어만 삭제

이론 02 컬러 이미지를 흑백 이미지로 변경하는 3가지 방법을 쓰시오.

이론 03 색상 조정 명령어 중 성격이 다른 것은?

① Levels ② Curves
③ Variation ④ Brightness/Contrast

이론 04 다음 중에서 포토샵의 보정 도구 모음에서 주로 색의 밝기와 대비를 조절하는 도구가 아닌 것은 무엇인가?

① Brightness/Contrast ② Levels
③ Color balance ④ Curves

실습 01 단색의 부조 이미지 연출하시오.

• [시작파일] ch06/ch06–실습01.jpg • [완성파일] ch06/ch06–실습01(완성).jpg • [해설파일] ch06/ch06–실습해설01.pdf

Before

After

HOW TO [Image]–[Adjustments]–[Threshold...] 선택, [Threshold level] 값을 '108'로 설정 → Filter]–[Filter Gallery...] 선택 → [Sketch]에서 [Note Paper] 선택 → [Image Balance]는 '25', [Graininess]는 '10', [Relief]는 '11' 설정 → [Image]–[Adjustments]–[Variations] 선택, [More Red]와 [Darker]를 한 번씩 클릭(CC 버전에서는 [Image]–[Adjustments]의 [Match color]을 선택하고 [Color Intensity] 수치 낮춤)

실습 02 이미지 전체를 캔버스 안의 유화처럼 삽입하시오.

• [시작파일] ch06/ch06–실습02.jpg • [완성파일] ch06/ch06–실습02(완성).psd • [해설파일] ch06/ch06–실습해설02.pdf

Before

After

HOW TO 'Background' 복사 → 'Background copy' 레이어의 [Opacity]를 '50%'로 조절하고, [Edit]–[Transform]–[Distort] 지정한 후, 조절점을 캔버스 꼭지점에 맞춤 → 다시 'Background copy' 레이어의 [Opacity]를 '100%'로 조절하고, [Image]–[Adjustments]–[Posterize] 선택, [Levels] 값은 '10' 설정 → 이어서 [Hue/Saturation] 선택, [Saturation] 값은 '+80', [Lightness] 값은 '+20' 설정

실습 03 빛바랜 이미지를 풍부한 색상 이미지로 연출하시오.

• **[시작파일]** ch06/ch06-실습03.jpg • **[완성파일]** ch06/ch06-실습03(완성).jpg • **[해설파일]** ch06/ch06-실습해설03.pdf

Before

After

HOW TO [Image]-[Adjustments] 하위 메뉴 중복 사용 → [Levels]에서 'Input Levels' 값을 '40', '0.86', '249'로 설정하여 명암 조절 → [Vibrance]에서 'Vibrance' 값을 '+40', 'Saturation' 값은 '+50'으로 설정하여 색감 조절

실습 04 판화 포스터 이미지를 제작하시오.

• **[시작파일]** ch06/ch06-실습04.jpg • **[완성파일]** ch06/ch06-실습04(완성).jpg • **[해설파일]** ch06/ch06-실습해설04.pdf

Before

After

HOW TO [Image]-[Adjustments]-[Threshold]에서 'Threshold Level'을 '100'으로 설정 → 전경색 '보라색', 배경색 '노랑색'으로 지정 → 다시 [Adjustments]-[Gradient Map...]에서 색상 확인하고, [OK] 버튼 클릭

MEMO

CHAPTER

07

이미지 복원과 복제 그리고 리터칭

포토샵에서 리터칭 기법이란
사용자가 마우스를 드래그하여 정교하게 작업하는
사진 수정 및 보정 효과를 말합니다. 이번 장에서는 리터칭 관련 툴들의
특징과 차이점을 알아보고 이를 활용한 사진 기법에 대해
설명하겠습니다.

＊PREVIEW 한눈에 살펴보기

SECTION	제목	학습할 주요 기능
1	먼지와 잡티 제거하기 *[Spot Healing Brush Tool]*	• [Spot Healing Brush Tool]의 기능 이해하기 • [Spot Healing Brush Tool]의 기능 익히기
2	복구 도구로 넓은 주름 제거하기 *[Healing Brush Tool]*	• [Healing Brush Tool]의 기능 이해하기 • [Healing Brush Tool]의 기능 익히기 • [UPGRADE 실력올리기] [Filter]–[Liquify] 기능으로 얼굴 성형하기
3	복구 도구로 복원과 복제하기 *[Patch Tool]*	• [Patch Tool]의 기능 이해하기 • [Patch Tool]의 기능 익히기
4	적목 현상 제거하기 *[Red Eye Tool]*	• [Red Eye Tool] 기능 익히기
5	도장 도구로 지우고 똑같이 복제하기 *[Clone Stamp Tool]*	• [Clone Stamp Tool] 기능 익히기
6	배경 한방에 정리하기 *[Content–Aware Fill]*	• [Content-Aware Fill] 기능 익히기
7	컬러 샘플링하여 색상 다시 칠하기 *[Color Replacement Tool]*	• [Color Replacement Tool]의 기능 익히기 • [UPGRADE 실력올리기] [History Brush Tool]을 이용하여 이미지 복원하기
8	뽀샤시하게 보정하기 *[Blur Tool]*	• [Blur Tool]의 기능 익히기
9	리터칭하여 얼굴 톤 보정하기 *[Dodge Tool], [Burn Tool]*	• [Dodge Tool]과 [Burn Tool] 기능 익히기

SECTION 01

먼지와 잡티 제거하기
[Spot Healing Brush Tool]

[Spot Healing Brush Tool]을 사용하면 잡티를 제거할 때 자동으로 수정할 이미지의 톤은 유지하면서 주변의 색상과 질감을 인식하여 적용합니다. 간단하면서도 자연스럽게 이미지를 보정해 보겠습니다.

| 학습 포인트 |

- [Spot Healing Brush Tool]의 기능 이해하기
- [Spot Healing Brush Tool]의 기능 익히기

01 [Spot Healing Brush Tool]의 기능 이해하기

[Spot Healing Brush Tool]은 드래그하거나 클릭하여 잡티를 제거할 수 있습니다. 결과가 가장 뛰어난 경우는 이미지의 잡티가 작거나 잡티의 주변이 깨끗한 경우입니다. 브러시 사이즈는 단축키인 [와] 를 눌러서 조정합니다.

▲ 복구할 주변이 깨끗한 경우 [Spot Healing Brush Tool] 사용

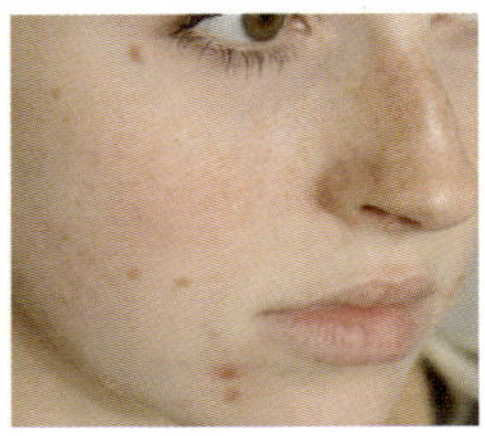

▲ 복구할 영역이 광범위할 경우 [Healing Brush Tool] 이나 [Patch Tool] 사용

《 Photoshop 코칭 》

[Spot Healing Brush Tool] 옵션 바 살펴보기

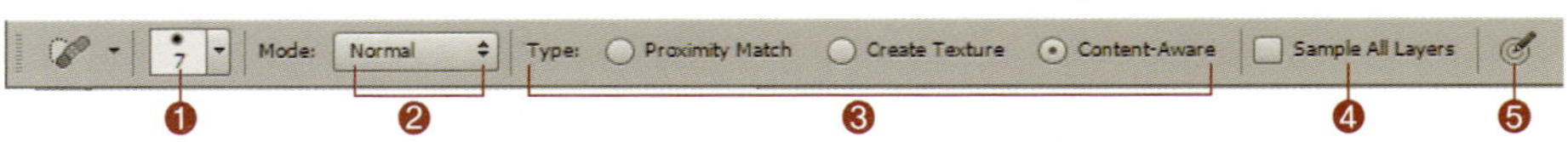

❶ Brush Picker : 브러시 사이즈와 딱딱한 정도, 간격을 설정합니다.

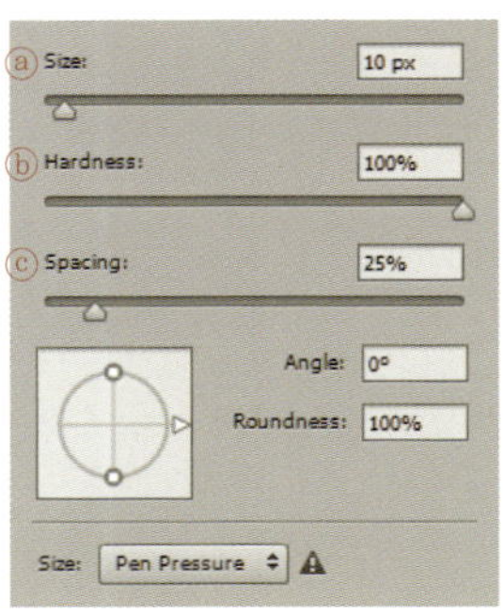

ⓐ Size : 브러시 크기를 픽셀 단위로 설정합니다.
ⓑ Hardness : 브러시 경계면의 부드러움을 조절합니다. 0%에 가까울수록 부드럽게 표현됩니다.
ⓒ Spacing : 브러시의 간격을 조절합니다. 기본 값으로 둡니다.

❷ Mode : 블랜드 모드를 설정합니다.
❸ Type : 이미지 수정 방법을 설정합니다.
  – Proximity Match : 근접에 일치하는 이미지의 색상과 명암을 찾아 복원합니다.
  – Create Texture : 복구할 영역의 모든 색상을 사용하여 수정할 질감으로 복원합니다.
  – Content–Aware : 주위의 색조, 조명 등을 고려하여 제거하고자 하는 부분을 자연스럽게 복원합니다.
❹ Sample All Layer : 모든 레이어를 인식하여 복원 효과를 적용합니다.
❺ Tablet Pressure Controls Size : 태블릿을 연결하여 작업할 때만 적용되는 기능입니다. 펜의 압력에 따라 브러시 획의 각도, 플로, 분산, 질감, 깊이 등이 적용됩니다.

◎ [시작파일] ch07/ch07–sec01.jpg ◉ [완성파일] ch07/ch07–sec01(완성).jpg

02 [Spot Healing Brush Tool]의 기능 익히기

1 브러시 설정하고 잡티 제거하기

① 'ch07–sec01.jpg' 파일을 불러옵니다.
② 벽면의 잡티 제거를 위해 [Spot Healing Brush Tool] 을 선택합니다.
③ 브러시 프리셋 픽커를 열어 [Size]를 '25px'로 설정합니다.
④ 벽면의 잡티를 클릭합니다.

2 잡티 제거하기

잡티 부분을 드래그하여 제거할 수도 있습니다. 그림과 같이 가장자리부터 드래그하여 잡티를 제거해 나갑니다.

NOTE

너무 많은 영역을 한꺼번에 드래그하면 어색해질 수 있으니 그룹을 지어서 지워주세요.

3 제거 영역 선택하기

① [Patch Tool] 을 선택합니다.

② 나머지 남은 부분을 드래그합니다.

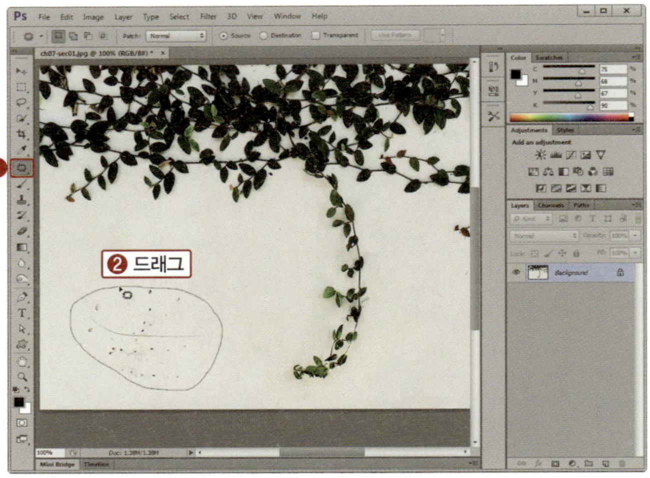

NOTE

잡티가 뭉쳐있는 부분은 한 번에 깨끗한 질감으로 대치해 주는 을 사용하는 것이 적절합니다.

4 한 번에 잡티 제거하기

최대한 수정할 영역과 비슷한 질감을 가진 부분으로 드래그해야 자연스럽게 복구가 됩니다. 그림과 같이 깨끗한 영역으로 드래그하면 잡티가 수정됩니다.

SECTION 02

복구 도구로 넓은 주름 제거하기
[Healing Brush Tool]

[Healing Brush Tool] 은 복사한 샘플 소스를 이용하여 이미지를 수정하거나 복제하는 도구입니다. 기존 이미지의 질감, 밝기 등을 살리며 자연스럽게 복원하는 방법을 알아봅니다.

| 학습 포인트 |

- [Healing Brush Tool]의 기능 이해하기
- [Healing Brush Tool]의 기능 익히기
- **[Upgrade 실력올리기] [Filter]–[Liquify] 기능으로 얼굴 성형하기**

01 [Healing Brush Tool]의 기능 이해하기

[Healing Brush Tool] 은 복원을 위해 소스를 임의로 지정해서 복원하고자 할 때 사용됩니다. 먼저 Alt 를 눌러 샘플을 복사해야 합니다. 이후 복원할 부분을 클릭하거나 드래그하여 사용할 수 있습니다.

▲ 체리 샘플을 복사한 후 빈 곳을 드래그하면 체리가 복제됨

▲ 접시나 빵 샘플을 복사한 후 체리 위를 클릭하면 복사한 질감으로 복원됨

《 Photoshop 코칭 》

[Healing Brush Tool] 옵션 바 살펴보기

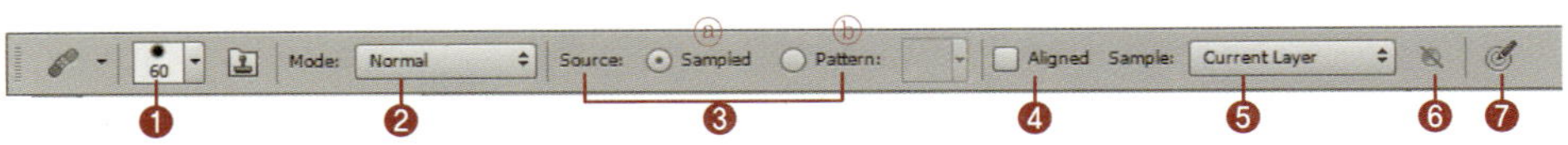

❶ Brush : 브러시 크기를 픽셀 단위로 설정합니다.

❷ Mode : 블랜드 모드를 설정합니다.

❸ Source : 이미지를 수정할 때 사용할 내용을 설정합니다.

ⓐ Sampled : Alt 를 눌러 캡처한 부분의 샘플 이미지를 붙여 넣을 수 있습니다.

ⓑ Pattern : 패턴 이미지로 효과를 적용할 수 있습니다.

❹ Aligned : 체크 표시하면 처음 캡처한 부분에서부터 주변까지 연장하여 복제할 수 있습니다. 체크 표시를 해제하면 처음 복사한 부분만 복제되어 같은 이미지가 반복됩니다.

❺ Sample : 복사할 레이어를 설정합니다.

– Current layer : 현재 레이어로 설정합니다.

– Current & Below : 현재 레이어와 아래쪽 레이어로 설정합니다.

– All layers : 모든 레이어로 설정합니다.

❻ Turn on to ignore adjustment layers when healing : [Sample]에서 [All layers]를 체크했을 때 활성화됩니다. 체크하면 조정 레이어 효과가 적용되지 않습니다.

❼ Tablet pressure controls size : 태블릿을 연결하여 작업할 때만 적용되는 기능입니다. 펜 압력에 따라 브러시 획의 각도, 분산, 질감, 플로, 깊이 등을 설정할 수 있습니다.

◎ [시작파일] ch07/ch07-sec02.jpg ◉ [완성파일] ch07/ch07-sec02(완성).jpg

02 [Healing Brush Tool]의 기능 익히기

1 파일 불러오고 복사하기

① 'ch07-sec02.jpg' 파일을 불러옵니다.

② [Healing Brush Tool] 을 선택합니다. 얼굴에 잔주름이 많은 얼굴입니다.

③ [와] 를 눌러 브러시 사이즈 '10px'로 설정합니다.

④ 얼굴에서 가장 주름이 없어 보이는 볼을 복사하겠습니다. Alt 를 누른 채 클릭합니다.

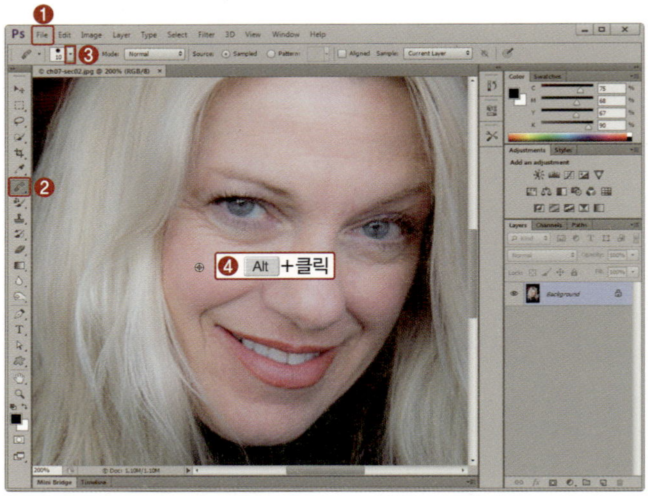

2 눈 밑 주름 제거하기

눈 밑의 주름 부분을 클릭하여 볼의 피부 질감으로 복원합니다. 이때 문지르지 말고 톡톡 두들기듯 클릭합니다.

3 이마 질감 복사하기

Alt 를 누른 채 이마의 주름 사이를 클릭합니다.

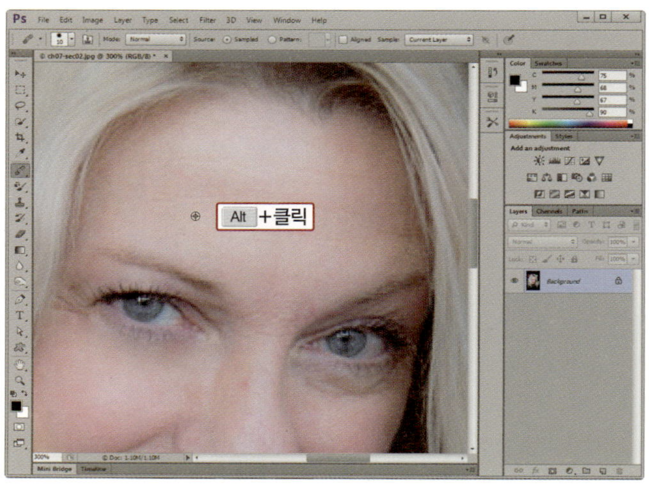

4 이마 주름 복원하기

① 주름 위를 길게 드래그하여 주름을 제거합니다.

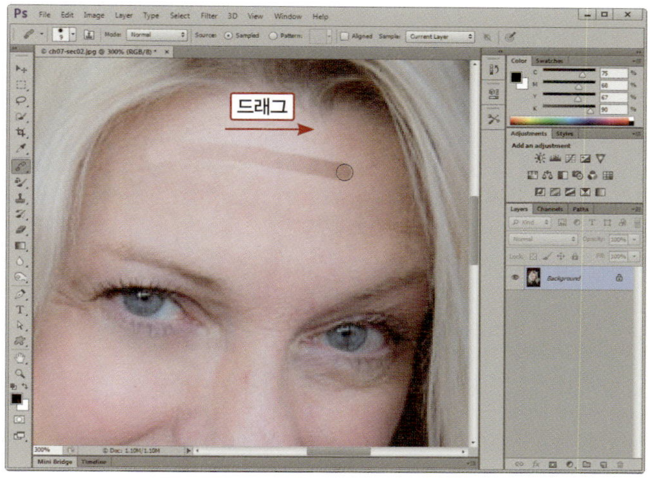

② 왼쪽 눈 주위와 이마의 주름이 복원된 상태입니다.

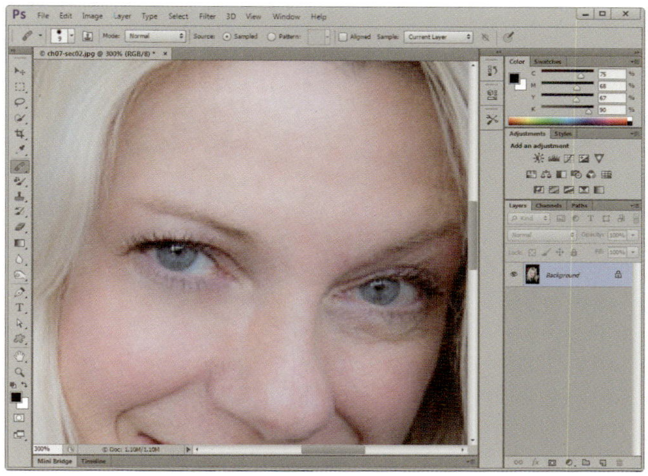

5 나머지 부분 복원하기

결과를 세심히 보면서 얼굴 전체를 복원합니다.

UPGRADE 실력 올리기

[Filter]–[Liquify] 기능으로 얼굴 성형하기

◎ **[시작파일]** ch07/얼굴성형.jpg ◉ **[완성파일]** ch07/얼굴성형(완성).jpg

얼굴 주름 복원과 함께 병행되는 것이 얼굴 성형입니다. 포토샵에서 대표적인 성형 효과를 만드는 필터로 [Liquify]가 있습니다. 픽셀을 유동적으로 밀고, 부풀리고, 쪼그라트리는 기능을 제공합니다. [Liquify] 필터 대화창에서 다음과 같은 포토샵의 단축키들을 사용할 수 있습니다.

- 단축키 [,] 로 브러시 사이즈를 줄일 수 있습니다.
- Ctrl + Alt + Z 를 눌러 전 단계로 돌아가기, Ctrl + Shift + Z 를 눌러 앞 단계로 돌아오기를 실행할 수 있습니다.
- Ctrl + Space Bar 를 눌러 확대 기능을, Ctrl + Alt + Space Bar 를 눌러 축소 기능을 실행할 수 있습니다.
- Space Bar 를 누르면 [Hand Tool] 과 같은 기능을 실행할 수 있습니다.

▲ 원본 이미지 ▲ [Liquify]로 인물 성형

왼쪽의 인물 사진에서 코와 입술을 가늘게, 턱을 슬림하게 수정해 보겠습니다.

1. '얼굴성형.jpg' 파일을 불러옵니다. [Filter]–[Liquify]를 선택한 후 대화창이 나타나면 [Zoom Tool] 을 선택합니다. 이미지 안을 클릭하여 확대합니다.

NOTE

[Zoom Tool] 의 단축키는 Ctrl + Space Bar 입니다.

2. 을 선택합니다. [,]로 브러시 사이즈를 조정합니다. 오른쪽 콧날을 왼쪽으로 살짝 드래그합니다. 브러시 사이즈를 조금 더 줄이고 왼쪽 콧날도 오른쪽으로 살짝 드래그하여 가늘게 만듭니다.

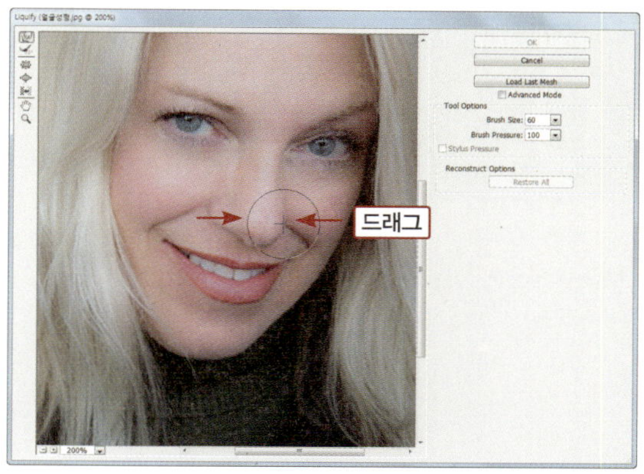

3. 이미지를 더 확대하고 브러시 사이즈를 더 줄입니다. 아래 입술 부분을 위로 조금씩 드래그하여 가늘게 만듭니다.

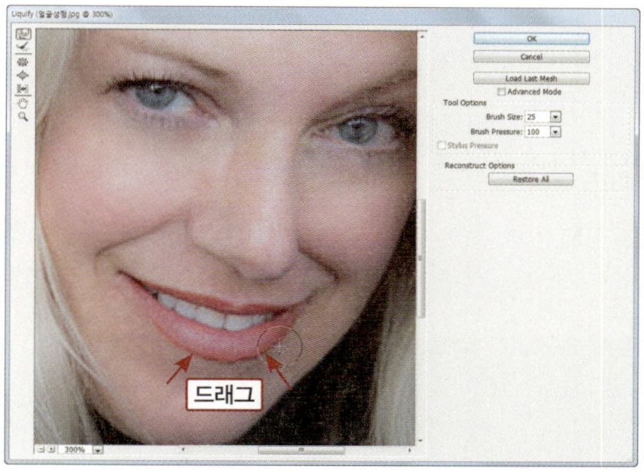

4. 를 선택합니다. 브러시 사이즈를 크게 키우고 미간 사이를 가볍게 클릭하여 콧날을 가늘게 만듭니다. [OK] 버튼을 클릭합니다.

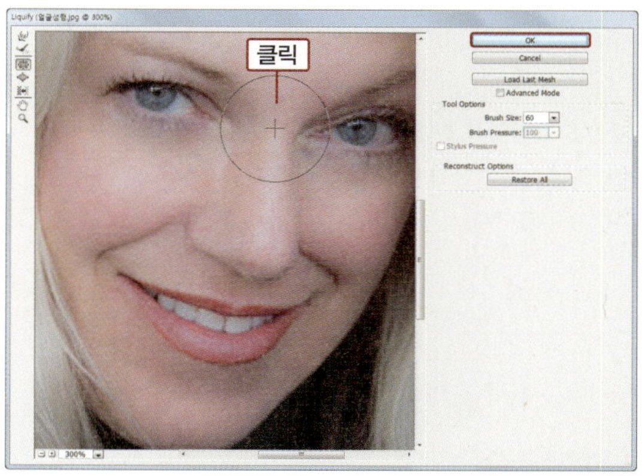

5. [Liquify] 필터가 적용된 결과물입니다. 밝기 보정 등을 적용하여 더 화사하게 수정할 수 있습니다.

SECTION 03

복구 도구로 복원과 복제하기

[Patch Tool]

[Patch Tool] 은 이미지를 선택한 후 복제 소스로 사용하거나 복원 대상으로 사용하여 수정하는 도구입니다. [Patch Tool]의 기능을 익혀보겠습니다.

| 학습 포인트 |

- [Patch Tool]의 기능 이해하기
- [Patch Tool]의 기능 익히기

01 [Patch Tool]의 기능 이해하기

[Patch Tool]은 제거하고자 하는 부분이 넓을 때 유용합니다. 옵션 바에서 'Source'와 'Destination'의 설정에 따라 복원하거나 복제됩니다. [Patch Tool] 로 먼저 선택 범위를 잡습니다. 이후 질감을 대치할 곳으로 드래그하거나 복제할 곳으로 드래그합니다.

▲ 선인장 이미지를 선택한 후 빈 곳으로 드래그하여 복제(옵션 바에서 Destination 선택)

▲ 상처난 부분을 선택한 후 대치할 곳으로 드래그하여 복원(옵션 바에서 Source 선택)

《 Photoshop 코칭 》

[Patch Tool] 옵션 바 살펴보기

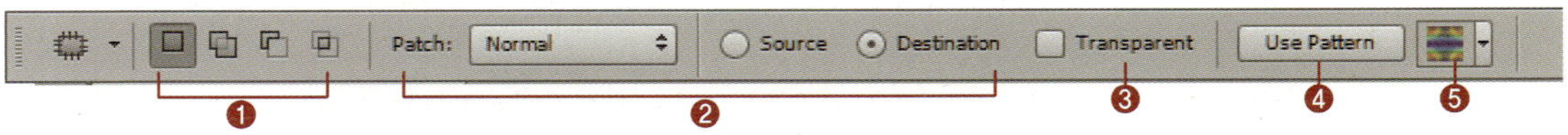

❶ 선택 영역 옵션 : 선택 영역을 추가하거나 제거하는 등에 관한 옵션입니다.
❷ Patch : 이미지 복사 방법을 선택합니다.
 – Normal : 복사할 소스(Source 선택)로 사용하거나 복원 대상(Destination 선택)을 지정할 수 있습니다.
 – Content–Aware : 원본 이미지와 소스 이미지를 혼합합니다.
❸ Transparent : 이미지를 복사할 때 투명도가 적용됩니다.
❹ Use Pattern : 이미지를 선택하면 활성화됩니다. 패턴으로 적용합니다.
❺ Pattern Picker : 패턴의 종류를 선택합니다. 포토샵에서 제공하는 패턴을 불러오거나 사용자가 등록한 패턴을 확인할 수 있습니다.

◎ **[시작파일]** ch07/ch07-sec03-01.jpg, ch07-sec03-02.jpg ◉ **[완성파일]** ch07/ch07-sec03-01(완성).jpg, ch07-sec03-02(완성).jpg

02 [Patch Tool]의 기능 익히기

1 복원할 이미지 선택하기

① 'ch07-sec03-01.jpg' 파일을 불러옵니다.

② [Patch Tool] 을 선택합니다.

③ 여자의 손가락에 있는 타투를 선택합니다.

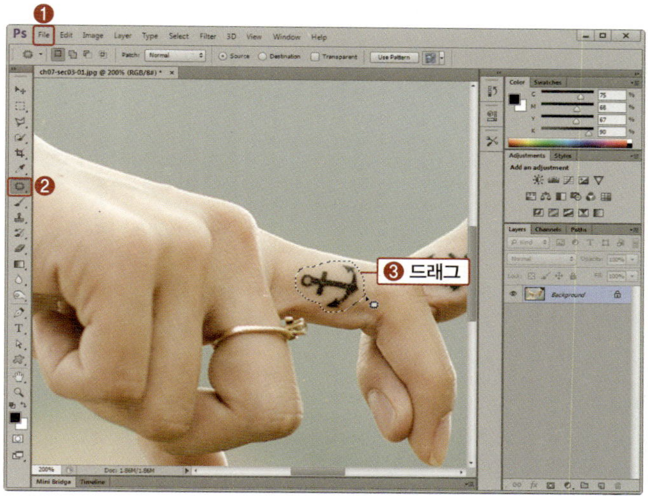

2 복원하기

복원 소스가 될 손목 부분으로 드래그합니다. 손목 부분의 질감이 적용됩니다.

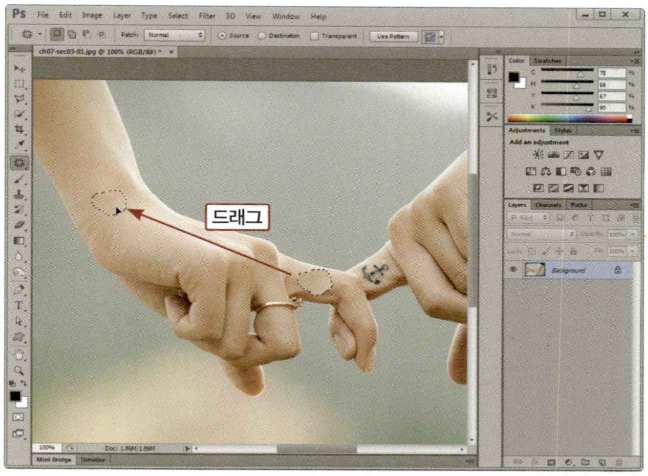

3 복원할 이미지 선택하고 복원하기

① 남자의 타투 부분을 드래그하여 선택합니다.

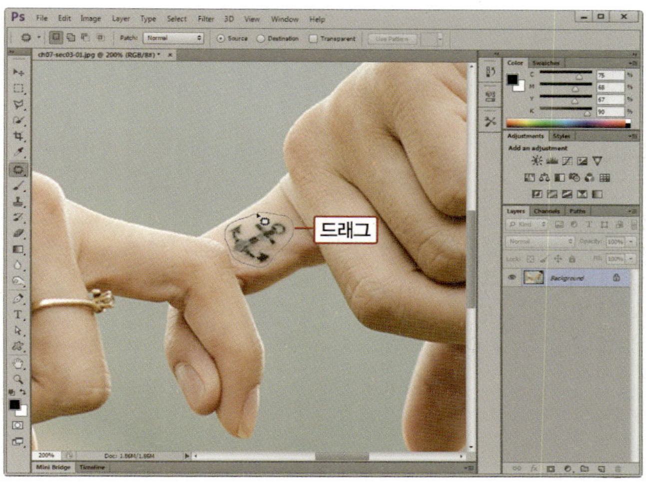

② 여자의 손목 부분으로 드래그하여 복원합니다.

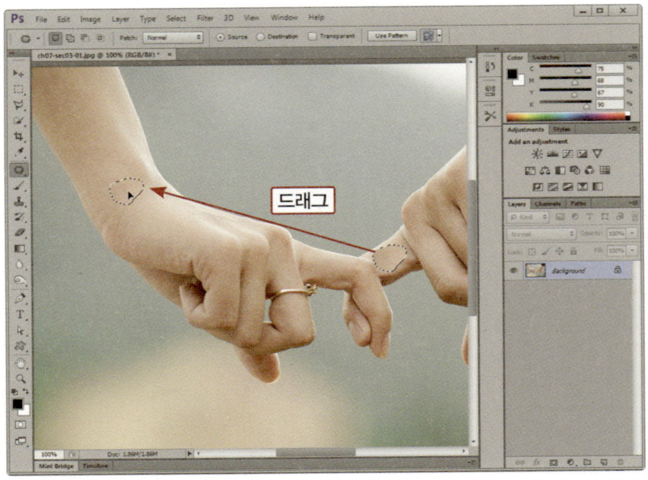

4 파일 불러오고 선택하기

① 'ch07-sec02-02.jpg' 파일을 불러옵니다.

② 옵션 바에서 [Destination]을 선택합니다.

③ 맨 앞의 갈매기를 드래그하여 선택합니다.

5 갈매기 복제하기

왼쪽 빈 곳으로 드래그합니다. 원본은 유지되고 드래그한 곳에 갈매기가 복제되었습니다.

SECTION 04

적목 현상 제거하기
[Red Eye Tool]

[Red Eye Tool] 은 어두운 실내나 야간에 플래시를 터뜨려 사진을 촬영할 때 눈동자에 플래시 빛이 반사되어 빨갛게 촬영되는 현상을 말합니다. 복원하고자 하는 빨간 눈동자 부분을 클릭하거나나 드래그하여 적목 현상을 제거해봅니다.

| 학습 포인트 |

• [Red Eye Tool] 기능 익히기

◎ **[시작파일]** ch07/ch07-sec04.jpg ◉ **[완성파일]** ch07/ch07-sec04(완성).jpg

01 [Red Eye Tool]의 기능 익히기

1 적목 현상 제거하기

① 'ch07-sec04.jpg' 파일을 불러온 후 [Red Eye Tool] 을 선택합니다.

② 얼굴의 눈 부분이 잘 보이도록 확대합니다.

③ 제거하고 싶은 눈동자의 붉은 부분을 드래그합니다. 적목 현상이 제거되고, 본래의 검은 눈동자로 수정됩니다.

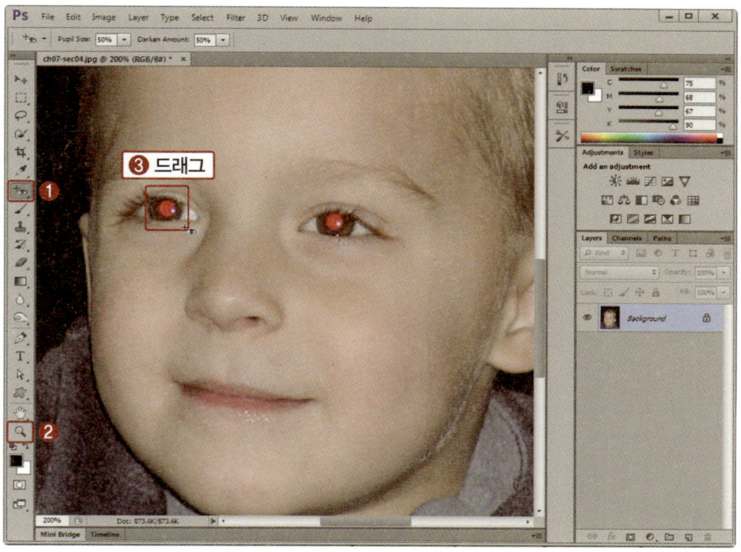

■ [Red Eye Tool] 대화창 살펴보기

❶ Pupil Size : 적목 현상을 보정할 눈동자의 범위를 설정합니다.
❷ Darken Amount : 적목 현상을 보정할 눈동자의 명암 정도를 설정합니다.

2 적목 현상 제거 후 확인하기

오른쪽의 눈동자도 위와 같은 방법으로 적목 현상을 제거합니다.

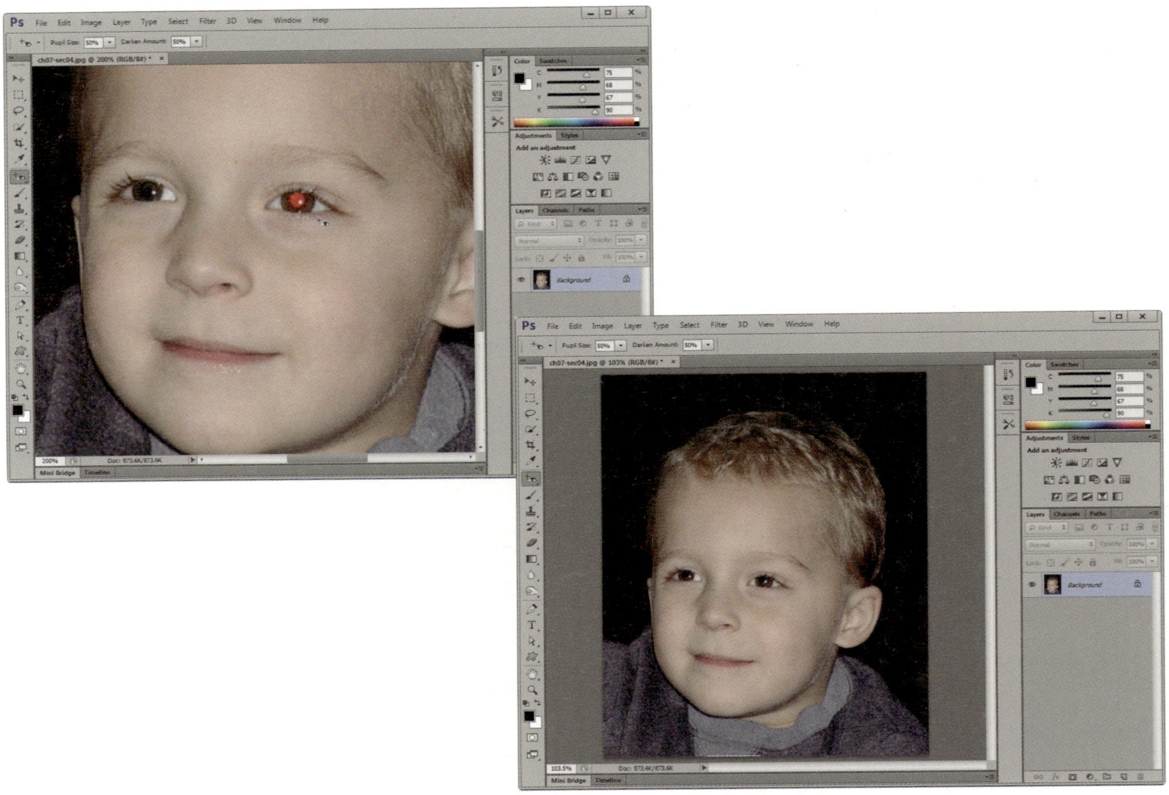

SECTION 05

도장 도구로 지우고 똑같이 복제하기

[Clone Stamp Tool]

[Clone Stamp Tool] 은 도장을 찍듯이 캡처한 부분의 색상과 명암을 그대로 복제해 줍니다. 기능을 익힌 후 적용하는 방법을 배워봅니다.

| 학습 포인트 |

- [Clone Stamp Tool]의 기능 익히기

◎ **[시작파일]** ch07/ch07-sec05.jpg ◉ **[완성파일]** ch07/ch07-sec05(완성).jpg

01 [Clone Stamp Tool]의 기능 익히기

1 파일 불러오고 툴 선택하기

① 'ch07-sec05.jpg' 파일을 불러온 후 [Clone Stamp Tool] 을 선택합니다.

② 옵션 바에서 브러시 프리셋 픽커를 열어 [Size]는 부드러운 브러시, '70px'로 설정합니다.

③ Alt 를 누른 상태에서 복제하고자 하는 꽃 이미지를 클릭하여 캡처합니다.

2 꽃 복제하기

① 원하는 위치에서 클릭한 채 드래그하면 캡처하고 있는 범위를 + 로 표시합니다.

② 처음 복제한 꽃이 보이면 위로 더 드래그하여 꽃 두 개가 보이도록 합니다.

3 꽃 복사하고 복제하기

① Alt 를 누른 상태에서 왼쪽 아래 꽃 이미지를 클릭하여 캡처합니다.

② 원하는 위치에 드래그하여 자연스럽게 복제합니다. 같은 방법으로 빈 공간에 꽃을 채웁니다.

NOTE

잘못된 부분은 [History Brush Tool] 로 드래그하여 저장된 상태로 복구합니다.

《 Photoshop 코칭 》

[Clone Stamp Tool] 대화창 살펴보기

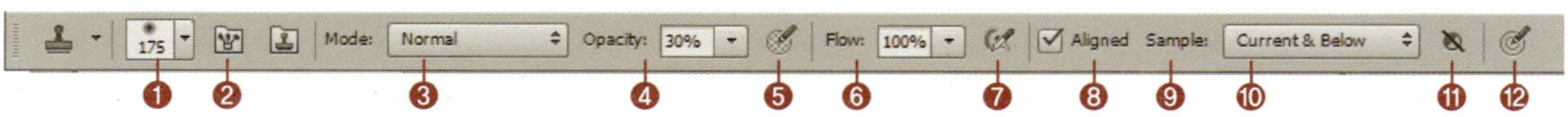

❶ Brush Preset Picker : 브러시의 모양과 크기를 설정합니다.

❷ Toggle the Brush Panel : [Brush] 패널을 표시합니다.

❸ Mode : 블랜드 모드를 설정합니다.

❹ Opacity : 복제될 이미지의 불투명도를 조절합니다.

❺ Always use Pressure for Opacity : 압력에 따라 불투명도가 조절됩니다.

❻ Flow : 적용되는 압력에 따라 브러시의 강약이 조절됩니다.

❼ Enable airbrush–style build–up effects : 마우스를 압력에 따라 에어브러시 효과처럼 적용됩니다.

❽ Aligned : 체크 표시하면 처음 캡처한 부분에서 주변으로 확장하여 복제됩니다. 체크 표시를 해제하면 마우스를 클릭할 때마다 처음 캡처한 부분이 복제됩니다.

❾ Sample : 복제 대상 레이어를 설정합니다.
- Current layer : 현재 레이어로 설정합니다.
- Current & Below : 현재 레이어와 아래쪽 레이어로 설정합니다.
- All layers : 모든 레이어로 설정합니다.

❿ Turn on to ignore adjustment layers when cloning : [All layers]를 체크했을 때 활성화됩니다. 체크하면 보정 레이어 효과가 적용되지 않습니다.

⓫ Turn off to include adjustment layers when cloning : 보정 레이어를 무시합니다.

⓬ Always use Pressure for Size : 압력에 따라 사이즈가 조절됩니다.

SECTION 06

배경 한방에 정리하기 *[Content-Aware Fill]*

[Content-Aware Fill] 기능은 이미지의 일부분을 없애야 할 때 많이 쓰이며 영역을 선택한 후 적용할 수 있습니다. 다양한 이미지 합성 작업에 유용한 [Content-Aware Fill]에 대해 설명하겠습니다.

| 학습 포인트 |

- [Content-Aware Fill]의 기능 익히기

◎ **[시작파일]** ch07/ch07-sec06.jpg ◉ **[완성파일]** ch07/ch07-sec06(완성).jpg

01 [Content-Aware Fill] 사용법 익히기

1 파일 불러오고 영역 잡기

① 'ch07-sec06.jpg' 파일를 불러옵니다.

② 제거할 부분을 확대합니다.

③ [Lasso Tool] 을 선택합니다.

④ 제거해야 할 영역을 선택합니다.

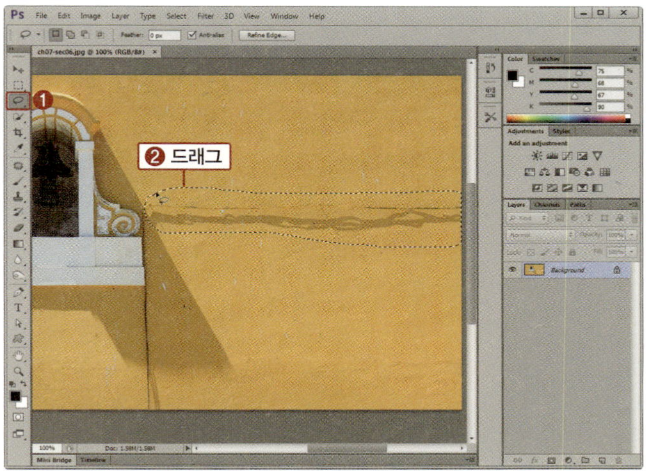

NOTE

제거 영역은 여유 있게 지정합니다.

2 [Content-Aware Fill] 적용하기

① [Edit]-[Fill]을 선택합니다.

② [Contents]-[Use]는 'Content-Aware'를 선택합니다.

③ [OK] 버튼을 클릭합니다. 선택 영역에 배경 이미지가 채워져 자연스럽게 합성된 것을 확인합니다.

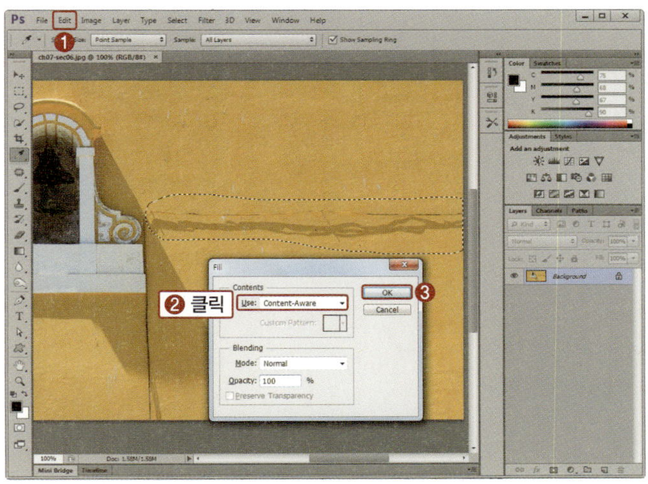

3 [Content-Aware Fill] 적용하기

① 같은 방법으로 하단의 세로 그림자 선을 선택합니다.

② [Edit]-[Fill]을 선택합니다.

③ [OK] 버튼을 클릭합니다.

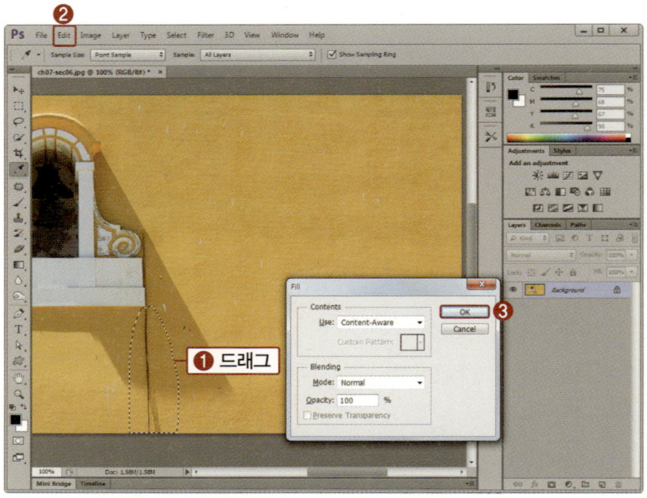

4 잡티 제거하기

① [Spot Healing Brush Tool] 를 선택합니다.

② 이미지를 확대하고 지워진 그림자 근처의 잡티들을 클릭하거나 드래그하여 제거합니다.

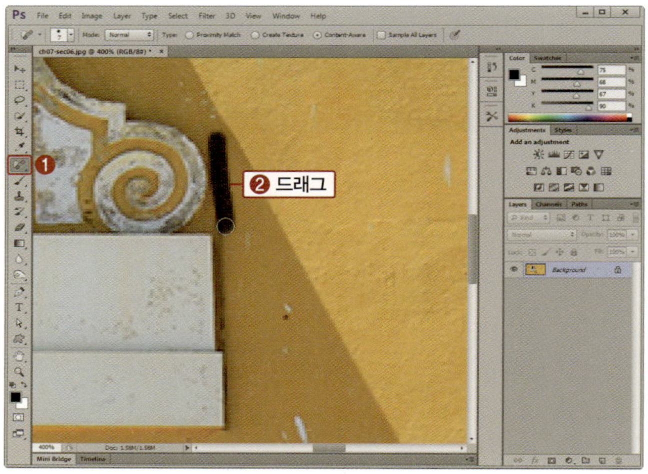

5 결과물 확인하기

① [Hand Tool] 을 더블클릭하여 전체 화면으로 확인합니다.

② 제거할 부분이 있는지 확인합니다.

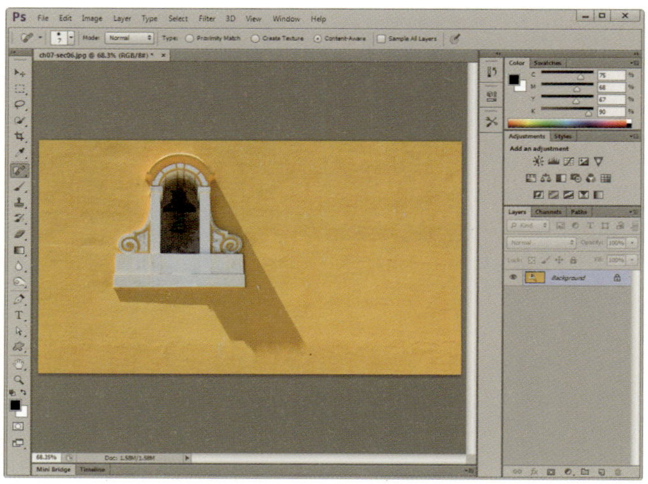

NOTE

Ctrl + 0 을 눌러 화면 배율을 화면에 꽉 맞춥니다.

[Edit]–[Fill] 메뉴 살펴보기

[Edit]–[Fill]은 채우기 기능입니다. 단순한 색상부터 내용 인식, 패턴, 히스토리로 채울 수 있습니다. 단축키는 Shift + F5 나 Shift + Back Space 입니다. 자주 활용되는 기능이니 숙지해두기 바랍니다.

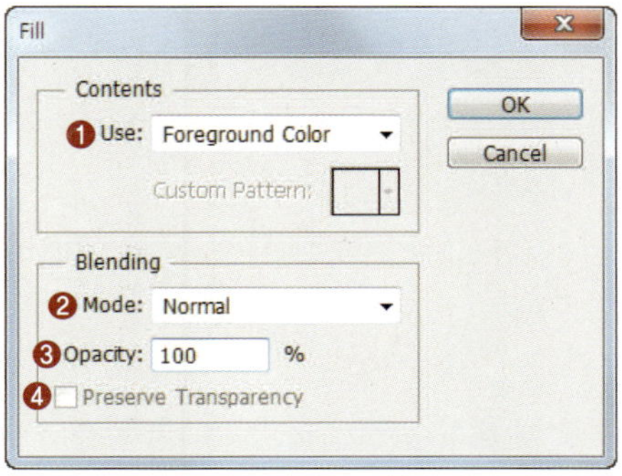

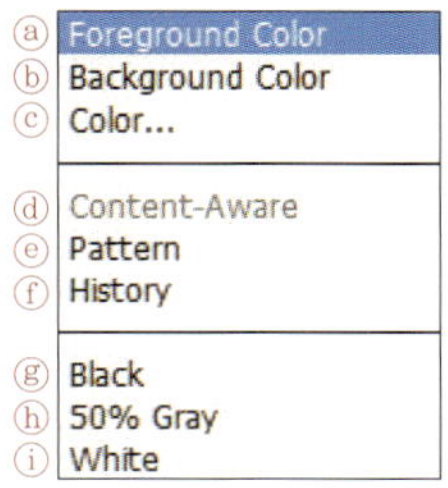

◀ Use 항목

❶ Use : 칠 모드를 선택합니다.

ⓐ Foreground Color : 전경색으로 채우기
ⓑ Background Color : 배경색으로 채우기
ⓒ Color : 색을 지정해서 채우기
ⓓ Content–Aware : 선택 영역의 색상, 채도, 질감 등을 추출하여 배경 속 이미지 채우기
ⓔ Pattern : 패턴으로 채우기
ⓕ History : 원본 이미지로 채우기
ⓖ Black : 검은색으로 채우기
ⓗ 50% Gray : 회색으로 채우기
ⓘ White : 흰색으로 채우기

❷ Mode : 기존 이미지와 새롭게 채워질 색 또는 내용이 섞이는 모드를 설정합니다.

❸ Opacity : 채워질 색 또는 이미지의 투명도를 설정합니다.

❹ Preserve Transparency : 투명 부분을 제외한 픽셀 영역에만 적용합니다.

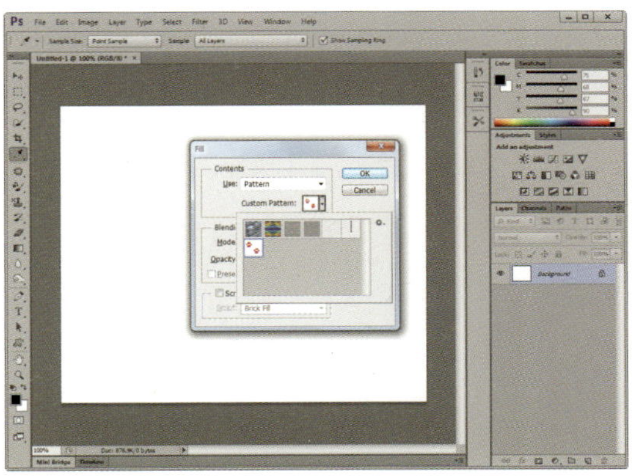

▲ [Fill] 메뉴에서 'Pattern'으로 채우기

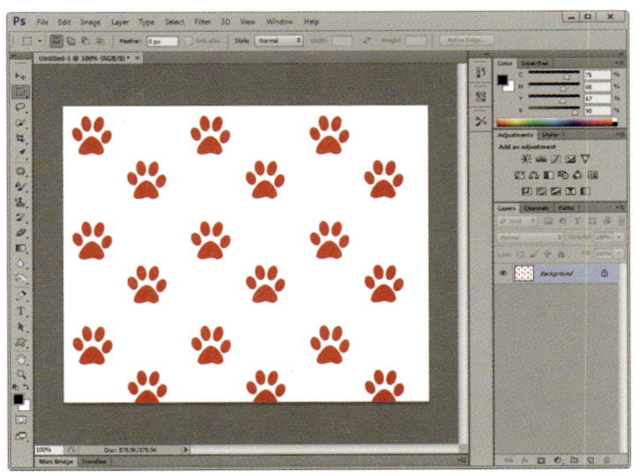

▲ 결과물

SECTION 07

컬러 샘플링하여 색상 다시 칠하기

[Color Replacement Tool]

원본과 다른 컬러를 덧칠할 때 사용되는 [Color Replacement Tool] 과 칠하면서 작업 과정을 되돌리는 [History Brush Tool] 의 사용법을 익혀봅니다.

| 학습 포인트 |

- [Color Replacement Tool]의 기능 익히기
- [History Brush Tool]의 기능 익히기
- **[UPGRADE 실력올리기] [History Brush Tool]을 이용하여 이미지 복원하기**

◎ **[시작파일]** ch07/ch07-sec07.jpg ◉ **[완성파일]** ch07/ch07-sec07(완성).jpg

01 [Color Replacement Tool]의 기능 익히기

[Color Replacement Tool]은 이미지의 특정 부분을 다른 색상으로 대체하는 툴입니다. 브러시 툴의 옵션에서 'Color Mode'로 설정하고 칠한 결과와 비슷하지만 더욱 풍부한 색감을 보여줍니다. 더욱 탁월한 결과물을 만들 수 있도록 도와주는 [Color Replacement Tool]의 컬러 샘플링의 세 가지 옵션과 활용 방법에 대해 설명합니다.

1 파일 불러오고 툴 선택하기

① 'ch07-sec07.jpg' 파일을 불러옵니다.

② [Zoom Tool] 을 더블클릭하여 화면 배율을 100%로 조정합니다.

③ [Color Replacement Tool] 을 선택합니다.

2 전경색으로 칠하기

① 전경색에 '#00b7a2'를 선택합니다.

② 옵션 바에서 브러시 프리셋 픽커를 열어 [Size]는 '40px', [Hardness]는 '100%'로 설정합니다. [Sampling]은 'Contiguous'( )를 선택하고, [Limits]는 'Find Edges', [Tolerance]는 '40%'로 설정합니다.

③ 오른쪽 화분의 경계를 따라 마우스에서 손을 떼지 말고 칠합니다.

NOTE

옵션 바에서 칠할 때마다 샘플링하기 위해 [Sampling]은 'Contiguous'( )로 설정합니다. 색상의 경계에 근접하여 칠하기 위해 [Limits]는 'Find Edges'로 설정합니다.

Photoshop 코칭

[Color Replacement Tool] 의 옵션 바 살펴보기

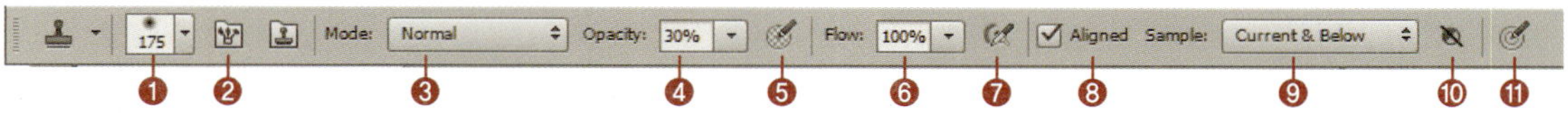

❶ Brush Preset Picker : 브러시의 모양과 크기를 설정합니다.

❷ Toggle the Brush Panel : [Brush] 패널을 표시합니다.

❸ Mode : 블랜드 모드를 설정합니다.

❹ Opacity : 복제될 이미지의 불투명도를 조절합니다.

❺ Always use Pressure for Opacity : 압력에 따라 불투명도가 조절됩니다.

❻ Flow : 적용되는 압력에 따라 브러시의 강약이 조절됩니다.

❼ Enable airbrush-style build-up effects : 마우스 압력에 따라 에어브러시 효과처럼 적용됩니다.

❽ Aligned : 체크 표시하면 처음 캡처한 부분에서 주변으로 확장하여 복제됩니다. 체크 표시를 해제하면 마우스를 클릭할 때마다 처음 캡처한 부분이 복제됩니다.

❾ Sample : 복제 대상 레이어를 설정합니다.
- Current layer : 현재 레이어로 설정합니다.
- Current & Below : 현재 레이어와 아래쪽 레이어로 설정합니다.
- All layers : 모든 레이어로 설정합니다.

❿ Turn on to ignore adjustment layers when cloning : [Sample]에서 [All layers]를 체크했을 때 활성화됩니다. 체크하면 보정 레이어 효과가 적용되지 않습니다.

⓫ Tablet Pressure Controls Size : 태블릿을 연결하여 작업할 때만 적용되는 기능으로 태블릿 펜의 기능이 적용됩니다.

3 덜 칠해진 부분 수정하기

① 세부적으로 덜 칠해진 부분을 수정하겠습니다. 화면 배율을 확대하고 화분의 아래 부분으로 화면을 이동합니다.

② [를 눌러 브러시 사이즈를 '10px'로 줄입니다.

③ 옵션 바에서 [Tolerance]는 '100%'로 설정합니다.

④ 로고 타입 부분을 꼼꼼히 다시 칠합니다.

NOTE

Ctrl + Space Bar 를 눌러 [Zoom Tool] 로 변경하면 화면 배율을 조정할 수 있고 Space Bar 를 눌러 [Hand Tool] 로 변경되면 화면 위치를 조정할 수 있습니다.

4 색상 경계 부분 수정하기

① 화면을 선인장의 윗부분으로 이동합니다.

② 색상 경계에 보이는 빨간색 부분을 드래그해가며 꼼꼼히 칠합니다.

5 배경 수정하기

① 칠하다 보면 원치 않은 범위까지 채색될 수 있습니다. 잘못 칠한 부분을 확인합니다.

② [History Brush Tool] 을 선택한 후, 브러시 크기를 조절하며 잘못 칠한 부분을 복원합니다.

NOTE

브러시 크기는 [를 누르면 작아지고] 를 누르면 커집니다.

6 결과물 확인하기

[Hand Tool] 을 더블클릭하여 '100%' 화면 배율로 변경하고 결과물을 확인합니다.

UPGRADE
실력
올리기

[History Brush Tool]을 이용하여 이미지 복원하기

이미지 편집 작업 중 이전 단계로 돌아가고자 할 때 [Edit]-[Undo](Ctrl + Z)를 실행할 수 있으나 작업 과정을 단계별로 되돌리고자 한다면 [History] 패널을 이용합니다. [History] 패널에는 작업 과정이 저장되어 있어 클릭하여 원하는 과정으로 이동할 수 있습니다. [History] 패널과 [History Brush Tool] 을 연계하여 작업할 수도 있습니다.

◎ **[시작파일]** ch07/축제.jpg ◉ **[완성파일]** ch07/축제(완성).jpg

1. '축제.jpg'를 불러옵니다. [Window]-[History]를 선택하여 패널을 꺼냅니다. [Quick Selection Tool] 의 브러시 사이즈를 '25px' 정도로 줄인 후 여자 아이를 선택합니다. 작업 과정이 [History] 패널에 기록됩니다.

NOTE

[History] 패널에 기록되는 개수는 [Edit]-[Preferences]-[Performance]의 'History States'를 조정합니다. 너무 많은 수를 설정하면 작업 속도에 영향을 줄 수 있습니다.

2. 선택이 완료되면 [Select]-[Inverse]로 선택을 반전합니다. [Image]-[Adjustment]-[Desaturate]를 선택하여 흑백 이미지를 만듭니다. [Image]-[Adjustment]-[Brightness/Contrast]를 선택합니다. 'Use Legacy'를 체크한 후 'Brightness'는 '100'을 설정합니다. [OK] 버튼을 클릭합니다. Ctrl + D 를 눌러 선택을 해제합니다.

3. [History Brush Tool] 을 선택하고 브러시 프리셋 픽커를 열어 'Rough Round Bristle'을 선택합니다. [Size]는 '175'로 입력합니다.

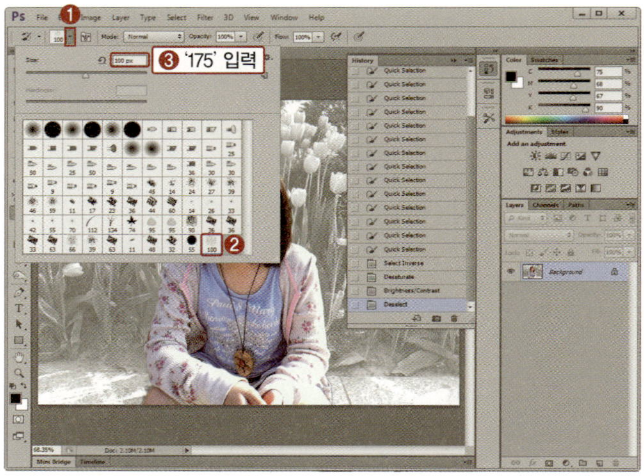

4. [History] 패널에서 를 눌러 지금까지의 과정을 저장합니다.

NOTE

[History] 패널에 저장된 스냅 샷과 작업 내역은 [File]–[Save] 시 저장되지 않습니다.

5. [History] 패널에서 저장된 이미지 '축제.jpg'에 가 표시된 것을 확인합니다. [History Brush Tool] 로 캔버스 안을 자유롭게 드래그하면 저장된 이미지가 나타납니다.

6. 'Snapshot 1'의 를 눌러 가 표시되게 합니다. 로 드래그하면 'Snapshot 1' 이미지로 수정됩니다.

SECTION 08

뽀샤시하게 보정하기

[Blur Tool]

[Blur Tool] 은 사진의 픽셀을 평균 색상으로 변화시켜 뿌옇게 처리하는 도구입니다. 인물사진에서 피부의 결점 제거와 톤과 색상을 보정하는 과정에 대해 설명합니다.

| 학습 포인트 |

- [Blur Tool]의 기능 익히기

◎ **[시작파일]** ch07/ch07–sec08.jpg ◉ **[완성파일]** ch07/ch07–sec08(완성).jpg

01 [Blur Tool]의 기능 익히기

1 파일 불러오고 전경색 지정하기

① 'ch07–sec08.jpg' 파일을 불러옵니다.

② 색상 모드의 전경색을 클릭하여 '#01354f'를 지정합니다.

③ [OK] 버튼을 클릭합니다.

2 눈동자 채색하기

① [Color Replacement Tool] 을 선택합니다.

② 화면을 확대하고 눈동자를 칠합니다. 파란색 눈동자로 수정되었습니다.

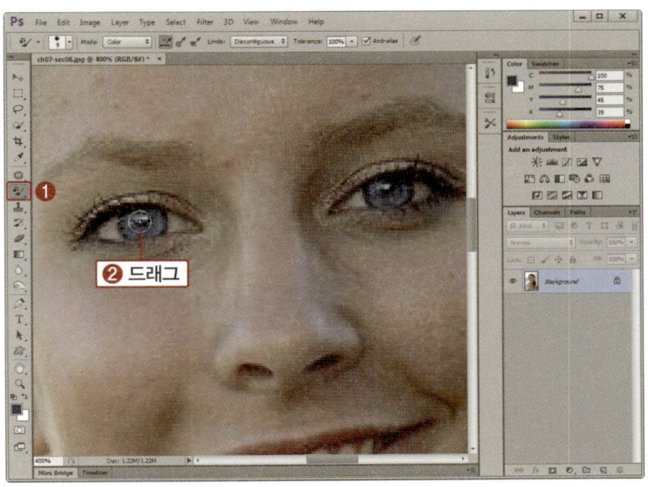

■ [Blur Tool]의 옵션 바 살펴보기

❶ Brush : 브러시의 크기와 형태를 선택합니다.
❷ Mode : 블랜딩 모드를 선택합니다.
❸ Strength : [Blur Tool]이 적용되는 세기를 지정합니다. 수치가 클수록 이미지가 흐려집니다.
❹ Sample All Layers : 체크하면 모든 레이어의 이미지에 명령이 적용됩니다.

3 결점 제거하기

① [Healing Brush Tool] 을 선택합니다.
② 이마나 볼의 깨끗한 영역을 Alt 를 누른 채 클릭하여 복사합니다.
③ 피부의 결점을 클릭해가며 제거합니다.

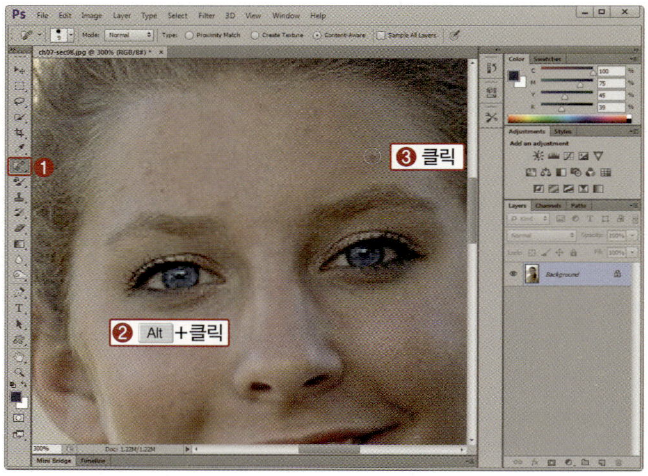

4 결점 제거 후 이미지 확인하기

전체적으로 결점을 제거한 이미지입니다.

5 피부 톤 정리하기

① [Blur Tool] [icon] 을 선택합니다.

② 옵션 바에서 브러시 사이즈는 '20px', [Strength]는 '50%'로 설정합니다.

③ 피부의 노이즈와 얼룩 등을 문질러서 부드럽게 표현합니다.

NOTE

[Blur Tool] [icon] 과 반대되는 도구는 [Sharpen Tool] [icon] 입니다. [Sharpen Tool] [icon] 은 이미지를 선명하고 또렷하게 만들어 줍니다.

6 밝기 조정하기

① [Image]–[Adjustments]–[Curves]를 선택합니다.

② 커브 곡선을 그림과 같이 조정하여 밝고 선명하게 보정합니다.

③ [OK] 버튼을 클릭합니다.

7 피부색 보정하기

① [Image]–[Adjustments]–[Selective Color]를 선택합니다.

② 전반적으로 노란 톤이 보여 노란 색을 조정해보겠습니다. 대화창에서 [Colors]는 'Yellows'를 선택합니다.

③ [Magenta]의 색을 '10'으로 올리고, [Yellow]는 '–50'으로 색을 뺍니다. [Black]은 '–20'으로 뺍니다.

④ [OK] 버튼을 클릭합니다.

SECTION
09

리터칭하여 얼굴 톤 보정하기

[Dodge Tool], [Burn Tool]

[Dodge Tool] 을 사용해 눈 밑 다크서클을 환하게 보정하고 [Burn Tool] 을 사용해 눈썹과 머리의 톤을 어둡게 리터칭하는 과정에 대해 설명합니다.

| 학습 포인트 |

- [Dodge Tool]과 [Burn Tool]의 기능 익히기

◎ **[시작파일]** ch07/ch07–sec09.jpg ◉ **[완성파일]** ch07/ch07–sec09(완성).jpg

01 [Dodge Tool]과 [Burn Tool]의 기능 익히기

1 파일 불러오고 전경색 지정하기

① 'ch07–sec09.jpg' 파일을 불러옵니다.

② 색상 모드의 전경색을 클릭하여 '#290900'을 지정합니다.

③ [OK] 버튼을 클릭합니다.

2 머리카락 칠하기

① [Color Replacement Tool] 을 선택합니다.

② 옵션 바에서 [Sampling]은 'Contiguous'( )를 선택하고, [Limits]는 'Find Edges', [Tolerance]는 '58%'로 설정합니다.

③ [나] 를 눌러 브러시 사이즈를 적절히 조정하고 드래그하여 눈썹과 머리카락을 칠합니다.

NOTE

잘못 칠한 머리카락의 경계는 [History Brush Tool] 로 복구합니다.

3 눈썹 진하기 리터칭하기

① [Burn Tool] 을 선택합니다.

② 옵션 바에서 [Range]는 'Midtones', [Exposure]는 '10%'로 설정합니다.

③ 브러시 사이즈를 적절히 조정하고 눈썹 위를 문질러 어둡게 만듭니다.

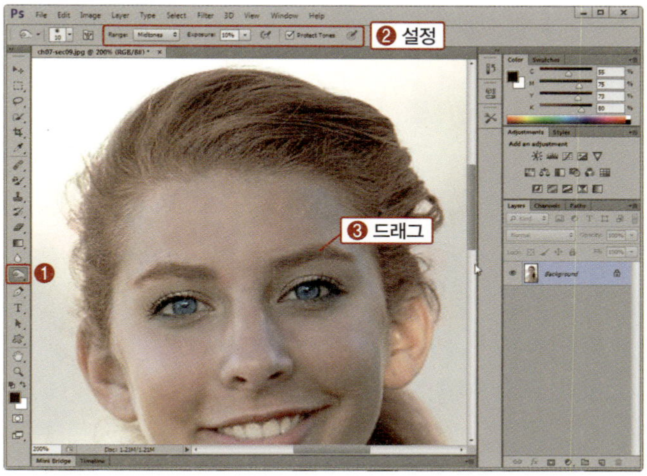

4 머리카락 진하기 리터칭하기

① 옵션 바에서 [Range]는 'Midtones', [Exposure]는 '10%'로 설정합니다.

② 브러시 사이즈를 적절히 조정하고 머리카락을 문질러 어둡게 만듭니다. 머리카락의 중간 톤이 조정되었습니다.

③ [Range]는 'Shadows'로 변경하고 다시 머리카락을 문질러 어둡게 만듭니다. 머리카락의 톤이 더 진해졌습니다.

5 다크서클 보정하기

① [Dodge Tool] 을 선택합니다.

② 옵션 바에서 [Range]는 'Midtones', [Exposure]는 '10%'로 설정합니다.

③ 브러시 사이즈를 적절히 조정하고 눈 밑과 볼 부분을 클릭하여 밝고 화사하게 리터칭합니다.

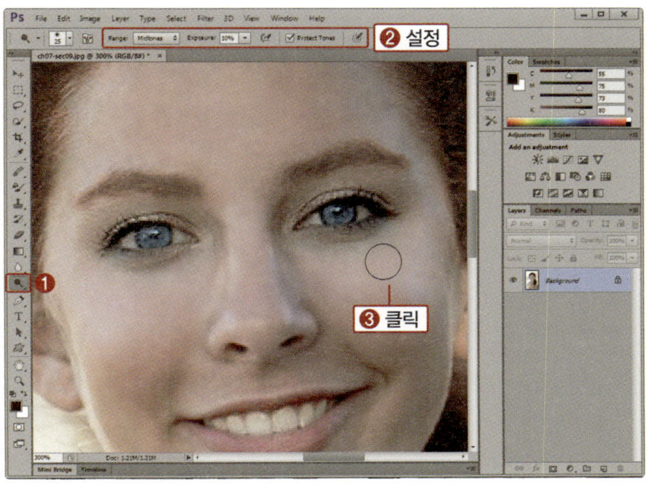

6 화사하게 화장하기

① 색상 모드의 전경색에서 '#ed2d1e'를 선택합니다.

② [Brush Tool] 을 선택합니다.

③ 옵션 바에서 [Mode]는 'Color', [Opacity]는 '10%'로 설정합니다.

④ 브러시 사이즈를 작게 조정하여 입술 위를 칠합니다. 브러시 사이즈를 크게 지정하여 양 볼을 클릭하여 볼터치를 합니다.

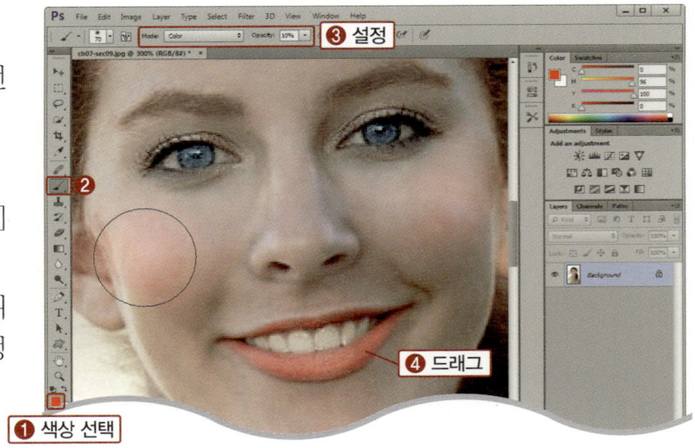

《 Photoshop 코칭 》

[Dodge Tool]의 옵션 바 살펴보기

❶ Brush : 브러시의 크기와 모양을 설정합니다.
❷ Range : 적용될 톤을 설정합니다.
- Shadows : 어두운 톤을 선택합니다.
- Midtones : 중간 톤을 선택합니다.
- Highlights : 밝은 톤을 선택합니다.

❸ Exposure : 밝아지는 강도를 설정합니다.
❹ Protect Tones : 색상 톤은 그대로 유지된 상태에서 색상이 조정됩니다.

[Sponge Tool]의 옵션 바 살펴보기

[Sponge Tool]은 이미지 색상의 채도를 올리거나 떨어뜨리는 기능을 합니다.

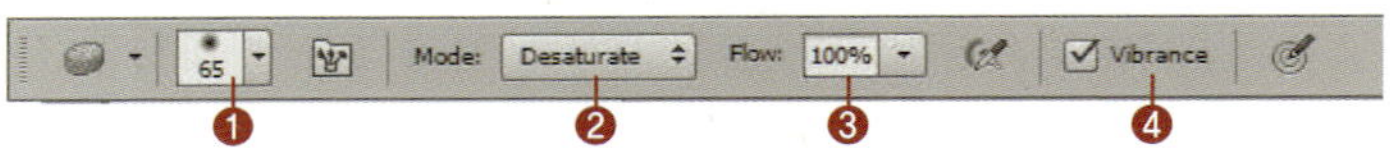

❶ Brush : 브러시의 크기와 모양을 설정합니다.
❷ Mode : 채도를 높이거나 감소시킬 수 있습니다.
- Desaturate : 채도를 낮추면 회색에 가까워집니다.
- Saturate : 채도를 올리면 색이 선명해집니다.

❸ Flow : 적용되는 양을 설정할 수 있습니다.
❹ Vibrance : 체크하면 계조의 손실을 최소화시켜줍니다.

[Burn Tool]의 옵션 바 살펴보기

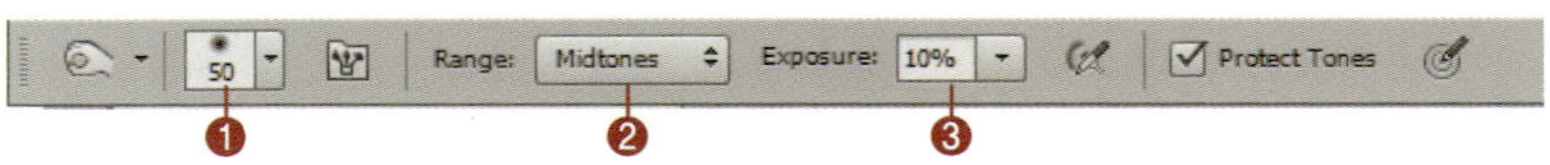

❶ Brush : 브러시의 크기와 모양을 설정합니다.
❷ Range : 적용될 톤을 설정합니다.
- Shadows : 어두운 톤을 조정합니다.
- Midtones : 중간 톤을 조정합니다.
- Highlights : 밝은 톤을 조정합니다.

❸ Exposure : 어두워지는 강도를 설정합니다.

TRAINING & TEST 실력 점검하기

이론 01 다음은 History 기능에 대한 설명이다. 잘못된 것은?

① 작업의 진행 과정 중의 어느 지점으로도 돌아갈 수 있다.
② History 과정을 파일과 함께 저장시킬 수 있다.
③ 액션처럼 재생할 수는 없다.
④ 임의로 스냅 샷을 기록할 수 있다.

이론 02 다음 중 인물 사진에서 잡티가 많을 경우 제거 시 유용한 도구가 아닌 것은?

① [Spot Healing Brush Tool]
② [Healing Brush Tool]
③ [Pattern Stamp Tool]
④ [Patch Tool]

이론 03 사진에 노출을 너무 적게 주어 전체적으로 어둡게 현상되었을 때 밝게 보정할 수 있는 툴은?

① Dodge ② Burn
③ Smudge ④ Sponge

이론 04 이미지 영역을 서로 당기기, 밀기, 회전, 확대, 축소 등으로 이미지를 왜곡시키며 변형할 수 있는 명령은?

① Liquify ② Preset Manager
③ Trim ④ Extract

실습 01 패치 툴을 이용하여 민들레 홀씨를 지우고 복제하시오.

• [시작파일] ch07/ch07–실습01.jpg • [완성파일] ch07/ch07–실습01(완성).jpg • [해설파일] ch07/ch07–실습해설01.pdf

Before

After

HOW TO 'ch07–실습01.jpg' 파일 불러오기 → [Patch Tool] 선택하기 → 옵션 바에서 [Source]를 체크 → 뭉쳐 있는 민들레 홀씨 선택하여 제거하기 → 옵션 바에서 [Destination]을 체크 → 홀씨 하나를 선택하고 빈 공간으로 드래그하여 복제

실습 02 도장 툴과 히스토리브러시 툴을 이용하여 복원과 합성을 해보시오.

• [시작파일] ch07/ch07–실습02–01.jpg, ch07–실습02–02.jpg • [완성파일] ch07/ch07–실습02(완성).jpg • [해설파일] ch07/ch07–실습해설02.pdf

Before

After

HOW TO 'ch07–실습02–01.jpg' 파일 불러오기 → [Clone Stamp Tool] 을 선택 후 'Soft Round', [Size]는 '60px', [Aligned]에 체크 → Alt 를 눌러 하단의 이끼를 클릭하여 복제한 후 자연스럽게 지우기 → 'ch07–실습02–02.jpg' 파일 불러오기 → [Window]–[Arrange]–[2–up Vertical]을 선택 → Alt 를 눌러 왼쪽의 새싹을 클릭하고 오른쪽의 이미지 위를 클릭하여 자연스럽게 복제 → [History Brush Tool] 로 새싹 주변 정리

실습 03 얼굴의 잡티를 제거한 후 Liquify 필터로 성형을 하고 번 툴로 속눈썹을 연장하시오.

• [시작파일] ch07/ch07-실습03.jpg • [완성파일] ch07/ch07-실습03(완성).jpg • [해설파일] ch07/ch07-실습해설03.pdf

Before

After

HOW TO

01 | 얼굴 성형하기

'ch07-실습03.jpg' 파일 불러오기 → [Filter]-[Liquify]를 선택 → 로 [Brush Size]는 '175'로 설정하여 아래턱을 밑으로 살짝 당기기 → 사이즈를 '400'으로 변경 후 양턱을 가름하게 만들기

02 | 잡티 제거하기

[Healing Brush Tool] 을 선택 → 얼굴에 전체적인 잡티와 주름 제거하기

03 | 리터칭하기

[Blur Tool] 을 선택 → 브러시 사이즈는 '40', [Strength]는 '50%'로 지정 → 얼굴 전체 부드럽게 리터칭 → [Dodge Tool] 을 선택 → 사이즈는 '65px', [Range]는 'Midtones', [Exposure]는 '10%'로 설정 → 눈 밑을 클릭하여 밝게 조정 → [Burn Tool] 을 선택 → 브러시 사이즈는 '3px', [Range]는 'Midtones', [Exposure]는 '70%'로 설정 → 속눈썹을 메꾸어 그리거나 연장하기 → [Curves]로 전체적으로 밝게 보정하기

CHAPTER

08

이미지의 다채로운 변신 필터

포토샵의 필터 효과는 사진 이미지의 주제와 표현력을
높이는데 도움을 줍니다. 포토샵에서 제공되는 필터의 수는
너무 많기 때문에 기본 필터들의 사용법을 이해하고
그 다음 활용 방법에 대해 공부하는 것이 좋습니다. 더욱 강력해진
다양한 필터들을 살펴보겠습니다.

***PREVIEW** 한눈에 살펴보기

SECTION	제목	학습할 주요 기능
1	필터 갤러리에 적용, 추가, 제거하기 *[Filter Gallery]*	• [Filter Gallery] 사용법 익히기
2	렌즈 왜곡 현상 바로잡기 *[Adaptive Wide Angle]*	• [Adaptive Wide Angle] 기능 익히기
3	렌즈 블러로 아웃포커스 표현하기 *[Lens Blur]*	• [Lens Blur] 기능 익히기
4	스마트 필터를 이용하여 모션 효과 주기 *[Convert for Smart Filters]*	• [Convert for Smart Filters] 이해하기 • 필터 적용 후 수정 방법 익히기
5	블러 방향을 설정하여 피사체에 역동성 주기 *[Path Blur]* **〈CC〉**, *[Spin Blur]*	• [Path Blur] 기능 익히기 • [Spin Blur] 기능 익히기
6	패턴 배경 이미지 만들기 *[Halftone Pattern], [Distort]*	• [Halftone Pattern] 기능 익히기 • [Distort] 기능 익히기
7	이미지에 잡티를 만들거나 제거하기 *[Noise]*	• [Noise] 관련 필터 기능 익히기 • 마스크 기능 익히기 • 이미지 보정하기
8	흔들린 사진 또렷하게 만들기 *[Shake Reduction]*	• [Shake Reduction] 기능 익히기

SECTION 01

필터 갤러리에 적용, 추가, 제거하기

[Filter Gallery]

[Filter Gallery]는 포토샵에서 제공하는 여러 가지 다양한 필터를 손쉽게 적용하는 방법을 제공합니다. [Filter Gallery]를 익혀 직관적이고 편리한 필터 적용 과정에 대해 설명합니다.

| 학습 포인트 |

- [Filter Gallery] 사용법 익히기

◎ **[시작파일]** ch08/ch08-sec01.jpg ◉ **[완성파일]** ch08/ch08-sec01(완성).jpg

01 [Filter Gallery]로 필터 적용하기

1 필터 선택하기

① 'ch08-sec01.jpg' 파일을 불러옵니다.

② [Filter]-[Filter Gallery]를 선택합니다.

2 Artistic 필터 적용하기

① [Artistic]-[Poster Edges]를 선택합니다.

② 오른쪽 항목에서 옵션을 그림과 같이 설정합니다(Edge Thickness : 2, Edge Intensity : 1, Posterization : 2).

NOTE

필터는 RGB 모드에서 모두 작동합니다. 이미지 모드마다 작동되는 필터가 제한되어 있는데 이미지의 색상 체계는 [Image]-[Mode]에서 변경합니다.

3 다른 필터 적용하기

① [Artistic]−[Cutout]을 선택합니다.

② 오른쪽 항목에서 옵션을 그림과 같이 설정합니다(Number of Levels : 8, Edge Simplicity : 3, Edge Fidelity : 2). 오른쪽 아래 필터 리스트에 [Cutout]이 표시됩니다.

《 Photoshop 코칭 》

■ [Filter Gallery] 대화창 살펴보기

❶ Title : 적용된 필터의 이름이 표시됩니다.

❷ 미리보기 영역 : 필터를 적용한 결과물을 미리 확인할 수 있습니다.

❸ Filter List : 적용한 필터의 종류가 나열되어 목록으로 표시됩니다. 목록을 열어보면 필터그룹 하위 필터를 선택할 수 있습니다.

❹ Filter Option : 각각의 필터 옵션을 설정할 수 있습니다.

❺ 효과 레이어창 : 적용한 필터는 레이어로 등록할 수 있습니다. 눈 아이콘을 이용하여 보기/가리기, 위치 이동하기, 삭제하기 등으로 필터의 조합을 조절할 수 있습니다.

❻ New effect layer : 클릭하여 적용한 필터를 필터 레이어로 만듭니다.

❼ Delete effect layer : 클릭하여 선택한 필터 레이어를 삭제합니다.

02 [Filter Gallery]로 필터 레이어 만들고 삭제하기

1 캔버스 질감 필터 레이어 만들기

① 를 눌러 [Cutout]을 레이어로 등록합니다.

② [Texture]–[Texture]를 선택합니다.

③ 옵션을 그림과 같이 설정하여 캔버스 질감을 만듭니다(Scaling : 170%, Relief : 4, Light : Top, Invert : 해제).

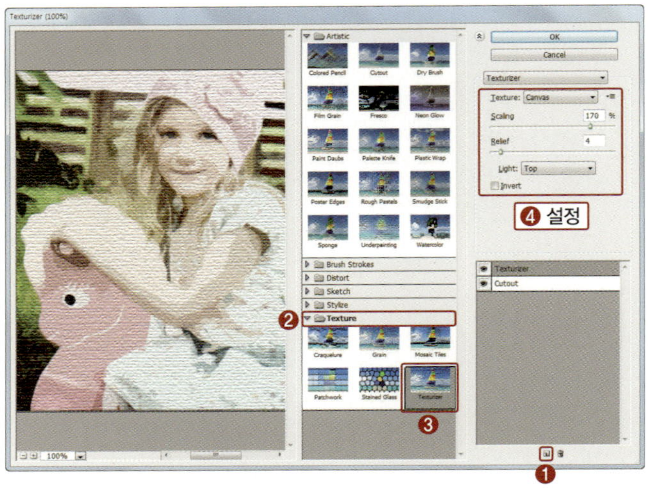

2 노트 질감 필터 레이어 만들기

① 를 눌러 [Texture]를 레이어로 등록합니다.

② [Sketch]–[Note Paper]를 선택합니다.

③ 옵션을 그림과 같이 설정하여 회색의 노트 질감을 만듭니다(Image Balance : 25, Graininess : 10, Relief : 11).

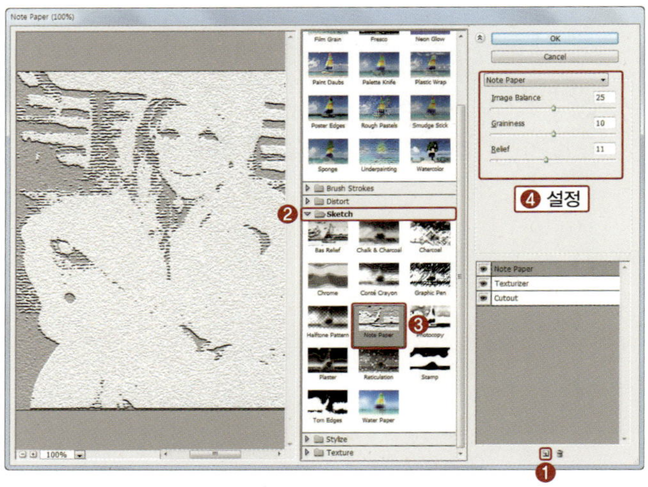

3 필터 레이어 삭제하기

를 클릭해 [Note Paper]를 삭제합니다.

SECTION 02

렌즈 왜곡 현상 바로잡기 *[Adaptive Wide Angle]*

광각렌즈나 어안렌즈는 풍경을 최대한으로 프레임 안에 담기 위해 사진을 왜곡시킵니다. [Adaptive Wide Angle]로 왜곡된 사진을 수정할 수 있습니다.

| 학습 포인트 |

- [Adaptive Wide Angle] 기능 익히기

◎ **[시작파일]** ch08/ch08–sec02.jpg ◉ **[완성파일]** ch08/ch08–sec02(완성).jpg

01 [Adaptive Wide Angle] 필터 적용하기

1 파일 불러오기

① 'ch08–sec02.jpg' 파일을 불러옵니다.

② [Filter]–[Adaptive Wide Angle]을 선택합니다.

2 옵션 설정하기

① [Correction]은 'Fisheye'로 설정합니다. 나머지 옵션은 그림과 같이 설정합니다(Scale : 100, Focal Length : 17, Crop Factor : 1).

② 제한 툴을 [툴 아이콘]를 선택합니다.

③ 왜곡된 건물부터 살펴보겠습니다. ⓐ 지점을 클릭하고 이어서 ⓑ 지점을 클릭합니다. 설정된 옵션대로 곡율이 만들어집니다.

NOTE

[Adaptive Wide Angle]의 옵션 중 'Focal Length'는 휘어지는 정도를 설정하는 값입니다. 예제에서는 왜곡율을 테스트하여 '17mm'라는 값을 찾았습니다.

③ 중심점 수정하기

① Ctrl + Space Bar 를 눌러 화면을 확대합니다.

② 중심점을 건물의 윗선에 맞춰 밑으로 내립니다. 건물이 반듯하게 펴집니다.

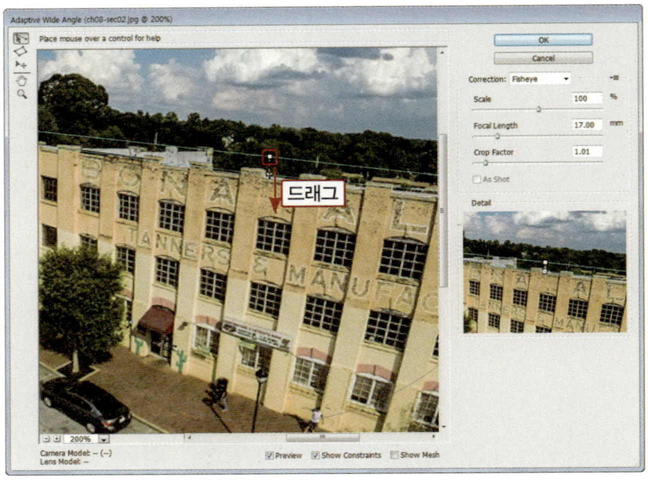

④ 차도 수정하기

① 화면을 축소합니다.

② 하단의 차도를 따라 ⓐ 지점을 클릭하고 이어서 ⓑ 지점을 클릭합니다. 차도가 반듯하게 펴집니다.

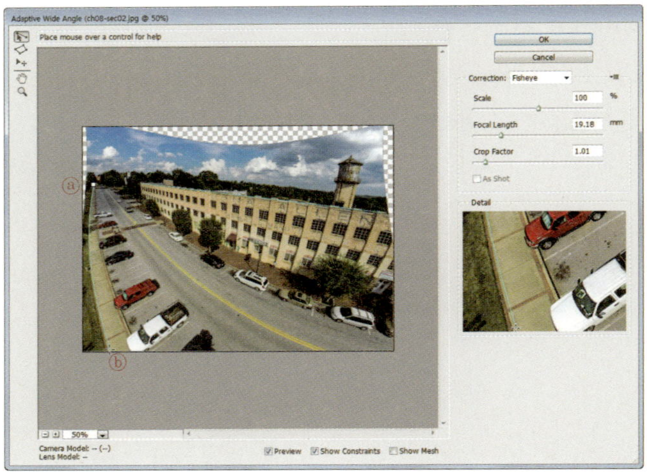

⑤ 차도 중심 수정하기

차도의 중앙선을 따라 ⓐ 지점을 클릭하고 이어서 ⓑ 지점을 클릭합니다. 중앙선이 반듯하게 펴집니다.

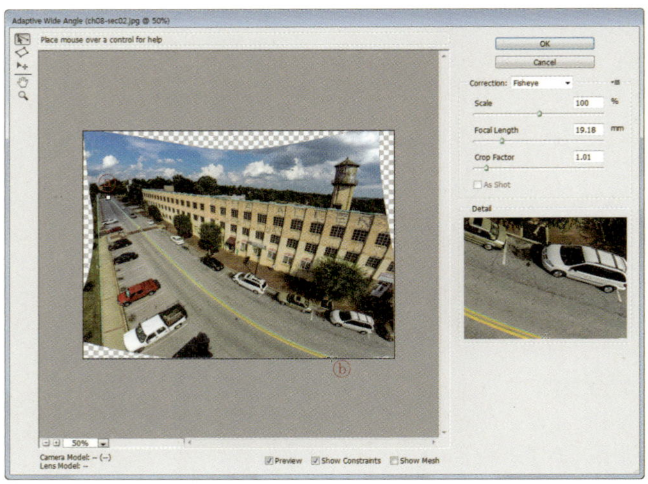

6 건물 세로선 펴기

① 그림과 같이 건물의 세로선을 따라 곡선을 그리면 차례대로 휘어진 세로선이 펴집니다.

② [OK] 버튼을 클릭합니다.

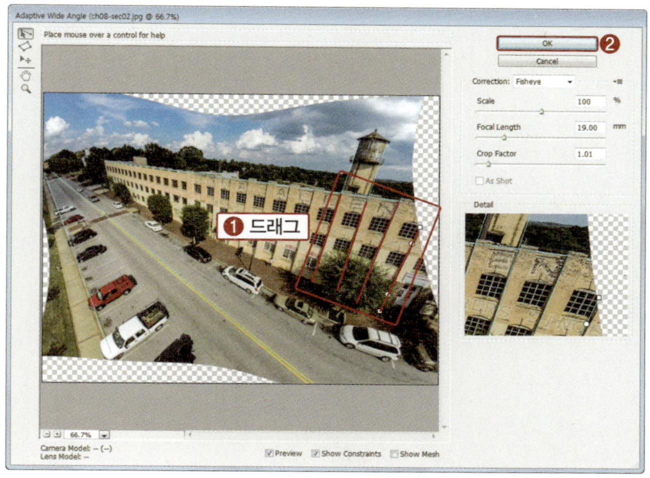

7 이미지 자르기

① Ctrl + 0 을 눌러 화면에 전체 이미지를 표시합니다. [Crop Tool] 을 선택합니다.

② 그림과 같이 투명픽셀을 제외하고 드래그합니다.

③ 옵션 바에서 ✓ 을 눌러 적용합니다.

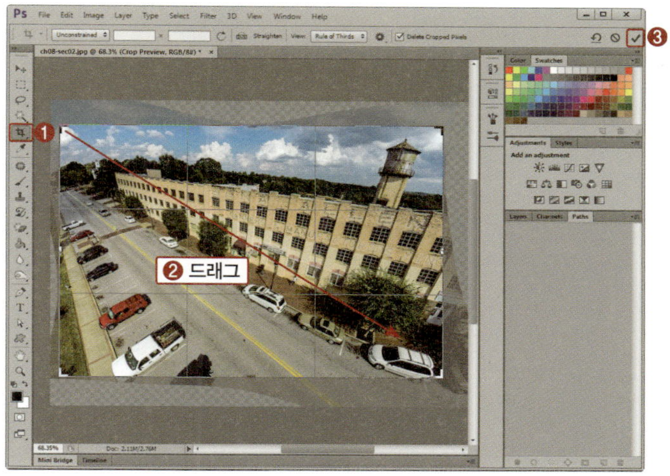

④ 적용된 결과를 확인합니다.

[Lens correction]으로 다양한 렌즈 효과 적용하기

[Lens Correction] 효과에서는 카메라 렌즈에 의해 왜곡된 사진을 보정하거나 가장자리를 어둡게 만드는 비네팅 효과를 적용할 수 있습니다. [Lens Correction]의 대화창을 살펴보겠습니다.

❶ Remove Distortion : 오목하거나 볼록한 왜곡을 교정합니다.

❷ Chromatic Aberration : 색수차 현상(이미지 경계 색상의 어긋남)을 교정합니다.

- Fix Red/Cyan Fringe : Red 채널의 상대적인 크기를 조정하여 Red/Cyan 색상을 교정합니다.
- Fix Blue/Yellow Fringe : Blue 채널의 상대적인 크기를 조정하여 Blue/Yellow 색상을 교정합니다.

❸ Vignette : 비네팅(외곽의 번짐의 정도) 효과를 추가합니다.

- Amount : 값이 커질수록 이미지의 가장자리가 밝아지고, 작아질수록 어두워집니다.
- Midpoint : 적용될 영역의 너비를 지정합니다.

❹ Transform : 사진을 변형시킵니다.

- Vertical Perspective : 카메라를 상하로 기울여 찍은 효과입니다.

−100

+100

- Horizontal Perspective : 카메라를 좌우로 기울여 찍은 효과입니다.

−100

+100

- Angle : 이미지를 회전시킵니다.
- Edge : 이미지 교정으로 생긴 빈 영역을 채우는 방법을 설정합니다.
- Scale : 이미지 교정으로 생긴 빈 영역을 제거합니다.

SECTION 03

렌즈 블러로 아웃포커스 표현하기

[Lens Blur]

[Lens Blur]는 피사체의 배경을 흐린 정도와 노이즈를 적용하여 망원렌즈로 찍은 효과로 만들어줍니다. 기능을 익혀봅니다.

| 학습 포인트 |

- [Lens Blur] 기능 익히기

◎ **[시작파일]** ch08/ch08-sec03.jpg ◉ **[완성파일]** ch08/ch08-sec03(완성).jpg

01 [Lens Blur] 기능 익히기

1 [Quick Selection Tool] 선택하기

① 'ch08-sec03.jpg' 파일을 불러온 후 [Quick Selection Tool] 을 선택합니다.

② 브러시 사이즈를 작게 조정합니다.

③ 신부를 드래그하여 선택 범위를 만듭니다.

④ 옵션 바에서 , 를 지정해가며 최대한 정확히 선택 범위를 만듭니다.

2 퀵마스크 모드에서 조정하기

① [Quick Mask Mode] 를 클릭합니다.

② [Brush Tool] 을 선택합니다.

③ 검정색과 흰색을 사용하여 인물의 경계를 정리합니다.

3 선택 범위 정리하기

① [Edit in Standard Mode] 를 클릭합니다. 선택 범위가 만들어집니다.

② 머리카락 가장자리 부분을 정밀히 선택해 보겠습니다. [Select]–[Refine Edge]를 선택합니다.

③ 머리카락 가장자리를 드래그하여 디테일을 살려 선택 범위로 만듭니다.

④ [OK] 버튼을 클릭합니다.

⑤ [Select]–[Inverse]를 눌러 선택 범위를 반전합니다.

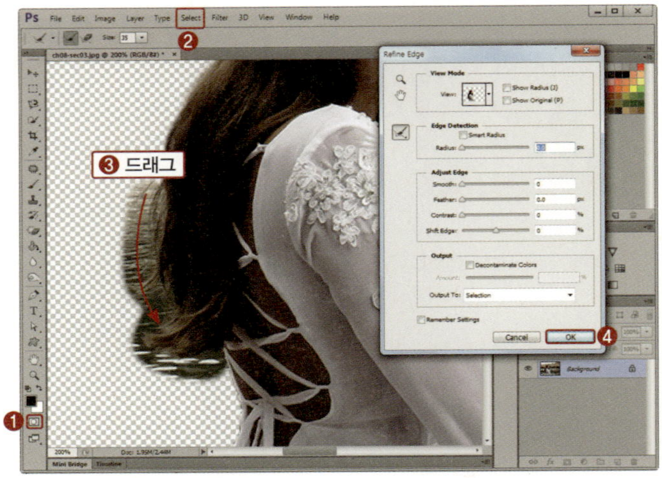

4 렌즈 블러 적용하기

① [Filter]–[Blur]–[Lens Blur]를 선택합니다.

② [Radius]는 '11'로 조정한 후 [OK] 버튼을 클릭합니다. 망원렌즈로 찍은 것처럼 포커스가 인물에 맞춰집니다.

⟨ Photoshop 코칭 ⟩

■ [Field Blur], [Iris Blur], [Tilt–Shift] 다양한 블러 기능 살펴보기

핀을 추가하여 다양한 모양의 블러 효과를 주는 기능들입니다. 옵션 바에는 선택한 핀을 제거하거나 효과를 적용하는 버튼이 있고 효과의 옵션은 오른쪽 상단에 표시됩니다.

핀을 삭제하고 싶은 경우 화면 상단에 있는 Remove all pins( )를 클릭합니다.

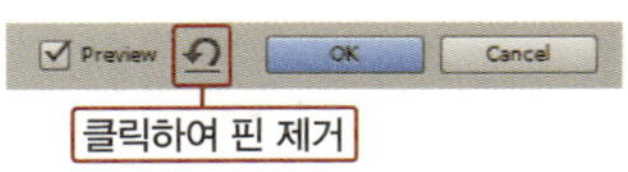

❶ Field Blur : 필드 블러는 심도 깊은 사진을 만들 때 사용합니다. 여러 개의 핀을 만든 후 블러를 설정할 수 있습니다. 오른쪽 상단에 옵션 창이 활성화됩니다.

❷ Iris Blur : 원 모양의 핀을 기준으로 아웃포커싱 효과를 만들 수 있습니다. 각도와 범위를 조절해서 원하는 부분만 선명하게 하고 영역 밖의 부분은 흐리게 할 수 있는 효과입니다.

❸ Tilt-Shift : 선 모양의 핀이 생기면서 위아래로 라인과 점선이 생깁니다. 선 또는 점선에 마우스를 갖다 대면 커서가 바뀌면서 간격을 조절할 수 있고 점에 마우스를 위치시키면 회전할 수 있도록 마우스 커서가 바뀝니다.

SECTION 04

스마트 필터를 이용하여 모션 효과 주기

[Convert for Smart Filters]

[Convert for Smart Filters]를 사용하면 필터를 더욱 편리하게 활용할 수 있습니다. 필터를 적용한 후 수정하는 방법을 알아봅니다.

| 학습 포인트 |

- [Convert for Smart Filters] 이해하기
- 필터 적용 후 수정 방법 익히기

◎ **[시작파일]** ch08/ch08-sec04.jpg ◉ **[완성파일]** ch08/ch08-sec04(완성).psd

01 필터 적용하기

1 [Convert for Smart Filters] 필터 적용하기

① Ctrl + Alt + 0 을 눌러 화면 배율을 '100%'로 조정합니다.

② [Filter]-[Convert for Smart Filters] 메뉴를 클릭합니다.

② 스마트 필터로 변경하겠다는 메시지창이 나타나면 [OK] 버튼을 클릭합니다. 레이어는 'Layer 0'으로 변경되고 [Smart Object thumbnail] 아이콘이 생성됩니다.

2 [Motion Blur] 필터 적용하기

① 속도감을 표현하기 위해서 [Filter]-[Blur]-[Motion Blur]를 선택합니다.

② [Motion Blur] 대화창에서 [Angle]은 '5', [Distance]는 '45'를 입력하고 [OK] 버튼을 클릭합니다.

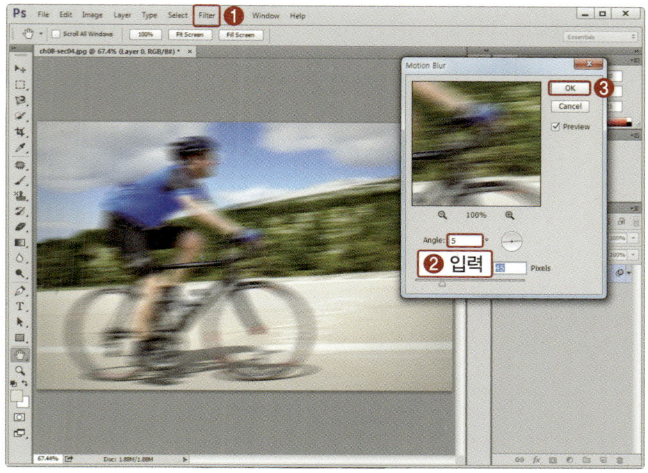

NOTE

[Smart Filters]를 적용한 후 필터를 적용하면 '스마트 필터 레이어' 아래 '필터 레이어'가 생성됩니다.

02 필터 적용과 수정하기

1 마스크 적용하기

① 전경색을 '검정색'으로 설정합니다.

② [Brush Tool] 을 선택합니다.

③ 이미지창 안에서 마우스 오른쪽 버튼을 클릭합니다. 브러시 프리셋 픽커가 열리면 [Size]는 '110px', [Hardness]는 '0%'로 설정합니다.

④ 옵션 바에서 [Opacity]는 '80%'로 설정합니다.

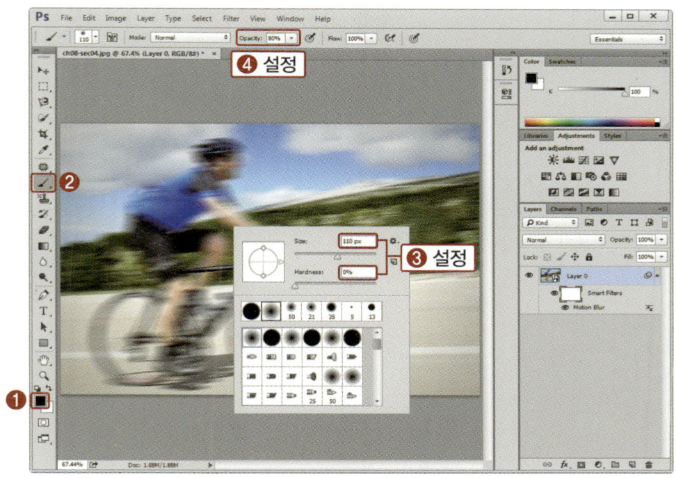

2 [Motion Blur] 제거하기

① [Layers] 패널에서 'Layer 0' 레이어 아래 'Smart Filters'라는 필터 마스크가 생성되어 있습니다. 필터 마스크 섬네일을 클릭합니다.

② 사이즈를 조정해가며 인물 위를 드래그하여 [Motion Blur]를 제거해갑니다.

3 [Motion Blur] 필터 수정하기

① 스마트 필터 레이어에서 [Motion Blur]를 더블클릭합니다.

② 필터 블랜딩을 적용하기 위해 [Distance]는 '20'으로 입력합니다.

③ [OK] 버튼을 클릭합니다.

《 Photoshop 코칭 》

[Convert for Smart Filters]를 적용한 레이어 패널 살펴보기

스마트 필터의 [Indicates layer visibility] 를 클릭하여 필터 적용 효과를 보거나 가릴 수 있습니다. 또한 여러 개의 필터를 적용한 경우, 필터를 위 아래로 드래그하여 필터의 적용 순서를 변경할 수 있습니다.

1. 필터 옵션값 수정하기

스마트 필터 레이어에서 'Motion Blur'를 더블클릭하면 대화창이 열립니다.

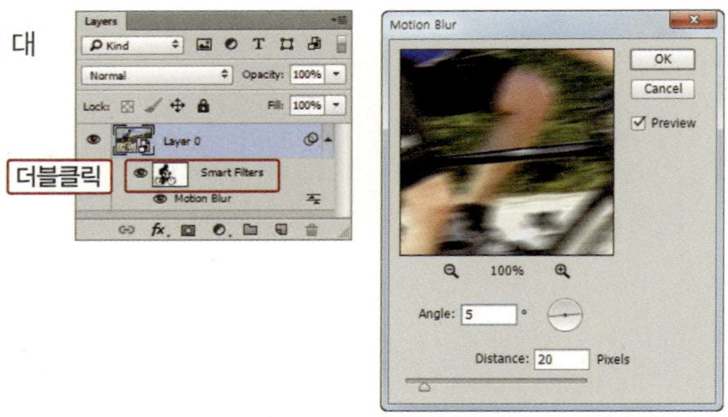

2. [Blending Options] 대화창 살펴보기

스마트 필터 레이어에서 필터 블랜딩 옵션 아이콘( )을 더블클릭하면 [Blending Options] 대화창이 열립니다.

❶ **Mode** : 레이어의 모드처럼 블랜딩 효과를 필터에 적용할 수 있습니다.

❷ **Opacity** : 필터 효과의 투명도를 조절할 수 있습니다.

SECTION 05

블러 방향을 설정하여 피사체에 역동성 주기

[Path Blur], [Spin Blur]

포토샵 CC의 새로운 기능인 [Path Blur]를 이용해 자유로운 설정으로 효과를 적용할 수 있습니다. 복싱 경기에서 타격을 가하는 손의 방향대로 'Path Blur'를 적용해서 좀 더 생동감 있는 이미지로 연출해보겠습니다.

CC

| 학습 포인트 |

- [Path Blur] 기능 익히기
- [Spin Blur] 기능 익히기

◎ **[시작파일]** ch08/ch08-sec05-01.jpg ◉ **[완성파일]** ch08/ch08-sec05-01(완성).psd

01 [Path Blur] 기능 익히기

1 파일 불러오고 필터 적용하기

① 'ch08-sec05-01.jpg' 파일을 불러옵니다.

② [Layers] 패널에서 'Background'를 복제하여 'Background copy' 레이어를 만듭니다.

③ [Filter]-[Blur Gallery]-[Path Blur]를 선택합니다.

④ 기본적인 패스가 생성되면 선택하고 Delete 를 눌러 삭제합니다.

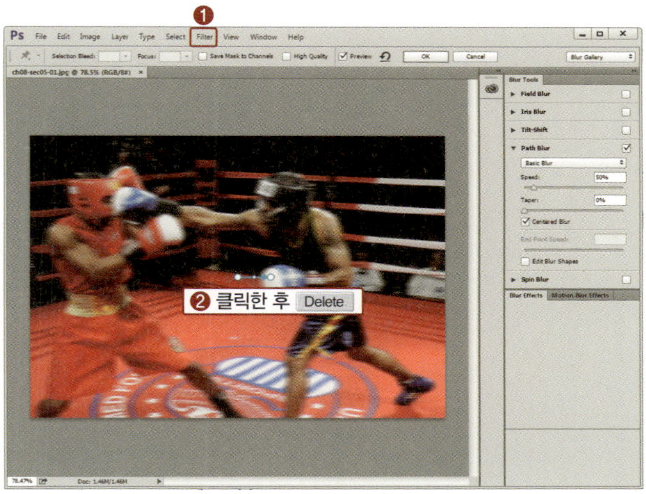

2 패스 그리기

그림과 같이 ⓐ 지점을 클릭한 채 ⓑ 지점으로 드래그합니다. 기본 패스가 생성됩니다.

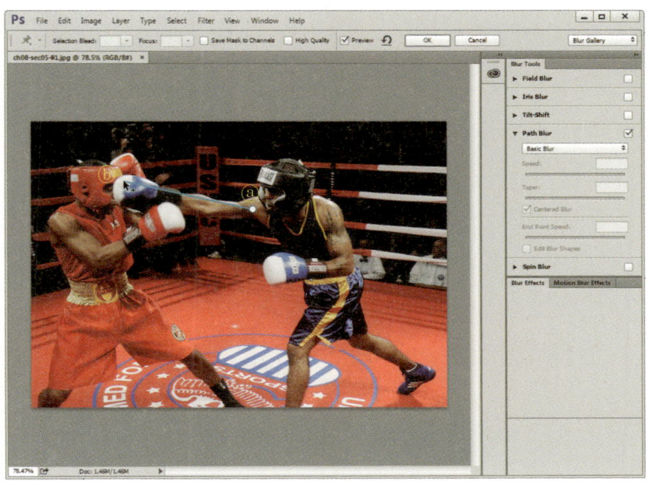

3 곡선 패스 만들기

① 권투선수의 팔 움직임에 맞춰 곡선으로 패스를 수정해 보겠습니다. 중간에 생성된 포인트를 클릭한 채 오른쪽 하단으로 드래그합니다.

② 오른쪽 옵션 패널에서 [Speed]는 '53'로 입력합니다.

③ [OK] 버튼을 클릭합니다.

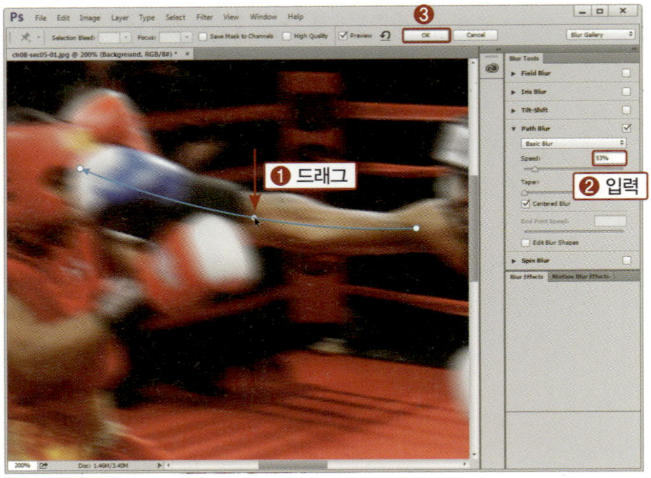

4 레이어 마스크 씌우기

[Layers] 패널 하단의 [Add layer mask] 를 클릭합니다.

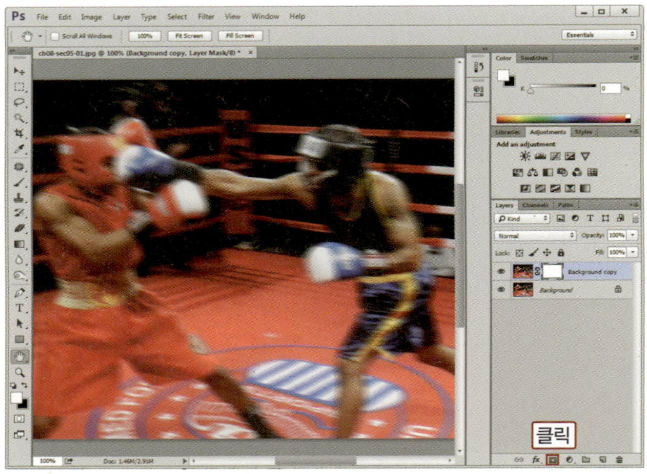

5 모션 효과 제거하기

① [Brush Tool] 를 선택합니다.

② 옵션 바에서 브러시 프리셋 픽커를 열어 [Size]는 '50px', [Hardness]는 '0%', [Opacity]는 '50%'로 설정합니다.

③ 전경색과 배경색을 기본 색으로 설정합니다.

④ 드래그하여 움직임이 있는 팔 부분의 모션 효과를 남겨둡니다.

《 Photoshop 코칭 》

[Path Blur]의 패스선 조정하기

1. 패스선 그리기

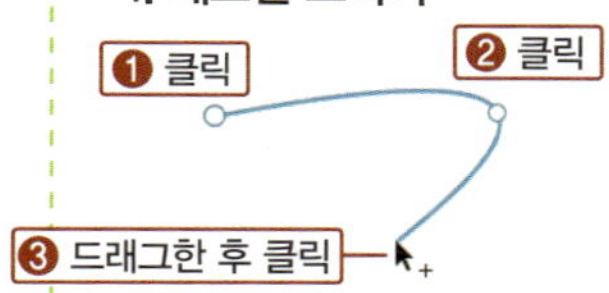

❶ 시작점을 클릭합니다.
❷ 이어질 두 번째 지점을 클릭합니다.
❸ 다음 위치에서 마우스를 움직이면 곡선이 표시됩니다. 클릭하면 정점이 생성됩니다.

2. 정점 추가하기/ 삭제하기

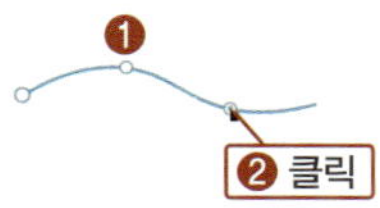

❶ 패스 선 위를 클릭하면 정점이 추가됩니다.
❷ 정점을 선택하고 Delete 를 누르면 삭제됩니다.

3. 곡선이나 직선 만들기

❶ Alt 를 누른 채 곡선인 부분의 정점을 클릭하면 직선이 됩니다.

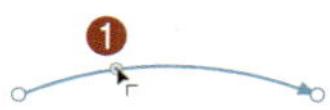

❷ Alt 를 누른 채 직선인 부분의 정점을 클릭하면 곡선이 됩니다.

4. 블러링 조절하기

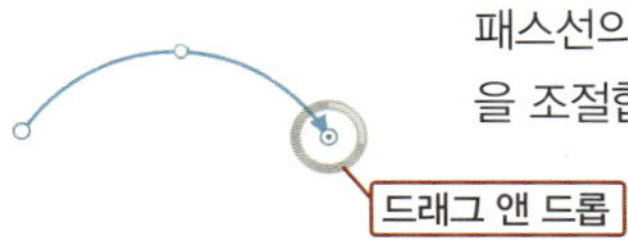

패스선의 끝점에 마우스를 위치시킵니다. 회전링 위에서 드래그 앤 드롭하여 블러의 양을 조절합니다.

◎ **[시작파일]** ch08/ch08-sec05-02.psd ◉ **[완성파일]** ch08/ch08-sec05-02(완성).psd

02 [Spin Blur] 기능 익히기

1 파일 불러오기

① 'ch08-sec05-02.psd'를 불러옵니다.

② [Layers] 패널에는 자동차가 배경과 분리되어 'Layer 1'로 저장되어 있습니다. 'Layer 1'을 선택합니다.

2 [Spin Blur] 효과주기

① [Filter]-[Blur Gallery]-[Spin Blur]를 선택합니다.

② [Spin Blur]의 중심점을 클릭하여 바퀴의 중심으로 이동합니다.

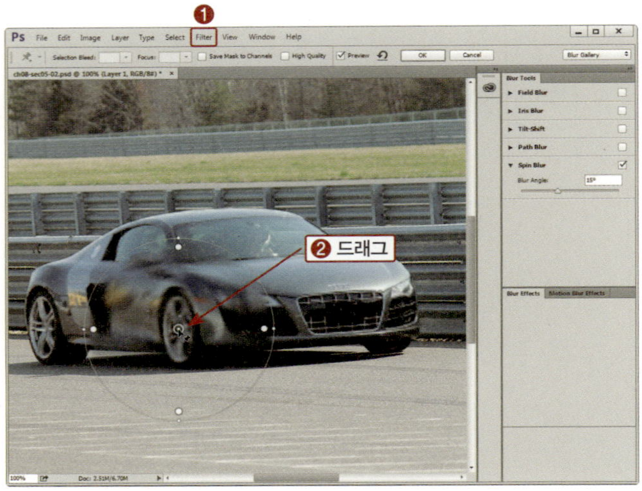

3 [Spin Blur] 크기 줄이기

① 마우스를 상단 조절점 밖에 위치시킵니다. 로 변경되면 밑으로 드래그하여 크기를 줄입니다.

② 마우스를 왼쪽 조절점 밖에 위치시킵니다. 로 변경되면 왼쪽으로 드래그하여 크기를 줄입니다.

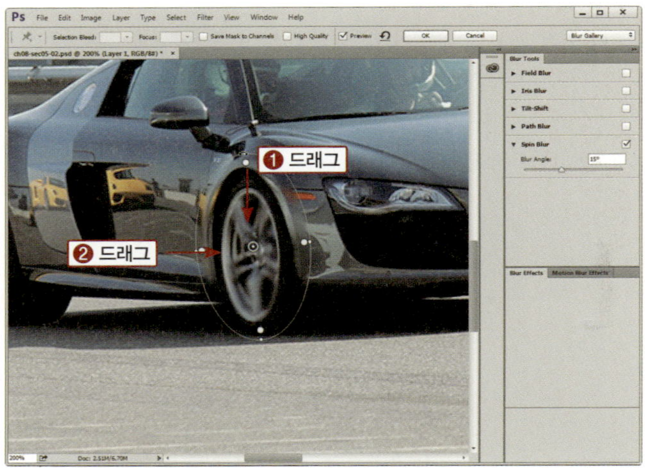

NOTE

원형 패스의 모양은 바퀴보다 약간 커도 괜찮습니다.

4 [Spin Blur] 적용 범위 조정하기

① [Spin Blur] 위에 마우스를 올리면 패더 범위( ) 조절점이 표시됩니다.

② 안쪽으로 드래그하여 퍼지는 정도를 조절합니다.

③ [OK] 버튼을 클릭합니다.

■ [Spin Blur]의 Overlay Controls 살펴보기

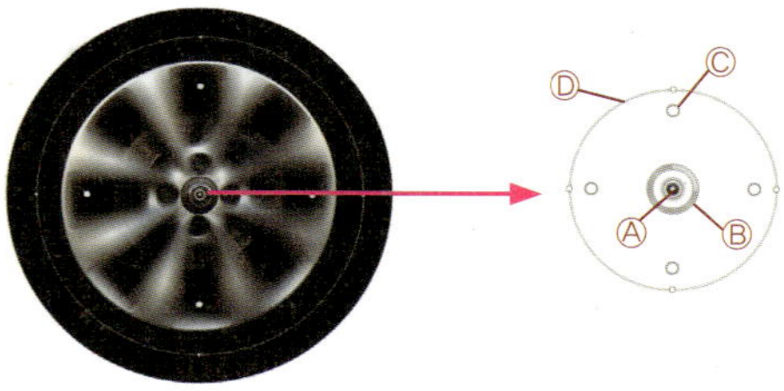

A. 회전점 : 드래그하여 Overlay Controls의 위치를 이동합니다.
B. 블러링 : 회전링 위에서 드래그 앤 드롭하여 회전 블러의 양을 조절합니다.
C. 패더 범위 : 경계에 퍼지는 정도를 설정합니다.
D. 모양 조절 : [Spin Blur]의 크기를 조정합니다.

5 [Path Blur] 설정하기

① 뒷배경의 움직임을 표현해 보겠습니다. [Layers] 패널에서 'Background'를 선택합니다.

② [Filter]–[Blur Gallery]–[Path Blur]를 선택합니다.

③ 이미지 안에는 기본적으로 생성된 패스 선이 표시됩니다. 패스의 양 끝점을 이동하여 상단의 기울기에 맞춰 배치합니다.

6 [Path Blur] 적용하기

① 그림과 같이 하단의 기울기에 맞춰 드래그하여 선을 긋습니다. 패스선의 각도에 따라 배경 이미지에 모션 효과가 적용됩니다.

② [OK] 버튼을 클릭합니다.

SECTION 06

패턴 배경 이미지 만들기

[Halftone Pattern], [Distort]

Filter Gallery의 [Halftone Pattern]과 [Distort]의 왜곡 필터를 이용하여 활용도가 높은 배경 이미지를 만드는 과정에 대해 설명합니다.

| 학습 포인트 |

- [Halftone Pattern] 기능 익히기
- [Distort] 기능 익히기

◎ [시작파일] 없음 ◉ [완성파일] ch08/ch08-sec06(완성).psd

01 브러시 등록하기

1 신규 도큐먼트 만들기

① [File]-[New]를 선택하고 가로 '650px', 세로 '650px', Resolution은 '72'로 설정합니다.

② [OK] 버튼을 클릭하여 정사각형의 도큐먼트를 만듭니다.

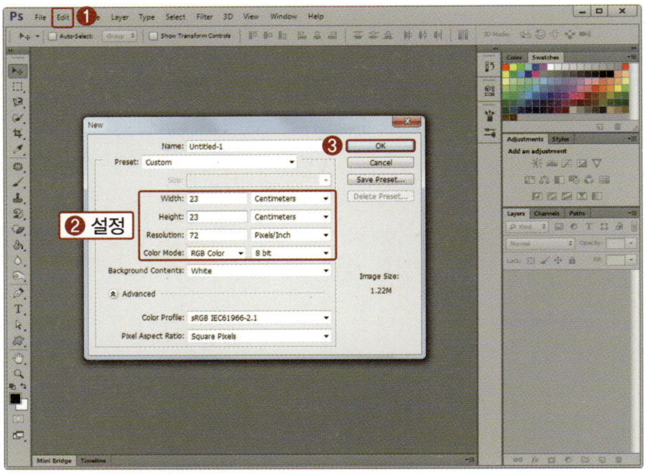

2 색상 지정하고 필터 적용하기

① 전경색에 '#fe9b0f'를 설정합니다. 배경색에 '#fef7cb'를 선택합니다.

② [Filter]-[Filter Gallery]를 클릭한 후 [Sketch]-[Halftone Pattern]을 선택합니다.

③ [Size]는 '12', [Contrast]는 '50', [Pattern Type]은 'Line'으로 설정합니다. 전경색과 배경색으로 구성된 가로 줄무늬가 완성되었습니다. [Size]를 조정하면 줄무늬의 두께를 조정할 수 있습니다.

④ [OK] 버튼을 클릭합니다.

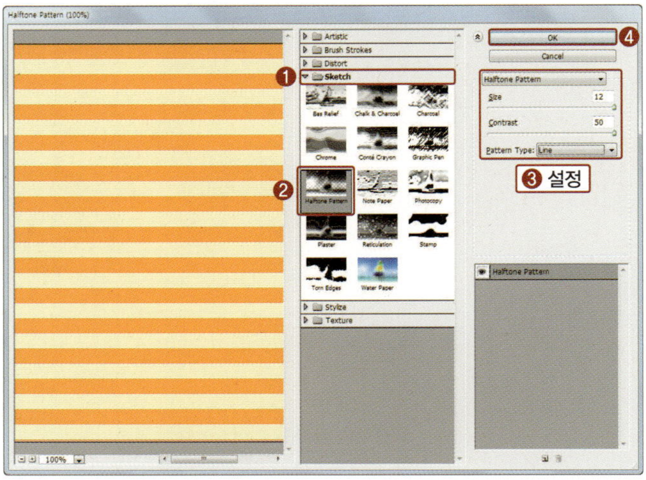

[Halftone Pattern]의 [Type] 살펴보기

[Halftone Pattern]의 3가지 패턴 타입을 살펴보겠습니다. 패턴의 색상은 전경색과 배경색으로 구성되며 [Contrast]를 가장 강하게 설정해야 또렷한 모양이 만들어집니다.

❶ Circle : 원형 패턴을 만듭니다.

❷ Dot : 체크무늬를 만듭니다.

❸ Line : 줄무늬를 만듭니다.

3 체크무늬 만들기

① 'Background'를 복제하여 'Background copy' 레이어를 만듭니다.

② [Edit]-[Transform]-[Rotate 90° Clockwise]를 선택합니다. 이미지가 시계 방향으로 회전되었습니다.

③ [Layers] 패널에서 합성 모드를 'Multiply'로 설정합니다. 교차지점이 어둡게 합성되어 체크무늬가 만들어집니다.

4 레이어 복제하기

① 다른 패턴을 만들기 위해 레이어를 복제하겠습니다. 'Background copy' 레이어를 복제합니다. 'Background copy 2' 레이어가 생성됩니다.

② 나머지 두 레이어의 [Indicates layer visibility] 👁는 끕니다.

5 [Polar Coordinates] 필터 적용하기

① [Filter]–[Distort]–[Polar Coordinates]를 선택합니다.

② 가운데에서 회전하는 효과를 주기 위해 [Polar Coordinates] 대화창에서 'Rectangular to Polar'를 선택합니다.

③ [OK] 버튼을 클릭하여 방사형 배경 이미지를 만듭니다. 방사형 이미지는 광고 배경으로 많이 사용됩니다.

6 [Wave] 필터 적용하기

① [Layers] 패널에서 'Background copy 2' 레이어의 [Indicates layer visibility] 를 끕니다.

② 'Background'를 [Create a new layer] 로 드래그합니다.

③ 복제된 'Background copy 3' 레이어를 확인합니다.

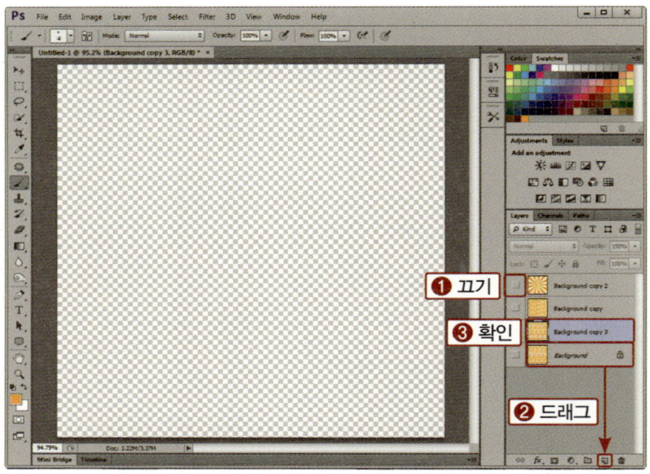

7 [Wave] 필터 적용하기

① 'Background copy 3' 레이어를 맨 위로 이동합니다.

② [Indicates layer visibility] 를 켭니다.

③ [Filter]–[Distort]–[Wave]를 선택합니다.

④ [Wave] 대화창의 옵션을 다음과 같이 설정합니다. 지그재그 모양의 패턴이 만들어졌습니다.

⑤ [OK] 버튼을 클릭합니다.

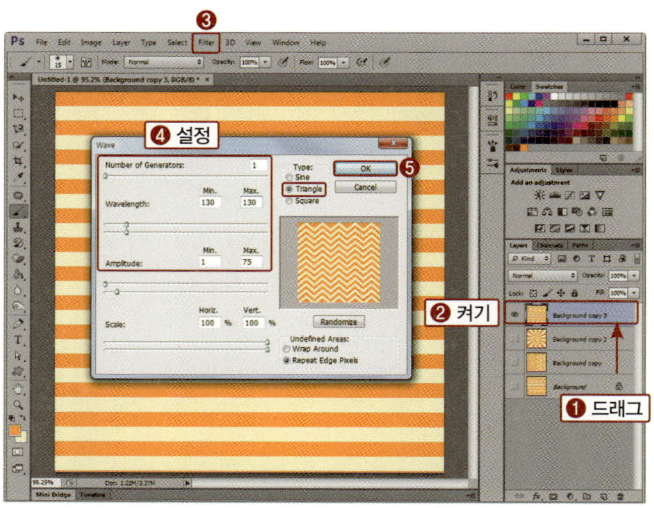

[Wave] 필터의 대화창 살펴보기

이미지의 형태를 인위적으로 왜곡하여 물결 모양을 만들어내는 필터입니다. 잔잔한 물결부터 큰 물결을 불규칙하게 혹은 규칙적으로 모양을 만들 수 있습니다.

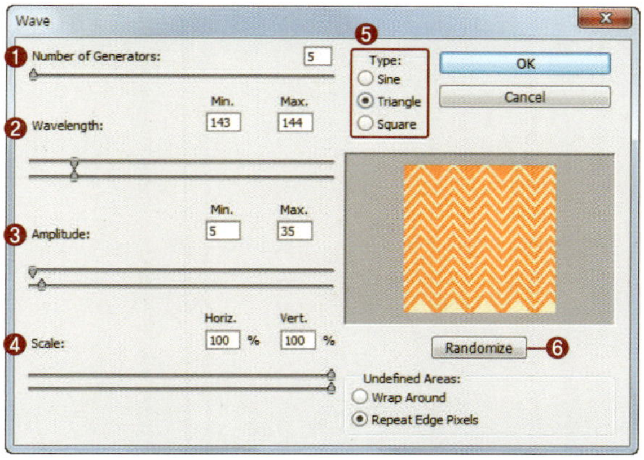

❶ Number of Generators : 파동의 수를 설정합니다.
❷ Wavelength : 파장의 최대치와 최소치를 설정합니다.
❸ Amplitude : 진폭의 최대치와 최소치를 설정합니다.
❹ Scale : 수평 방향과 수직 방향의 크기를 조정합니다.
❺ Type : Sine, Triangle, Square 형태로 물결 모양을 만듭니다.
❻ Randomize : 단추를 클릭할 때마다 물결의 모양이 랜덤하게 변합니다.

SECTION 07

이미지에 잡티를 만들거나 제거하기

[Reduce Noise], [Despeckle]

[Noise] 필터는 이미지에 티끌을 만들어 주는 필터입니다. 거친 느낌을 만들고자할 때 사용되지만 반대로 거친 이미지에 적용하여 픽셀 균등화 과정을 거쳐 거친 느낌을 완화시켜줄 수도 있습니다. 이번 SECTION 에서는 이미지의 컬러노이즈를 감소시키는 [Reduce Noise], [Despeckle] 필터에 대해 알아봅니다.

| 학습 포인트 |

- [Noise] 관련 필터 기능 익히기
- 마스크 기능 익히기
- 이미지 보정하기

◎ **[시작파일]** ch08/ch08-sec07.jpg ◉ **[완성파일]** ch08/ch08-sec07(완성).psd

01 [Noise] 기능 익히기

1 레이어 복제하기

① 'ch08-sec07.jpg' 파일을 불러옵니다. 이미지를 보면 작은 컬러 알갱이들이 보입니다.

② 'Background'를 [Create a new layer] 로 드래그합니다.

③ 복제된 'Background copy' 레이어를 확인합니다.

2 컬러 노이즈 제거하기

① [Filter]-[Noise]-[Reduce Noise]를 선택합니다.

② [Reduce Noise] 대화창의 옵션을 그림과 같이 설정합니다. 컬러노이즈가 제거됩니다.

③ [OK] 버튼을 클릭합니다.

3 노이즈 뭉개기

[Filter]–[Noise]–[Despeckle]을 적용합니다. 노이즈 알갱이들이 뭉쳐서 이미지는 부드러워졌으나 선명도가 떨어져 보입니다.

(Photoshop 코칭)

■ [Despeckle] 필터의 기능

[Filter]–[Noise]–[Despeckle]은 색상 및 채도가 평균 값과 다를 때 평균화 작업을 통해 노이즈를 제거하는 필터입니다. 이미지에 적용하여 간단히 잡티를 제거할 수 있습니다.

4 마스크 씌우기

① 'Background'의 선명한 부분과 합성해 보겠습니다. [Layers] 패널 하단의 [Add layer mask] 를 눌러 마스크를 씌웁니다.

② [Brush Tool] 을 선택하고 브러시 사이즈를 작게 조정합니다.

③ 검정색으로 눈과 눈썹, 입 부분을 드래그하여 또렷한 이미지가 드러나도록 합니다.

NOTE

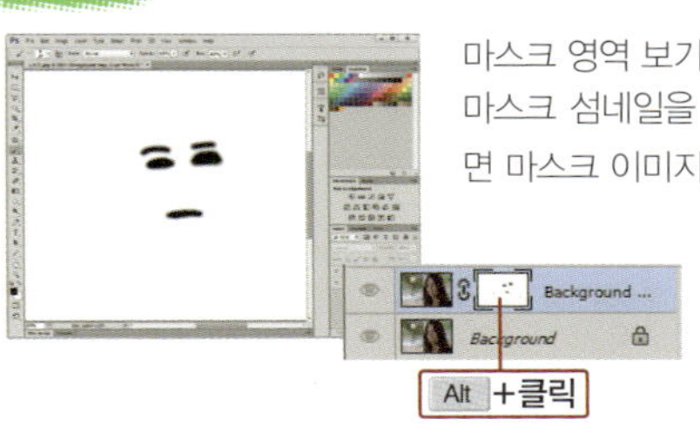

마스크 영역 보기
마스크 섬네일을 Alt 를 누른 채 클릭하면 마스크 이미지가 화면에 표시됩니다. 다시 Alt 를 누르고 클릭하면 마스크 이미지가 가려집니다.

5 보정하기

① 전체적으로 어두운 톤을 보정해 보겠습니다. [Layers] 패널 하단의 [Create new fill or adjustment layer] 를 누른 후 [Curves]를 선택합니다.

② 보정 레이어 패널이 표시되면 그림과 같이 곡선을 조정하여 톤을 밝게 조정합니다.

《 Photoshop 코칭 》

[Reduce Noise] 필터 대화창 살펴보기

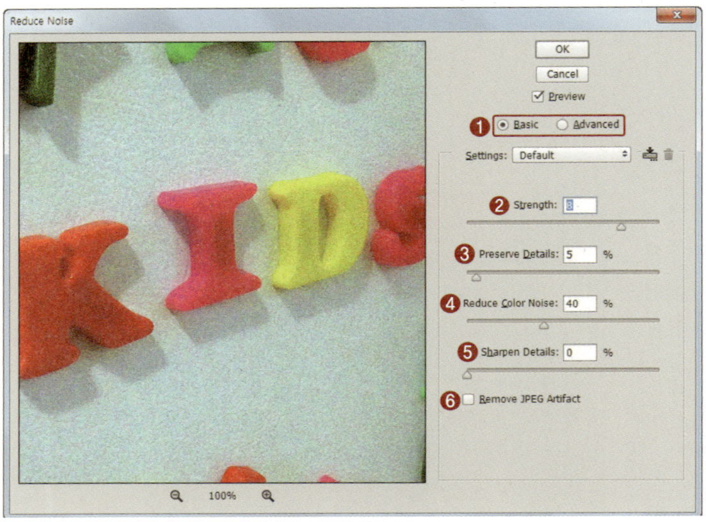

❶ Basic/Advanced : Advanced를 체크하면 채널을 선택할 수 있습니다.

❷ Strength : 노이즈 감소 정도를 결정합니다.

❸ Preserve Details : 이미지의 노이즈를 제거할 때 이미지의 디테일을 유지할 것인지를 설정합니다. 수치가 낮으면 블러를 적용한 것처럼 이미지가 흐릿해 집니다.

❹ Reduce Color Noise : 색상 노이즈를 제거합니다.

❺ Sharpen Details : 노이즈를 제거하면서 부드러워진 경계를 날카롭게 조정합니다.

❻ Remove JPEG Artfact : 옵션을 체크하면 낮은 퀄리티의 jpeg 이미지 파일로 저장할 때 이미지 손실을 방지합니다.

SECTION 08

흔들린 사진 또렷하게 만들기 *[Shake Reduction]*

[Shake Reduction] 기능은 포토샵 CC에서 추가된 기능입니다. 손떨림이나 흔들림으로 흐려진 사진을 또렷하게 보정해 줍니다. 그러나 너무 심하게 움직인 사진은 보정의 한계가 있습니다. [Shake Reduction]으로 흔들린 방향을 수동으로 찾아 복원해 보겠습니다. CC

| 학습 포인트 |

- [Shake Reduction] 기능 익히기

◎ **[시작파일]** ch08/ch08–sec08.jpg ◉ **[완성파일]** ch08/ch08–sec08(완성).jpg

01 [Shake Reduction] 기능 익히기

1 파일 불러오고 필터 적용하기

① 'ch08–sec08.jpg' 파일을 불러옵니다. 사진은 흔들림으로 초점이 또렷하지 않습니다.

② [Filter]–[Sharpen]–[Shake Reduction]을 선택합니다.

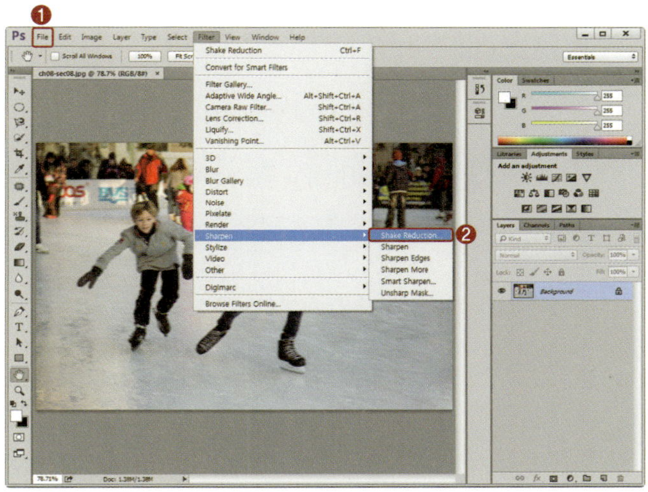

2 옵션 설정하기

[Shake Reduction] 대화창에서 선명도를 조절하는 [Blur Trace Bounds]는 '22', 노이즈를 조절하는 [Smoothing]은 '5', 픽셀의 입자를 조절하는 [Artifact Suppression]은 '34.5'로 설정합니다. [OK] 버튼을 클릭합니다.

3 결과물 확인하기

왼쪽은 [Shake Reduction]을 적용 전, 오른쪽은 적용 후 이미지입니다.

[Filter]–[Sharpen]–[Shake Reduction] 대화창 살펴보기

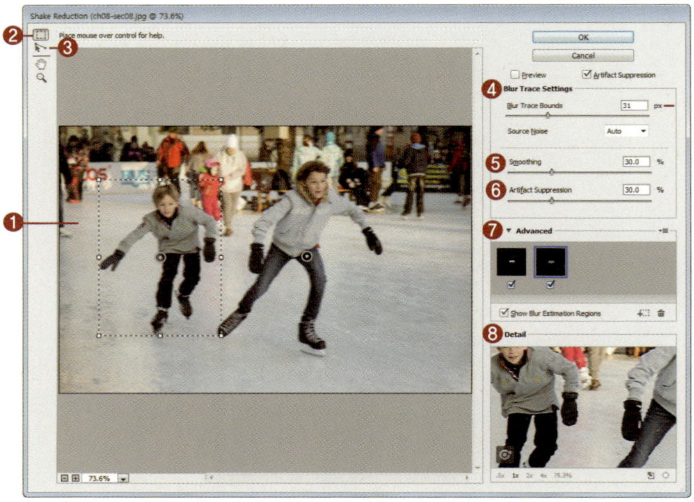

❶ Preview : 적용 결과를 미리보기창에서 볼 수 있습니다.
❷ [아이콘] : 영역을 지정하여 흔들림을 보정합니다.
❸ [아이콘] : Advanced를 클릭하면 활성화되며 수동으로 흔들린 방향을 찾아 흔들림을 보정합니다.
❹ Blur Trace Bounds : 선명도가 올라갑니다.
❺ Smoothing : 이미지를 부드럽게 조정합니다.
❻ Artifact Suppression : 픽셀의 입자를 조정합니다.
❼ Advanced : [아이콘]으로 영역을 설정하면 목록으로 나타납니다.
❽ Detail : 이미지의 일부를 확대해 볼 수 있습니다.

TRAINING & TEST 실력 점검하기

이론 01 다음 Render 필터 중 CMYK 모드에서 사용할 수 있는 필터는?

① 3D Transform
② Difference Clouds
③ Lens Flare
④ Lighting Effects

이론 02 다음 중 이미지에 흐림 효과를 줄 수 있는 필터 효과는?

① Add Noise
② Clouds
③ Gaussian Blur
④ Texturizer

이론 03 선명도 수치를 조절하여 세밀하게 선명도 효과를 적용하는 필터 효과는?

① Unsharp Mask
② Sharpen
③ Sharpen Edges
④ Sharpen More

이론 04 이미지에 지정한 각도로 흐림 효과를 주는 필터 효과는?

① Motion Blur
② Radial Blur
③ Blur More
④ Smart Blur

TRAINING & TEST
실력 점검하기

실습 01 필터와 레이어 모드를 이용하여 웨딩 케이크를 뽀샤시하게 만드시오.

• [시작파일] ch08/ch08–실습01.jpg • [완성파일] ch08/ch08–실습01(완성).psd • [해설파일] ch08/ch08–실습해설01.pdf

Before

After

HOW TO

01 | 뽀샤시하게 만들기

'ch08–실습01.jpg' 불러오기 → 'Background copy' 만들기 → [Image]–[Adjustments]–[Desaturate]를 선택하여 흑백 이미지 만들기 → 'Background copy'를 'Background copy2'로 복제하기 → 'Background copy2'의 [Indicates layer visibility] 를 끄고 'Background copy' 선택 → [Filter]–[Blur]–[Gaussian Blur]의 [Radius]는 '3.5' 적용 → 이미지 밝게 조정 후 합성 모드는 'Screen'으로 지정

02 | 디테일 살리기

'Background copy 2'의 [Indicates layer visibility] 를 켜고 선택하기 → [Filter]–[Blur]–[High Pass]를 선택 후 [Radius]는 '4'를 지정 → 합성 모드는 'Hard Light'로 지정 → Alt 를 누른 채 마스크 씌우기 → 전경색 흰색 지정 → 인형의 얼굴과 꽃다발, 밑단 등 디테일을 살려할 부분을 브러시로 칠하기

실습 02 필터와 합성 모드를 이용하여 라인을 만들고 브러시를 이용하여 색연필 드로잉 이미지를 만드시오.

• [시작파일] ch08/ch08–실습02.jpg, Pencil.abr • [완성파일] ch08/ch08–실습02(완성).psd • [해설파일] ch08/ch08–실습해설02.pdf

Before

After

HOW TO

01 | 스케치 라인 만들기

'ch08–실습02.jpg' 불러오기 → 'Background'를 복제하여 'Background copy' 만들기 → '컬러오버레이'로 이름을 변경 후 [Indicates layer visibility] 끄기 → 'Background'를 선택 후 흑백 이미지로 만들기 → 'Background'를 복제하여 'Background copy' 만들기 → 'Background copy'를 복제하여 'Background copy 2' 만들기 → [Filter]–[Blur]–[Gaussian Blur]에서 [Radius] 값은 '2.5' 적용 → [Image]–[Adjustments]–[Invert]로 이미지를 반전 → 'Background copy 2'의 합성 모드를 'Color Dodge'로 지정 → 아래 레이어와 병합하기 → 레이어 이름을 '스케치'로 변경

02 | 브러시로 색연필 효과 내기

Pencil.abr 브러시 소스 불러오기 → '스케치' 레이어에 마스크 씌우기 → 불러온 브러시 중 'Sampled Brush 1' 선택 사이즈는 '800'으로 조정 → 마스크 영역에 검정색으로 드래그하여 스케치 효과 만들기 → '컬러오버레이' 레이어의 [Indicates layer visibility] 를 켜고 합성 모드는 'Overlay'로 지정

실습 03 필터를 이용하여 모션 효과를 주고 다른 이미지와 합성하시오.

• **[시작파일]** ch08/ch08–실습03–01.jpg, ch08–실습03–02.jpg • **[완성파일]** ch08/ch08–실습03(완성).psd • **[해설파일]** ch08/ch08–실습해설03.pdf

Before

After

HOW TO

'ch08–실습03–01.jpg' 불러오기 → 'Background'를 'Background copy'로 복제 → 'Background copy'에 [Filter]–[Blur Gallery]–[Spin Blur]를 시계에 적용 → Alt 를 누른 채 [Layers] 패널 하단의 [Add layer mask] 를 클릭해 마스크 씌우기 → 흰색 지정 → 브러시로 모션이 보여질 상단의 종 부분을 드래그 → 'ch08–실습03–02.jpg'를 불러온 후 'ch08–실습03–01.jpg' 파일로 가져오기 → [Add layer mask] 를 눌러 마스크 씌우기 → [Gradient Tool] 선택 → 선형 흑백 그레이디언트 지정 → 사선으로 왼쪽 위에서 아랫방향으로 짧게 드래그 → 합성 모드는 'Overlay'로 지정

CHAPTER

09

벡터의 세계로 도형, 문자, 펜 도구 활용하기

이번 장에서는 벡터 관련 도구와 문자 도구를 활용하여
기본적인 문자의 입력 방법부터 감각적인 이미지에 어울리는
문자의 응용 방법까지 살펴보겠습니다.

* PREVIEW 한눈에 살펴보기

SECTION	제목	학습할 주요 기능
1	도형 드로잉하고 등록하기 *[Pen Tool], [Define Custom Shape]*	• 직선과 곡선 드로잉하기 • [Custom Shape]로 등록하기 • [Pen Tool] 옵션 살펴보기
2	도형을 이용하여 안내판 완성하기 *[Shape Tool], [Shape] 종류, [Shape Picker]*	• [Shape Tool]의 옵션 바 살펴보기 • [Shape] 종류 살펴보기 • [Custom Shape Tool] 옵션 바 살펴보기 • [Shape Picker] 확장 메뉴 살펴보기
3	도형 테두리선 추가하고 모양 주기 *[Stroke Options]*	• [Stroke Options] 살펴보기
4	이미지 외곽선 정교하게 정리하여 선택 영역으로 불러오기 *[Pen Tool], [Paths] 패널, [Load Path as a Selection], [Stroke Path with Brush]*	• [Pen Tool]의 사용법 익히기 • [Path] 편집하기 • [Paths] 패널의 다양한 기능 살펴보기 • [Load path as a selection] 적용하기 • [Stroke Path with Brush] 적용하기
5	문자를 이용한 간판과 잡지 타이틀 만들기 *[Horizontal Type Tool], [Horizontal Type Mask Tool]*	• [Horizontal Type Tool] 옵션 바 살펴보기 • [Horizontal Type Mask Tool] 옵션 바 살펴보기
6	문장에 모양 주기 *[Warp Text]*	• [Warp Text] 사용법 익히기 • [Warp Text] 대화창 살펴보기
7	곡선에 흐르는 문자 만들기 *[Path], [Character], [Paragraph]*	• 패스에 문자 입력하기 • [Character] 패널 살펴보기 • [Paragraph] 패널 살펴보기

SECTION 01

도형 드로잉하고 등록하기

[Pen Tool], [Define Custom Shape]

[Pen Tool] 로 작업한 모양을 'Path(패스)'라고 부르며 완전한 모양의 패스를 만들기 위해서는 편집 작업이 필요합니다. 직선과 곡선을 활용한 도형을 만들어봅니다.

| 학습 포인트 |

- 직선과 곡선 드로잉하기
- [Custom Shape]로 등록하기
- [Pen Tool] 옵션 살펴보기

01 벡터 도구 살펴보기

[Pen Tool], [Type Tool], [Shape Tool]

포토샵에서 다루는 벡터 방식의 도구는 도형을 드로잉하거나 도형을 직접 사용하고, 문자를 입력하는 등의 작업과 관련이 있습니다. 이 도구들은 픽셀을 기반으로 하는 도구들이 아니기 때문에 필터를 사용할 때 픽셀을 이용하는 효과에 제약을 받기 때문에 벡터의 속성을 꼭 비트맵 속성으로 전환해야 하는 래스터라이즈(Rasterize)화를 해야만 합니다.

[Shape]과 [Path] 살펴보기

[Pen Tool] 로 작업하는 방법에는 두 가지가 있습니다. [Layers] 패널을 이용하는 [Shape]과 [Paths] 패널을 이용하는 [Path]가 있습니다. 사용법과 특징을 살펴봅시다.

	[Shape]	[Path]
패널	[Layers] 패널 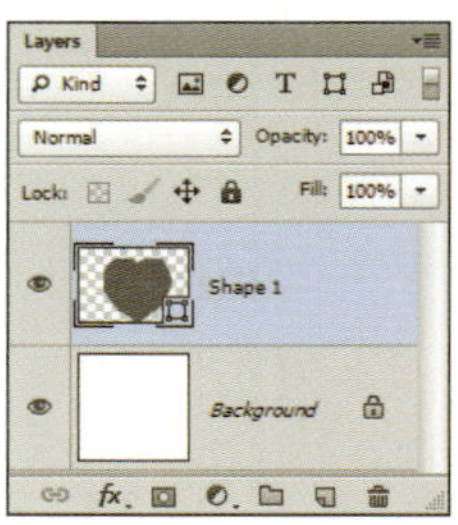 	[Paths] 패널 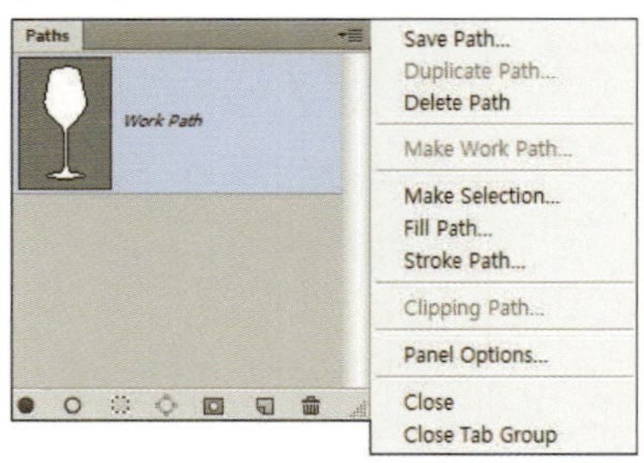
기능	[Pen Tool] 로 드로잉하여 도형을 제작 테두리 선과 면으로 구분 테두리는 굵기, 모양 설정과 색상 적용 면은 크기 조절과 색상, 그라데이션, 패턴 적용 [Shape]은 레이어 스타일 적용 가능	[Pen Tool] 로 이미지의 외곽선인 패스를 제작 곡선 패스와 직선 패스를 작업 완성된 [Work Path]는 전경색, 브러시, 선택 영역 적용 가능

[Path]의 구성 요소 이해하기

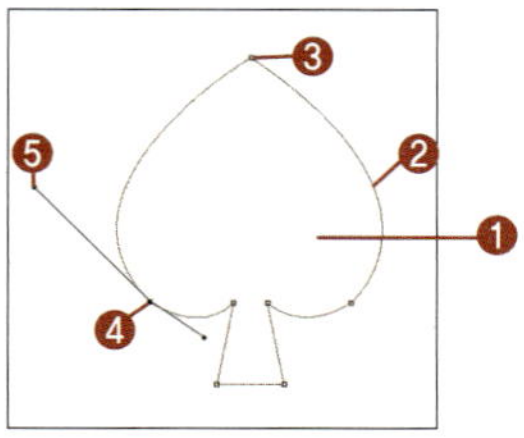

❶ Path(패스) : 선분이 모여 하나의 연결된 선을 패스라고 합니다.

❷ Segment(선분) : 정점과 정점 사이를 연결하는 선의 단위를 선분이라고 합니다.

❸ Anchor Point(앵커포인트) : 선을 연결하기 위한 최소한의 점을 말합니다.

❹ Direction Line(방향선) : 곡선인 경우 정점에는 두 개의 방향선이 생성될 수 있으며, 방향선은 곡선의 형태를 결정짓는 역할을 합니다.

❺ Direction Point(방향점) : 방향선의 끝에 위치하며 방향선의 길이와 각도를 조정하여 곡선의 형태를 수정할 수 있습니다.

◎ **[시작파일]** 없음 ◉ **[완성파일]** ch09/ch04-sec01-01(완성).psd

02 도형 드로잉하기

[Pen Tool] 로 직선, 곡선 드로잉을 해보겠습니다.

1 새 파일 만들기

① [File]-[New] 메뉴를 선택합니다.

② [New] 대화창에서 [Weight]과 [Height]를 '496Pixels'로 설정하고, 나머지는 기본 값으로 설정합니다.

③ [OK] 버튼을 클릭합니다.

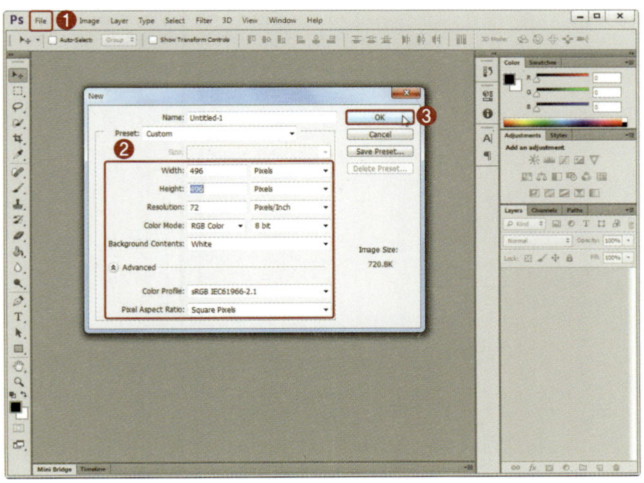

2 그리드 표시 설정하기

[View] 메뉴에서 [Show]-[Grid]를 선택합니다.

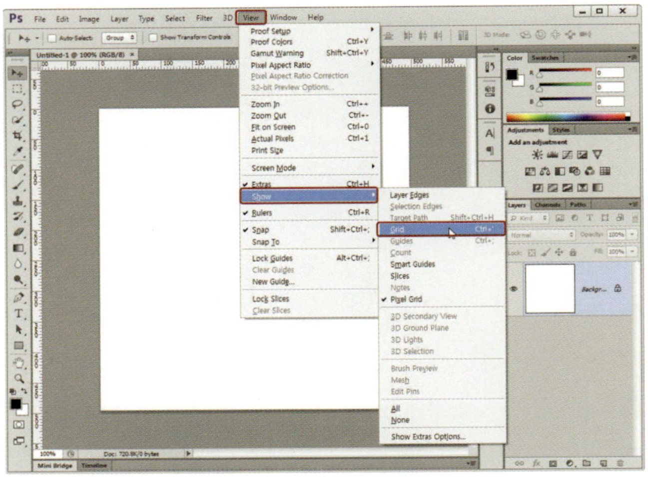

3 [Pen Tool]로 드로잉 시작하기

① [Pen Tool] 을 선택합니다.

② 옵션 바에서 [Shape]를 선택합니다.

③ 그림처럼 시작점인 첫 번째 앵커포인트를 찍습니다.

③ 곡선을 만들기 위해 두 번째 앵커포인트를 그림처럼 펜 도구로 위치를 지정하고, 클릭한 상태로 오른쪽으로 수평 드래그하여 방향선을 늘립니다.

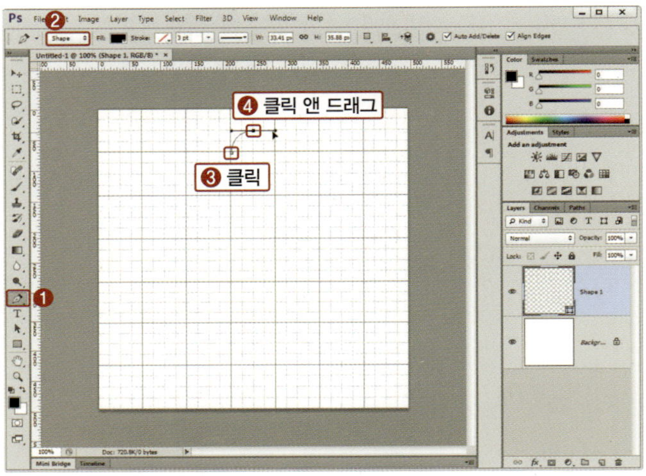

NOTE

[Shape] 레이어를 사용하면, 드로잉하는 과정 중 가운데에 옵션 바의 [Fill] 색상이 채워져 도형으로 완성됩니다.

4 곡선 드로잉 핸들 삭제하기

① 양쪽으로 방향선이 늘어진 것을 확인합니다.

② 다시 조금 전 클릭한 두 번째 앵커포인트에 마우스를 갖다 대면 모양으로 바뀝니다. 이때 Alt 를 누른 채 클릭합니다.

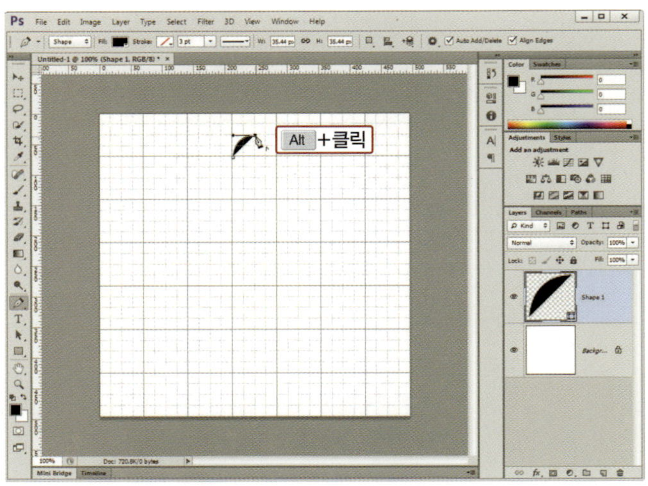

NOTE

방향점을 좌우로 드래그하여 곡선을 만들 때, 마우스에서 손을 떼면 안 됩니다. 그리고 Alt 를 누르고 앵커포인트를 클릭하여 방향선 한 쪽을 잘라주는 이유는 다음 연결선인 곡선을 그릴 때 방향선이 맞지 않아 원하는 곡선이 이루어지지 않는 것을 막기 위해서입니다.

5 곡선 드로잉 진행하기

① 다음 세 번째 앵커포인트를 클릭하자마자 손을 떼지 않고, 수직 드래그하여 방향선을 늘려줍니다.

② 다시 조금 전 세 번째 클릭한 앵커포인트에 마우스를 갖다 대면 모양으로 바뀝니다. 이때 Alt 를 누른 채 클릭합니다.

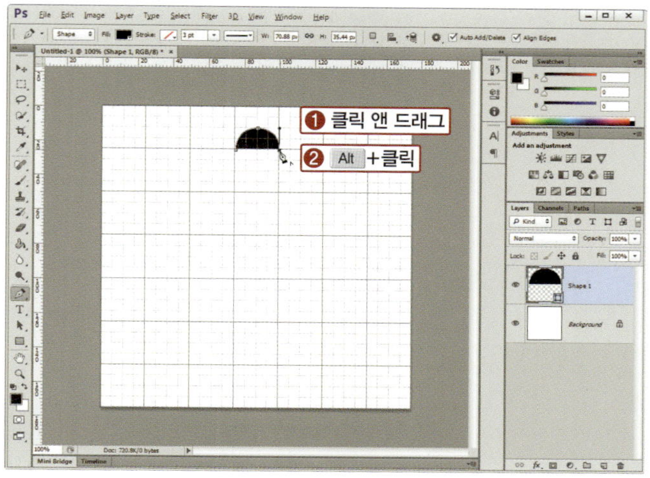

6 직선 드로잉 완성하기

① 직선을 연결하기 위해 그림처럼 순서대로 네 번째, 다섯 번째 앵커포인트를 클릭합니다.

② 그 다음 맨 처음 시작점(정점)으로 돌아오면 [Pen Tool]의 마우스 커서 옆에 동그라미가 생깁니다. 클릭하여 완성합니다.

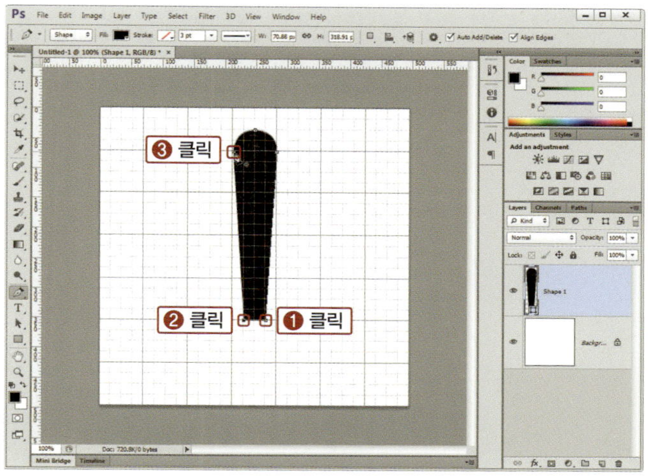

7 도형 추가하기

① 옵션 바에서 [Path operations] 목록 중 두 번째 'Combine Shapes'를 지정하여 같은 레이어에 도형을 추가하는 것을 설정합니다.

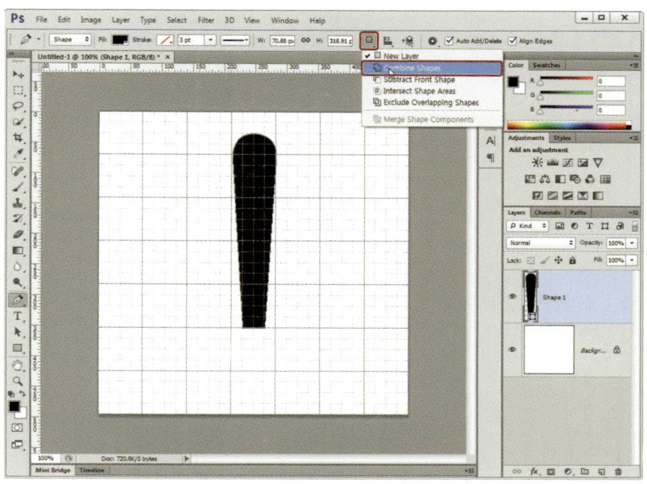

NOTE

기존 패스(도형)에 새 패스(도형) 영역을 추가할 때는 'Combine Shapes', 기존 패스(도형)에서 새 패스(도형) 영역을 뺄 때는 'Subtract Front Shape', 기존 패스(도형)와 새로 작성한 패스(도형)와의 교차 부분을 만들 때는 'Intersect Shape Areas'를 설정합니다.

② 느낌표 아랫부분을 직선으로 된 사각형 도형이 되도록 순서대로 클릭하여 완성합니다.

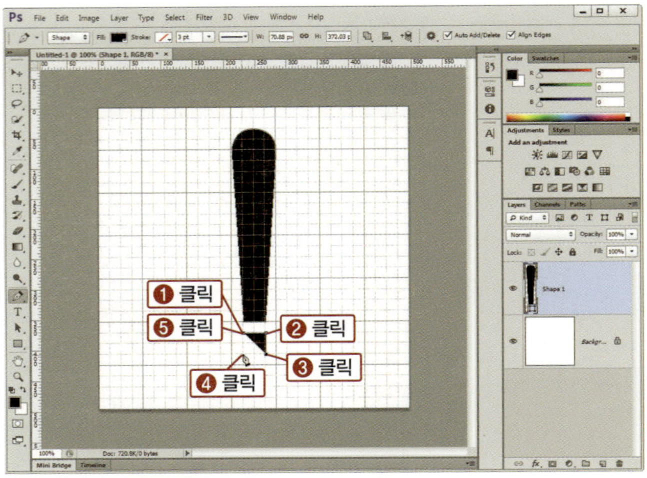

8 완성된 도형 확인하기

완성된 느낌표 도형을 확인합니다.

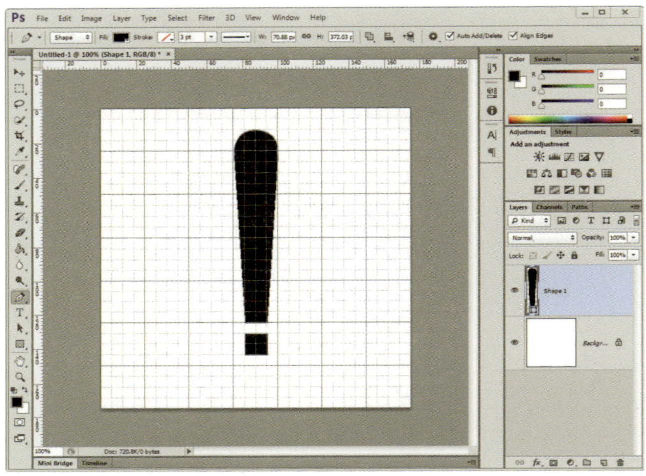

◎ [시작파일] ch09/ch09–sec01–02.psd ◉ [완성파일] ch09/ch09–sec01–02(완성).psd

03 도형 등록하고 불러온 도형 색상 변경하기

드로잉한 도형을 등록하고, 활용하는 방법에 대해 학습합니다.

1 도형 선택하기

① 'ch09–sec01–02.psd'를 불러온 후 [Rectangular Marquee Tool] 을 클릭합니다.

② 드래그하여 등록할 도형을 선택합니다.

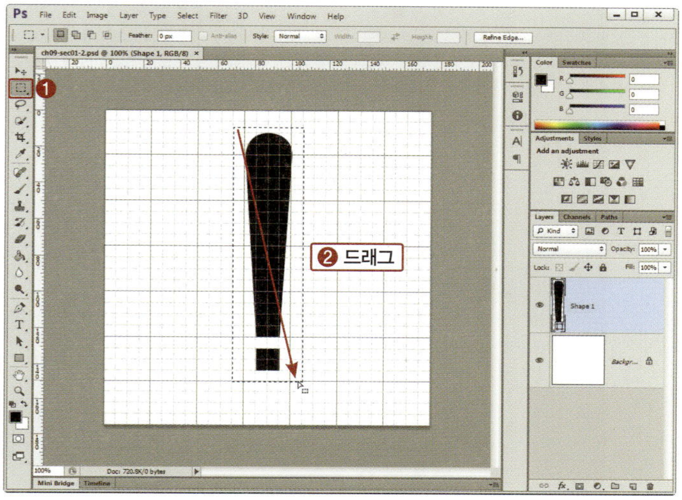

2 도형 등록하기

① 드로잉한 도형을 등록하기 위해 [Edit] 메뉴의 [Define Custom Shape...]를 지정합니다.

② [Shape Name]을 '느낌표'로 입력합니다.

③ [OK] 버튼을 클릭합니다.

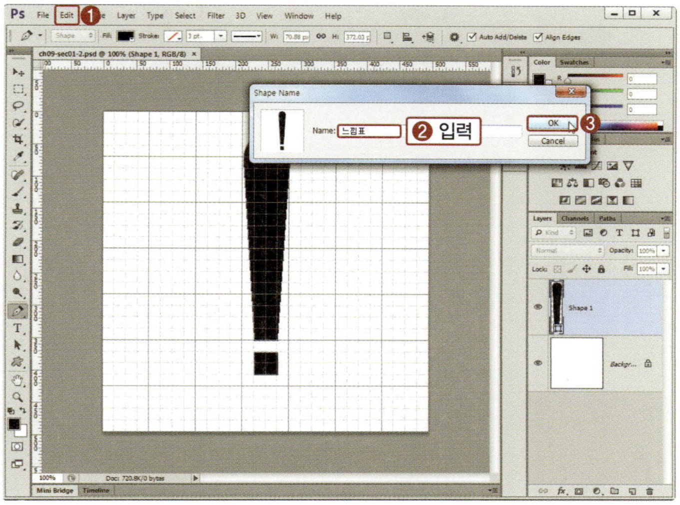

3 등록된 도형 확인, 레이어 삭제

① [Tools] 패널에서 [Custom Shape Tool] 을 선택합니다.

② 옵션 바에서 [Set shape to create] 목록을 클릭합니다.

③ 제일 하단에 등록한 '느낌표' 도형을 선택 지정합니다.

④ 등록한 '느낌표' 도형을 드로잉하기 위해 'Shape1' 레이어를 삭제합니다.

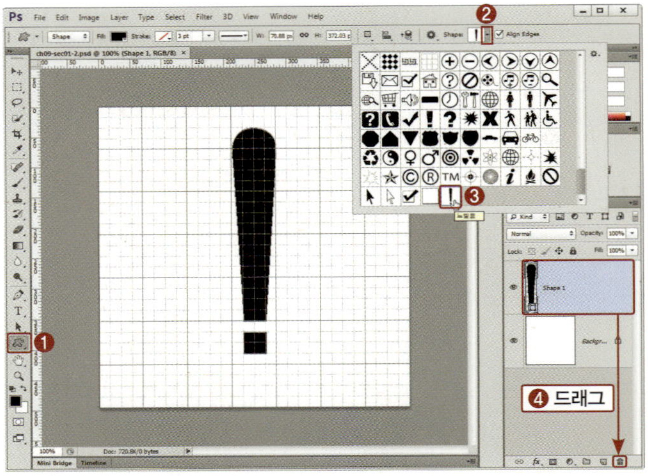

⑤ [View]-[Show]-[Grid]를 다시 지정하여 그리드 표시를 해제합니다.

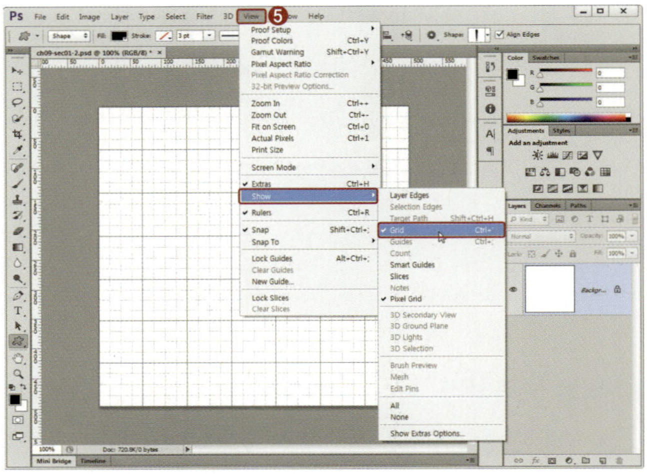

4 도형 불러오기

이미지창에 드래그하여 '느낌표' 도형을 그립니다.

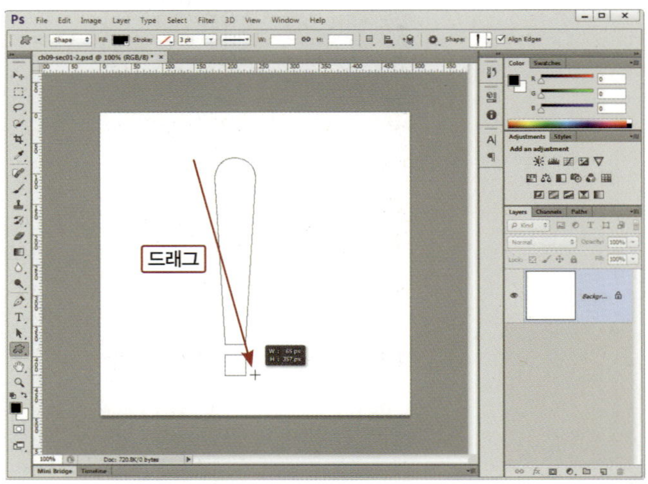

5 색상 교체하기

① 옵션 바에서 [Fill] 목록을 열어 [Solid Color]를 선택하고, 샘플 목록 중 'RGB Red'를 지정합니다.

② 'RGB Red' 빨간색이 적용된 것을 확인합니다.

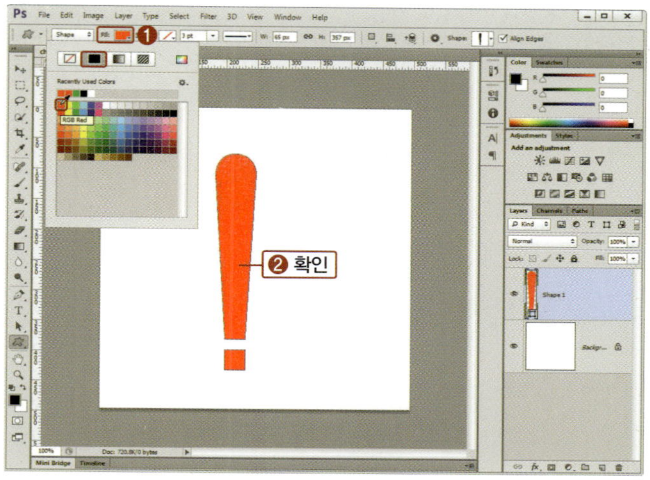

6 도형 그라데이션 적용하기

① 다시 옵션 바 [Fill] 목록에서 [Gradient]를 선택합니다.

② 샘플 목록 중 'Red, Green'을 지정합니다.

③ 'Red, Green' 그레이디언트가 적용된 것을 확인합니다.

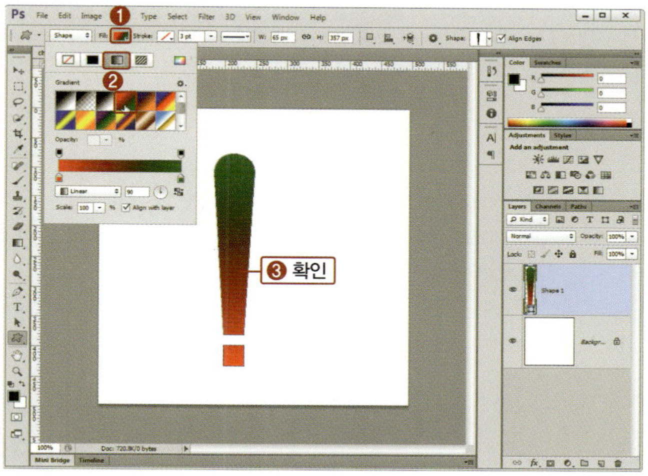

〈 Photoshop 코칭 〉

[Pen Tool] 옵션 바 살펴보기

Shape, Path와 채우기 모드를 설정할 수 있으며, 더하고 빼는 등의 Path의 편집 기능을 설정할 수 있습니다. Stroke은 CS6 이상 버전에 추가된 내용으로 도형의 외곽선을 꾸밀 수 있고, 색상 추가 기능까지 사용할 수 있습니다.

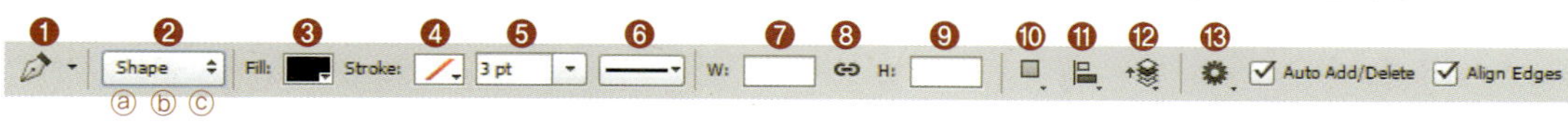

❶ Preset picker : 현재 선택된 툴을 표시하며 옵션 바의 설정을 저장할 수 있습니다.

❷ Pick tool mode : 펜 툴을 이용하여 Shape, Paths, Pixels를 사용할지를 설정합니다.

ⓐ Shape : 이 옵션을 선택한 상태로 패스를 그리면 전경색이 채워집니다. [Layers] 패널을 열고 사용하는데 셰이프 레이어가 생성되며, [Paths] 패널에는 'Shape 1 Vector mask'가 생성됩니다.

ⓑ Paths : 이 옵션을 선택하고 패스를 그리면 [Paths] 패널에는 'Work Path' 패스가 생성됩니다. 'Work Path'를 더블클릭하면 'Path 1' 패스로 저장할 수 있습니다.

ⓒ Pixels : 도형 툴을 선택했을 때 활성화되며 이 옵션을 선택한 상태로 드래그하면 모양이 픽셀로 채워집니다.

❸ Fill : 도형에 채우기 유형을 선택하여 설정합니다.
❹ Stroke : 도형 외곽선에 채우기 유형을 선택하여 설정합니다.
ⓐ No Color : 채우기 색상을 제거합니다.
ⓑ Solid Color : 단일 색상을 채우기합니다.
ⓒ Gradient : 그레이디언트 색상을 채우기합니다.
ⓓ Pattern : 패턴으로 채우기합니다.

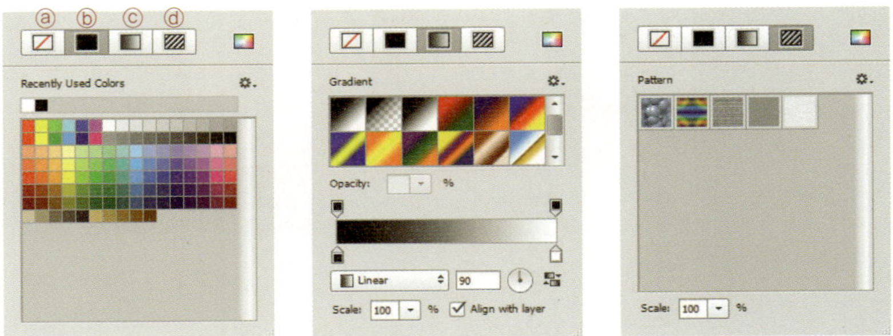

❺ Set shape stroke width : 외곽선 굵기를 설정합니다.
❻ Set shape stroke type : 외곽선 모양을 설정합니다.
❼ Set shape width : 도형의 가로 크기를 설정합니다.
❽ Link shape width and height : 도형의 가로, 세로 크기 비율을 맞추어 설정합니다.
❾ Set shape height : 도형의 세로 크기를 설정합니다.
❿ Path operations : 생성되는 패스나 도형의 영역을 더하거나 빼기 등의 편집 기능을 설정할 수 있습니다.
ⓐ New Layer : 새로운 패스(도형)를 만듭니다.
ⓑ Combine Shapes : 기존 패스(도형)에 새 패스(도형) 영역을 더합니다.
ⓒ Subtract Front Shape : 기존 패스(도형)에서 새 패스(도형) 영역을 뺍니다.
ⓓ Intersect Shape Areas : 기존 패스(도형)와 새로 작성한 패스(도형)와의 교차 부분을 만듭니다.
ⓔ Exclude Overlapping Shapes : 기존 패스(도형)와 새로 작성한 패스(도형)와의 교차 부분을 제외한 부분을 만듭니다.

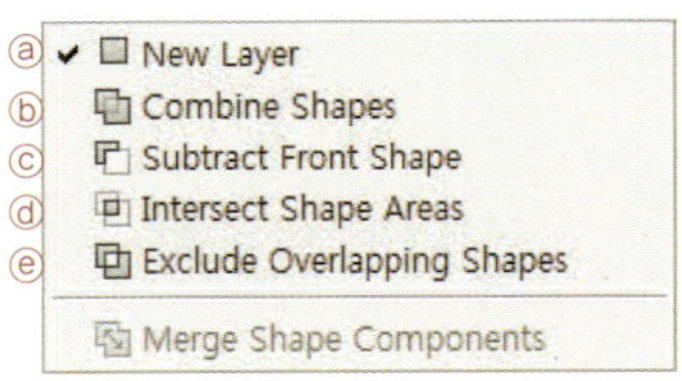

⓫ Path alignment : 작업한 도형의 위치를 정렬합니다.
⓬ Path arrangement : 도형의 순서를 설정합니다.
⓭ Shape option : 도형의 크기와 비율을 설정하는데, 도형의 조건에 따라 설정값이 다릅니다.

SECTION 02

도형을 이용하여 안내판 완성하기

[Shape Tool], [Shape] 종류, [Shape Picker]

Shape는 Path선으로 드로잉된 모양 안에 색상이 삽입된 것을 말하며 벡터 속성을 가지고 있기 때문에 수정, 확대 및 축소, 변형을 실행할 때 이미지가 손상되지 않는 장점이 있습니다. [Shape Tool]의 종류별 사용법과 활용법을 학습합니다.

| 학습 포인트 |

- [Shape Tool]의 옵션 바 살펴보기
- [Shape] 종류 살펴보기
- [Custom Shape Tool] 옵션 바 살펴보기
- [Shape Picker] 확장 메뉴 살펴보기

◎ **[시작파일]** ch09/ch09-sec02.jpg ◉ **[완성파일]** ch09/ch09-sec02(완성).psd

01 장애인 안내판 만들기

[Shape Tool]의 종류를 살펴보고, 장애인 마크 도형을 찾아 안내판 이미지에 맞추어 삽입해 보겠습니다.

1 도형 선택하기

① 'ch09-sec02.jpg' 파일을 불러온 후, [Custom Shape Tool] 을 선택합니다.

② 옵션 바에서 [Set shape to create]의 목록을 클릭합니다.

③ 'Wheelchair'를 선택합니다.

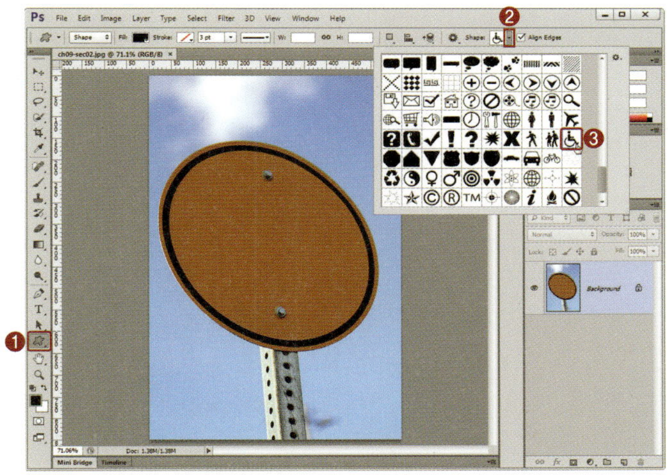

2 선택한 도형 그리기

① 이미지창에서 드래그하여 그림처럼 그립니다.

② [Edit] 메뉴의 [Transform Path]-[Skew]를 지정합니다.

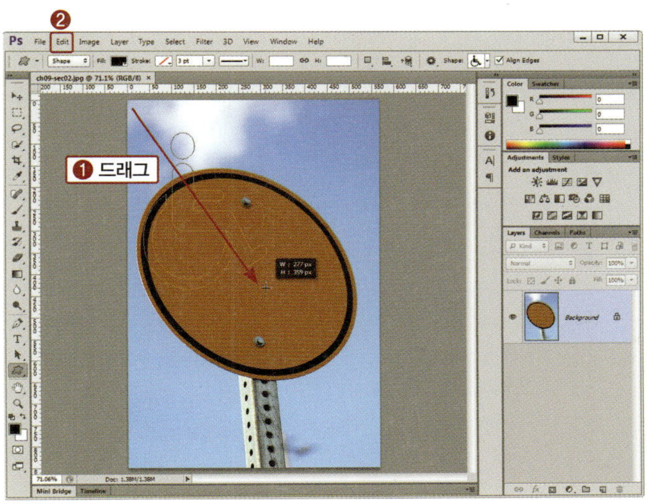

3 도형 변형하기

① 기울기를 주기 위해 그림처럼 변형 조절점 아래의 가운데 점을 오른쪽으로 드래그하여 움직입니다.

② 안내판과 균형을 맞춥니다.

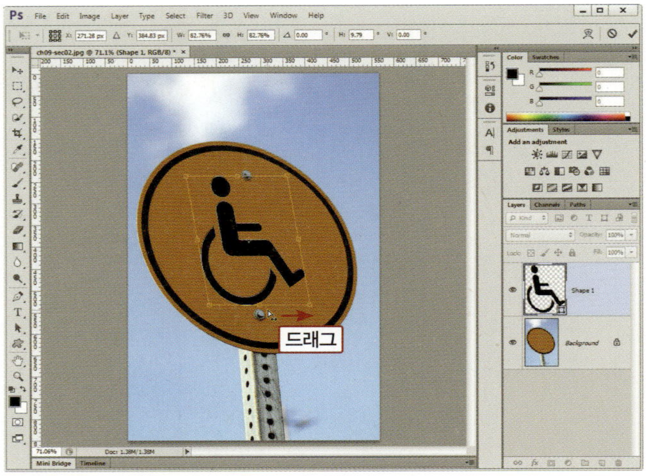

4 완성 확인하기

① Enter 를 눌러 변형 조절점을 해제합니다.

② 안내판에 맞게 도형이 적용된 것을 확인합니다.

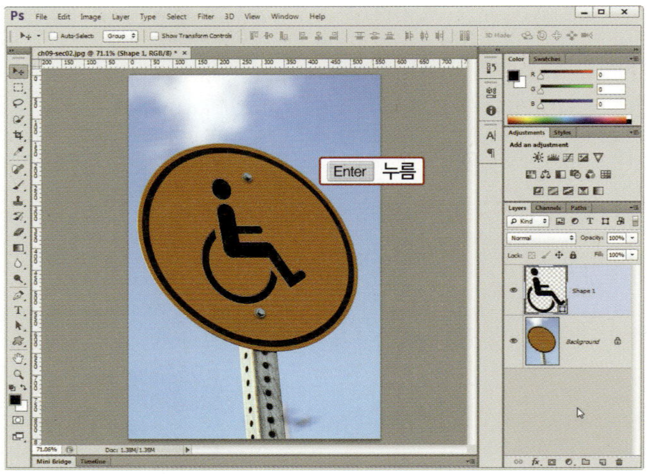

Photoshop 코칭

[Shape Tool] 종류 살펴보기

[Shape]은 도형을 제작하는 도구로 총 6가지 모양을 제공하고 있고, 그 중 사용자 지정 모양 도구인 [Custom Shape Tool] 은 직접 모양을 만들어 등록하여 사용할 수도 있으며, 다양한 모양의 도형을 제공하고 있습니다. 테두리선과 면을 각각 지정하여 활용할 수 있습니다. CS6 버전부터 추가된 테두리선은 굵기와 색상, 모양을 설정할 수 있고, 면은 색상, 그라데이션, 패턴, 크기 조절뿐 아니라 레이어 스타일 효과도 설정할 수 있어 활용도가 다양하게 추가되었습니다.

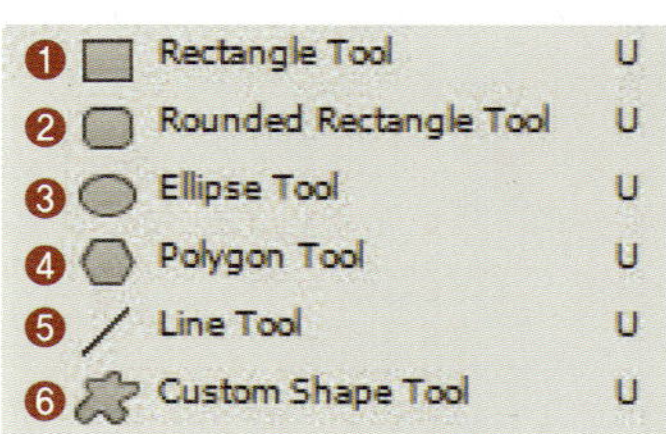

❶ Rectangle Tool : 사각형 모양 도구입니다.
❷ Rounded Rectangle Tool : 모서리가 둥근 사각형 모양 도구입니다.
❸ Ellipse Tool : 원형 모양 도구입니다.
❹ Polygon Tool : 다각형 모양 도구입니다.
❺ Line Tool : 선 모양 도구입니다.
❻ Custom Shape Tool : 사용자가 원하는 모양을 지정하는 도구입니다.

[Shape Picker] 확장 메뉴 살펴보기

셰이프 픽커의 팝업 메뉴 버튼을 클릭하면 확장 메뉴가 표시됩니다.

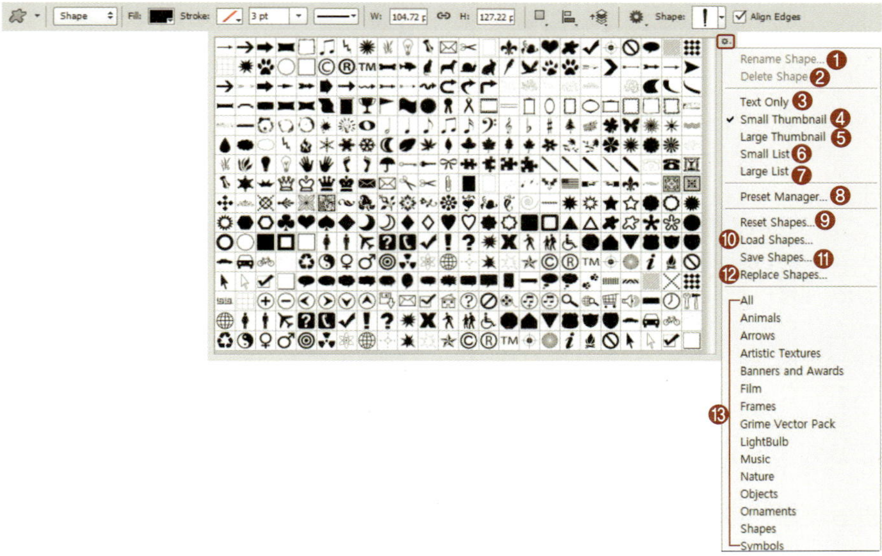

❶ Rename Shape : 도형의 이름을 변경합니다.
❷ Delete Shape : 선택한 도형을 삭제합니다.
❸ Text Only : 도형 목록을 텍스트로만 보여줍니다.
❹ Small Thumbnail : 도형 목록을 작은 섬네일로 볼 수 있습니다.
❺ Large Thumbnail : 도형 목록을 큰 섬네일로 볼 수 있습니다.
❻ Small List : 작은 섬네일과 목록을 함께 보여줍니다.
❼ Large List : 큰 섬네일과 목록을 함께 보여줍니다.
❽ Preset Manager : 도형을 관리합니다.
❾ Reset Shapes : 도형 목록을 초기 상태로 변경합니다.
❿ Load Shapes : 외부 도형을 팔레트로 불러옵니다.
⓫ Save Shapes : 현재 도형 팔레트를 저장합니다.
⓬ Replace Shapes : 기존 도형은 삭제되고 불러올 도형으로 대치됩니다.
⓭ 도형 목록 : 포토샵에서 제공하는 도형을 불러옵니다. 'All'을 선택하면 포토샵에서 제공하는 모든 도형을 불러올 수 있습니다. 경고창이 뜰 때 [Append] 버튼을 클릭하면 기존 기본 도형 목록에 새로운 도형을 추가합니다.

SECTION 03

도형 테두리선 추가하고 모양 주기 *[Stroke Options]*

포토샵 CS6부터 제공되는 [Stroke Options] 기능은 그 활용도가 탁월합니다. [Stroke]의 다양한 선 모양으로 점선의 간격 조절, 굵기와 색상, 그레이데이션, 패턴 적용, 단순한 도형 작업을 화려하게 작업해봅니다.

CC

| 학습 포인트 |

- [Stroke Options] 살펴보기

◎ **[시작파일]** ch09/ch09-sec03.psd ◉ **[완성파일]** ch09/ch09-sec03(완성).psd

01 도형 테두리 꾸미기

[Layers] 패널에 그려진 도형을 각각 선택하여 테두리를 다양한 방법으로 꾸며봅시다.

1 도형에 테두리 추가, 색상 설정하기

① 'ch09-sec03.psd' 파일을 불러옵니다. [Layers] 패널에서 'Shape 1' 레이어를 선택합니다.

② [Custom Shape Tool] 을 선택합니다.

③ 옵션 바에서 [Set shape stroke type] 목록의 [Solid Color]의 '20% Gray'를 선택하고, 선의 굵기는 기본 값 '3px', 선의 모양은 '직선'을 지정합니다.

④ 'Shape 1' 레이어 도형에 '3px'의 굵기와 밝은 회색 테두리선이 적용된 것을 확인합니다.

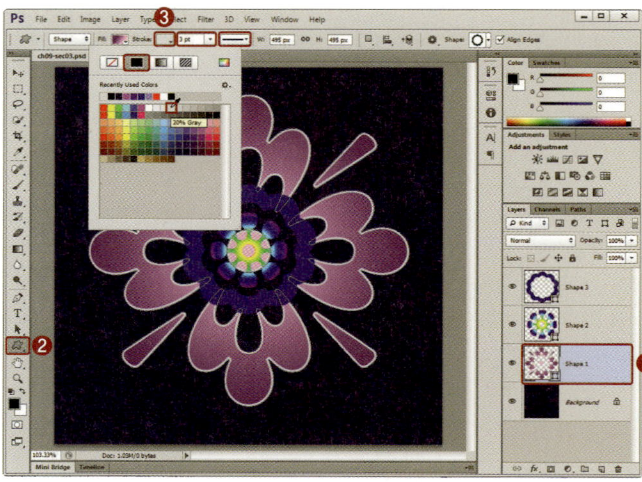

2 굵은 점선 추가하기

① [Layers] 패널에서 'Shape 2' 레이어를 선택합니다.

② 다시 [Custom Shape Tool] 옵션 바에서 [Set shape stroke type] 목록의 [Solid Color]의 'RGB Yellow'를 선택, 선의 굵기는 기본 값 '3px', 선의 모양은 '굵은 점선'을 지정합니다.

③ 'Shape 2' 레이어의 도형에 '3px'의 굵은 점선이 밝은 노랑으로 적용된 것을 확인합니다.

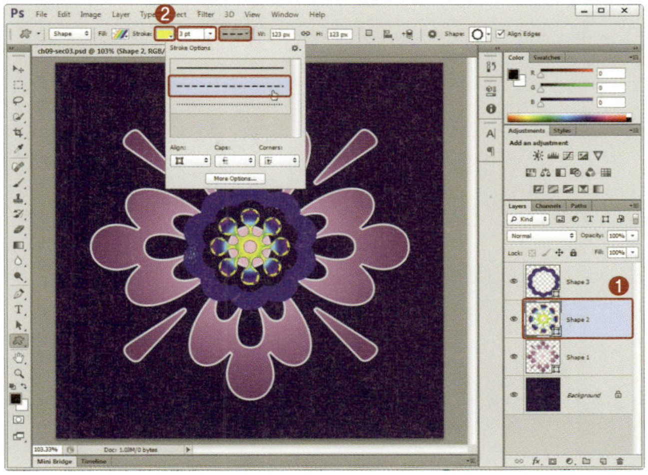

3 작은 점선 추가하기

① [Layers] 패널에서 'Shape 3' 레이어를 선택합니다.

② 다시 [Custom Shape Tool] 옵션 바에서 [Set shape stroke type] 목록의 [Solid Color]의 'Light Cyan'을 선택, 선의 굵기는 기본 값 '3px' 그대로, 선의 모양은 '얇은 점선'을 지정합니다.

③ 'Shape 3' 레이어의 도형에 '3px' 굵기의 얇은 점선이 밝은 파랑으로 적용된 것을 확인합니다.

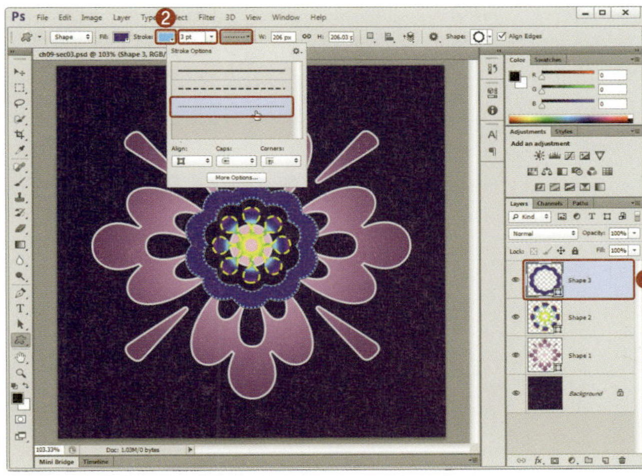

4 완성 확인하기

세 가지 도형에 각각 다른 테두리선이 적용된 것을 확인합니다.

[Stroke Options] 살펴보기

포토샵 CS6 이상 버전에 새로 추가된 [Stroke Options] 기능은 [Shape Tool]을 이용하여 제작하는 도형에 선을 추가하고, 좀 더 다양한 편집을 할 수 있습니다. 기본적으로 직선, 큰 점선, 작은 점선이 제공되고, 간격과 코너 모양을 설정할 수 있습니다.

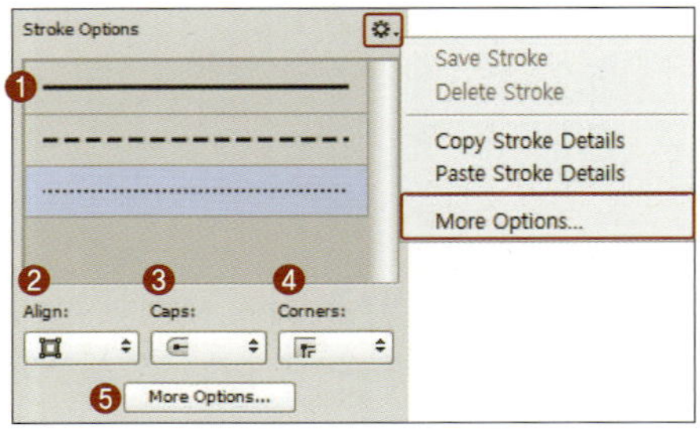

❶ Click to apply this stroke : 선 모양을 클릭하여 선택합니다.
❷ Set align type for stroke : 패스에 선이 위치하는 부분을 설정합니다. 패스를 기준으로 안쪽, 중앙, 바깥쪽에 표시합니다.
❸ Set Line cap type for stroke : 패스 정점과 선이 만나는 위치를 설정합니다.
❹ Set Line join type for stroke : 점선의 코너 모양을 설정합니다.
❺ Click to more options : [More Options...]를 클릭하면 더 세밀한 선을 편집할 수 있는 [Stroke] 대화창이 열립니다.

SECTION 04

이미지 외곽선 정교하게 정리하여 선택 영역으로 불러오기 *[Pen Tool], [Paths] 패널 [Load Path as a Selection], [Stroke Path with Brush]*

| 학습 포인트 |

- [Pen Tool]의 사용법 익히기
- [Path] 편집하기
- [Paths] 패널의 다양한 기능 살펴보기
- [Load Path as a Selection] 적용하기
- [Stroke Path with Brush] 적용하기

[Pen Tool] 은 이미지의 외곽선이 직선과 자유곡선이 혼합된 경우 사용하면 탁월합니다. 또 [Work Path]를 [Stroke Path with Brush]에 적용하면 브러시가 적용됩니다. 예제를 통해 그 기능들을 확인합니다.

◎ **[시작파일]** ch09/ch09-sec04-01.jpg ◉ **[완성파일]** ch09/ch09-sec04-01(완성).psd

01 패스를 이용하여 이미지 외곽선 만들기

[Pen Tool]을 이용하여 [Work Path]를 만들고, [Load Path as a Selection]을 적용하여 선택 영역으로 불러오는 기능을 익힙니다.

1 [Paths] 패널 열기

① 'ch09-sec04-01.jpg' 파일을 불러온 후 [Pen Tool] 을 선택합니다.

② 옵션 바에서 [Pick tool mode]는 [Path]를 선택하고, [Path operations]는 [Combine Shapes] 을 선택합니다.

③ [Paths] 패널을 클릭하여 열어줍니다.

NOTE

[Shape]을 사용할 때는 [Layers] 패널을 사용하고, [Path]를 사용할 때는 [Paths] 패널을 사용합니다.

2 [Work Path] 시작하기

① 와인잔의 왼쪽 상단 모서리를 클릭합니다.

② 아래쪽 와인잔 아래의 가장 튀어나온 부분 모서리를 그림처럼 클릭하자마자 드래그하여 와인잔의 곡면에 패스를 맞춥니다.

NOTE

좌우로 드래그하여 곡선 패스를 만들 때, 마우스에서 절대 손을 떼면 안 됩니다. 꼭 기억하세요.

ⓐ 정점 ⓑ 앵커포인트(방향점) ⓒ 핸들(방향선)

3 방향선 잘라내기

① 자동으로 [Work Path]가 생성된 것을 확인합니다.

② Alt 를 누른 채 마우스 커서 옆에 자르는 표시가 만들어지면, 가운데 정점을 클릭하여 한쪽 방향선을 끊습니다.

NOTE

정점에는 양쪽에 곡선의 모양을 조정하는 방향선이 붙어 있습니다. 방향선은 곡선을 그릴 때만 나타나며 다음 연결선인 곡선을 그릴 때 방향선의 길이가 맞지 않기 때문에, 한쪽 방향선을 끊어 다음 지점을 연결해야 합니다. 방향선을 끊으려면 Alt 를 누른 채 정점을 클릭합니다.

4 곡선 패스와 직선 패스 연결하기

① 그림과 같이 다음 지점을 클릭한 채로 드래그합니다. 와인잔의 다음 곡면에 패스를 맞춥니다.

② Alt 를 누르면서 정점을 클릭하여 한쪽 방향선을 끊습니다.

③ 같은 방법을 반복 사용하여 곡선 패스를 진행합니다. 와인잔 목의 직선은 외곽선에 맞추어 클릭으로만 진행합니다.

NOTE

[Path]를 사용하여 드로잉하면, 선으로만 만들어지는 패스가 완성됩니다.

5 패스 완성하기

처음 시작점으로 돌아오면 [Pen Tool] 마우스 커서에 동그라미가 만들어집니다. 이때 동그라미점까지 클릭하여 선을 연결하면 패스가 완성됩니다.

6 완성된 패스를 선택 영역으로 만들기

완성된 [Work Path]를 클릭 앤 드래그하여 [Paths] 패널 하단의 [Load path as a selection] 안에 넣습니다.

7 선택 영역 반전하기

① 패스가 선택 영역으로 교체 적용된 것을 확인합니다.

② [Select] 메뉴의 [Inverse]를 지정하여 선택 영역을 반전시킵니다.

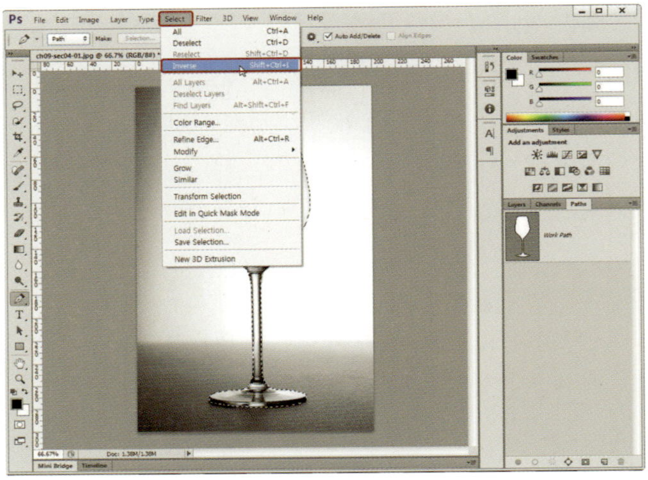

NOTE

선택 영역을 반전하는 단축키는 Shift + Ctrl + I를 사용합니다.

8 와인잔 바깥 영역 색상 변경하기

① 와인잔 바깥 영역이 선택 영역으로 선택된 것을 확인합니다.

② 와인잔 바깥 영역의 색상을 변경하기 위해 [Image] 메뉴 [Adjustments]-[Variations...]를 지정합니다.

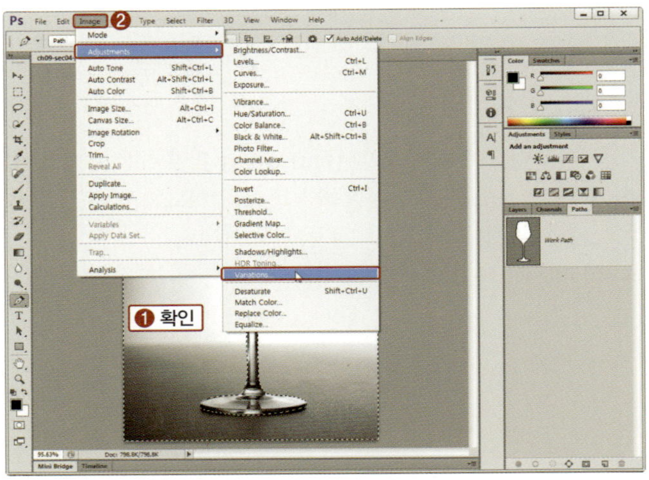

9 색상 변경 설정하고 완성하기

① [Variations] 대화창이 나타나면 목록에서 'More Red' 클릭, 'More Magenta'를 클릭합니다.

② [OK] 버튼을 클릭합니다.

③ Ctrl + D를 눌러 선택 영역을 해제하고, 효과가 적용된 것을 확인합니다.

[Path] 편집하기

[Path Selection Tool] 은 패스를 편집하는 도구로 작업한 패스를 선택하거나 이동할 때 사용합니다. 드래그하여 선택하거나 패스의 일부를 클릭하여 선택할 수 있습니다. 또 [Direct Selection Tool] 은 작성한 패스의 곡선을 수정하고자 할 때 사용하며, 패스의 일부분을 드래그하면 방향선이나 정점이 표시되고, 방향선이나 정점을 조정하여 곡선을 수정할 수 있습니다.

패널 살펴보기

[Pen Tool] 로 [Path] 작업을 할 때 사용하는 패널로 완성된 패스[Work Path]를 저장하거나 삭제하는 등의 관리를 하고, 또 완성된 패스를 채색, 브러시 적용, 선택 영역으로 불러오는 기능을 담당하는 [Paths] 패널에 대하여 살펴보겠습니다.

❶ Fill path with foreground color : 작업한 패스의 내부에 전경색을 채웁니다.
❷ Stroke path with brush : [Brush Tool]의 설정 값이 작업한 패스 선에 적용됩니다.
❸ Load path as a selection : 작업한 패스를 선택 영역으로 지정합니다.
❹ Make work path form selection : 작업한 선택 영역을 패스로 지정합니다.

Work Path	Fill path with foreground color	Stroke path with brush	Load path as a selection
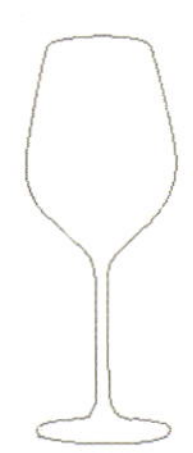		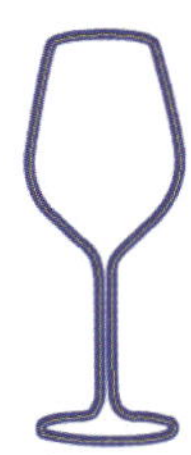	

❺ Add a mask : 작업한 패스를 마스크로 적용합니다.
❻ Create new path : 신규 패스를 만듭니다.
❼ Delete current path : 선택된 패스를 삭제합니다.
❽ New/Save Path : 신규 패스를 만들거나 작업한 패스를 저장합니다.
❾ Duplicate Path : [Paths] 패널에서 선택한 패스를 복제합니다.
❿ Delete Path : 선택된 패스를 삭제합니다.
⓫ Make Work Path : 선택 영역에 범위를 설정한 후 패스로 만듭니다.
⓬ Make Selection : 선택한 패스에 Feather 값을 설정하거나 선택 편집 기능을 적용하여 선택 영역을 지정합니다.
⓭ Fill Path : 세부 옵션을 설정하여 해당 패스에 색상을 채웁니다.
⓮ Stroke Path : [Brush Tool]의 설정값이 패스의 테두리에 적용됩니다.
⓯ Clipping Path : 패스 영역으로 이미지에 마스크를 씌운 효과를 적용합니다. 작업 파일을 EPS 포맷으로 저장하여 익스프레스 등의 편집 프로그램에서 활용됩니다.
⓰ Panel Options : 패스 섬네일의 크기를 설정할 수 있습니다.
⓱ Close : 패널을 닫습니다.
⓲ Close Tap Group : 탭 그룹을 닫습니다.

◎ **[시작파일]** ch09/ch09-sec04-02.psd ◉ **[완성파일]** ch09/ch09-sec04-02(완성).psd

02 액자에 스티치 만들기

외부 브러시를 설치하고, [Work Path]를 [Stroke Path with Brush]에 적용하여 브러시를 적용해봅니다.

1 [Path] 설정하기

① 'ch09-sec04-02.psd' 파일을 열고, 손바닥 툴을 더블클릭하여 이미지창을 화면에 맞춥니다.

② 액자에 스티치를 넣기 위해 [Layers] 패널에서 하단의 [Create a new layer]를 클릭하여 'Layer 1'을 추가 생성합니다.

2 외부 브러시 불러오고, 설정하기

① 예제폴더 Chapter 09의 파일 중에서 'stitching.abr'를 더블클릭하면 자동설치됩니다. [Brush Tool] 을 선택한 후, 옵션 바의 브러시 프리셋 픽커를 열면 샘플 목록 중 제일 마지막에 설치된 많은 'stitching' 브러시들을 확인합니다.

② 전경색은 '흰색'으로 설정합니다.

③ 새로 추가된 브러시 목록 중 첫 번째 'Even Backstitch' 브러시를 선택하고, [Size]를 '13px'로 설정합니다.

3 [Stroke Path with brush] 적용하기

① [Paths] 패널을 열어줍니다.

② 'Work Path'를 클릭한 상태에서 하단의 [Stroke path with brush] 로 드래그합니다.

NOTE

'Work Path'를 클릭하면 [Path] 선이 생성되고, [Paths] 패널의 회색 바닥을 클릭하면 [Path] 선은 사라집니다.

4 스티치 수정하기

① 패스 모양에 스티치 브러시가 적용된 것을 확인하고, 다시 [Layers] 패널을 열어줍니다.

② [Zoom Tool] 로 확대합니다.

③ 꼭지점이 맞지 않은 스티치를 지우기 위해 [Eraser Tool] 을 선택합니다.

④ 그림처럼 지웁니다.

5 [Layer Style] 적용하여 입체감 주기

① 스티치에 입체감을 표현하기 위해 하단의 [Add a layer style] 을 클릭하여 목록에서 [Bevel and Emboss]를 클릭합니다.

② [Layer Style] 대화창에 [Bevel & Emboss] 옵션창이 열립니다.

③ [Structure]의 [Style]은 'Pillow Emboss', [Depth]는 '100%', [Size]는 '2px'로 설정합니다. [Shading]의 [Angle]만 '120°'로 수정하고 나머지는 기본 값으로 한 후 [OK] 버튼을 클릭합니다.

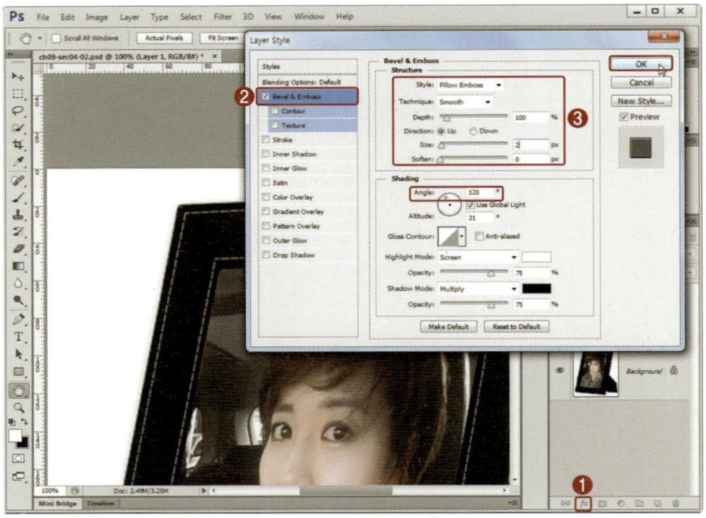

6 완성 확인하기

[Tools] 패널에서 [Hand Tool] 을 더블클릭하고, 입체감이 적용된 스티치를 확인합니다.

SECTION 05

문자를 이용한 간판과 잡지 타이틀 만들기

[Horizontal Type Tool], [Horizontal Type Mask Tool]

가로 문자를 입력하기 위해서는 [Horizontal Type Tool] 을 사용하며, 글자를 입력한 후 글꼴, 크기, 색상 등의 글자 속성과 정렬, 자간, 행간, 장평 등의 문단 속성으로 설정할 수 있습니다. 이번 SECTION에서는 문자 입력 방법과 다양한 속성으로 문자를 설정하는 방법에 대해 살펴보겠습니다.

| 학습 포인트 |

- [Horizontal Type Tool] 옵션 바 살펴보기
- [Horizontal Type Mask Tool] 옵션 바 살펴보기

01 벡터 문자와 비트맵 문자 살펴보기

[Type Tool]은 두 개의 벡터 방식 도구 [Horizontal Type Tool] 과 [Vertical Type Tool] 이 있고, 나머지 두 개의 비트맵 방식의 [Horizontal Type Mask Tool] 과 [Vertical Type Mask Tool] 은 문자를 입력하면 바로 선택 영역으로 만들어집니다.

	벡터 방식의 [Type Tool]	비트맵 방식의 [Type Mask Tool]
종류	[Horizontal Type Tool] [Vertical Type Tool]	[Horizontal Type Mask Tool] [Vertical Type Mask Tool]
입력 시		
입력 결과		

◎ **[시작파일]** ch09/ch09-sec05-01.jpg ◉ **[완성파일]** ch09/ch09-sec05-01(완성).psd

02 간판 완성하기

[Horizontal Type Tool] T 을 이용하여 간판을 완성합니다.

1 [Horizontal Type Tool] 선택하기

① 'ch09-sec05-01.jpg' 파일을 불러옵니다. [Tools] 패널에서 [Hand Tool] 을 더블클릭하여 화면에 맞춥니다.

② [Horizontal Type Tool] T 을 선택합니다.

2 문자 입력하기

① [Horizontal Type Tool] T 옵션 바에서 [Set the font family]은 '휴먼옛체', [Set the font size]는 '80pt', [Set the font color]은 '흰색'으로 설정합니다.

② 이미지창에서 안내판 왼쪽 가운데 지점을 클릭하고, '매봉 586m 지점'이라고 입력합니다.

③ 옵션 바에서 [Commit any current edits] ✔ 를 클릭하여 완료합니다.

3 확인하기

안내판이 완성된 것을 확인합니다.

[Horizontal Type Tool] 옵션 바 살펴보기

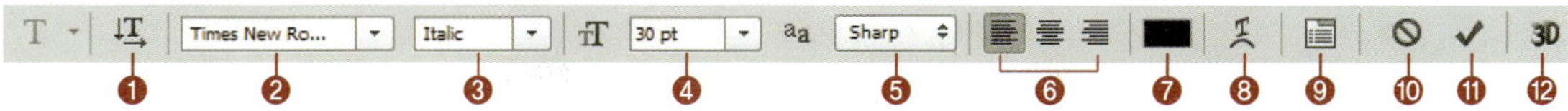

❶ Toggle text orientation : 입력한 글자 방향을 가로와 세로로 변경합니다.
❷ Set the font family : 글꼴 모양을 설정합니다.
❸ Set the font style : 글꼴의 스타일을 설정합니다.
❹ Set the font size : 글꼴의 크기를 설정합니다.
❺ Set the anti-aliasing method : 글자의 외곽 표현 방법을 설정합니다.
❻ Align text : 글자의 정렬 방식을 설정합니다.
❼ Set the text color : 글자의 색상을 설정합니다.
❽ Create warped text : 문자를 다양한 형태로 왜곡할 수 있습니다.
❾ Toggle the Character and Paragraph panels : [Character] 패널과 [Paragraph] 패널을 보거나 감춥니다.
❿ Cancel any current edits : 현재 작업한 문자를 취소합니다.
⓫ Commit any current edits : 현재 작업한 문자를 완료합니다.
⓬ Update 3D associated with this text : 현재 작업한 문자를 3D 문자로 만듭니다.

[Horizontal Type Mask Tool] 옵션 바 살펴보기

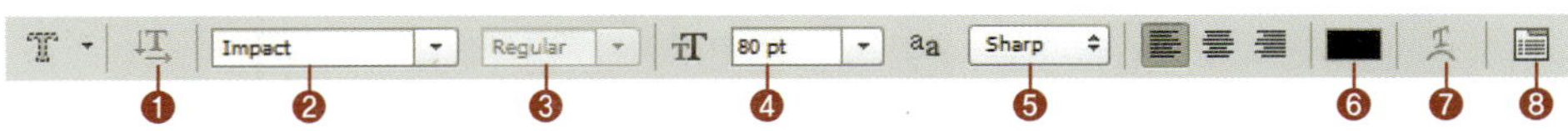

❶ Toggle text orientation : 입력한 글자 방향을 가로와 세로로 변경합니다.
❷ Set the font family : 글꼴 모양을 설정합니다.
❸ Set the font style : 글꼴의 스타일을 설정합니다.
❹ Set the font size : 글꼴의 크기를 설정합니다.
❺ Set the anti-aliasing method : 글자의 가장자리 표현 방법을 설정합니다.
❻ Set the text color : 글자의 색상을 설정합니다.
❼ Create warped text : 문자를 다양한 형태로 왜곡할 수 있습니다.
❽ Toggle the Character and Paragraph panels : [Character] 패널과 [Paragraph] 패널을 보거나 감춥니다.

◎ [시작파일] ch09/ch09-sec05-02.jpg ◉ [완성파일] ch09/ch09-sec05-02(완성).psd

03 잡지 표지 타이틀 만들기

[Horizontal Type Mask Tool] 을 이용하여 선택 영역이 만들어지는 문자를 생성하고, 효과를 적용합니다.

1 [Horizontal Type Mask Tool] 선택하기

① 'ch03-sec05-02.jpg' 파일을 불러옵니다.

② [Tools] 패널에서 [Horizontal Type Mask Tool] 을 선택합니다.

NOTE

[Horizontal Type Mask Tool]은 문자를 입력하면, 선택 영역으로 만들어집니다.

2 문자 입력하기

① 옵션 바에서 [Set the font family]는 'Time New Roman', [Set the font style]은 'Italic', [Set the font size]는 '120pt', [Align text]은 '왼쪽 정렬'을 설정합니다.

② 이미지창의 윗부분에 클릭하면 이미지창이 투명한 빨간색 마스크창으로 변경되며, 'MY HOME'이라고 입력합니다.

③ 옵션 바에서 [Commit any current edits] ✔를 클릭하여 완료합니다.

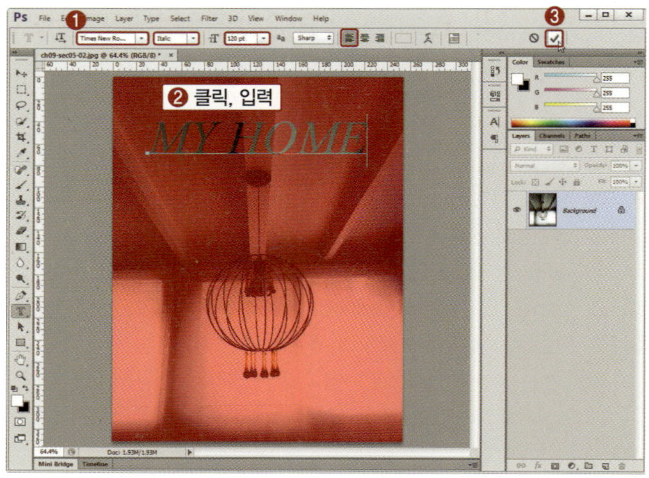

3 레이어 명도 대비 조절하기

① 선택 영역 부분의 레이어를 복사하기 위해 [Layer] 메뉴에서 [New]-[Layer Via Copy]를 합니다.

② 복사한 레이어의 명도를 높이기 위해 [Image]-[Adjustments]-[Brightness/Contrast]를 지정합니다.

③ [Brightness] 값은 '120', [Contrast] 값은 '10'을 설정합니다.

④ [OK] 버튼을 클릭합니다.

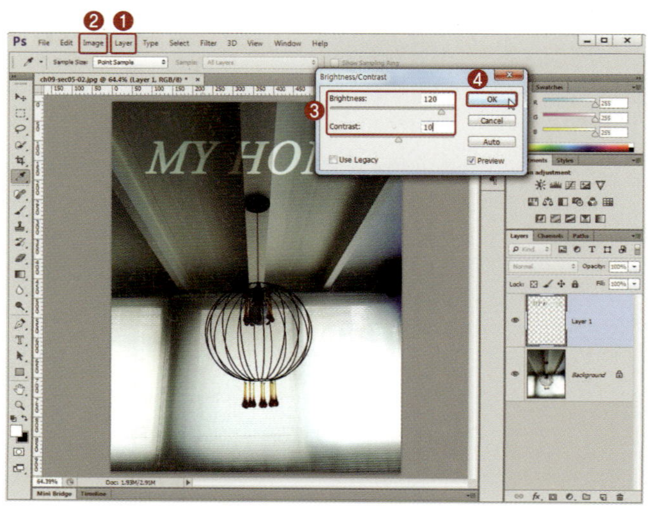

NOTE

[Layer Via Copy]는 선택 영역된 레이어를 복사하는 기능이며, 단축키는 Ctrl + J 를 사용합니다.

4 색조 조절과 그림자 넣기

① 연두 색조를 추가하기 위해 [Image]–[Adjustments]–[Hue/Saturation]를 실행합니다.

② [Hue/Saturation] 창에서 [Hue] 값은 '–20', [Saturation] 값은 '+25'를 설정한 후, [OK] 버튼을 클릭합니다.

③ 'Layer 1' 레이어가 선택된 상태에서 [Layers] 패널 하단의 [Add a layer Style] fx 를 클릭하고, [Drop Shadow]를 실행합니다.

④ [Layer Style] 대화창이 나타나면, [Drop Shadow] 옵션창에서 [Angle]는 '30°', [Distance]는 '5px', [Spread]는 '7%', [Size]는 '18px'로 설정한 후, [OK] 버튼을 클릭합니다.

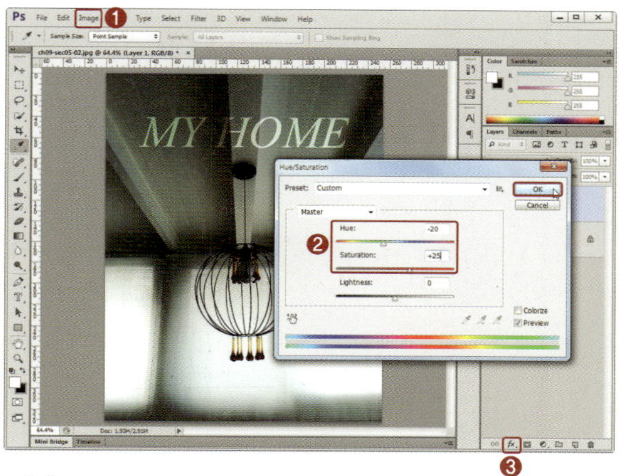

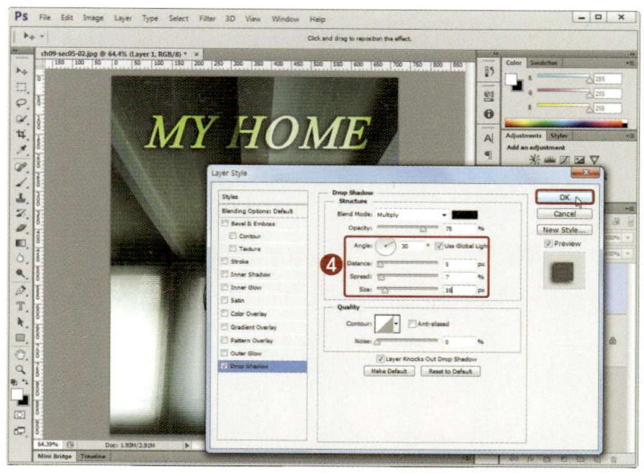

NOTE

[Layer 1] 레이어의 파란색 부분을 더블클릭하면 [Layer Style] 대화창이 나타납니다.

5 색조와 그림자 적용된 타이틀 문자 확인하기

효과가 적용된 타이틀 문자를 확인합니다.

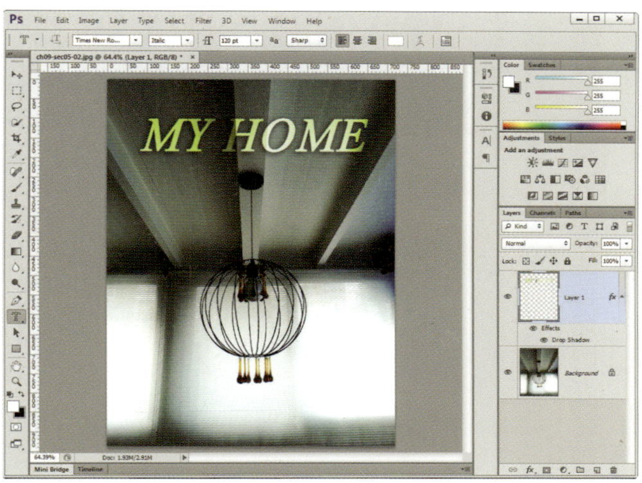

SECTION 06

문장에 모양 주기 *[Warp Text]*

[Warp Text]를 사용하여 문자를 입력하고, 전체 모양을 구부리고 원근을 적용하여 변형할 수 있습니다. [Warp Text]의 사용법과 대화창에 대해 알아봅니다.

| 학습 포인트 |

- [Warp Text] 사용법 익히기
- [Warp Text] 대화창 살펴보기

◎ **[시작파일]** ch09/ch09-sec06-01.jpg ◉ **[완성파일]** ch09/ch09-sec06-01(완성).psd

01 문자에 원근감 살리기

단어나 문장을 입력하고, 문자에 왜곡을 적용하는 방법을 학습합니다.

1 문자 도구 설정하기

① 'ch09-sec06-01.jpg' 파일을 불러옵니다. [Tools] 패널에서 [Hand Tool] 을 더블클릭하여 화면에 맞춥니다.

② [Horizontal Type Tool] 을 선택합니다.

③ 옵션 바에서 [Set the font family]은 'Blippo Blk BT', [Set the font size]는 '72pt', [Align text]은 '왼쪽 정렬', [Set the text color]은 '흰색'을 설정합니다.

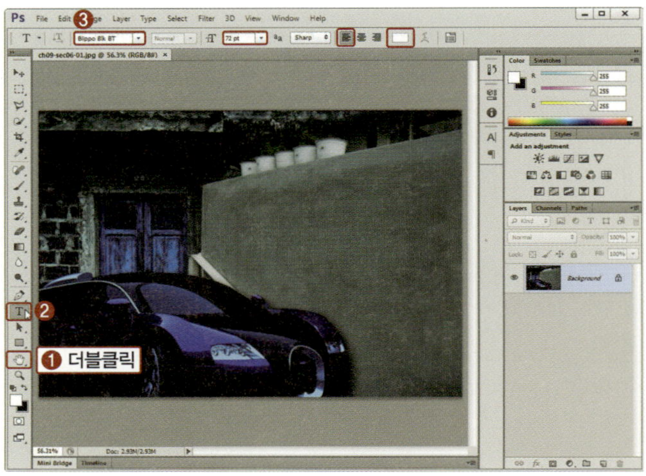

2 문자 입력하기

① 이미지창에 그림과 같은 위치에 'Car Center'를 입력하고, Enter 를 누릅니다.

② 옵션 바에서 글씨 크기만 '48pt'로 변경합니다.

③ 'Engine Oil'이라고 입력하고, Enter 를 누릅니다. 이어 'Brake Pad'라고 입력한 후 Enter, 'Battery'를 입력 후 Enter, 마지막으로 'Windshield Wiper'를 입력합니다.

④ [Create Warped Text] 를 클릭합니다.

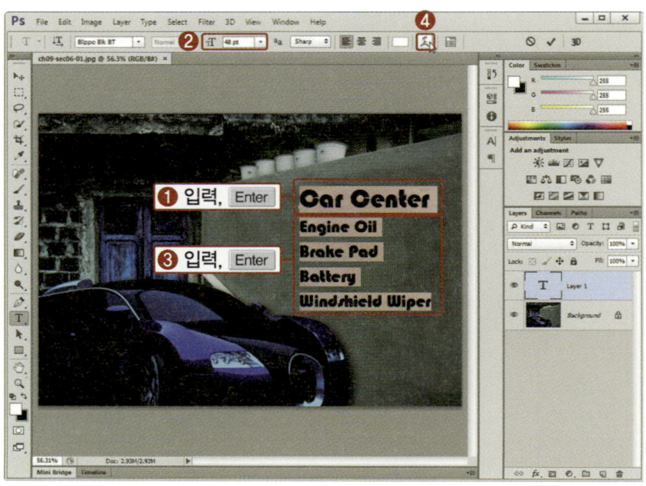

3 [Warp Text] 옵션 설정하기

① [Warp Text] 대화창이 나타나면 [Style]을 'Arc' 부채꼴로 지정합니다.

② [Horizontal Distortion]만 '+16%'로 설정합니다.

③ [OK] 버튼을 클릭합니다.

④ 옵션 바에서 [Commit any current edits] ✔를 클릭하여 완료합니다.

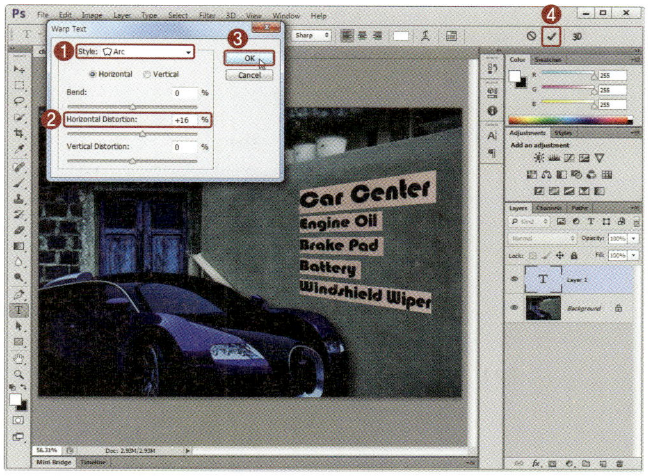

4 원근감 적용 문자 확인하기

가로로 오른쪽만 확대되는 원근감이 적용된 문자를 확인합니다.

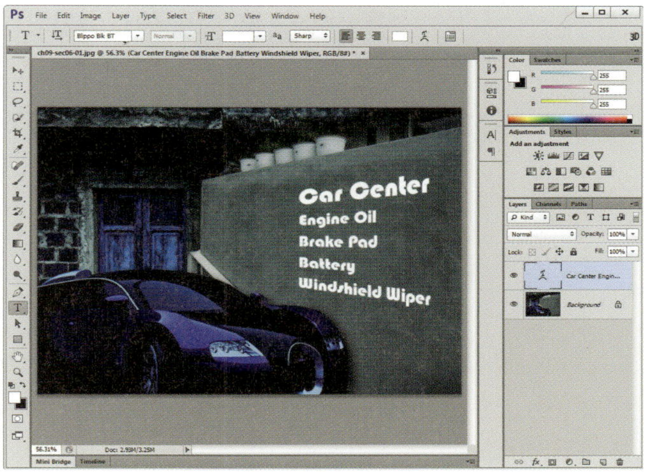

NOTE

다른 방법도 있습니다. 문자를 그림처럼 모두 입력하고, [Edit]-[Transform]-[Perspective] 이미지 변형 기능을 이용하는 방법을 사용하면 원근감을 적용할 수 있습니다.

《 Photoshop 코칭 》

■ [Warp Text] 대화창 살펴보기

문자를 입력한 후 옵션 바에서 [Create Warped Text] 버튼을 클릭하면 대화창이 나타나며, [Warp Text] 효과를 취소하려면 [Warp Text] 대화창의 [Style]을 'None'으로 설정합니다. 문자에 모양을 적용하기 때문에 원근감을 표현하거나 리듬감 효과를 적용할 경우 사용하면 효과적입니다.

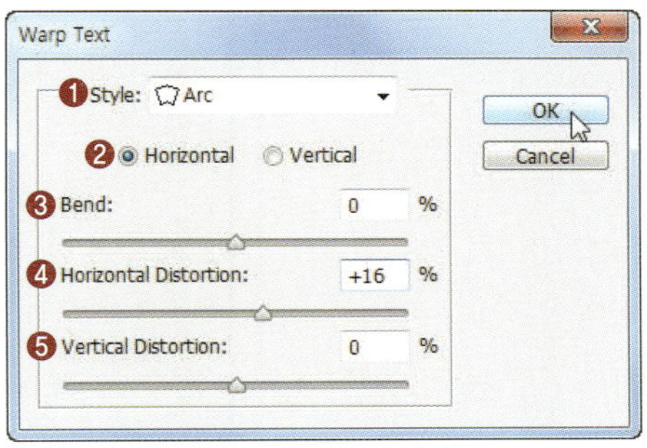

❶ Style : 다양한 변형 스타일을 제공합니다.

❷ Horizontal/Vertical : 가로 적용/세로 적용 방향을 설정합니다.

❸ Bend : 휘어지는 정도를 설정합니다.

❹ Horizontal Distortion : 왼쪽 또는 오른쪽으로 왜곡되는 강도를 조절합니다.

❺ Vertical Distortion : 위 또는 아래로 왜곡되는 강도를 조절합니다.

02 종이컵 곡면에 글씨 새기기

종이컵 곡면에 구부리기를 적용하여 문자를 자연스럽게 맵핑하는 방법을 알아봅니다.

1 문자 도구 설정하기

① 'ch09-sec06-02.jpg' 파일을 불러옵니다. [Tools] 패널에서 [Hand Tool] 을 더블클릭하여 화면에 맞춥니다.

② [Horizontal Type Tool] 을 선택합니다.

③ 옵션 바에서 [Set the font family]은 'Impact', [Set the font size]는 '72pt', [Align text]은 '왼쪽 정렬', [Set the text color]은 '흰색'을 설정합니다.

2 문자 입력하기

① 이미지창에 그림과 같은 위치에 'Coffee'를 입력합니다.

② 옵션 바에서 [Create Warped Text] 를 클릭합니다.

3 [Warp Text] 옵션 설정하기

① [Warp Text] 대화창이 나타나면, [Style]을 'Arch' 아치형으로 지정합니다.

② [Bend]는 '-30%', [Horizontal Distortion]은 '0%', [Vertical Distortion]은 '-10%'로 설정합니다.

③ [OK] 버튼을 클릭합니다.

4 문자에 레이어스타일 적용하기

① [Layers] 패널에서 'Layer1' 레이어가 선택된 상태에서 하단의 [Add a layer Style] fx 을 클릭하고, [Stroke]를 선택합니다.

② [Layer Style] 대화창이 나타나면 [Stroke] 옵션창에서 [Size]만 '7px', [Color]는 '검정색' 그대로 설정한 후, [OK] 버튼을 클릭합니다.

③ 옵션 바에서 ✓를 클릭하여 완료합니다.

5 문자 구부리기와 테두리 확인하기

문자에 구부리기와 검정색 테두리가 적용된 것을 확인합니다.

SECTION 07

곡선에 흐르는 문자 만들기

[Path], [Character], [Paragraph]

문자를 입력한 세밀한 방법으로 다양한 곡선에 흐르는 자연스러운 문자를 만들 수 있습니다. [Character] 패널과 [Paragraph] 패널을 사용해 문자를 만들어봅니다.

| 학습 포인트 |

- 패스에 문자 입력하기
- [Character] 패널 살펴보기
- [Paragraph] 패널 살펴보기

◎ **[시작파일]** ch09/ch09-sec07-01.psd ◉ **[완성파일]** ch09/ch09-sec07-01(완성).psd

01 곡선에 흐르는 문자 입력하기

패스선을 선택하고 문자를 입력한 후, 곡선에 흐르는 문자를 만들어 봅니다.

1 [Path] 선택하기

① 'ch09-sec07-01.psd' 파일을 불러옵니다. [Tools] 패널에서 [Hand Tool] 을 더블클릭하여 화면에 맞춥니다.

② [Window]-[Paths] 메뉴를 클릭하여 [Paths] 패널을 엽니다.

③ 패스 위에 문자를 입력하기 위해 [Paths] 패널에 저장된 'Path 1'을 클릭하여 화면에 표시합니다.

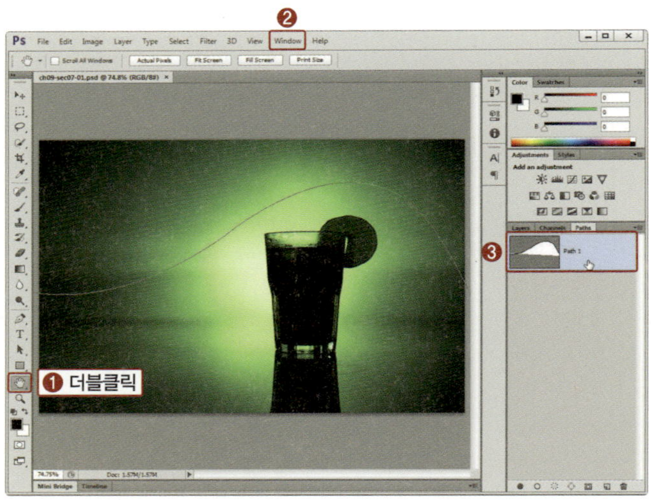

2 문자 옵션 설정하기

① [Horizontal Type Tool] T 을 선택합니다.

② 옵션 바에서 [Set the font family]는 'Harrington', [Set the font style]은 'Regular', [Set the font size]는 '48pt', [Set the text color]는 '흰색'으로 설정합니다.

③ 마우스 포인터를 패스의 왼쪽 끝에 위치하고, 커서가 모양으로 변하면 클릭하여 'A Midsummer Night's Dream-Cocktail Show'라고 입력합니다.

④ 옵션 바에서 ✔를 클릭합니다.

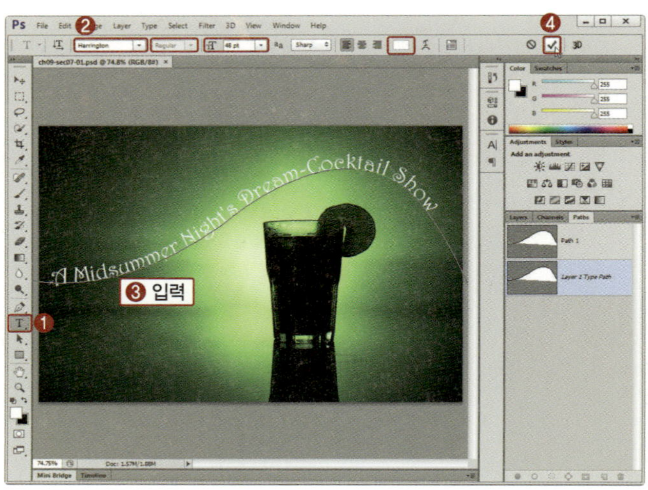

3 문자에 효과주기

① [Layers] 패널로 돌아옵니다.

② 'Text Layer'를 선택한 상태에서 하단의 [Add a layer style] fx 를 클릭하고, [Color Overlay...]을 선택합니다.

③ [Layer Style] 대화창이 나타나면 [Color Overlay] 옵션 창에서 [Set color of overlay]를 클릭하여 '밝은 라임색'을 그림처럼 지정한 후, [OK] 버튼을 클릭합니다. [Color Overlay] 대화창에서도 [OK] 버튼을 클릭합니다.

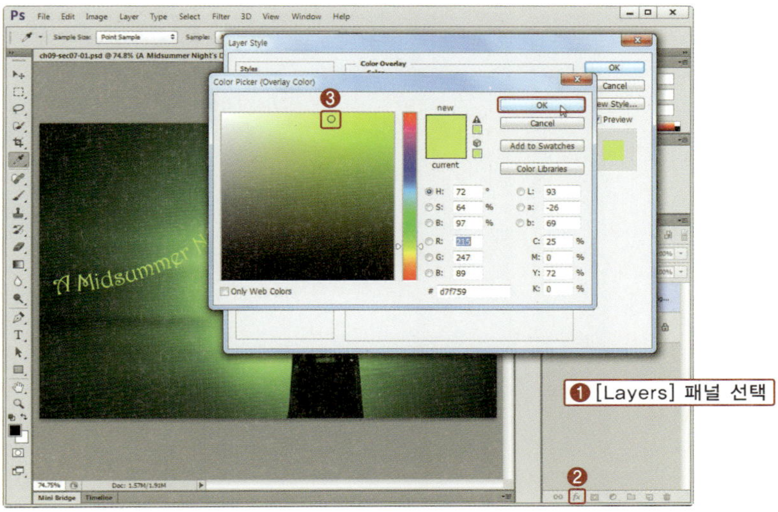

4 적용 문자 확인하기

패스선을 따라 흐르는 문자가 적용된 것을 확인합니다.

02 의자 모양에 문자 채우기

패스 모양을 선택하고 문자를 입력한 후, 문자를 채우는 방법을 학습합니다.

1 [Path] 선택하기

① 'ch09-sec07-02.psd' 파일을 불러온 후, [Tools] 패널에서 [Hand Tool] 을 더블클릭하여 화면에 맞춥니다.

② [Paths] 패널을 열고, 패스 모양 안에 문자를 입력하기 위해 [Paths] 패널에 저장된 'Path 1'을 클릭하여 화면에 표시합니다.

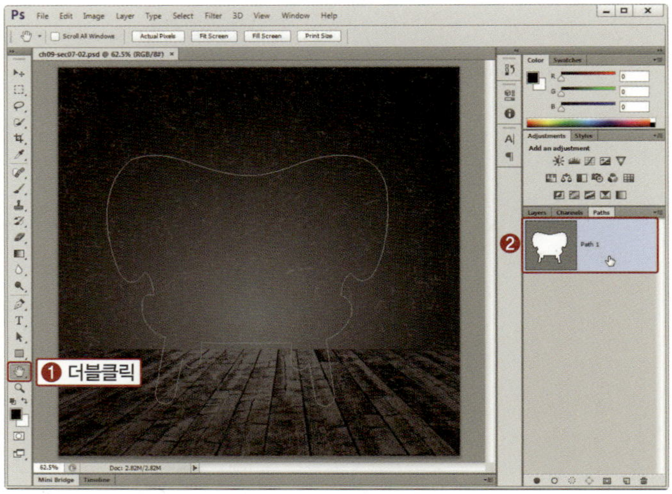

2 문자 옵션 설정하기

① [Horizontal Type Tool] 을 선택합니다.

② 옵션 바에서 [Toggle the Character and Paragraph panels] 을 클릭합니다.

③ [Character] 패널이 나타나면, [Set the font family]는 'Arial', [Set the font style]은 'Regular', [Set the font size]는 '12pt', [Set the leading] 행간은 '11pt', [Set the kerning between two characters] 자간은 'Optical', [Set the text color]는 '흰색'으로 설정합니다.

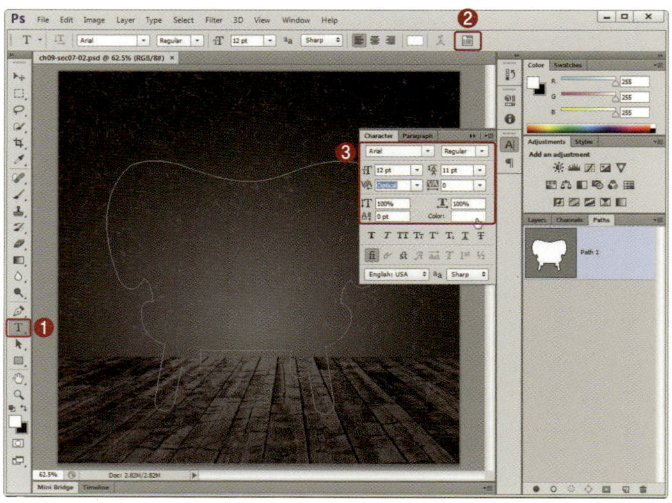

3 [Path]에 문자 입력하기

① [Character] 패널을 닫습니다.

② 'Text.hwp' 파일을 불러옵니다. 본문 텍스트를 Ctrl + A 하여 모두 선택한 후, Ctrl + C 하여 복사합니다.

③ 다시 이미지창으로 와서 마우스 포인터를 패스 안쪽에 위치시키고 커서가 [커서 아이콘] 모양으로 변경되면 클릭합니다.

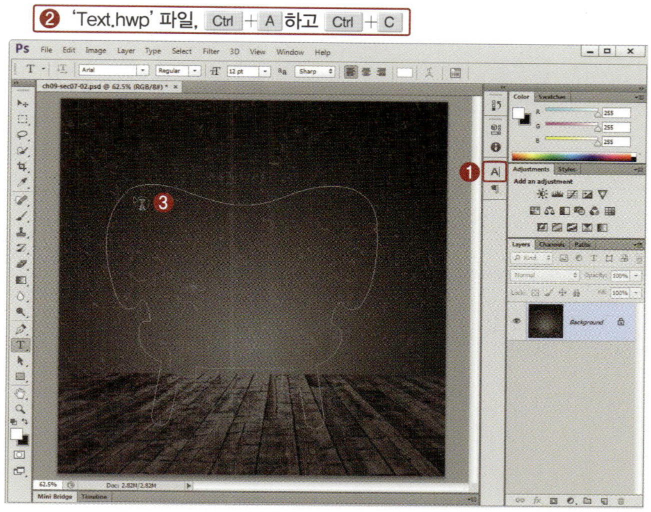

NOTE

커서가 [커서 아이콘] 모양으로 교체되면 패스 모양 바깥쪽에 문자가 입력되고, 커서를 패스 모양 안에 위치하면 [커서 아이콘] 모양으로 변하는데, 이때 클릭하면 패스 모양에 맞게 문자를 입력할 수 있습니다.

4 문단 정렬하기

① 복사한 본문 텍스트를 붙여넣기하기 위해 Ctrl + V 를 누릅니다.

② 다시 옵션 바에서 [Toggle the Character and Paragraph panels] [아이콘]을 클릭합니다.

③ [Paragraph] 패널에서 문단 정렬은 [Justify last centered] [아이콘]를 지정합니다.

④ 옵션 바에서 ✓ 를 클릭하여 완료합니다.

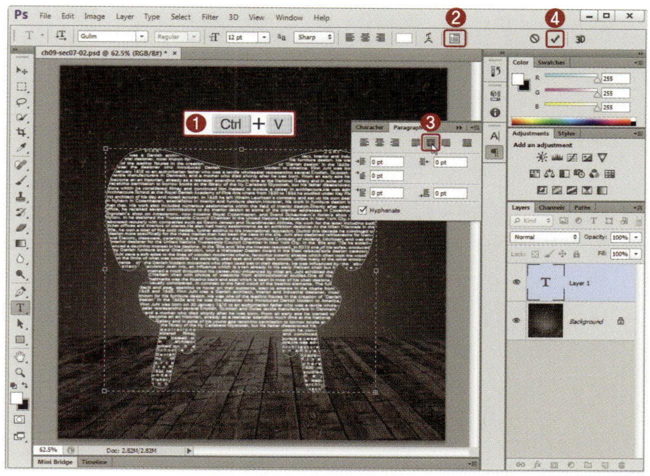

5 적용 문자 확인하기

의자 패스 모양 안에 문자가 적용된 것을 확인합니다.

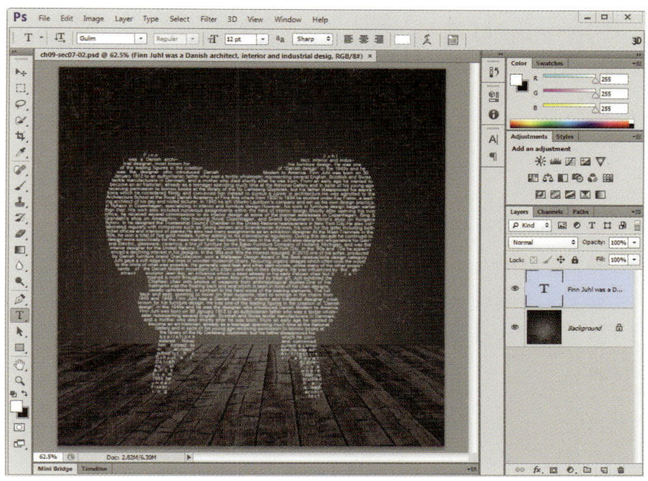

[Character] 패널 살펴보기

문자 입력 시 좀 더 자세한 서식 조절이 필요한 경우 [Character] 패널을 이용하면 편리합니다. 패널에는 옵션 바의 기능과 중복되는 항목이 있으며, [Character] 패널이 화면에 보이지 않을 경우 [Window]–[Character] 메뉴를 클릭하면 불러올 수 있습니다.

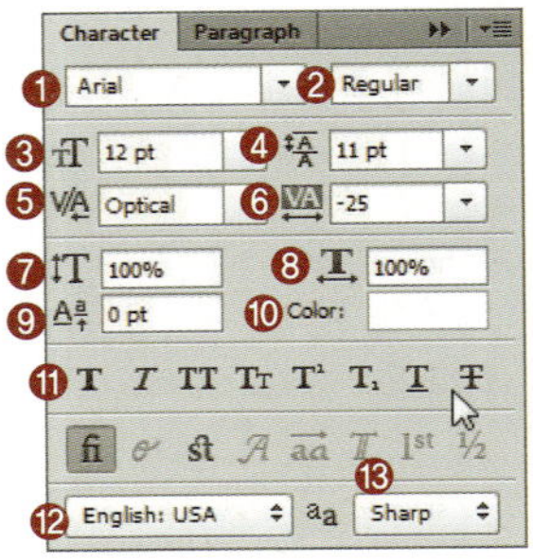

❶ Set the font family : 글꼴을 설정합니다.
❷ Set the font style : 글꼴 스타일을 설정합니다.
❸ Set the font size : 글꼴 크기를 설정합니다.
❹ Set the leading : 글의 줄 간격을 조정합니다.
❺ Set the kerning between tow characters : 커서가 위치한 글자와 글자 사이의 간격을 조절합니다.
❻ Set the tracking for the characters : 글자 사이 간격을 조절합니다.
❼ Vertically scale : 글자 세로 크기를 조절합니다.
❽ Horizontally scale : 글자 가로 크기를 조절합니다.
❾ Set the baseline Shift : 글자 위치가 기준선의 위, 아래로 이동합니다.
❿ Set the text color : 글자 색상을 설정합니다.
⓫ 글꼴 스타일 지정 : 굵기, 이탤릭, 소문자, 대문자, 밑줄, 취소선 등의 효과를 적용할 수 있습니다.
⓬ Set the language on selected characters for hyphenation and spelling : 문자의 스펠링을 체크합니다.
⓭ Set the anti–aliasing method : 글자의 외곽 표현 방법을 설정합니다.

[Paragraph] 패널 살펴보기

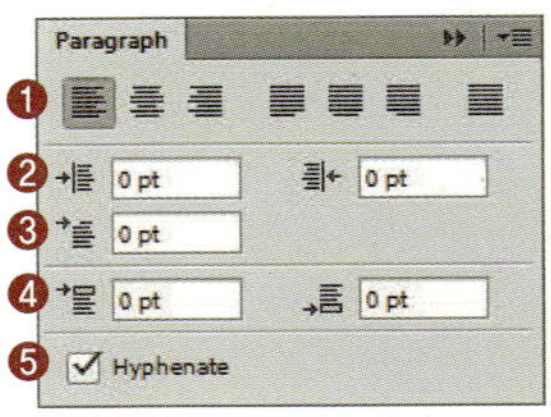

❶ Text align : 문단의 정렬 방식을 설정합니다.
❷ Indent left/right margin : 문단의 왼쪽/오른쪽 여백을 설정합니다.
❸ Indent first line : 문단의 첫 행 들여쓰기를 설정합니다.
❹ Add space before/after paragraph : 문단의 앞/뒤 간격을 설정합니다.
❺ Hyphenate : 영문에서 단어 내 줄바꿈 시 하이픈의 유무를 설정합니다.

TRAINING & TEST 실력 점검하기

이론 01 Layer에 Filter를 적용하고자 한다. Rasterize를 하지 않아도 되는 상황은?

① 화살표를 쉐입 툴로 그렸을 때
② 글씨에 무늬를 넣으려고 타입 툴로 입력했을 때
③ 펜 툴로 나뭇잎을 그렸을 때
④ 버튼을 만들려고 선택 툴로 원을 그렸을 때

이론 02 벡터 드로잉 도구인 모양 도구(Shape Tool)로 도형을 그릴 때 옵션 바에서 선택할 수 있는 그리기 옵션에 해당하지 않는 것은?

① Fill Pixel
② Fill Path
③ Path
④ Shape Layers

이론 03 직선과 곡선으로 이루어진 커브를 만드는데 사용하는 도구는 무엇인가?

① Pen tool
② Stamp tool
③ Brush tool
④ Magic wand tool

이론 04 다음 중에 벡터 방식을 위한 도구는 무엇인가?

① Pencil tool
② Rectangular Maquee tool
③ Brush tool
④ Horizantal type tool

이론 05 문자 입력 시 결과가 '가로 문자 선택 영역'으로 만들어지는 것은?

① Horizontal Type Tool
② Vertical Type Tool
③ Horizontal Type Mask Tool
④ Vertical Type Mask Tool

실습 01 가장자리 빛 새어나오는 문자를 만드시오.

• [시작파일] ch09/ch09–실습01.jpg • [완성파일] ch09/ch09–실습01(완성).psd • [해설파일] ch09/ch09–실습해설01.pdf

Before

After

HOW TO 'ch09–실습01.jpg' 파일을 열고, [Horizontal Type Mask Tool] 을 선택 → 옵션 바에서 [Set the font family]는 'Chiller', [Set the font size]는 '150pt'을 설정 후, 이미지창에 'Lightness' 입력 → 옵션 바에서 [Create Warped Text] 를 클릭한 후, [Style]을 'Squeeze'형으로 지정, [Bend]만 '+80%'로 설정 → Ctrl + J 하여 선택 영역 레이어로 복제 → [Brightness/Contrast]로 명도를 어둡게 조절, [Add a layer Style] 를 클릭하여 [Outer Glow] 적용

실습 02 의자 이미지를 도안으로 만드시오.

• [시작파일] ch09/ch09–실습02.jpg • [완성파일] ch09/ch09–실습02(완성).psd • [해설파일] ch09/ch09–실습해설02.pdf

Before

After

HOW TO 'ch09–실습02.jpg' 파일을 열고, [Pen Tool] 을 선택 → 옵션 바에서 [Pick tool mode]는 [Path]를 선택하고, [Path operations]의 [Combine Shapes] 를 선택한 후, [Paths] 패널 오픈 → 의자 바깥 외곽선을 [Path]로 작업 후, 옵션 바에서 [Path operations]는 [Subtract Front Shape] 을 선택하고, 의자 팔걸이 안쪽을 [Path]로 제거하여 완성 → [Work Path]를 하단의 [Load Path as a Selection] 에 적용하여 선택 영역 생성 → [Layers] 패널로 돌아와 의자안 선택 영역에 '노란색'으로 채우기 → [Select]–[Invers]하여 의자 바깥쪽 선택 영역에 '짙은 회색' 채우기

실습 03 나무 재질 문자를 만드시오.

• [시작파일] ch09/ch09–실습03.jpg • [완성파일] ch09/ch09–실습03(완성).psd • [해설파일] ch09/ch09–실습해설03.pdf

Before

After

HOW TO 'ch09–실습03.jpg' 파일을 열고, [Horizontal Type Mask Tool] 을 선택 → 옵션 바에서 [Set the font family]는 'Impact', [Set the font size]는 '150pt' 설정 후 이미지창에 '3D TEXT' 입력→ [Select]+[Transform Selection]하여 회전 적용 → Ctrl + J 하여 선택 영역 레이어로 복제 → [Add a layer Style] fx 를 클릭하여 [Bevel & Emboss] 적용 후, [Drop Shadow] 적용

실습 04 벤치에 'OLYMPIC PARK' 문자를 새기시오.

• [시작파일] ch09/ch09–실습04.jpg • [완성파일] ch09/ch09–실습04(완성).psd • [해설파일] ch09/ch09–실습해설04.pdf

Before

After

HOW TO [Horizontal Type Tool] T 을 선택하고, 옵션 바에서 글꼴은 'Bauhous93', 크기는 '72pt', 색상은 '흰색' 지정 → 'OLYMPIC PARK'라고 입력하고, [Create Warped text] 지정, 옵션 바에서 [Band]는 '–20%', [Vertical Distortion]만 '–2%'한 후, [OK] → 'OLYMPIC PARK' 레이어에 [Blending Mode]의 'Overlay' 적용

CHAPTER

10

웹과 애니메이션 그리고 자동화

이번 장에서는 작업자의 표현력과 작업의 퀄리티를 한층 높여주는
기능들을 살펴봅니다. 또한 많은 양의 이미지 맵 작업과
간단한 조작으로 프레임을 적용하는
자동화 기능도 학습합니다.

*PREVIEW 한눈에 살펴보기

SECTION	제목	학습할 주요 기능
1	왜곡된 이미지 교정하여 자르기 *[Crop Tool], [Perspective Crop Tool]*	• [Crop Tool] 살펴보기 • 이미지 자르기 • [Perspective Crop Tool] 살펴보기 • 왜곡된 이미지 교정하여 자르기
2	웹 이미지 조각내고 최적화하기 *[Slice Tool], [Save for Web & Devices]*	• [Slice Tool] 살펴보기 • 이미지 조각내기 • 웹 이미지 최적화하기 • [Save for Web & Devices] 저장하기 • [UPGRADE 실력올리기] [Save for Web] 대화창 살펴보기
3	애니메이션 만들기 *[Timeline], [Frame Animation]*	• [Timeline] 패널 살펴보기 • 레이어 소스 만들기 • 프레임 배치하기 • 프레임 애니메이션 만들기 • 트윈 적용하기
4	동영상 파일 편집하기 *[Video Timeline] 패널*	• 비디오 타임라인 이해하기 • 동영상 파일 편집하기 • 전환 효과 설정하기
5	이미지 맵 자동 작업 실행하기 *[Actions]*	• [Actions] 패널 이해하기 • 자동 작업 녹화하기 • 자동 작업 반복 실행하기
6	이미지에 액자 프레임 적용하기 *[Actions]*	• 프레임 종류 살펴보기 • 프레임 적용하기

SECTION 01

왜곡된 이미지 교정하여 자르기

[Crop Tool], [Perspective Crop Tool]

[Crop Tool] 은 이미지에서 필요 없는 부분을 제거하는 도구입니다. CS6에서는 [Perspective Crop Tool] 이 새롭게 추가되어 왜곡된 이미지까지 교정하여 자를 수 있습니다. 한층 더 활용도가 강화된 자르기 도구에 관해 알아봅시다. CC

| 학습 포인트 |

- [Crop Tool] 살펴보기
- 이미지 자르기
- [Perspective Crop Tool] 살펴보기
- 왜곡된 이미지 교정하여 자르기

◎ **[시작파일]** ch10/ch10-sec01-01.jpg ◉ **[완성파일]** ch10/ch10-sec01-01(완성).jpg

01 이미지 자르기

불필요한 이미지 영역을 선택한 후 나머지 부분은 잘라내거나 남길 수 있습니다.

1 필요한 영역 지정하고 자르기

① [Crop Tool] 을 선택합니다.

② 이미지 가장자리에 표시되는 핸들을 드래그하여 잘라내고 싶은 만큼 필요한 영역을 지정합니다.

③ 옵션 바에서 [Commit current crop operation] ✓을 클릭합니다.

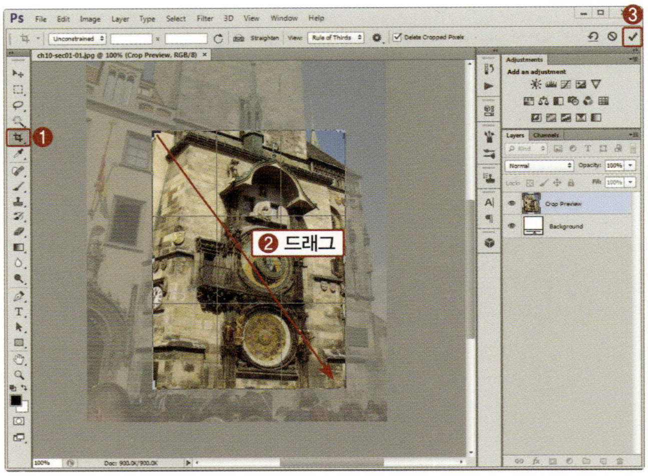

NOTE

영역 지정 후 자르기를 실행할 때는 Enter 를 누르거나 지정한 영역의 안쪽을 더블클릭해도 됩니다.

2 자른 영역 확인하기

필요한 부분만 남고, 나머지 부분이 삭제된 것을 확인할 수 있습니다.

■ [Crop Tool] 옵션 바 살펴보기

❶ Preset : 잘라낼 크기를 정하는 다양한 옵션이 제공됩니다.
❷ Width/Height : 잘라낼 영역의 가로/세로 수치를 설정합니다.
❸ Rotate : 자르기를 회전합니다.
❹ Straighten : 마우스를 이용하여 회전 각도를 지정하여 자릅니다.
❺ View : 자르기 영역의 유형을 설정합니다.
❻ Set additional Crop options : 자르기 영역의 사용 옵션을 지정합니다.
　ⓐ Use Classic Mode : 이미지는 고정되고, 자르기 영역이 회전하는 방식입니다.
　ⓑ Enable Crop Shield : 자르기 영역은 고정되고, 이미지 영역이 회전하는 방식입니다.

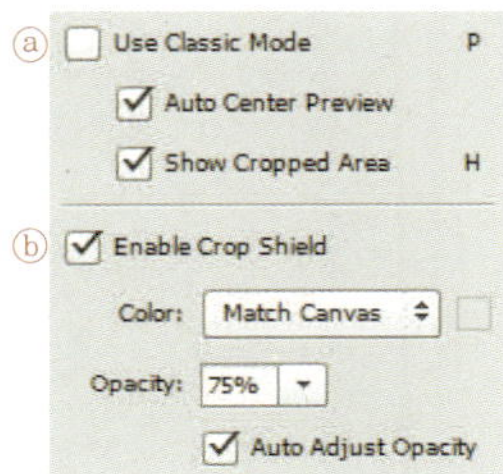

❼ Delete Cropped Pixels : 자르기한 이미지의 바깥 영역을 삭제할 때 체크합니다. 체크 해제 시 남길 수 있는데, 이때는 'Background'가 'Layer 0' 레이어로 전환됩니다.
❽ Cancel current crop operation : 잘라낼 영역을 취소합니다.
❾ Commit current crop operation : 자르기를 실행합니다.

◎ **[시작파일]** ch10/ch10–sec01–02.jpg ◉ **[완성파일]** ch10/ch10–sec01–02(완성).jpg

02 왜곡된 이미지 바르게 자르기

왜곡된 이미지 영역을 바르게 조절하여 자를 수 있습니다.

1 왜곡 자르기 도구 선택하기

① [Crop Tool] 을 길게 클릭합니다.

② [Perspective Crop Tool] 을 클릭합니다.

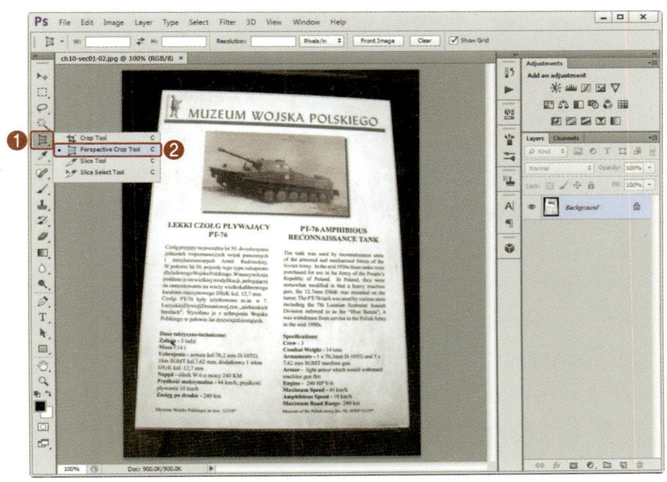

2 필요한 영역 지정하고 자르기

① 이미지에서 흰 종이 왼쪽 상단 꼭짓점을 클릭하고 대각선 오른쪽 하단 꼭짓점까지 드래그합니다.

② 이어서 조절점을 흰 종이 오른쪽 상단과 대각선 왼쪽 하단의 꼭짓점에 맞춥니다.

③ 옵션 바에서 [Commit current crop operation] ✔을 클릭하여 완성합니다.

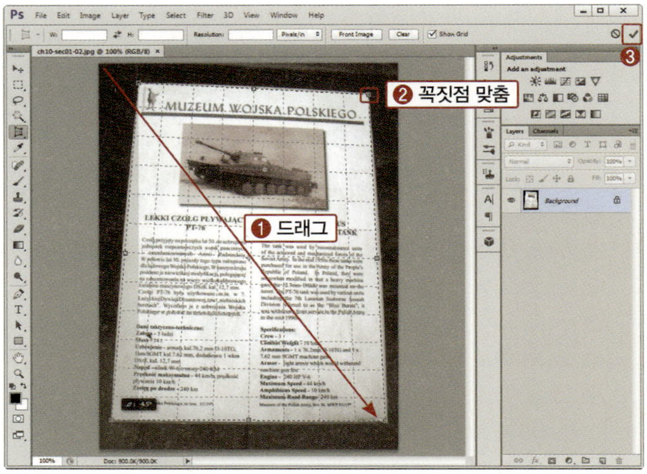

3 이미지 확인하기

틀어져 있던 원본 이미지가 반듯하게 세워진 채로 잘라진 것을 확인할 수 있습니다.

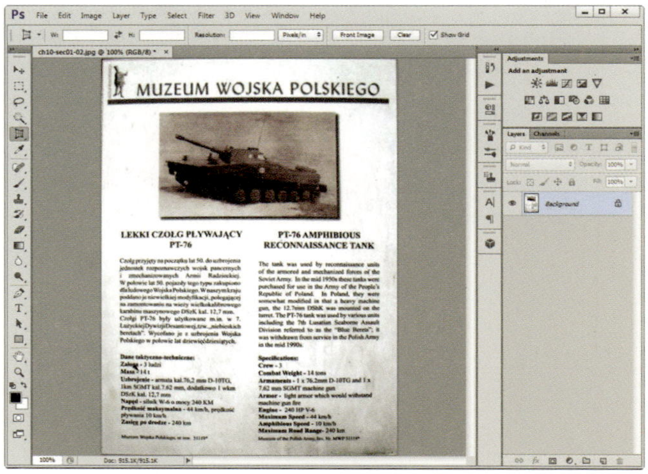

⟪ Photoshop 코칭 ⟫

[Crop Tool] 옵션 바 살펴보기

❶ Width : 현재 이미지에서 잘라낼 영역의 가로 수치를 설정합니다.
❷ Height : 현재 이미지에서 잘라낼 영역의 세로 수치를 설정합니다.
❸ Resolution : 해상도를 조절하여 설정합니다.
❹ Front Image : 현재 이미지의 크기를 표시합니다.
❺ Clear : 잘라낼 영역의 설정한 정보를 삭제합니다.
❻ Show Grid : 그리드를 표시합니다.
❼ Cancel current crop operation : 잘라낼 영역을 취소합니다.
❽ Commit current crop operation : 자르기를 실행합니다.

SECTION 02

웹 이미지 조각내고 최적화하기

[Slice Tool], [Save for Web & Devices]

슬라이스 기능으로 손쉽게 이미지를 잘라 저장할 수 있으며, 용도에 맞는 포맷으로 설정하고 HTML 문서로 저장하는 방법에 대해 알아봅니다.

| 학습 포인트 |

- [Slice Tool] 살펴보기
- 이미지 조각내기
- 웹 이미지 최적화하기
- [Save for Web & Devices] 저장하기
- **[UPGRADE 실력올리기] [Save for Web] 대화창 살펴보기**

01 웹 이미지 최적화하기

웹 페이지를 빠르게 로딩하기 위해 용량을 줄여 저장하는 것을 이미지 최적화라고 합니다. 포토샵에서는 최적화를 위한 포맷 형식을 4가지로 제공하고 있으며, 색상 범위가 넓은 색을 이미지로 표현할 수 있습니다. 그 중 JPEG 포맷은 이미지의 미묘한 톤 변화를 나타내는 사진 이미지에 적합합니다. 그리고 GIF 포맷은 256색으로 이미지 색상을 제한하고 투명한 배경색을 지원하기 때문에 로고 · 버튼 · 캐릭터 · 일러스트레이션 등을 압축할 때 적당하며, 단색 이미지 혹은 반복되는 색이 많은 이미지를 압축하는 데 효과적이므로 가장 많이 사용됩니다.

포맷 종류	설 명
GIF	색상 수가 적은 단순한 이미지를 저장할 때 많이 사용하며, 색상 수를 과도하게 줄이면 색상 변형이 일어날 수 있습니다.
JPEG	손실 압축 방식을 사용하여 이미지에서 불필요한 부분을 손실시켜 압축 저장하는 방식입니다. 압축률이 높으며, 색상이 많이 들어가는 사진 등을 최적화할 때 사용합니다.
PNG-24	색상을 24비트로 표현하는 방식으로 JPEG와 GIF 포맷의 장점을 갖춘 웹 표준 규격의 그래픽 포맷 형식입니다. 플래시 프로그램으로 애니메이션 제작 시 투명 이미지를 만들 때 사용합니다.
PNG-8	색상을 8비트로 표현하는 방식으로 JPEG와 GIF 포맷의 장점을 가진 웹 표준 규격의 그래픽 포맷으로, 256 이하 색상 수의 이미지는 GIF 방식과 유사한 PNG-8로 저장합니다.

◎ **[시작파일]** ch10/ch10-sec02.jpg ◉ **[완성파일]** ch10/ch10-sec02(완성).psd

02 슬라이스 도구로 웹 이미지 조각내기

이미지를 분할 저장하여 웹 페이지에서 로딩 시 속도를 단축할 수 있습니다.

1 눈금자 표시하기

① [Hand Tool] 을 더블클릭합니다.

② 눈금자를 표시하기 위해 [View]-[Rulers] 메뉴를 선택합니다.

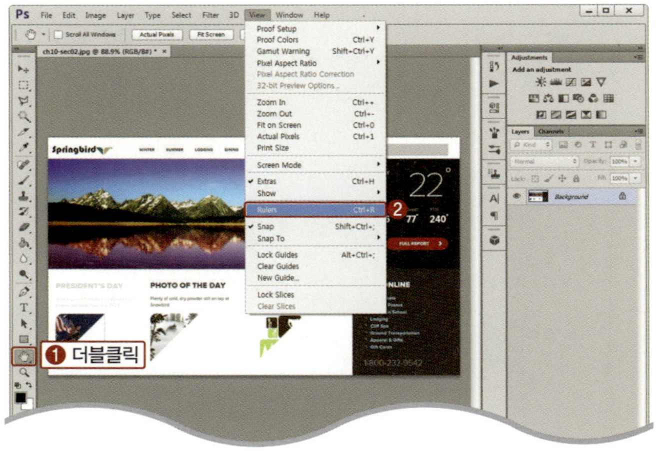

NOTE

[View]-[Rulers] 메뉴는 이미지창의 가장자리에 눈금자를 표시해주는 기능입니다. 눈금자를 이용해 안내선을 삽입하면 작업 시 디테일한 위치를 설정하기 편리합니다. 바로가기 단축키는 Ctrl + R 을 사용합니다.

2 안내선 표시하기

① [Move Tool] 을 클릭합니다.

② 이미지창 위쪽과 왼쪽에 표시된 눈금자 안을 클릭한 후 이미지를 조각내고 싶은 위치까지 드래그하여 위치를 설정합니다.

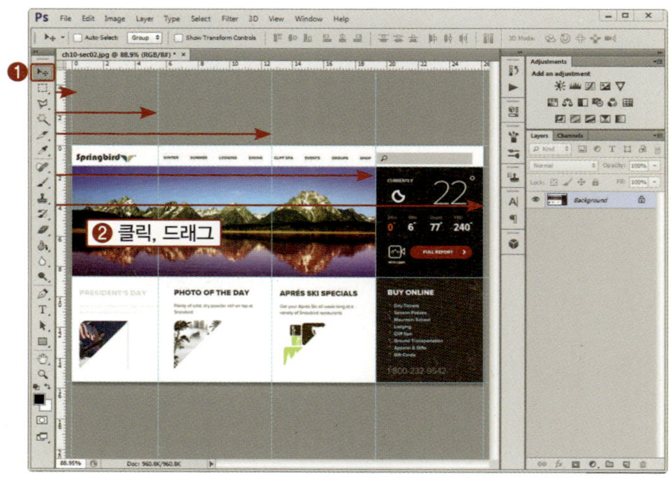

NOTE

이미지를 확대하거나 축소하면서 정확하게 위치를 맞춥니다.

3 이미지 조각내기

① [Slice Tool] 을 선택합니다.

② 메인 타이틀 영역의 왼쪽 상단에서부터 오른쪽 하단까지 드래그합니다.

③ 동일한 방식으로 그림과 같이 총 9개의 슬라이스 조각을 냅니다.

NOTE

- 깨끗하게 영역이 지정되지 않았을 경우에는 가장자리 노란색 조절점을 드래그하여 조절합니다.
- [Slice Tool] 은 [Crop Tool] 을 길게 클릭한 후 선택할 수 있습니다.

4 웹 이미지 최적화하기

9개 조각으로 분할된 이미지들을 한꺼번에 최적화하여 저장하기 위해 [File]–[Save for Web] 메뉴를 클릭합니다.

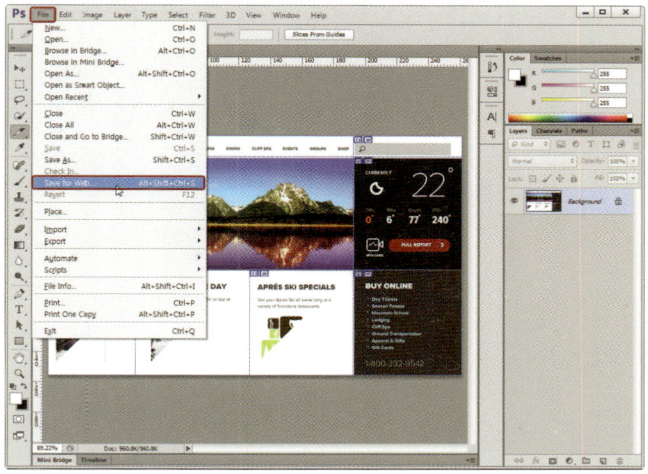

NOTE

CC 버전에서는 [Save for Web]이 [File]–[Export]에 포함되어 있습니다.

Photoshop 코칭

슬라이스 심벌 이해하기

슬라이스 영역에 표시되는 작은 산 모양의 아이콘을 배지(badge)라고 하며, 사각형이 파란색인 경우에는 분할됨을 표시합니다.

- 04 : 슬라이스의 순서를 나타냅니다. 순서는 왼쪽에서 오른쪽으로, 위에서 아래로 순서가 지정됩니다.
- : 슬라이스에 이미지가 들어 있음을 표시합니다.
- : 슬라이스에 이미지가 들어 있지 않음을 표시합니다.
- : 다른 슬라이스와 연결되어 있음을 표시합니다.

5 웹 이미지 최적화 설정하기

① [Save for Web] 대화창에서 [Optimized file format]은 'JPEG'를 선택합니다.

② [Quality]를 '60'으로 조정합니다.

③ [Save] 버튼을 클릭합니다.

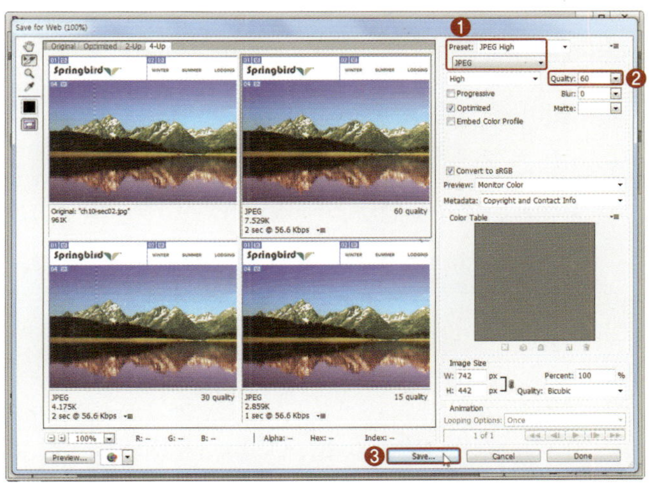

6 저장 위치 설정하고 저장하기

① [Save Optimized As] 대화창에서 [저장 위치]는 '완성파일' 폴더 안에 새폴더를 추가한 후, [폴더명]은 'home'으로 입력하고, [열기] 버튼을 클릭합니다.

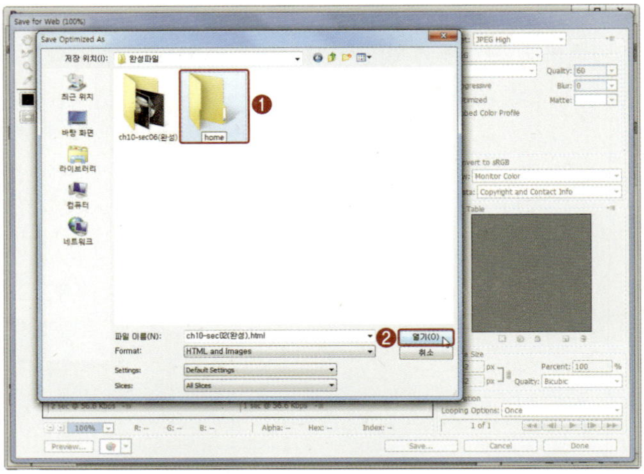

② 'home' 폴더 안에 들어와 [파일 이름]은 'ch10-sec02(완성).html'이라고 입력하고, [Format]을 'HTML and Images'로 설정합니다.

③ [저장] 버튼을 클릭합니다.

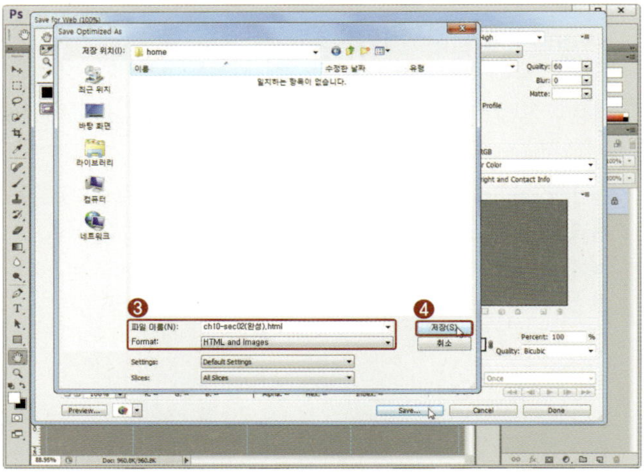

NOTE

슬라이스 영역을 감추려면 [View]-[Show]-[Slices] 메뉴를 클릭합니다.

Photoshop 코칭

슬라이스 심벌 이해하기

[Slice Tool] 은 웹 페이지의 로딩 속도를 줄이거나 페이지에 필요한 버튼 등을 만들기 위해 이미지를 조각내는 분할 도구입니다. 안내선을 생성하여 분할하고 싶은 각 영역을 드래그하면 저장할 수 있는 영역이 만들어집니다.

❶ Style
- Normal : 원하는 만큼 자유롭게 분할 영역을 생성합니다.
- Fixed Aspect Ratio : 가로 · 세로의 일정한 비율로 분할 영역을 생성합니다.
- Fixed Size : 입력한 수치만큼만 슬라이스 영역이 생성합니다.

❷ Slice From Guides : 현재 작업 중인 이미지의 가이드라인이 있을 때만 활성화되며, 가이드라인과 같은 모양으로 이미지 분할을 자동으로 조각냅니다.

■ [Slice Options] 대화창 살펴보기

슬라이스 설정을 한 영역에 추가 설정이 필요할 때는 [Slice Select Tool] 을 선택하고 슬라이스 영역을 더블클릭하거나 옵션 바에서 [Set options for the current slice] 를 클릭해 [Slice Options] 대화창을 불러옵니다.

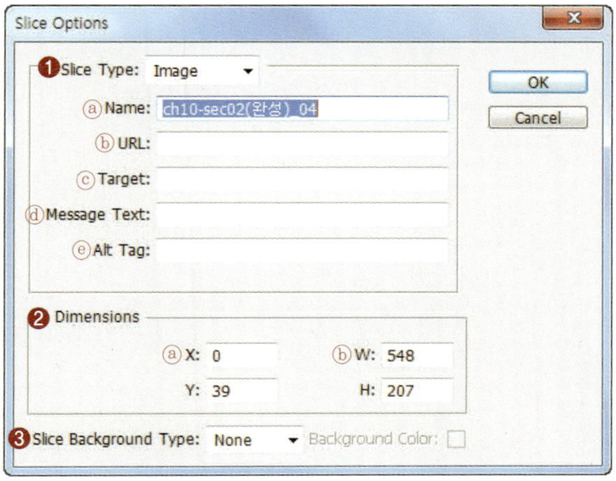

❶ Slice Type : 이미지 영역 또는 선택한 슬라이스 영역의 이미지를 제거하고 텍스트를 입력하는 영역으로 사용됩니다.

ⓐ Name : 저장될 파일명을 입력합니다.

ⓑ URL : 연결할 파일이나 인터넷 주소를 입력합니다. 인터넷 주소를 입력할 때는 'http://'를 포함해야 합니다.

ⓒ Target : 연결된 창이 열리는 방식을 지정합니다.

- _blank : 링크된 페이지를 새 창으로 표시합니다.
- _parent : 가장 먼저 띄운 웹 브라우저창이 링크된 페이지로 전환됩니다.
- _top : 브라우저창 중 가장 최상단에 위치한 창에서 표시합니다.
- _self : 현재 페이지가 링크된 페이지로 변경됩니다.

ⓓ Message Text : 마우스 포인터가 이미지에 접근했을 때 웹 브라우저 하단에 표시되는 메시지를 입력합니다.

ⓔ Alt Tag : 이미지에 마우스 포인터를 위치하면 메시지가 표시됩니다.

❷ Dimensions : 저장될 이미지의 크기와 위치를 조정합니다.

ⓐ X, Y : 전체 파일에서의 위치를 픽셀값으로 나타냅니다.

ⓑ W, H : 선택한 슬라이스 이미지의 가로, 세로 크기를 나타냅니다.

❸ Slice Background Type : 백그라운드 이미지 색상을 정합니다.

UPGRADE 실력 올리기

[Save for Web] 대화창 살펴보기

포토샵에서 웹 이미지를 최적화하기 위해 사용하는 [Save for Web] 대화창에서는 이미지 크기 조정, 저장할 영역 분할, 애니메이션 프레임 지정 등의 기능을 제공합니다. [File]-[Save for Web] 메뉴를 실행하여 열 수 있습니다.

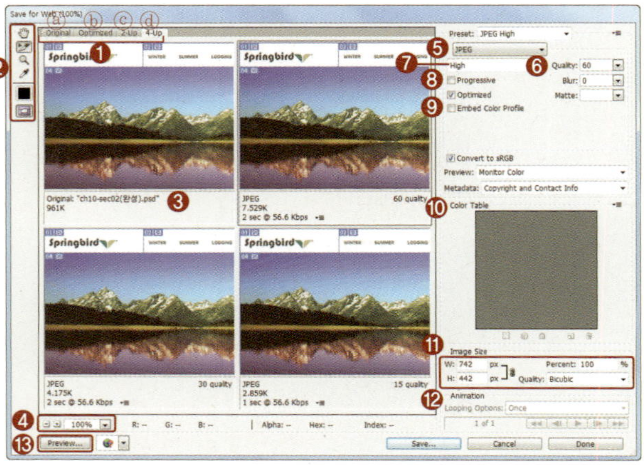

❶ Display Options & Preview Menu

ⓐ Original : 이미지 본래의 값을 그대로 보여줍니다.

ⓑ Optimized : 옵션을 지정하여 이미지의 질과 용량을 최적화합니다.

ⓒ 2-Up : 디스플레이 상태를 [Original] 상태와 [Optimized] 상태로 표시합니다.

ⓓ 4-Up : 디스플레이 상태를 4단계로 나누어 표시하는데, [Original]과 세 가지의 [Optimized]로 표시합니다.

❷ Tool Box : 도구 모음입니다.

❸ Image state : 현재 선택한 이미지의 정보를 표시합니다.

❹ Zoom Level : 화면 배율을 조절합니다.

❺ Save sets of optimization settings & Optimize Menu : GIF, JPEG, PNG 등 12개의 최적화 값을 제공합니다.

❻ Optimized file format : JPEG, GIF, PNG, WBMP에서 파일 포맷을 선택한 후 'Quality' 화질 등 세부 옵션을 지정합니다.

❼ Compression Quality : [Low]부터 [Maximum]까지의 이미지의 압축률을 5단계 중 한 가지로 설정하거나 [Quality]에 압축률을 지정하는데, 수치가 낮을수록 용량은 줄고 화질은 떨어집니다.

❽ Progressive(Download in multiple passes) : 체크 표시할 경우 웹상에서 로딩할 때 이미지를 단계적으로 표시합니다.

❾ Include in ICC profile based on photoshop color compensation : ICC(International Color Consortium) 프로파일은 포함시키는 것이 좋으며, 컬러 장치의 특성을 기술합니다.

❿ Color Table : 256개의 색상으로 제한하는 GIF의 경우 표시됩니다. 이곳에서 컬러를 삭제하거나 수정하는 등을 작업합니다.

⓫ Image Size : 이미지 크기를 지정합니다.

⓬ Animation controls : 애니메이션을 적용했을 경우 조절합니다.

⓭ Preview In Browser menu : 브라우저에서 표시합니다.

⓮ Device Central : 모바일 기기에 사용할 이미지를 저장할 때 실행합니다.

SECTION 03

애니메이션 만들기

[Timeline], [Frame Animation]

프레임 방식의 장면을 만드는 방법과 트위닝하여 장면의 중간 단계를 생성하는 방법까지 알아봅니다.

| 학습 포인트 |

- [Timeline] 패널 살펴보기
- 레이어 소스 만들기
- 프레임 배치하기
- 프레임 애니메이션 만들기
- 트윈 적용하기

◎ **[시작파일]** ch10/ch10-sec03-01.psd ◉ **[완성파일]** ch10/ch10-sec03-01(완성).psd, ch10-sec03-01(완성).gif

01 10초 전자시계 애니메이션 만들기

[Layers] 패널에서 배경과 숫자 소스를 만든 후 이를 이용하여 [Timeline] 패널에서 초단위로 변환되는 애니메이션을 제작해보겠습니다.

1 애니메이션 작업을 위한 패널 열기

[Window]-[Timeline] 메뉴를 클릭하여 애니메이션 작업을 하기 위한 패널을 준비합니다.

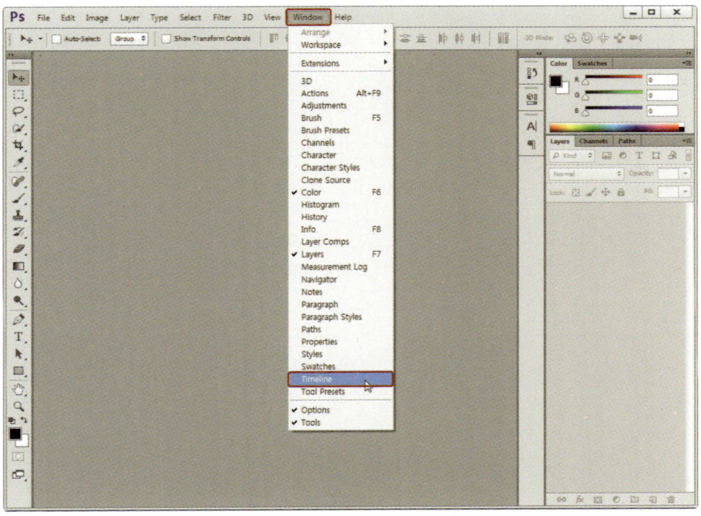

NOTE

포토샵 CS5 버전까지 애니메이션 기능을 담당했던 [Animation] 패널이 포토샵 CS6 이상 버전에서는 [Timeline] 패널로 이름이 변경되었습니다.

2 숫자 소스 만들기

① 'ch10-sec03-01.psd' 파일을 불러온 후 [Horizontal Type Tool] T 을 선택합니다.

② [Set the font family]은 'Impact', [Set the font size]는 '200pt', [Align text]는 '가운데 정렬', [Set the text color]는 '흰색'으로 설정합니다.

③ 이미지창 가운데를 클릭하여 숫자 '10'을 입력합니다.

④ 옵션 바에서 [Commit any current edits] ✔ 를 클릭합니다.

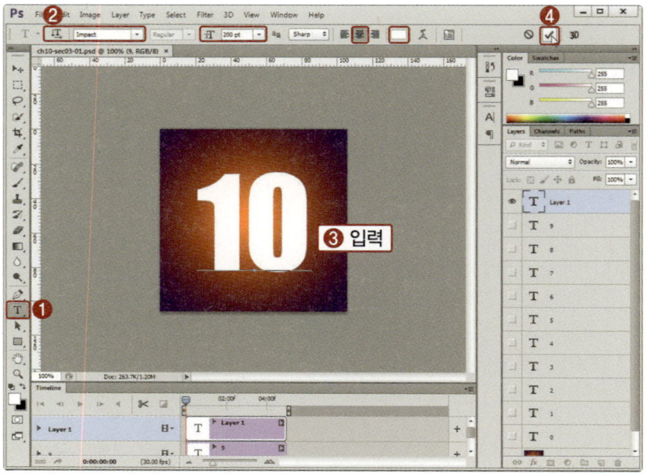

NOTE

같은 위치에 같은 크기의 숫자를 입력 추가할 때, 이전 문자가 잡히는 경우가 발생합니다. 이럴 땐 이전 레이어를 복사하고, 숫자만 바꾸는 방법을 사용해도 좋습니다.

3 프레임 애니메이션 패널로 전환하기

① '1' ~ '10'까지 입력된 것을 확인합니다.

② [Layers] 패널에서 '배경' 레이어와 '0' 레이어만 남기고, 그 위의 '1' ~ '10' 레이어의 [Indicates layer visibility] 👁 를 모두 클릭하여 끕니다.

③ [Timeline] 패널이 생성되면 패널 왼쪽 하단에 있는 [Convert to frame animation] ▭ 을 클릭하여 프레임 애니메이션 패널로 전환합니다.

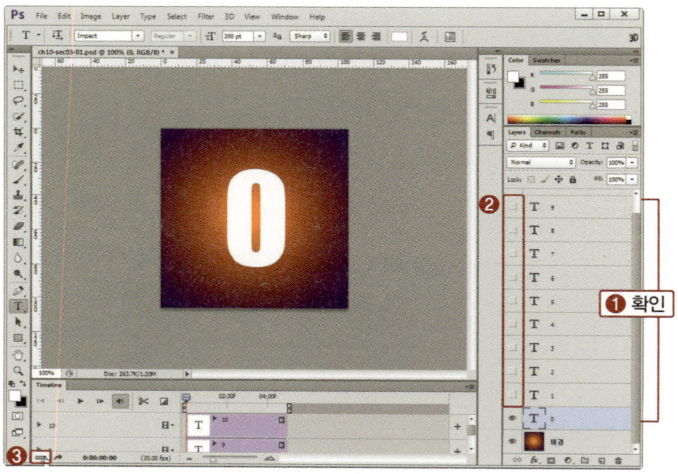

4 [Timeline] 패널의 프레임 확인하기

① [Timeline] 패널의 첫 번째 프레임에 'Background'와 '0' 레이어가 보입니다.

② [Layers] 패널에서 [Indicates layer visibility] 👁 가 켜져 있는 두 레이어입니다.

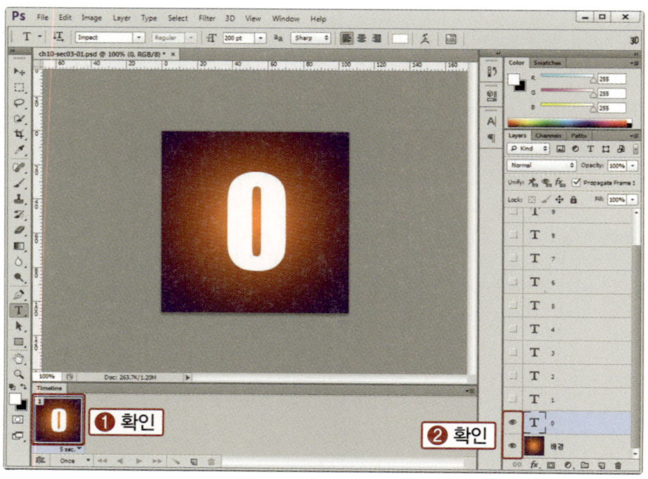

5 프레임에 레이어 소스 배치하기

① [Timeline] 패널에서 [Duplicates selected frames] 를 클릭해 이전 프레임을 복사합니다.

② [Layers] 패널에서 '1' 레이어의 [Indicates layer visibility] 를 클릭하여 켭니다.

③ '0' 레이어의 를 클릭하여 끕니다.

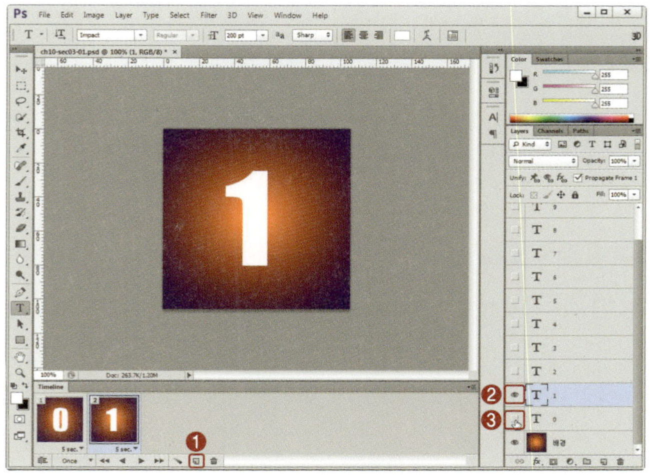

6 프레임 애니메이션 시간 지정하기

① 프레임에 레이어 소스 배치하기 ①~③ 과정을 반복하여 '2' ~ '10' 레이어까지 각 프레임에 차례로 배치합니다.

② 1번 ~ 11번 프레임을 모두 선택합니다.

③ 11번 프레임 아래의 [Selects frame delay time] 5 sec. 을 클릭합니다.

④ 목록에서 '1.0'을 선택합니다.

NOTE

각 프레임의 지연 시간을 1sec, 즉 1초로 지정합니다.

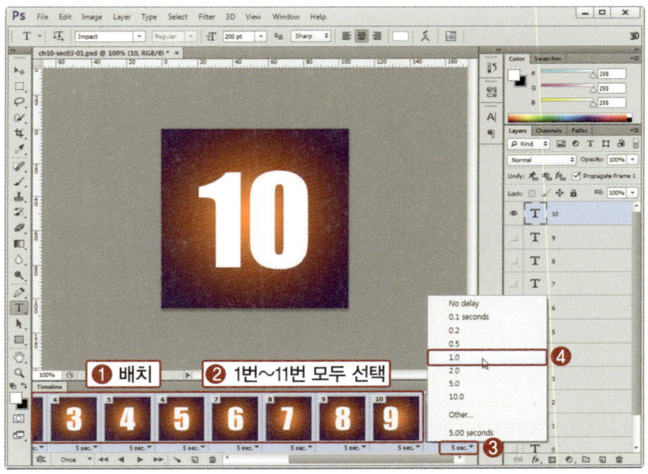

7 완성된 애니메이션 재생 확인하기

① '1'번 프레임을 선택합니다.

② [Timeline] 패널에서 [Play] ▶ 를 클릭해 완성된 애니메이션을 확인합니다.

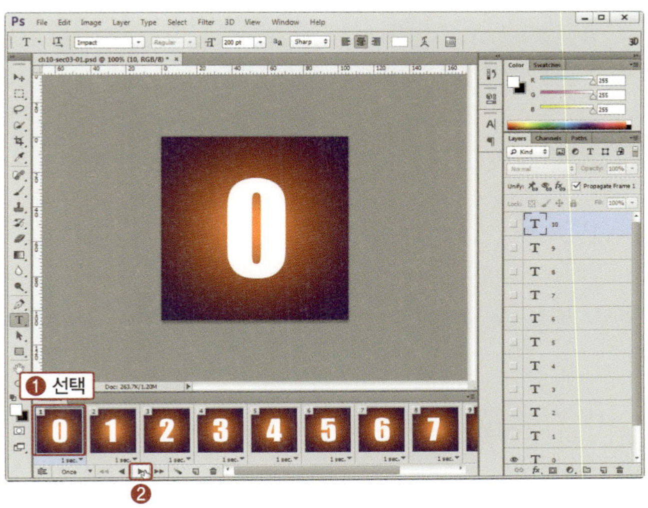

◎ [시작파일] ch10/ch10-sec03-02.psd ◉ [완성파일] ch10/ch10-sec03-02(완성).psd, ch10-sec03-02(완성).gif

02 무지개색으로 자연스럽게 변하는 애니메이션 만들기

무지개 색종이 소스를 이용해 색이 변화되는 애니메이션을 만들어 보겠습니다. 애니메이션의 각 프레임 사이에 트윈 효과를 적용하면 중간 과정이 생성되어 자연스러운 애니메이션을 연출하기에 좋습니다.

1 파일 불러오기

① 'ch10-sec03-02.psd' 파일을 불러옵니다.

② [Layers] 패널을 보면 '빨강' 레이어부터 '보라' 레이어까지 나열된 것을 확인합니다.

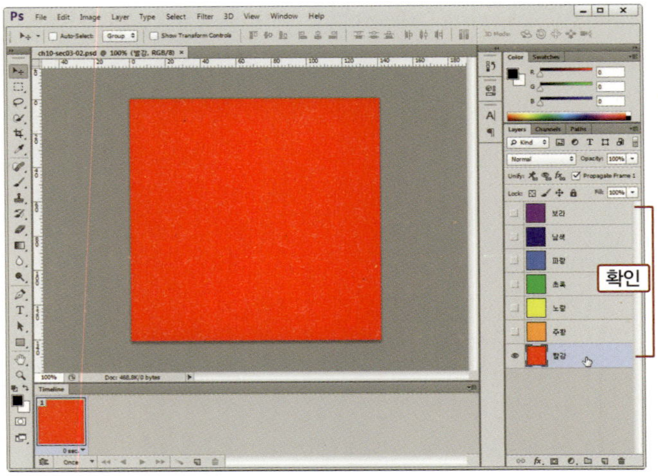

2 레이어 소스 정리하기

① '빨강' 레이어에서 마우스 오른쪽 버튼을 클릭해 [Duplicate Layer...]를 선택하여 '빨강 copy' 레이어로 복제합니다.

② [Duplicate Layer] 대화창에서 그대로 [OK] 버튼을 클릭하면, '빨강' 레이어 바로 위에 '빨강 copy' 레이어가 추가됩니다.

③ '빨강 copy' 레이어를 클릭 앤 드래그하여 '보라' 레이어 위로 위치 이동합니다.

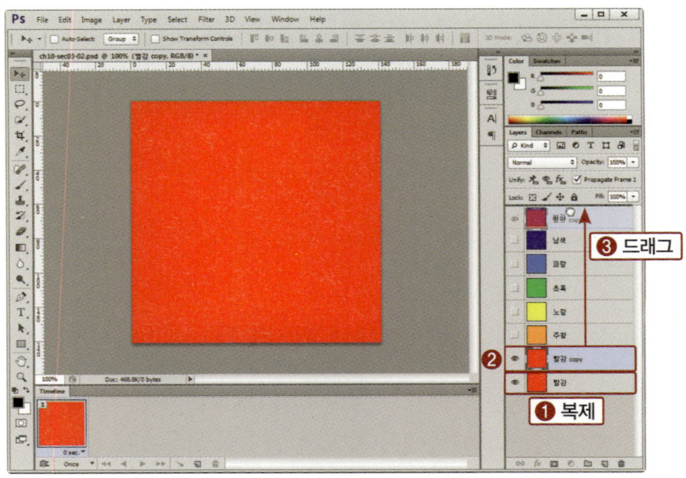

NOTE

'빨강' 레이어를 두 개 만드는 이유는 애니메이션 실행 시 '빨, 주, 노, 초, 파, 남, 보'의 무지개색이 진행될 때, '보라' 레이어 다음 '빨강' 레이어로 다시 연결이 부자연스럽게 진행될 수 있기 때문에 빨강 레이어를 한 번 더 만들어 줍니다.

3 프레임 배치하기

① 위치 이동한 '빨강 copy' 레이어의 [Indicates layer visibility] 를 끄고, 맨 아래 '빨강' 레이어를 선택하여 가 켜 있는 것을 확인합니다.

② [Timeline] 패널에서 [Duplicates selected frames] 를 클릭해 이전 프레임을 복사합니다.

③ '빨강' 레이어의 [Indicates layer visibility] 를 끕니다.

④ '주황' 레이어의 [Indicates layer visibility] 를 켭니다.

⑤ 같은 방법으로 ②~③을 진행하여 '빨강 copy' 레이어까지 8번 프레임에 배치합니다.

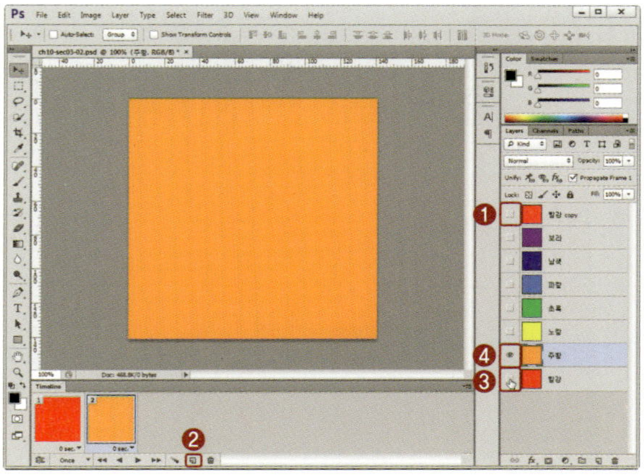

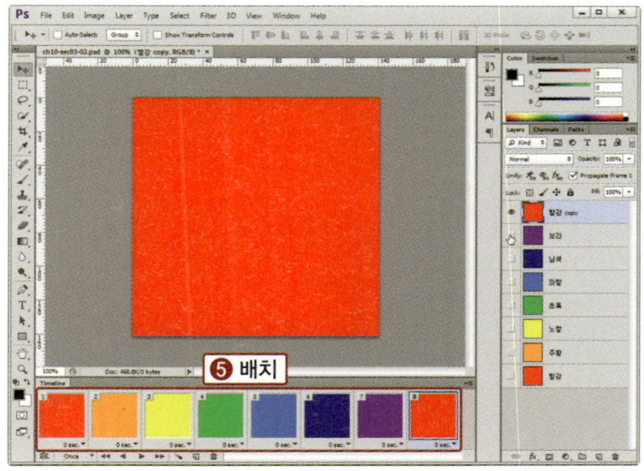

4 트윈 애니메이션 프레임 설정하기

① [Timeline] 패널에서 1번 프레임을 선택합니다.

② [Tween animation frames] 를 클릭해 트위닝을 설정합니다.

③ [Tween] 대화창에서 [Tween With]는 [Next Frame], [Frames to Add]는 '5'로 지정합니다.

④ [OK] 버튼을 클릭합니다.

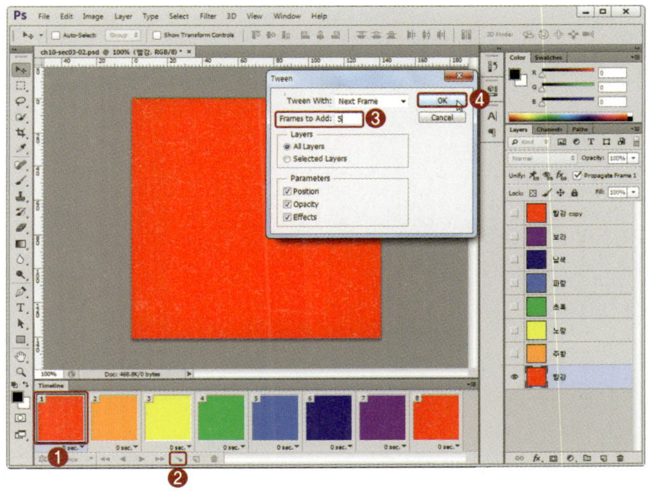

5 트윈 애니메이션 결과 확인하기

① 1번 프레임과 2번 프레임 사이에 5개의 프레임이 삽입되며 자연스럽게 색상이 변화하는 모습을 확인할 수 있습니다.

② 같은 방법으로 7번, 13번, 19번, 25번, 31번, 37번 프레임에 적용합니다.

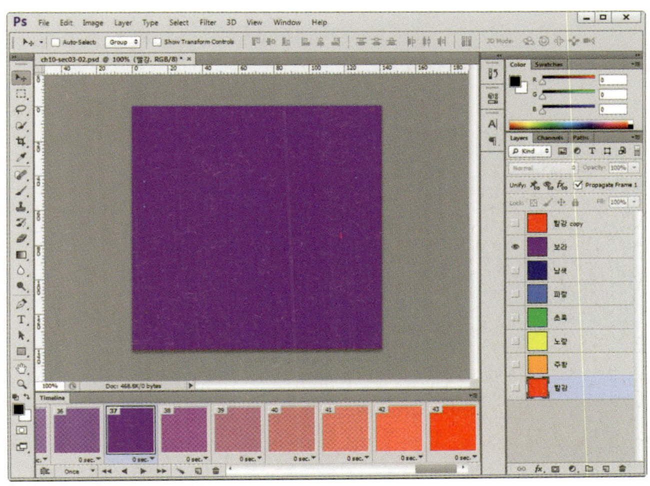

6 애니메이션 완성하기

① 마지막 프레임을 삭제하기 위해 43번 프레임을 선택합니다.

② [Deletes selected frames] 🗑을 클릭합니다.

③ 'Delete the frame?' 메시지가 나타나면 [Yes] 버튼을 클릭합니다.

NOTE

43번 프레임을 삭제하는 이유는 1번 프레임과 같은 빨간색 프레임이기 때문입니다.

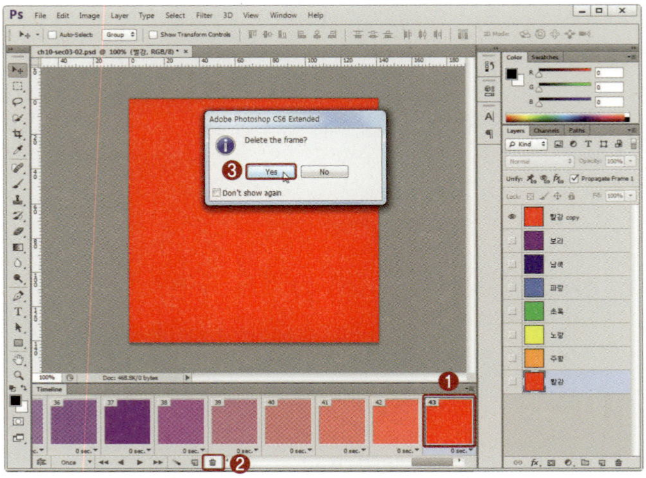

7 완성 모습 확인하기

[Play] ▶를 눌러 완성된 애니메이션을 확인합니다.

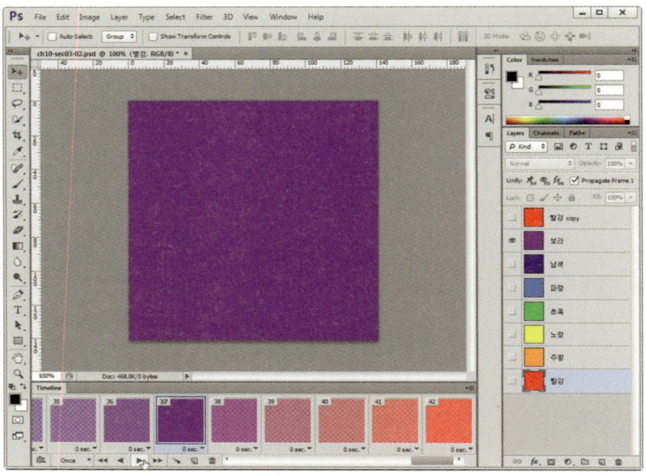

8 완성된 애니메이션 저장하기

① [File]−[Save for Web] 메뉴를 실행한 후 대화창에서 [Save] 버튼을 클릭합니다.

② [Save Optimized As] 대화창에서 [파일 이름]은 'ch10−sec03−02(완성)', [Format]은 'Image Only'로 지정합니다.

③ 저장 위치를 확인하고 [저장] 버튼을 클릭합니다.

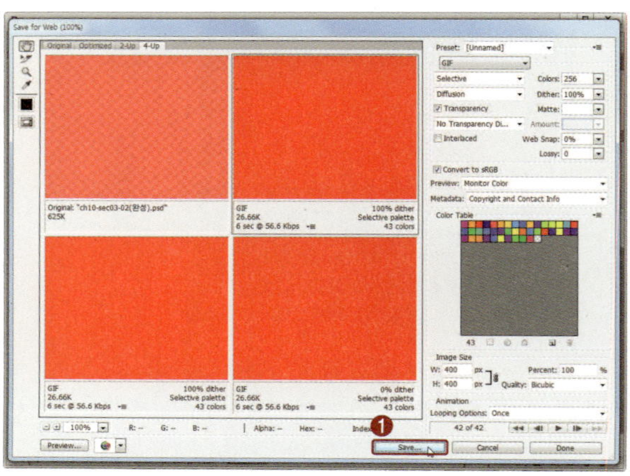

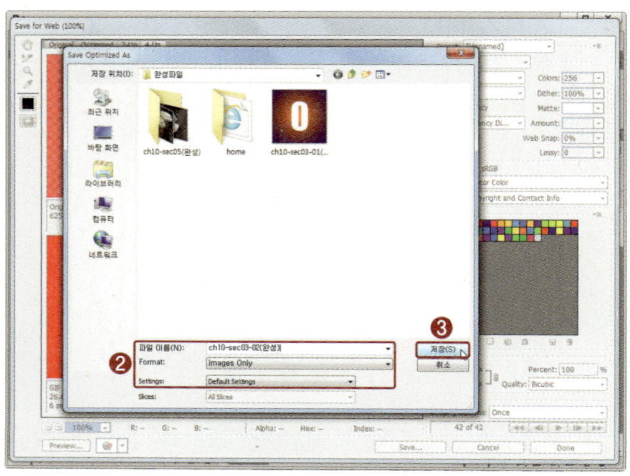

프레임 방식의 [Timeline] 패널 살펴보기

포토샵에서는 움직이는 GIF 애니메이션을 만들 수 있는데, 이때 부드러운 움직임을 표현하는 트윈 기능과 시간 설정 등의 기능을 제공합니다. [Timeline] 패널에서 프레임을 만들고 각각의 프레임에 레이어 정보를 담아 연속적인 애니메이션을 만듭니다.

❶ Frame : 각각의 프레임을 표시합니다.

❷ Selects frame delay time : 해당 프레임의 재생 속도를 조절할 수 있습니다.

❸ Selects looping options : 애니메이션의 재생 횟수를 선택할 수 있습니다.

- Once : 모든 프레임을 한 번만 재생합니다.
- Forever : 계속해서 반복 재생합니다.
- Other : [Set Loop Count] 대화창에서 횟수를 입력하고 재생합니다.

❹ Selects first frame : 첫 번째 프레임으로 이동합니다.

❺ Selects previous frame/Selects next frame : 현재 선택된 프레임을 기준으로 한 단계 앞 또는 한 단계 뒤 프레임으로 이동합니다.

❻ Plays/Stop animation : 재생 중인 애니메이션을 재생/정지시킵니다.

❼ Tweens animation frames : 프레임과 프레임 사이를 트위닝해서 자동으로 프레임을 생성합니다.

❽ Duplicates selected frames : 앞에 있는 프레임을 복사해서 새로운 프레임을 생성합니다.

❾ Deletes selected frames : 선택한 프레임을 삭제합니다.

[Tweens] 대화창

트위닝이란 프레임과 프레임 사이를 연속하여 자동으로 중간 장면을 삽입하는 것입니다. [Tweens] 대화창을 이용하면 위치, 불투명도, 레이어 이펙트의 변화 등을 적용할 수 있습니다.

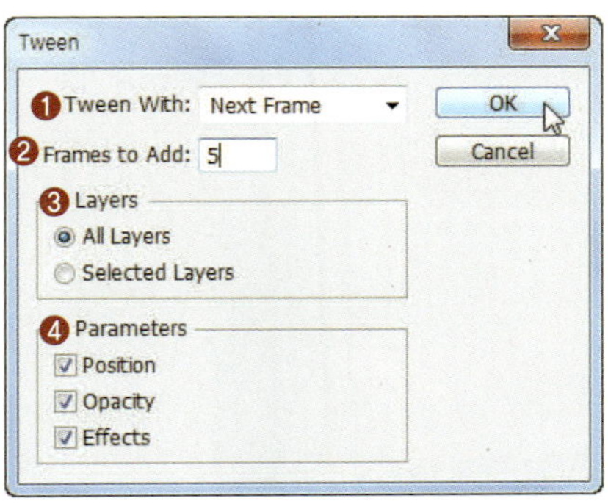

❶ Tween With : 현재 선택한 프레임과 어떤 프레임 사이에 새 프레임을 추가할 것인지를 설정합니다.

❷ Frames to Add : 트위닝을 적용할 프레임 수를 입력합니다.

❸ Layers : 트위닝을 적용할 레이어를 선택합니다.

- All Layers : 모든 레이어에 트위닝을 적용합니다.
- Selected Layers : 선택된 레이어만 트위닝을 적용합니다.

❹ Parameters : 제작할 애니메이션 효과 방식을 선택합니다.

- Position : 레이어의 위치에 트윈 효과를 적용합니다.
- Opacity : 레이어의 불투명도에 트윈 효과를 적용합니다.
- Effects : 레이어 이펙트에 트윈 효과를 적용합니다.

SECTION 04

동영상 파일 편집하기
[Video Timeline] 패널

CC 버전에서는 동영상 파일을 자르거나 추가 등의 편집 기능과 전환 효과와 모션 등의 다양한 효과를 적용할 수 있습니다. 이미지와 동영상을 혼합 편집도 할 수 있으며 프리미어 프로와 연동도 가능해졌습니다. 동영상 파일을 편집하고 전환 효과를 설정하는 방법에 대해 알아봅니다. CC

| 학습 포인트 |

- 비디오 타임라인 이해하기
- 동영상 파일 편집하기
- 전환 효과 설정하기

◎ **[시작파일]** ch10/ch10–sec04–01.jpg, ch10–sec04–02.mp4 ~ ch10–sec04–04.mp4 ◉ **[완성파일]** ch10/ch10–sec04(완성).psd, ch10–sec04(완성).mp4

01 동영상 편집하기

이미지와 영상을 붙이고, 자른 후 전환 효과를 적용하여 다시 새로운 영상 파일로 저장해봅시다.

1 동영상 파일 불러오기

① 'ch10–sec04–01.jpg' 파일을 불러옵니다.

② [Window] 메뉴를 클릭하고 [Workspace]–[Motion]을 실행합니다.

③ [Timeline] 패널에서 'Create Video Timeline'을 클릭합니다.

2 이미지와 동영상 클립 배치하기

① [Timeline] 패널에 'Background'가 자동으로 'Layer 0' 트랙으로 배치됩니다.

② 'Layer 0' 트랙 오른쪽에 [Add media to track] + 을 클릭합니다.

③ [Add Clips] 대화창이 나타나면 'ch10-sec04-02.mp4, ch10-sec04-03.mp4, ch10-sec04-04.mp4'를 모두 선택합니다.

④ [열기] 버튼을 클릭합니다.

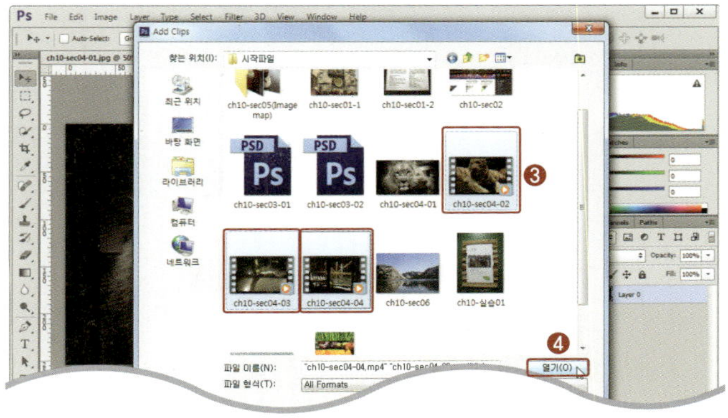

3 클립 확인하기

① [Timeline] 패널 하단의 [Control timeline megnification] 슬라이더를 오른쪽으로 조금 드래그하여 이동합니다.

② 각 클립의 미리보기가 순서대로 표시되었는지 확인합니다.

4 전환 효과 설정하기

① [Timeline] 패널에서 [Select a transition and drag to apply] ◪를 클릭하고, [Transtion] 목록에서 'Cross Fade'를 선택하고 [Duration] 겹치는 시간은 '2 s' 2초를 설정합니다.

② 'Cross Fade' 목록을 드래그하여 트랙의 'Layer 0'과 'ch10-sec04-02' 경계선에 삽입합니다.

③ 같은 방법으로 'ch10-sec04-02'와 'ch10-se04-03', 'ch10-sec04-03'과 'ch10-sec04-04' 경계선에 각각 삽입합니다.

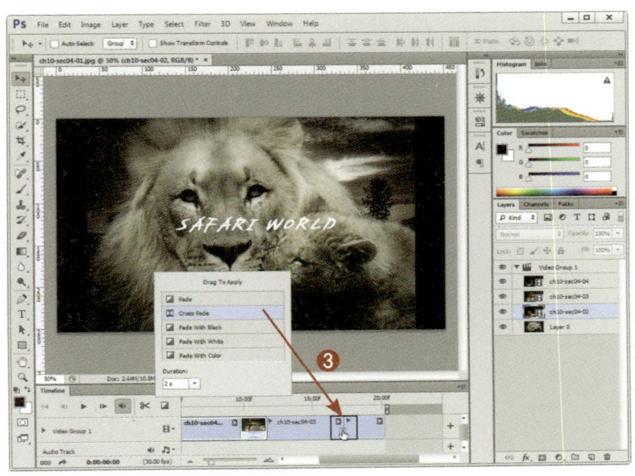

NOTE 전환 효과에 [Duration]이 겹치는 시간을 '1 s' 1초로 설정하면 두 영상이 오버랩될 때 너무 빨리 진행됩니다. 그래서 2초가 적당합니다.

5 편집한 동영상 저장하기

① [File] 메뉴를 클릭하고, [Export]-[Render Video]를 실행합니다.

② [Render Video] 대화창이 나타나면 [Name]에 'ch10-sec04(완성)'으로 입력하고, [Preset]은 'High Quality'와 [Size]는 'Document Size' 그대로, [Select Folder]는 저장 위치만 설정합니다.

③ [Render] 버튼을 클릭합니다.

④ 완성본을 확인합니다.

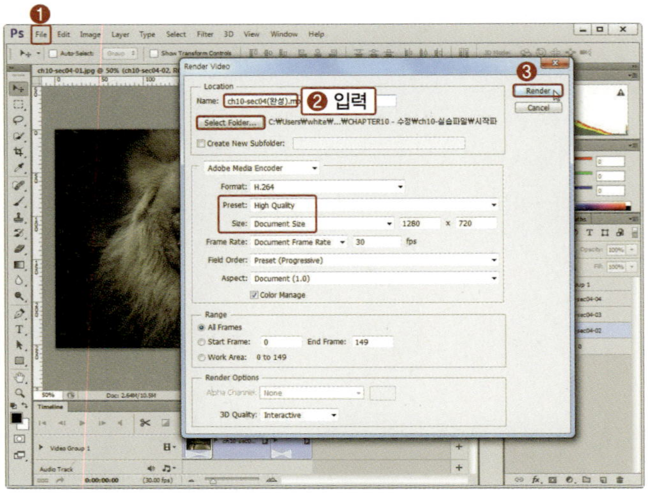

《 Photoshop 코칭 》

■ 타임라인 방식의 [Video Timeline] 패널 살펴보기

[Video Timeline] 패널은 클립 재생 시간과 속성 등을 통해 영상 편집을 가능하게 합니다. 특히 외부 동영상을 불러와 정교하고 손쉽게 작업할 수 있습니다. 이 모드는 영상 전문 제작 프로그램인 프리미어 프로와 유사한 개념을 도입하고 있으며 연동도 가능하며 전환 효과, 모션을 적용하는 기능을 제공하고 있습니다.

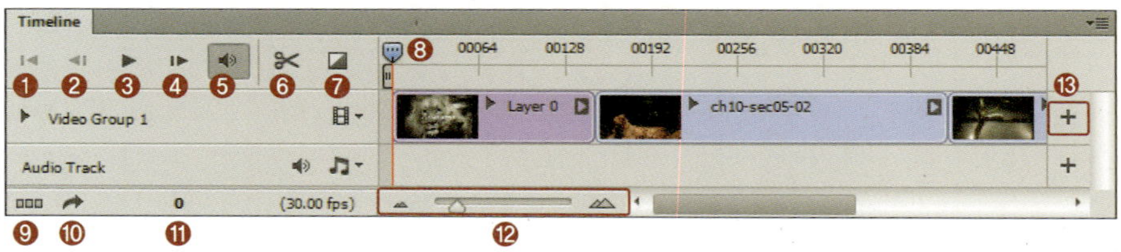

❶ Go to first frame : 첫 번째 프레임으로 이동합니다.
❷ Go to previous frame : 현재 선택된 프레임을 기준으로 한 단계 앞 프레임으로 이동합니다.
❸ Plays/Stop animation : 재생 중인 애니메이션을 재생/정지시킵니다.
❹ Go to next frame : 현재 선택된 프레임을 기준으로 한 단계 뒤의 프레임으로 이동합니다.
❺ mute Audio playback : 오디오를 사용합니다.
❻ Split at Playhead : 클립을 자릅니다.
❼ Select a transition and drag to apply : 페이드되는 전환 효과를 제공합니다.
❽ Playhead : 선택한 프레임으로 이동합니다.
❾ Convert to frame animation : 클릭하면 프레임 애니메이션 모드로 전환됩니다.
❿ Render Video : 렌더링을 합니다.
⓫ Scrub to set time : 타임라인에서 현재 위치의 프레임 또는 시간을 표시합니다.
⓬ Control timeline megnification : 줌 슬라이더라고도 하며 슬라이더를 왼쪽이나 오른쪽으로 이동하여 타임라인의 시간 간격을 축소하거나 확대할 수 있습니다.
⓭ Add media to track : 영상을 추가할 때 사용합니다.

SECTION 05

이미지 맵 자동 작업 실행하기 [Actions]

이번 SECTION에서 소개하는 [Action] 기능은 반복되는 작업을 녹화하여 쉽게 작업할 수 있도록 자동화하는 기능입니다. 자동 작업을 녹화하고 반복 실행해봅니다.

| 학습 포인트 |

- [Actions] 패널 이해하기
- 자동 작업 녹화하기
- 자동 작업 반복 실행하기

◎ **[시작파일]** ch10/ch10-sec05-01.jpg ~ ch10-sec05-05.jpg ◉ **[완성파일]** ch10/ch10-sec05-01(완성).jpg ~ ch10-sec05-05(완성).jpg

01 이미지 맵 만들기

파일을 열어 녹화를 하고 끝낸 후 액션 자동 실행을 해봅니다.

1 파일 불러오기

① 'ch10-sec05-01.jpg, ch10-sec05-02.jpg, ch10-sec05-03.jpg, ch10-sec5-04.jpg, ch10-sec05-05.jpg' 파일을 동시에 불러옵니다.

② 5개의 파일들이 순서대로 나열되었는지 확인하고, [Window]-[Actions]을 클릭합니다.

2 녹화 설정하기

① [Actions] 패널 하단에 있는 [Create new set] 를 클릭하고, [New Set] 대화창이 나타나면, [Name]을 'My Action'이라고 입력합니다.

② [Create new actions] 를 클릭합니다.

③ [New Action] 대화창이 나타나면 [Name]을 'Imagesize&Desaturate'이라고 입력합니다.

④ [Record] 버튼을 클릭합니다.

NOTE

액션을 만들 때, [New Set]을 먼저 만들지 않으면, [Default Actions] 안에 추가로 만들어지므로 액션을 사용할 수 없게 됩니다. 그리고 [Record]를 시작하면 버튼의 색이 회색에서 빨간색으로 바뀝니다.

3 작업 녹화하기

① [Image]–[Image Size]를 클릭한 후, [Image Size] 대화창의 [Document Size] 목록에서 [Width]는 '15', [Resolution]은 '72'로 수정하여 입력하고, [OK] 버튼을 클릭합니다. 이미지가 작아진 것을 확인합니다.

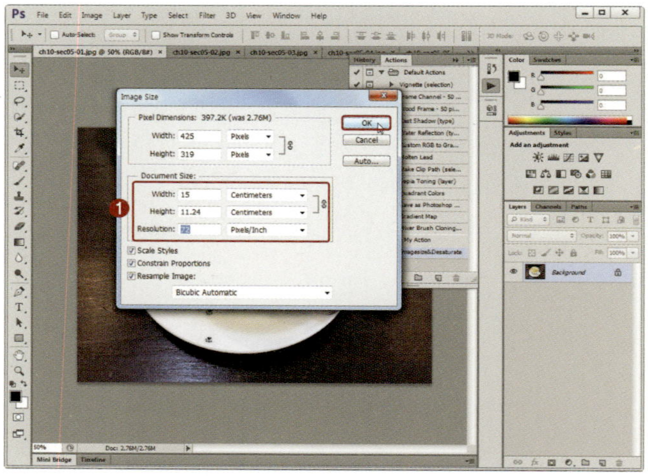

② [Image]–[Adjustments]–[Desaturate]을 클릭하여 흑백 이미지로 만듭니다.

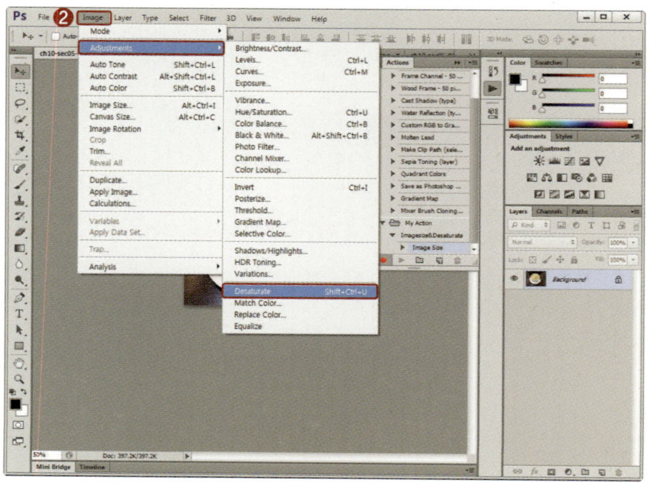

4 녹화 끝내기

[Actions] 패널 하단에 있는 [Stop playing/recording] ■ 버튼을 클릭하고, 녹화를 마칩니다.

5 다른 이미지 파일에 녹화한 액션 자동 실행하기

① 'ch10-sec05-02.jpg'을 선택한 후 [Actions] 패널의 'My Action' 목록에서 'Imagesize& Desaturate'을 클릭합니다.

② 하단의 [Play selection] ▶를 클릭합니다. 녹화한 액션이 자동 실행됩니다.

③ 같은 방법으로 'ch10-sec05-03.jpg, ch10-sec05-04.jpg, ch10-sec05-05.jpg'에도 적용합니다.

④ 5개의 파일 모두 'Imagesize&Desaturate' 액션이 적용된 것을 확인합니다.

Photoshop 코칭

[Actions] 패널 살펴보기

❶ Stop playing/recording : 액션의 녹화를 시작/종료합니다.
❷ Begin recording : 액션의 녹화를 시작합니다.
❸ Playing selection : 선택한 액션을 실행합니다.
❹ Create new set : 새 세트를 생성합니다.
❺ Create new action : 새 액션 세트를 생성합니다.
❻ Delete : 선택한 액션 또는 액션 명령, 액션 세트를 삭제합니다.

SECTION 06

이미지에 액자 프레임 적용하기

[Actions]

이미지에 프레임을 적용하는 방법은 다양합니다. 액션 패널에는 다양한 프레임 샘플이 제공되어 있습니다. 한 번의 클릭으로 멋진 프레임을 연출하여 봅시다.

| 학습 포인트 |

- 프레임 종류 살펴보기
- 프레임 적용하기

◎ **[시작파일]** ch10/ch10–sec06.jpg ◉ **[완성파일]** ch10/ch10–sec06(완성).psd

01 나무결 무늬 프레임 적용하기

이미지 가장자리에 액션 패널을 이용하여 자동으로 프레임을 적용합니다.

1 [Action] 패널 열기

① 'ch10–sec06.jpg' 파일을 불러옵니다.

② [Window]–[Action] 메뉴를 선택하여 액션 패널을 엽니다.

NOTE

액션 패널을 여는 단축키 Alt+F9를 사용합니다.

2 자동 프레임 실행하기

① [Actions] 패널 안의 프레임 목록 중 'Wood Frame– 50pixel'을 선택합니다.

② [Actions] 패널 하단의 [Play Selection] ▶을 실행합니다.

③ 자동으로 작업이 진행되고, 실행이 끝나면 'Message'가 나타납니다.

④ [Continue]를 선택합니다.

⑤ [Actions] 패널 우측 상단의 접기 버튼 을 클릭합니다.

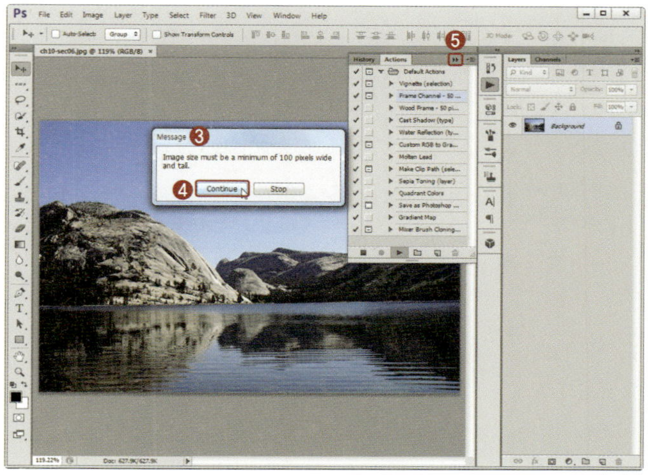

3 확인하기

① [Tools] 패널에서 [Hand Tool] 을 더블클릭하여 이미지창을 화면에 꽉 차게 열어줍니다.

② 나무 프레임이 적용됨을 확인합니다.

TRAINING & TEST
실력 점검하기

이론 01 홈페이지를 만들고자 한다. 포토샵에서 Color와 layout을 작업한 이미지를 웹상에 로딩시간을 줄여주고자 이미지를 잘라주어야만 한다. 이때 사용하는 것은 무엇인가?

① Slice Tool ② Crop Tool
③ Ctrl + X ④ Perspective Crop Tool

이론 02 256색으로 이미지 색상을 제한하고 투명한 배경색을 지원하기 때문에 로고, 버튼, 캐릭터, 일러스트레이션 등을 압축할 때 적당하다. 또 단색 이미지나 색상 수가 적은 이미지를 압축하는 데 효과적인 포맷 형식은 무엇인가?

① JPEG ② PSD
③ GIF ④ PNG-8

이론 03 이미지 맵을 작업하기 위해 작업 과정을 녹화하여 자동 실행하는 패널은?

① Timeline Panel ② Adjustments Panel
③ Layers Panel ④ Actions Panel

실습 01 왜곡된 이미지 영역을 자르시오.

• [시작파일] ch10/ch10-실습01.jpg • [완성파일] ch10/ch10-실습01(완성).jpg • [해설파일] ch10/ch10-실습해설01.pdf

Before

After

HOW TO [Perspective Crop Tool] 을 선택 → 액자의 가장자리 꼭지점에 조절점 설정 → 옵션 바에서 [Commit current crop operation] ✓을 클릭하여 완성

실습 02 풍경 사진에 [Strokes Frame] 액자를 적용하시오.

• [시작파일] ch10/ch10–실습02.jpg • [완성파일] ch10/ch10–실습02(완성).jpg • [해설파일] ch10/ch10–실습해설02.pdf

Before

After

HOW TO [Action] 패널 탭 오른쪽 상단의 팝업 메뉴 ( )클릭 → [Frames] 선택하여 불러옴 → 목록에서 [Strokes Frame] 선택 실행 중 'Message'가 나타나면 [Continue] 버튼 선택

실습 03 배너광고를 만드시오.

• [시작파일] ch10/ch10–실습03.jpg • [완성파일] ch10/ch10–실습03(완성).psd, ch10–실습03(완성).gif • [해설파일] ch10/ch10–실습해설03.pdf

Before

스토리보드 제시

After

HOW TO **패널에 스토리 소스 제작하기**

[File]–[New]를 선택하여 [Width]는 '240px', [Height]는 '60px', [Resolution]은 '96px', [Background Contents]는 '흰색' 설정 → 'ch10–실습03.jpg' 파일을 열고, 첫 번째 잔디 이미지 이동 → [Horizontal Type Tool] [T]로, 글꼴은 'Monotype Corsiva', 크기는 '20pt', 글꼴색은 '흰색', 'Bold' 설정 후, 'Flower Festival'을 입력 → [Text] 레이어를 복사하고, 'Resterize Type'을 적용 → [Filter]–[Blur]–[Motion Blur] 적용 → 'ch10–실습03.jpg' 파일 나머지 4개의 꽃 이미지 모두 이동 → '세계 꽃 축제에 오신 것을 환영합니다. 일자:2015.05'를 입력) → [Timeline Animation Frame]에 배치하기 → 시간 설정하기 → 트위닝 효과주기

CHAPTER

11

활용예제 8선

이번 장에서는 앞에서 배운 내용을 확인할 수 있도록
실제 예제를 혼자 만들어 보겠습니다. 각 SECTION에 따라하기 예제를
제시하였고, 응용할 수 있는 능력을 기를 수 있도록
같은 스타일의 시안 이미지를 추가하였습니다.
강의안으로 활용 시 중간 실기평가 또는 기말 실기평가로
실시할 수 있습니다.

* PREVIEW 한눈에 살펴보기

SECTION	제목	학습할 주요 기능
1	디지털 이미지 콜라주 제작하기 1	• 선택 도구, Refine Edge, 퀵마스크 기능, 보정기능, 변형 기능, 레이어 불투명도
2	디지털 이미지 콜라주 제작하기 2	• 선택 도구, Refine Edge, 퀵마스크 기능, 변형기능, Blending Option, 색상 보정 기능
3	음반 자켓 디자인 따라하기 1	• 브러시 도구, 외부 브러시 사용하기, 레이어 합성 모드, 레이어 마스크, 텍스트 도구
4	음반 자켓 디자인 따라하기 2	• 선택 도구, 변형 기능, 필터, 레이어 합성 모드, 레이어스타일, 색상 조절 기능, 텍스트 도구
5	보석 광고 시안 제작하기	• 선택 도구, 브러시 도구, 변형 기능, 레이어 합성 모드, 레이어 마스크, 색상 조절 기능, 텍스트 도구
6	음료 광고 시안 제작하기	• 선택 도구, 브러시 도구, 변형 기능, 레이어 합성 모드, 텍스트 도구
7	애니메이션 제작하기 배너 광고 1	• 선택 도구, 변형 기능, 텍스트 도구, 타임라인, 애니메이션 기능
8	애니메이션 제작하기 배너 광고 2	• 선택 도구, 변형 기능, 필터, 레이어 스타일, 텍스트 도구, 타임라인, 애니메이션 기능

SECTION 01

디지털 이미지 콜라주 제작하기 1

디지털 환경에서는 여러 가지 회화 기법을 손쉽게 사용할 수 있다는 장점이 있습니다. 콜라주도 그 중 하나의 방식인데 이번 SECTION에서는 여러 개의 장면, 에피소드 등이 있는 디지털 콜라주 작업을 진행합니다. 다양한 선택기능과 변형기능, 보정 기능 등을 사용하여 배경 속에 요소들을 적절히 배치해보세요.

| 주요 기능 목록 |

- 선택 도구, Refine Edge, 퀵마스크 기능, 보정 기능, 변형 기능, 레이어 불투명도

예시 작품

◎ **[시작파일]** ch11/sec01/호수.jpg, 호수2.jpg, 보트1.jpg, 갈매기.jpg, 오리2.jpg ◉ **[완성파일]** ch11/sec01/호수(완성).psd ◉ **[해설파일]** ch11/ch11-01(해설).pdf

Before

After

SECTION 02

디지털 이미지 콜라주 제작하기 2

이번 SECTION에서는 초현실주의적 콜라주 작업을 진행합니다. 초현실주의의 콜라주는 전혀 엉뚱한 물체끼리 조합함으로써 별개의 새로운 현실을 만들어가는 작업입니다. 연상적, 상징적, 비유적인 효과를 노릴 수 있습니다. 다양한 선택 기능과 편집 기능, 레이어 블렌딩 옵션을 사용하여 구성해 보세요.

| 주요 기능 목록 |

- 선택 도구, Refine Edge, 퀵마스크 기능, 변형 기능, Blending Option, 색상 보정 기능

예시 작품

◎ **[시작파일]** ch11/sec02/기린.jpg, 액자.jpg, 사막1.jpg, 무당벌레.jpg, 풀.jpg, 폭포.jpg, 폭포02.jpg, 새.jpg ◉ **[완성파일]** ch11/sec02/사막(완성).psd ◉ **[해설파일]** ch11/ch11–02(해설).pdf

Before

After

SECTION 03

음반 자켓 디자인 따라하기 1

이번 SECTION에서는 음반 자켓 디자인을 진행합니다. 음반 자켓 디자인은 컨셉이 중요합니다. 자켓 커버에 아이덴티티, 노래의 컨셉, 장르 등을 잘 고려하여 디자인해야 합니다. 예제는 '모던락/팝락/인디락' 장르의 음악을 하는 'RACHAEI YAMAGATA'의 앨범 자켓 디자인으로 회상, 추억, 아련한 느낌의 컨셉을 잡아 제작하였습니다. 다양한 브러시 소스를 이용하여 뮤지션의 음반 자켓 디자인을 해보세요.

| 주요 기능 목록 |

- 브러시 도구, 외부 브러시 사용하기, 레이어 합성 모드, 레이어 마스크, 텍스트 도구

예시 작품

◎ **[시작파일]** ch11/sec03/여자02.jpg, 수채 꽃.abr, 수채 잉크.abr, 추상화 기법.abr ◉ **[완성파일]** ch11/sec03/CD자켓01(완성).psd ◉ **[해설파일]** ch11/ch11-03(해설).pdf

Before

After

SECTION 04

음반 자켓 디자인 따라하기 2

이번 SECTION에서는 빈티지 느낌을 살린 음반 자켓 디자인입니다. 빈티지한 느낌을 살리려면 적절한 소품과 거친 배경 이미지 소스 등이 필요합니다. 빈티지 효과를 낼 수 있는 브러시나 배경 이미지 소스, 블렌딩 모드, 색상 조정을 사용해서 자켓 디자인을 완성합니다.

| 주요 기능 목록 |

- 선택 도구, 변형 기능, 필터, 레이어 합성 모드, 레이어 스타일, 색상 조절 기능, 텍스트 도구

예시 작품

◎ **[시작파일]** ch11/sec04/배경02.jpg, 연주자03.jpg, 플레이어2.png, 악기03.png, 라디오.jpg, 리본.jpg, 장미.jpg ◉ **[완성파일]** ch11/sec04/CD자켓02(완성).psd ◉ **[해설파일]** ch11/ch11-04(해설).pdf

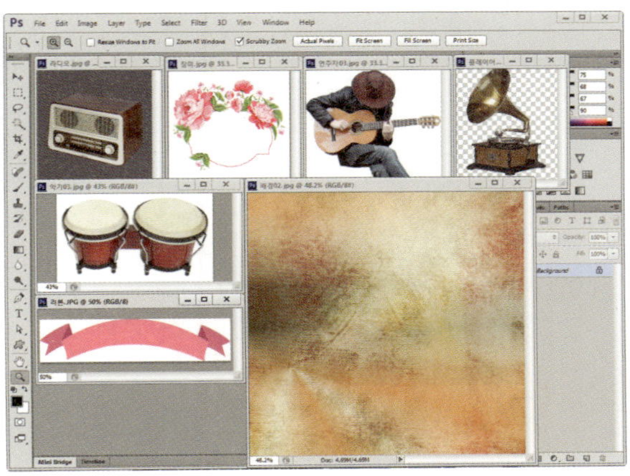

Before

After

SECTION 05

보석 광고 시안 제작하기

우리 주변에서 쉽게 접하는 만큼 가장 효과적이고 보편적인 홍보 수단인 제품 광고 포스터를 제작해 보겠습니다. 이번 예제는 다이아몬드를 메인 이미지로 사용한 포스터로 다이아몬드의 화려하고 고귀한 느낌을 표현하여 디자인해봅니다.

| 주요 기능 목록 |

- 선택 도구, 브러시 도구, 변형 기능, 레이어 합성 모드, 레이어 마스크, 색상 조절 기능, 텍스트 도구

예시 작품

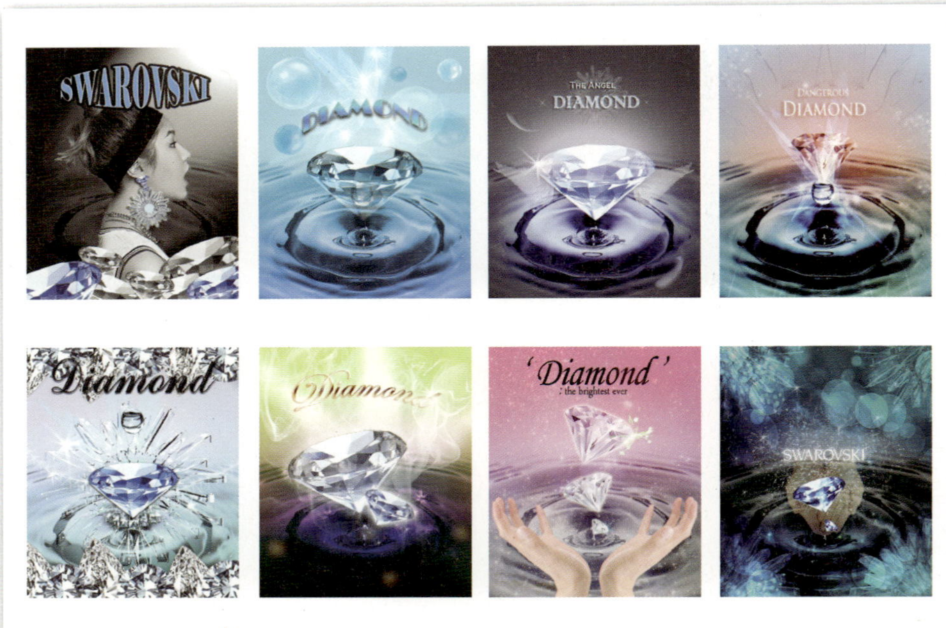

◎ **[시작파일]** ch11/sec05/결정01.jpg, 결정02.jpg, 다이아몬드01.jpg, 다이아몬드02.jpg, 물방울.jpg
◉ **[완성파일]** ch11/sec05/보석광고포스터(완성).psd ◉ **[해설파일]** ch11/ch11-05(해설).pdf

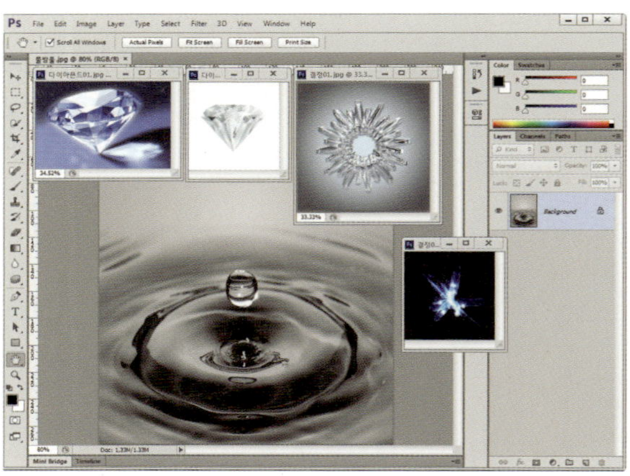

Before

After

SECTION 06

음료 광고 시안 제작하기

이번 SECTION에서는 참신하고 개성이 넘치는 음료 광고 포스터를 제작합니다. 컨셉을 가지고 소비자와 소통할 수 있는 포스터를 제작해 봅시다. 소스 이미지를 정교히 선택하고 합성 모드를 적절히 사용하여 예제를 진행하겠습니다.

| 주요 기능 목록 |

- 선택 도구, 브러시 도구, 변형 기능, 레이어 합성 모드, 텍스트 도구

예시 작품

출처: http://www.absolut.com/kr/Absolut-Art-Award/

◎ **[시작파일]** ch11/sec06/맥주02.jpg, 물결.jpg, 빙산01.jpg, 야자수.jpg ◉ **[완성파일]** ch11/sec06/음료포스터(완성).psd ◉ **[해설파일]** ch11/ch11-06(해설).pdf

Before

After

SECTION 07

애니메이션 제작하기 배너 광고 1

이번 SECTION은 애니메이션 제작을 테스트해 보는 단계입니다. 타임라인 패널과 애니메이션 기능을 활용하여 커피 & 도넛 배너 광고를 만들어봅니다.

| 주요 기능 목록 |

- 선택 도구, 변형 기능, 텍스트 도구, 타임라인, 애니메이션 기능

예시 작품

◎ **[시작파일]** ch11/sec07/도넛.jpg, 배경.jpg, 원두02.jpg, 커피잔01.jpg, 커피잔02.jpg, 커피잔03.jpg ◉ **[완성파일]** ch11/sec07/배너광고01(완성).psd 배너광고01(완성).gif ◉ **[해설파일]** ch11/ch11-07(해설).pdf

Before

After

SECTION 08

애니메이션 제작하기 배너 광고 2

이번 SECTION에서는 주어진 이미지 소스들을 선택하고 배치하여 배너 광고를 만들어봅니다. 문자에 필터 효과를 적용하고 트위닝 기능을 이용하여 색상과 움직임의 변화를 이용하여 제작합니다.

| 주요 기능 목록 |

• 선택 도구, 변형 기능, 필터, 레이어 스타일, 텍스트 도구, 타임라인, 애니메이션 기능

예시 작품

◎ **[시작파일]** ch11/sec08/립스틱02.jpg, 배경.jpg, 입술.jpg ◉ **[완성파일]** ch11/sec08/배너광고02(완성).psd, 배너광고02.jpg(완성).gif ◉ **[해설파일]** ch11/ch11-08(해설).pdf

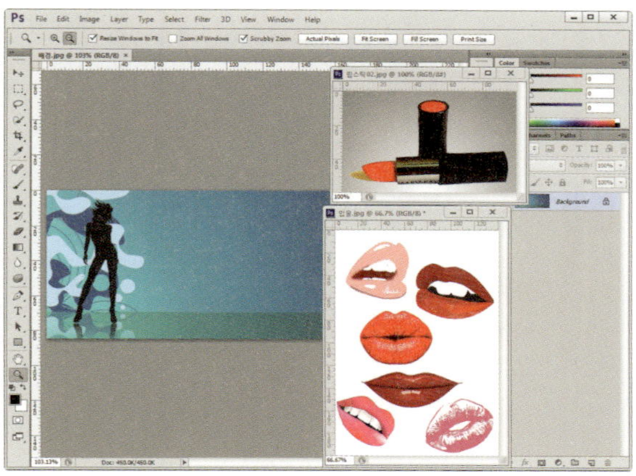

Before

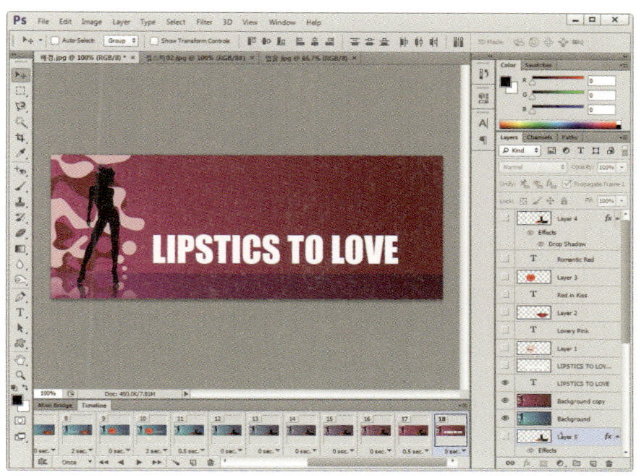

After

Index

E–F

G–H

I–L

M–N

T-Z

ㄷ-ㄹ

ㅁ

ㅂ

ㅅ

ㅇ

ㅈ

ㅋ

ㅌ~ㅍ

ㅎ

숫자